我
思

敢于运用你的理智

# 参于天地之治

## 荀子礼治政治思想的起源与构造

〔日〕佐藤将之 著

崇文書局
長江出版傳媒

This work was originally published as "*The Confucian Quest for Order: The Origin and Formation of the Political Thought of Xun Zi*" by M. Sato (Brill, 2017), ISBN 978-90-04-12965-8. 

This Simplified Chinese translation is published by arrangement with BRILL.
本书英文版由荷兰莱顿博睿学术出版社于2017年出版，崇文书局已取得全球简体中文版授权。

**图书在版编目（CIP）数据**

参于天地之治 ：荀子礼治政治思想的起源与构造 /（日）佐藤将之著. -- 武汉 ：崇文书局，2024.7
（崇文学术译丛·海外汉学经典）
ISBN 978-7-5403-7652-9

Ⅰ. ①参… Ⅱ. ①佐… Ⅲ. ①荀况（前313-前238）—礼治—政治思想—研究 Ⅳ. ①B222.65

中国国家版本馆CIP数据核字（2024）第098425号

参于天地之治
CAN YU TIAN DI ZHI ZHI

出版人　韩　敏
出　品　崇文书局人文学术编辑部·我思
策划人　梅文辉(mwh902@163.com)
责任编辑　许双(xushuang997@126.com)　李艳丽
责任校对　董　颖
装帧设计　甘淑媛
责任印制　李佳超
出版发行　长江出版传媒｜崇文书局
地　址　武汉市雄楚大街268号C座11层
电　话　(027)87679712　邮政编码　430070
印　刷　湖北新华印务有限公司
开　本　880mm×1230mm　1/32
印　张　18
字　数　386千
版　次　2024年7月第1版
印　次　2024年7月第1次印刷
定　价　128.00元
（读者服务电话：027－87679738）

佐藤将之，1965年生于日本神奈川，日本青山学院大学（国际政治经济专业）毕业，后于台湾大学、韩国首尔大学取得两个政治学硕士学位，2001年获荷兰莱顿大学汉学博士学位，曾任莱顿大学汉学研究院讲师，现任台湾大学哲学系教授。在日本、台湾、韩国、欧洲等几个不同文化圈的学习和生活经历，赋予了他开阔的学术视野和独到的眼光，其研究领域主要为中国思想史、荀子哲学、东亚政治哲学等。主要著作有《中国古代的“忠”论研究》（2010）、《荀子礼治思想的渊源与战国诸子之研究》（2013）、《荀学与荀子思想研究：评析·前景·构想》（2015）、《后周鲁时代的天下秩序：〈荀子〉和〈吕氏春秋〉政治哲学之比较研究》（2021），主编有《东洋哲学的创造：井上圆了与近代日本和中国的思想启蒙》（2023）等。

本书是作者以荷兰莱顿大学汉学研究院的博士论文 Confucian State and Society of Li: A Study on the Political Thought of Xun Zi 为基础，经修改，于2003年以 *The Confucian Quest for Order: The Origin and Formation of the Political Thought of Xun Zi* 为名，由荷兰 Brill Academic Publishers 出版。之后，作者花费了大量的时间与精力将其翻译为繁体中文版，2016年由台大出版中心出版。2023年，作者在台大繁体中文版的基础之上加以修订，是为“中文新译版”，2024年崇文书局出版。

# 中文新译版自序

本书乃是笔者以荷兰莱顿大学汉学研究院（Sinological Institute, Leiden University, the Netherlands）的博士论文 Confucian State and Society of Li: A Study on the Political Thought of Xun Zi（2001 年 5 月通过答辩）为基础，经修改，由荷兰 Brill Academic Publishers 的 Sinica Leidensia 丛书于 2003 年 6 月出版，以 *The Confucian Quest for Order: The Origin and Formation of the Political Thought of Xun Zi* 为名的专书之中文翻译。

笔者推测，对日本学界有关战国秦汉史的研究情况稍微有了解的读者，一看到“起源与构造”这样的词语，应该会想起在 1960 年代——也就是笔者出生的年代——在日本东洋历史学界相当流行的“中国古代帝国形成”论争。此论争原由西岛定生对所谓“刘邦集团的特质”的分析所掀起，而后由其论争者增渊龙夫、木村正雄等学者的研究来推动“秦汉大一统”的政治、经济以及社会特色之研究。值得注意的是，日本 1960 年代以后的古代中国思想研究，在如上所述之“中国古代帝国形成论”的框架影响下发展，因此也自然由此“大一统国家形成的趋势”的角度来解释荀子思想的历史角色。如此，由内山俊彦的见解可以典型地观察出，荀子一方面被视为具有“预见秦朝的统一而提供此理论基础”的思想家，但另一方面，大部分的学者评估荀子的思想意义预设是“对大一统国家形成时的消极反应”。比较可惜的是，随着日本中国思想研究的衰退，迄今专门研究荀子思想的学者也几乎有凋零的趋势，导致荀子思想的这种消极形象一直没有修正。因此，笔者撰作本书的时候，第一项任务在于检验近半个世纪以来日本学者对荀子思想怀有的“现实面”或“被动面”的理解，同时也欲从政治思想史——尤其是观念史——的角度厘清荀子思想的来源和其整体思想结构。这就是笔者选择 1960 年代日本研究中国古代史学者常用的“起源与构造”这样复古式主题之主要理由。

回顾过去，众所周知从宋朝苏轼《荀卿论》的严厉批判以来，传统中国的知识分子认为荀子身为韩非和李斯的老师，应该要对秦朝暴政的理论负责。在 20 世纪以后，早期与胡适一起将哲学带进中国文献之研究的冯友兰语气则较温和一些，但在荀子与孟子的比较下，仍称荀子为“现实的一边”（realistic wing）的思想家。尔后，随着所谓“当代新儒家运动”的崛起，对荀子思想的评估愈来愈负面。直到 1980 年代，由于《黄帝帛书》等马王堆帛书的出土掀起所谓“黄老思想”研究热，让部分学者注意到荀子在整体中国古代思想史上的一些积极意义。相形之下，若看西方学界的情形，1990 年代以后，在美国由于德性伦理学的崛起和 John Knoblock 的《荀子》全英译本的出版，西方学者开始对荀子伦理思想感兴趣。依笔者所悉，在1995—2012年之间西方的中国思想相关学科中，有九位以荀子研究获得博士学位，而且其中六本论文已经正式出版。可见，近年西方学界相当重视荀子研究。尽管如此，除了德性伦理学相关的主题外，目前这些欧美新进学者的荀子思想研究对于中文界的荀子思想研究之启发，则相当有限。因此，笔者也期盼本书的出版能引起中文界的读者对在1990年之前的日本学界和在其后欧美的荀子研究的相关成果之一些注意。

本书的英文版在2003年出版之后，美国的金鹏程（Paul R. Goldin）教授和南恺时（Keith Knapp）教授分别发表了对本书的书评。[1] 还有，Kurtis Hagen教授在由他的博士论文改写的专书 *Philosophy of Xunzi: A Reconstruction* 的导论中，也在"荀子哲学是否为了当统治者之学？"的主题中花了整整三页来介绍本书的观点，并且进行批评。[2] 笔者也在2013年出版的《荀子礼治思想的渊源与战国诸子之研究》（台北：台大出版中心）的"导论"中做了一些回应。

到此笔者应该要说明原书（英文原版）和本书（中文新译版）撰写上的一些异同。如上所述，本书乃是以英文原书之中文翻译稿为基础。因此，本书含有英文原书的全部论述内容。不过，

1 Paul Goldin教授的书评在 *Journal of Asian Studies*, 63.1(2004), pp. 167-168，Keith Knapp教授的书评则在 *Dao: A Journal of Comparative Philosophy*, 9.1(2010), pp.125-128中。

2 参见Kurtis Hagen, *Philosophy of Xunzi: A Reconstruction* (Chicago and La Salle, Illinois: Open Court, 2007), pp. 3-8。

本书省略了引文的英语翻译、列举“礼”字等用例的表格、附上引句最后引文《哈佛燕京索引》照对号码，以及与翻译相关的注解。

此外，虽然本书和英文原版之间基本上并没有内容上的改变，但“中文新译版”的文字并非原英文版的逐字翻译。笔者在翻译之际，优先考虑的是“当时在撰作时假如从头用中文写的话，该如何表达比较顺畅”。结果，许多地方的文字并非单纯地翻译，部分论述之间的顺序也有改动，其中变化最大者，就是几乎每章的“引言”和“小结”都重写了。不过,如此“改动”和“重写”，只是为了将当时笔者要主张的理路和内容尽量清楚表达出来而做。因此笔者并没有为了按照当今的理解改变论述的内容。如此，本书仍保持着笔者 2003 年出版原书时之问题意识和理路，而此观点即为笔者开始研究荀子思想的原点。唯本新译版为了与中文学界的读者分享笔者关于荀子思想对东亚历史的巨大影响这一点的最新观点，将 2021 年发表的《东亚礼制和礼论的展开与作为其渊源的荀子礼治思想》一文，作为附论放进本书。[3]

笔者既然花费了大量的时间和精力来“翻译”本书，无论如何，希望本书能够对未来中文学界的荀子思想研究有些助力。身为立志于研究中国哲学已经三十多年的作者而言，此次经由武汉崇文书局出版的中文新译版能将本书的内容提供给中文读

---

3 该文在《科學·經濟·社會》2021 年第 4 期（页 103—114）发表。该文的日文版则以《東アジア国家における礼学および礼制の展開とその起源としての荀子礼治思想の特色》的篇名收入伊东贵之主编的《東アジアの王權——思想·宗教·儀禮と中心をとして》（东京：汲古书院，2021 年，页 113—128）一书中。

者，是莫大的荣幸与喜悦。

恳请相关领域的专家，特别是青年学者和研究生们不吝指正！

佐藤将之 谨识

2023 年 7 月于日本横滨寓所

# 英文原版自序

请想象：您就要去听世界顶尖乐团的古典音乐会，就好像正要去听荷兰皇家音乐厅管弦乐团（Amsterdam Royal Concertgebouw Orchestra）演奏古斯塔夫·马勒（Gustav Mahler）的第八号交响曲（别名：《一千人的交响曲》）！在几乎千位音乐家及合唱团的演奏下，这首音乐呈现出既庄严又无比完美的和谐声音。在此演奏中，作曲家撰写的一套复杂的记号群——即乐谱的内容由不同类型的乐器及超过五百位歌唱家的歌声——转化为如完全融化于一条大河般的动人旋律。

要理解荀子的社会政治理论最快的方法，就是如上所述，在一个壮丽的交响曲表演意象中呈现。在这个比喻中，一位作曲家可以与一位古代圣王比拟；乐谱与古代圣王所制定的“礼”（仪式及社会规范）、指挥人与当今的统治者、乐团及合唱团成员与人民可以相比拟；音乐的完美演出则与他的“礼治”理论中所达成的秩序与和平可以相比！最重要的是，在笔者的乐谱及乐团表演比喻中，荀子所构想的“乐谱”（即“礼治”的理论）

专门提供给指挥人，而非其他乐团成员。换句话说，他的理论是提供给预期成为恢复秩序及和谐的统治者的。

很显然，指挥所具有的三点特色与荀子的统治者意象相当类似。第一，乐谱是作曲家撰写的并使其保存及流传的音乐设计图。同样地，荀子思想中的“礼”和“礼义”可以被认为是由古代圣王所制作的符号之总体。因此，生活在当今的指挥人与统治者都必须在其各自音符或“礼”的符号中体现完美的和谐。第二，指挥的角色相比于乐团中其他的所有成员有不同的面相。在演奏交响曲时，只有指挥被允许诠释全部的内容，而乐团的每一位演奏者则只被允许担任在指挥所诠释的整体音乐构想中的一两条旋律。同样地，在荀子思想关于理想政治社会的蓝图中，唯统治者被允许诠释“礼之义”，也就是古代圣王为何制礼的用意。第三，指挥的任务是让乐团发出声音，而此声音乃是他诠释且再创造的音乐。然而耐人寻味的是，指挥本人并不制造任何声音。相形之下，荀子的理想统治者意象亦是“无为而礼治”的。换句话说，荀子认为：统治者除选聘相国之外，基本上不会去管在他下面的个别事务。一言以蔽之，《荀子》是有志于学习如何去成为社会顶尖领导者的课本。司马迁将荀子之学问称为“帝王之术”(《李斯列传》)。

荀子似乎用蚕来比喻自己的历史定位。蚕制作茧，而茧长久以来被视为象征中国文明灿烂与优雅之丝绸的原料。但为了生产丝绸，蚕在抽丝的过程中失去茧，而如此结束生命。与此可类比，荀子为汉朝社会实现完美的政治秩序提供了“文采”的“礼治”思想。的确，透过荀子的“礼治”思想，汉朝同时达成了政治社会秩序之美和人文伦理价值之美。简言之，荀子为之后的东亚文明提供了巨大且华丽无比的“茧”。至于荀子自己呢？《荀卿列传》的叙述并没有提及荀子一生有任何显著的政治成就。而且一旦他的蓝图实践了之后，他的角色却开始被遗忘，很像是蚕在完成它的茧后，毫不留情地被抛弃一般。

十七年前，当我还是国际政治系中的一位大学生时，我的导师——中国近代政治史及外交史的专家卫藤沈吉教授，启发了我对东亚政治和历史的兴趣，而且他的信念是，日本学者需要具备可以在国际学术舞台竞争的学术实力和外文能力。从青山学院大学毕业后，我的目标在台湾大学及韩国首尔大学总共研读五年的政治学硕士课程中得以初步实现。在我准备把自己的研究视野转向欧美的学术环境时，荷兰莱顿大学汉学研究院的施舟人（Kristofer M. Schipper）教授回信说乐意指导我的博士研究，并且在我到莱顿后就劝我去阐明在稷下思想影响下所形成的荀子“礼”思想。当时为 1995 年的 5 月。

在我写作的初期过程中，我未成熟的观点及零碎的文字在陈思贤教授、胡其德教授、傅佩荣教授、庄爱莲博士、Jean Kwok、Martha Chaiklin、Evelyn Ellwart-Mitsanas、叶波（Paul van ELs）及彭志荣的帮助下逐渐地成为像个博士论文的稿子。初稿完成后，我开始接触莱顿大学之外的相关主题之学术活动。比利时鲁汶大学的钟鸣旦（Nicolas Standaert）教授及戴卡琳（Carine Defoort）教授邀请我参加鲁汶大学有关中国哲学的研讨会，并宣读论文。然后，此场研讨会的受邀学者之一，北京大学王守常教授也亲切地邀请我去参加在北京召开的国际学术研讨会。当时在 Peter Engelfriet 博士及 Jan de Meyer 博士的帮忙下，我第一次出版了自己的论文。在此之间，陈鼓应教授、刘笑敢教授、赵吉惠教授、郭齐勇教授、王博教授、池田知久教授都慷慨地为我提供进行博士研究所需要的他们的著作。

当时，我刚写完的初稿并没有超过读书心得报告太多的东西，所以不可避免地进行大幅修改。在这一阶段，William J. Boot 教授、沈清松教授及詹康用心阅读我的草稿，他们的意见使我的论证具有某种程度的说服力。尤锐（Yuri Pines）教授及 Eric Hutton 也给我提供不同的观点及建议，并帮助我减少论证中众多的错误。

因为施舟人教授在 2000 年从莱顿退休，继承施教授讲座的田海（Barend J. ter Haar）教授自此直到 2001 年 5 月博士学位答辩的期间，都由他指导我的博士研究。除了在学术观点上众多的更正及建议，他勤勉地要求我的草稿要清晰且易读，这使得过多的论证及多余的引文大幅减少。他的红笔简直为一把“大斧”。的确，他比谁都更认真思考，将我的博士论文的草稿视作一份将要出版、可读的专书。这本书的读者们将受益于田教授的预见。

我在莱顿大学研究的过去六年中，梁兆兵教授、村冈崇光教授、林镇国教授、吴德荣博士、吴荣子女士及国森正文老师，每当我需要时，不吝提供各方面的帮助。我的研究以及写作最大的助益来自莱顿大学非西方研究中心（Center for Non-Western Studies）及莱顿大学汉学图书馆的工作人员的支持。我也在搜集我们图书馆所没有的材料时，受益于哈佛燕京社附属图书馆。

我的博士研究从开始到其结晶成为这本书期间，荷兰教育部、大和银行亚澳基金会、蒋经国基金会及台湾图书馆汉学研究中心在不同方式上为我提供了慷慨的经济支助。我对伊维德（Wilt Idema）教授表示真诚的感谢，因为这本书在他最初的建议下送审，才被 Brill Aacademic Publishers 的 Sinica Leidensia 丛书的编委考虑出版。在最后的阶段，密西根大学 Robort N. Mory 博士及 Brill 公司的 Partricia Radder 女士提供了悉心协助。

最后，这本书要献给我的父母佐藤良志和利子。在我大学部毕业后，他们还允许我超过十年没有就职“正业”。也献给刚成为母亲的妻子——陈瑢真。

佐藤将之 谨记

2003 年 5 月

# 目录

# 导论

本书的目标是要阐明荀子政治思想的起源、构造以及借以观察出来的尽可能完整的思想面貌，而为了达成此目标，本书所要探讨的，主要有如下两个主题：第一，战国时代的思想发展可以依两种不同的论辩方式（discourse）分成两个发展或演变阶段；第二，荀子借由“礼”概念统合了此两种论辩方式所呈现的思想特色。本书尝试以“具有系统的综合”——亦即“统合”——这样的观点为切入点，来展现荀子思想之特色。

在近二十多年荀子研究的方向中，对“荀子综合了战国时代各种概念与主张”这样的观点，似乎并没有太大的异议。然而，过去的研究偏向于阐明荀子所综合过的特定思想内容；而其综合或统合的“过程”本身之问题，则迄今仍然有待厘清。因此，在本书的探讨中，“统合性”（integration）和“礼”两个概念乃为统贯本项研究的两大关键词。本书使用“统合性”一词，乃是要与“混合性”（syncretism）明确区分，并且要论证，荀子的思想在统合过去思想之过程和构造中，确实有了创新。下面首先整理自20世纪初的胡适以来，当代学者探求荀子思想特质之脉络，以引导出笔者是如何发展出如上的问题意识。

## 第一节　20世纪荀子研究之回顾与前景

此处，我们首先由三种途径来整理荀子思想研究的主要方法。其次，按照这些切入点评述大概整段20世纪荀子研究之主要见解的长短处，并且从此显现出本研究所要探讨的主题。

### 第一项　研究荀子思想的三种途径

回顾20世纪的荀子研究，[1] 其主要途径可分为三种。第一种途径，是从荀子思想中抽取出最明显的思想特色，再加以个别分析。在这个途径中，《荀子》中最显而易见的两种特色——“性恶论”以及“天人之分”的主张——因此经常成为研究的对象。由于此途径允许研究者选择他们所注意到的任何思想特色，因此自然吸引了最多数的学者。在美国，采取此研究途径的学者把他们所发现的荀子思想的特色，进一步与西方哲学传统中的相关概念或主张相互对照。譬如，柯雄文（Antonio S. Cua, 1932—2007）就借着德性伦理学的观点与术语的帮助，将荀子的伦理论辩（ethical argumentation）抽离中国思想史的脉

1　廖名春也提供了有关大陆和台湾学者对荀子思想的主要研究的评述。请参见廖名春:《荀子新探》（台北：文津出版社，1994），页1—12。也可参考原诚士提供的研究目录。请参见原诚士:《荀子研究文獻目錄》,《東洋古典學研究》集4（1997），页1—25。

络，并且在比较伦理学立场上探求普遍伦理对话之基础与可能性。如此，柯雄文的见解让没有中文或中国历史知识的西方读者，也能够与荀子的思想进行哲学对话。[2] 在英语学界里，Edward J. Machle 亦是采用此途径的学者。Machle 所关注的是荀子的“天”观。他的分析主要只基于《天论》的内容，并且将之与战国时代的其他思想脉络完全切开。[3] 到了 1990 年代，柯雄文和 Machle 下一代的学者金鹏程（Paul R. Goldin），在以 *The Rituals of the Way* 为书名出版的博士研究中，也试图把荀子思想的许多观念翻成更多西方哲学的词汇。只是相较于柯雄文和 Machle 的研究，金鹏程更为重视战国时期本有的思想史历史脉络，以及荀子与当时其他思想家的关系。[4]

第二种途径，则重视历史环境对某一位思想家或某一种思想的影响。属于此途径的学者，无论是用叙述性还是分析性的手法，皆试图在历史脉络中理解荀子思想的时代性和相对的创造性意义。在中国大陆，这种研究途径的直接来源，毫无疑问是“马克思—恩格斯”历史学。此途径在 1960 至 1970 年代曾经占有压倒性优势，而近年来大陆的研究还是多少可以观察出其影响。相形之下，在 1950 至 1960 年代的日本，也有不少学者采用过此研究途径，但在 80 年代以后就逐渐式微。就荀子思

2 Antonio S. Cua, *Ethical Argumentation: A Study in Hsün Tzu's Moral Epistemology* (Honolulu: University of Haiwaii Press, 1985).

3 如此，Machle 甚至主张，在《荀子》的“天论”中完全看不出其前道家的影响。请参见 Edward J. Machle, *Nature and Heaven in the Xunzi:A Study of the Tian Lun* (NY: SUNY Press,1993), pp. 26-27。

4 Paul R. Goldin, *The Rituals of the Way: Philosophy of Xunzi* (La Salle, Ill.: Open Court, 1999).

想的研究而言，此途径没落的原因可归纳于两种：第一，中国大陆学者所讨论的主题，只是徘徊在荀子于历史角色的定位上而已，忽略了对其思想内容之固有意义的探讨。譬如，他们最关切的议题在于“荀子代表没落奴隶贵族阶级，还是新兴封建地主阶级”，或者“荀子是否是唯物主义者”等提问。第二，无论在中国大陆还是日本，都缺乏能证实如“荀子代表新进封建地主阶级的利益”这种论述的可靠资料，因此难以摆脱刻板的说明框架。

另外，如下所述，20 世纪前半叶的思想史研究的环境当中，可靠资料的缺乏，使受到“古史辨”学派影响的学者甚至认为，我们难以证实《荀子》一书的内容代表战国时代存在过的“荀子”这一个人物的实际思想。

第三种途径，则是站在“荀子综合了战国时代的儒家与其他诸子百家思想”的角度。此假设在“古史辨”学派全盛时期并未受到欢迎，虽然在当今荀子思想研究中，似乎没有人反对过这样的观点，但明确以此途径进行研究的学者却属少数。只有如 Lee H. Yearley 等少数学者，正确地看出此途径的重要性。Yearley 即说：“过去的荀子研究之所以没有成功，在于并未观察到荀子思想的综合性。”[5] 上述的两种研究途径在中国大陆与日本之没落，以及马王堆汉墓所谓《黄帝帛书》（一名为《黄帝四经》）等新出土资料的出现，成为此研究途径开始受到重视的转机。具体而言，马王堆汉墓的《老子》和《黄帝帛书》的出现，

5 Lee H. Yearley, “Hsün Tzu on the Mind: His Attempted Synthesis of Confucianism and Taoism,” *Journal of Asian Studies*, vol. 39-3 (1980), p.463.

增加了学界对“黄老思想”的认识，而在此基础上，大陆学者逐渐注意到所谓的“黄老思想”对荀子思想之影响。同时，由于荀子自称为“儒家”，其思想中无疑包含“儒学内涵”，因此在荀子思想中的“儒—道”成分共存的情形，大抵上为当代学者所接受。不仅如此，1993 年发掘的“郭店楚墓竹简”和“上海博物馆藏楚竹简”所呈现出更密切的“儒道思想原型混合”之情形，也将推进此研究路线的发展。

这三种分类当然不足以涵盖过去所有的荀子思想研究，而且有些学者的思想研究，随着时间发展也横跨了不同途径。譬如说，在中国大陆学界，便有学者放弃原有途径而采纳新研究方向的例子，这种情况在冯友兰（从第一至第二）和李德永（从第二到第三）身上可以观察到。另一点必须注意的是，1980 年代以后，日本学者对整个荀子思想体系的探讨越来越少。换言之，日本荀子研究原来具备的宏观视野，逐步为微观的视野所取代。此情形使得目前日本学界难以阐明荀子思想之统合性和系统性的特色。这也是笔者进行阐明其“整体面貌”的研究之主要原因。

### 第二项　主要个别研究的概观

20 世纪初期，中国学界开始以西方学术的各种研究方法和术语来研究中国思想。其中对后世影响最深刻者，应系胡适（1891—1962）与冯友兰（1895—1990）。胡适的《中国哲学史大纲》上卷，是中国学者直接引进西方哲学来分析中国思想史的先驱，其以“儒家人文主义与传统”为切入点，试图在“天”概念从人格神转换到自然规律之过程中，找出荀子哲学的意义。胡适将荀子“天人关系”的学说与培根（Francis Bacon, 1561—1626）的“戡天主义”相比。与此同时，胡适也在“天人关系论”的架构中，掌握荀子“人人要努力”的主张。因此，胡适认为：荀子哲学的核心意义，是其明确提出人类力量之于自然环境的优势这一点。[6]

以“系统性省思”（systematic reflection）为哲学核心含义的冯友兰，自然致力于探求中国思想中的系统性。他把荀子在中国哲学发展中扮演的角色，比拟于亚里士多德（Aristotle, 前384—前322）在西洋思想中的地位。冯友兰认为，荀子属现实路线的思想家，并且与孟子的理想路线相对照。很讽刺地，无论冯友兰愿意与否，他所提出的孟子和荀子哲学特色的“二分法”观点，后来成为中国的马克思主义看待中国哲学历史时的“官方教义”。不过，冯友兰的讨论基本上继承胡适的观点：荀子哲学的意义在于把原来的“天”概念转换成“自然”。只是冯友兰把荀子的这种宇宙观进一步称呼为“自然主义”。[7] 胡适与冯友兰两位学者都提及荀子是道家的自然概念和墨家的功利主义的接班人。然而，他们似乎认为，在荀子思想之中，以“礼”来统合各种理念与主张这一点，较之“天论”与“人性论”而言，是较为次要的。[8]

传教士出身的美国汉学家德效骞（Homer H. Dubs, 1892—

---

6 胡适：《中国哲学史大纲》上卷（上海：上海商务印书馆，1919），页 308—330。

7 冯友兰：《中国哲学史》卷 1（上海：上海商务印书馆，1933），页 349—382。

8 参见 Edward J. Machle, *Nature and Heaven in the Xunzi*, pp. 6-7。事实上 Machle 的研究展现，因为他本人似乎受到胡适与冯友兰的重大影响，他看整体荀子思想的观点都卡在只由“天”相关的问题来分析。

1969），是第一个将荀子思想的整体哲学面貌，系统地介绍给西方汉学界的人。他也将《荀子》的许多主要篇章首次翻译成英文，[9] 并与他的博士研究一起出版。虽然现在学者们几乎不会提及德效骞的研究，但就其能掌握到荀子思想的综合性面貌这一点而言，其不但是当时西方几乎唯一的作品，就算在相隔几乎一百年的今日，如此高水平的研究仍属罕见。学者之所以长期不重视德效骞的研究，恐怕是因为他的研究与翻译在出版之后，马上遭到荷兰汉学家戴文德（J. J. L. Duyvendak, 1889—1954）的严厉批评。由于戴文德针对德效骞的翻译与荀子生平考证的批评非常仔细，要参考德效骞的研究和翻译的人的确不得不同时参考戴文德的批评。[10] 整体而言，戴文德对于德效骞的翻译之校正，确实有研究上的贡献。然而，戴文德从未提出能与德效骞相比、对于荀子思想的系统性解释。因此，戴文德对德效骞的批评只不过产生了负面效果，而这对之后荀子研究的"发展"来说，是一件遗憾的事情。平心而论，德效骞的专著和翻译对现在的荀子研究者而言，仍应为必读的重要文献。

德效骞对荀子思想研究的贡献可分为两方面：第一，德效骞对于"礼"在荀子思想——也可以说其"哲学"——体系中的角色有相当深入的了解。他说："对于荀子而言，'道'，也意

9 Homer H. Dubs, *The Works of Hsüntze: Translation from the Chinese, with Note* (London: Probsthain & Co., 1928), 以及Homer H. Dubs, *Hsüntze: The Moulder of Ancient Confucianism* (London: Probsthain & Co., 1927)。前者为翻译（不过并非全译），后者则为对荀子哲学的研究专著。

10 J. J. L. Duyvendak, "The Chronology of Hsün-tzu," *T'oung P'ao*, vol. 26 (1929), pp. 73-95; "Notes on Dubs's Translation of Hsün-tzu, " *T'oung P'ao*, vol. 29 (1932), pp. 1-42.

味着‘儒道’，又意味着‘道德’，乃是‘礼’；（因此）‘礼’即是‘道’。”[11] 德效骞洞察到“礼”在荀子思想中的重要性：“礼”就相当于“道”。德效骞对“礼”概念理论性的了解，在其对“礼”的翻译，即“the rules of proper conducts”中采用“rules”一词这一点可看出。第二，与其他学者不同，德效骞了解到荀子综合了当时的正统儒学，并且对之后的中国思想史有莫大的影响。因此，根据德效骞的说法，荀子并不是与孟子格格不入的别家学派的代表。他说：

> 荀子把原来的儒学中未得融合的思想因素，形构为极为有一贯性和圆熟的哲学论述，而其中没有任何一个主题能跳脱出来构成单独的论述。这种特质不仅罕见于其他中国古代哲学家的思想，而且是在任何哲学中都罕见的。然而，这绝不意味荀子的儒学肤浅或不够有内涵。相反地，荀子对事物核心的掌握与人性的了解是如此地深刻，因此他的哲学一方面具有真正的普遍性，另一方面还有真正的儒学特质。荀子哲学可谓独特的思维；荀子乃是世界最伟大的哲学家之一。[12]

德效骞把荀子哲学的意义与亚里士多德对照。但是，这并不是因为荀子主张“唯物论”，而是德效骞认为，正如亚里士多德之于西方思想史，荀子为以后中国思想史的发展也带来了莫大的贡献。[13]

---

11 Dubs, *Hsüntze*, pp. 134.

12 Dubs, *Hsüntze*, pp. 292-293. 关于德效骞主张荀子属正统儒家（orthodox Confucian）这一点，请参阅前揭书，页 xvii-xxi。

13 Dubs, *Hsüntze*, pp. xivii—xix. 陈大齐反复论述了同样的观点。请参见陈大齐：《荀子学说》

但是，德效骞的观点也有些问题。由于德效骞将先秦儒家学说的演变视为内在道德与外在道德主张之间的对立，指出：荀子之强调“礼”是在完全排斥“仁”的基础上所进行的。[14]然而，正如下面笔者所要厘清的，荀子不但一点也没有排斥“仁”的价值，而且他也如其他儒者般，将“仁”的伦理价值放在最高的位置。因而，荀子强调“礼”之重要性，是因为“礼”实为实践“仁”有效且实际的方法。在荀子思想体系中，“仁”与“礼”是相辅而成的。

众所周知，在20世纪前半叶，马克思主义震撼了中国和日本的社会与学界，而产生了用马克思主义来研究中国历史和思想的大量文献。尤其在共产主义成为国家意识形态的中国大陆，荀子等于“唯物论者”之理解框架相当普遍。不仅在中国大陆，而就在此时期的日本，重泽俊郎（1906—1990）即全面接受把先秦中国思想史看作唯心论与唯物论的对立，并且把荀子当作唯物主义的代表之观点。[15]在中国，李德永1950年代的研究把荀子“定义”为新兴地主阶级的代表思想家。按照李德永的看法，荀子的思想为战国时代生产技术与经济发展下的产物。[16]因此，荀子站在进步的一边，而必然是具备唯物论以及科学观点的思想家。[17]除此之外，李德永也注意到荀子对于“气论”的发展

（台北：“中央”文物供应社，1954），页1。

14 Dubs, *Hsüntze*, pp. 134-135.

15 重泽俊郎：《荀況研究》，收于氏著《周漢思想研究》（东京：弘文堂，1943），页1—141。

16 李德永：《荀子：公元前三世纪中国唯物主义哲学家》（上海：上海人民出版社，1959），页1。

17 李德永：《荀子》，页25。

有所贡献。[18]

李德永的研究出来不久,冯友兰也完全放弃原来“哲学研究”的架构,而转换成信奉马克思主义的思想史学者。冯友兰在《中国哲学史新编》中，把先秦中国思想史建构成唯心论与唯物论的对立，而认为荀子是古代唯物主义的代表。[19] 这个观点便为任继愈主编的《中国哲学史》所继承。[20]

荀子具有“科学观点”的思维与“气”之认识论，似较容易被当作荀子思想的“唯物特质”。但是,此观点将难以阐述“礼论”在整体荀子思想中的巨大思想意义。这是因为，按照马克思主义理论架构，“礼”就是受到新兴地主阶级的挑战而没落的贵族阶级之社会规范。问题在于，这样的立场，与马克思主义学者另一观点——“荀子的思想代表新兴地主阶级”——显然矛盾，因为荀子大力提倡的“礼”竟是“没落的贵族阶级之社会规范”。由此观之，我们可以理解为何冯友兰的《新编》只花了两页讨论荀子的“礼”。[21]

在中国大陆，进入1990年代后，以凸显“唯物论”的架构来讨论荀子思想，尤其是“礼”于其思想体系中之角色的学者逐渐减少。值得注意的是，曾经坚持马克思历史学理论的中国学者本身的变化。譬如说，李德永本人在讨论道家思想对荀子思想之影响的文章中指出，与其把荀子的思想特色看成唯物论与唯心论对立的任何一边，不如看成是孟子儒学与庄子道学在

---

18 李德永:《荀子》，页14—15。

19 冯友兰:《中国哲学史新编》卷1（北京：人民出版社，1962），页512。

20 任继愈:《中国哲学史》卷1（北京：人民出版社，1963），页209—235。

21 冯友兰:《中国哲学史新编》，页549。

“正→反→合”辩证发展过程中的“合”的阶段。[22] 另外，方尔加虽然主张“荀子是个杰出的唯物主义者，这是学界的共识”，[23] 但是他用了其著作三分之一的分量来讨论荀子的“礼”。他在讨论荀子的“礼”的部分中，从未提及荀子是否为唯物主义者的问题。[24] 事实上，任继愈主编之《中国哲学史》作者之一的孔繁（1930—2019），在1997年出版的《荀子评传》中，以荀子“礼”思想的讨论为开头。而他很微妙地，只在讨论荀子认识论的地方才使用“唯物主义”的术语。[25] 孔繁认为，“礼”是了解荀子思想的关键；另外，他似乎肯定荀子综合先秦思想的角色。从孔繁对荀子思想的高度评价来看，我们可以观察出中国大陆学者对荀子的基本立场，正在绕回到德效骞1920年代便已提出的观点。[26]

其次，让我们看看日本的状况。直到1970年代，郭沫若（1892—1978）、侯外庐（1903—1987）等中国马克思主义者的早期研究著作，在日本都维持着某些程度的影响力。但是，就荀子思想而言，以“唯物—唯心”对立的架构来进行研究的人，似乎只有重泽俊郎。实际上，在20世纪中期这一段时期，日本学界正在着力进行的主题，是以“思想史”的立场来进行

---

22 李德永：《道家理论思维对荀子哲学体系的影响》，《道家文化研究》辑1（1992），页249—264。

23 方尔加：《荀子新论》（北京：中国和平出版社，1993），页71。

24 方尔加：《荀子新论》，页106—157。

25 孔繁：《荀子评传》（南京：南京大学出版社，1997）。

26 孔繁写道：“荀子是先秦继孟子而起之儒学最后一位大师。他创立了博大的儒家思想体系。又因对先秦诸子思想均有批判吸收，他不仅是先秦儒学发展史之重要环节，也是先秦思想史具有承先启后意义的思想家。”参见孔繁“内容简介”，收于《荀子评传》，页1—4。

文献学考据，并且由此构画出先秦思想发展的系谱。木村英一（1906—1981）和金谷治（1920—2006）等对荀子文献的研究，即是当时日本学界这种气氛下的产物。

以文献研究的成果为基础，赤塚忠（1913—1983）也试图界定荀子思想在战国时代思想脉络中的意义，并且提出荀子研究在方法上未来可能的发展方向。赤塚认为，荀子思想的研究有三个重点：第一，荀子思想在战国时代思想发展的脉络中，不可被视为是与孟子同一层次的思想。换言之，荀子试图解决孟子所留下来的思想史上的课题。第二，身为拥护伦理价值的思想家，孟子和荀子的思想之间有着共同的特质。譬如，他们都从实践方面的角度思考伦理问题。也就是说，人人都需要达成伦理上的目标。第三，"礼"在荀子整个思想体系里面所扮演的角色。根据赤塚的看法，荀子的"礼"概念是在引进庄子辩证认识方法的基础上所建立的。因此，与荀子以前的概念和主张相比，这种高一层的"礼"思想具有不同层次的内涵及意义。此外，赤塚反对当时学者们认为荀子只是借由重复当时已有的论辩来为儒学提出辩护这样的主流观点。[27]

令人遗憾的情况是，上述赤塚的洞见，后来没有人继承发展。赤塚向未来的荀子思想研究提出"建议"，然而若回顾他所提出的观点，却很少有日本学者继承他的问题意识。因此，赤塚的"建议"在五十年后，变成批评过去研究的"总结"。除了与赤

---

27 赤塚忠：《荀子研究の二三の問題》，收于氏著《儒家思想研究》（东京：研文社，1986；此文初版于 1958 年），页 391—408。此文已由笔者翻译成中文。赤塚忠著，佐藤将之、林明照译：《荀子研究的若干问题》，收于《台湾政治大学哲学学报》期 11（2003），页 85—110。

塚同时期，指出稷下学者对荀子思想有重要影响的杜国庠，[28] 以及二十年后研究庄子对荀子“心论”之影响的 Lee H. Yearley 有比较接近的观点之外，[29] 赤塚的意见并没有引起过日本学界的注意；直到 1990 年代以后，胡家聪与菅本大二所进行的研究中，才开始有荀子统合了以前的各种概念和思想之看法。

其实，1950 到 1970 年代的日本，是西岛定生（1919—1998）和增渊龙夫（1917—1983）等历史学者，环绕着所谓“中国古代帝国形成论”问题展开大论战的时期。在此过程中，日本学者对于秦汉国家形成的制度、意识形态等问题，产出了丰富的研究成就。内山俊彦（1933—2020）对于荀子思想的研究，就反映了这一段时期日本历史学者对古代中国国家的看法，特别是他们所构画出的历史脉络与荀子思想之间的关系。由于内山并不采取把荀子的思想完全融入某种历史理论的模式中，因而他对于是否称呼荀子思想为“唯物论”，并没有表示明显的立场。如此，对内山而言，荀子思想的基本性格，并不在于支持某一个社会阶级或意识形态。[30]

内山的研究从厘清荀子自然观的部分着手，而与胡适、初期冯友兰一样，将荀子的“天”解释为“自然之天”，并且认为荀子的“天”观代表人力对自然世界的优势。[31] 其实，在此问题的探讨中，与中国马克思主义历史学的学者一样，内山也认

28 杜国庠：《荀子从宋尹黄老学派接受了什么？》，收于氏著《先秦诸子的若干研究》（北京：三联书店，1955），页 97—125。

29 Lee H. Yearley, “Hsün Tzu on the Mind,” 1980.

30 内山俊彦：《荀子》（东京：讲谈社，1999；1976 年初版），页 77—105。

31 内山俊彦：《荀子》，页 272—279。

为荀子思想形成的关键在于当时历史的趋势。然而，关于历史中的何种因素给个别思想家产生比较重要的影响这一点，内山的看法与中国马克思主义研究的理路不同。对内山而言，关键因素并不在于历史中某个阶级的崛起与没落，而是统一国家的出现。同时，虽然内山认为荀子的“礼”基本上是“社会规范”，但同时也因为大一统国家形成的历史脉络，他也将之解释为机构或一种统治“装置”（apparatus）。内山主张：因为当时的国家力量日益强大，荀子的政治社会理论也难免具有威权色彩，在这种状况之下，荀子实际能做的是以合乎社会伦理的规范来统治人民。但是，内山的结论是：国家统治装置毕竟仍是压制人民的工具，因此荀子“礼之王国”（内山语）的蓝图，只不过是幻想而已。总之，内山的解读可以说弥补了马克思主义历史学的困境：新兴社会阶级的开创思想家为何大力提倡“过时落后”的政治社会规范——“礼”。[32]

作为一种政治哲学的研究，内山的研究颇有丰富的内容。问题是，内山的研究虽然富有关于国家、统治或政治脉络的历史说明，但他一碰到荀子对当时思想本身的发展扮演了何种角色这一问题时，他却并没有提出具体的说明。其实，内山所设定的“历史趋势”，理论上应该对当时所有的思想家产生了同样的影响，荀子的思想怎么会只跟从当时（由秦国的）大一统国家的出现呢？不仅如此，在重视荀子思想的独特性之余，内山完全忽略它与其他思想之间的关系。总而言之，内山对荀子思想之历史意义的解释，最大的问题恐怕是他没有努力寻找文本

32　这样的观点在内山的论述中屡现。参见内山俊彦：《荀子》，页268—270。

中所呈现出的荀子的意图。从《荀子》本文的任何地方，我们都看不出荀子“因为秦国快要统一天下，所以要如何跟从……”的思维理路；相反地，荀子针对被描述为“四世有胜”（《议兵》）的秦国，却称其是“諰諰然常恐天下之一合而轧己”的国家。就荀子而言，没有实现道德力量的统治者，不具统一天下的资格与能力。[33]

在日本学界，内山之后的三十多年间，像他那样如此宏观又有系统的荀子思想研究未再出现。[34] 在内山以后，大部分的学者似乎只关注荀子思想的某些特色。如渡边信一郎从比内山还浓厚的历史研究的观点出发，讨论荀子的政治社会理论。值得注意的是，渡边的“历史”研究反而正确地注意到荀子之前的思想——特别是稷下学者与黄老思想——对荀子政治社会理论的影响。[35] 到了1990年代，菅本大二讨论了韩非以前所谓的“前期法家思想”对荀子“礼”理论的影响。[36] 渡边与菅本的研究，与当时愈来愈重视黄老思想对荀子影响的中国学界，有相辅而

33 其实，比较讽刺地，在某种意义上，荀子正确地观察出秦国的历代国君，虽然常胜战役，但一直保持“諰諰然常恐天下之一合而轧己”的警惕感，而秦国一直保持这样的警惕感，或许就是秦国在当时战国诸侯国中能独强的关键因素。

34 儿玉六郎出版过相当多的论文，这些论文以《荀子の思想》专书成册。不过儿玉的研究不能算为对荀子整体思想的研究。儿玉一系列的研究所关切的问题在于荀子的“性论”并非“性恶”，而是“性朴”这一点而已。参见儿玉六郎：《荀子の思想》（东京：风间书房，1993），页1—20。

35 渡边信一郎：《荀子の國家論》，《史林》卷66号1（1983），页1—32。本书第二章第三节的探讨也将提及渡边的研究。

36 菅本大二：《荀子における法家思想の受容：“礼”の構造に即して》，《日本中國學會報》集43（1991），页15—29。此文也有中文翻译。菅本大二著，佐藤将之、张哲挺、卢彦男译：《荀子对法家思想的接纳：由“礼”的结构来考察》，《台湾政治大学哲学学报》期11（2003），页111—136。

成之处。在中国大陆，稷下学术对荀子思想产生的影响，吸引了学者的注意。余明光、赵吉惠以及白奚，都从这个方面继续进行研究。

以下，让我们看看没有采用马克思主义历史学研究方法的学者。这些学者大多身处港澳台的学术单位，因而继承了胡适与冯友兰（初期）所发展的研究途径。在承袭胡适与冯友兰的下一代学者之中，曾在东京帝国大学攻读哲学和心理学的陈大齐（1886—1983），对荀子思想提供了完整且有说服力的看法。陈大齐认为，荀子哲学的最终目的，是要达成社会秩序——即“治”。陈大齐说：

> 荀子学说涉及心理学、理则学、政治学、道德学、教育学诸种学科，范围颇为广泛。其中心思想或其究竟目的，则在于阐发国家如何始可以平治，个人如何始可以善良，亦即在于讲求致治致善的途径。而在荀子看来，治乱与善恶几乎是同一意义。[37]

另外，属陈大齐下一代的韦政通（1927—2018），也受到当代新儒家代表学者牟宗三（1909—1995）的启发，[38] 提出一个理解荀子思想的系统之重要看法。韦政通把荀子思想的系统称呼为“礼义之统”：

---

37　陈大齐：《荀子学说》（台北：“中央”文物供应社，1954），页 7。

38　牟宗三：《荀学大略》（台北：“中央”文物供应社，1953）。

> 荀子思想系统的中心理念即“礼义之统”。在中国文化中，思想的主要领域，大体不外是对人、对事、对天三个方面；中国历代的大思想家的系统，大都是根据他的中心理念，对这三方面的问题及其关系所作的陈述。荀子亦不例外。荀子思想的主要部分，即是以“礼义之统”为基础，并于礼义效用的思考中，决定了礼义与人、与事、与天的关系；这一关系确定了，性、天的意义也就同时确定。[39]

在上述引文中，韦政通主张荀子的人性论、社会论以及形上论（如“天”论）均与他的“礼”“义”概念密切相关。近年来，龙宇纯继续发展了这个看法。龙宇纯特别注意“礼”与荀子的形上论之间的关系：

> 宇宙万有及一切人事无不摄于一礼字之中，礼不仅为人类行为及政治之纲纪，且亦为宇宙天地之本体。后一观念似不为学者所察及。学者所注意的只是：荀子在老庄之后，受老庄学说之影响，把传统以来的“主宰天”“义理天”或“人格天”看成“自然天”，却忽略了主张“隆礼”的荀子，放眼宇宙，早已悟出了“天地以礼合，日月以礼明，四时以礼序，星辰以礼行，江河以礼流，万物以礼昌”的“礼的宇宙观”。换句话说，“礼”才是荀子哲学的本体，“宇中一切不离礼”的观念才是荀子的基本观点。[40]

---

39 韦政通：《荀子与古代哲学》（台北：台湾商务印书馆，1966），页 47。

40 龙宇纯：《荀子研究论集》（台北：学生书局，1989），页 70—71。

借由韦政通和龙宇纯所提出的看法，我们了解到“礼”概念在荀子整个政治社会理论，以及形上论中的重要角色。此外，正如陈大齐所提出，若荀子哲学的最终目的是要达成社会秩序（治）与推行伦理（善）的话，我们可以想象荀子的“礼”概念正是实现这些理想的关键因素。

总而言之，本书所要进行的研究，其出发点可以以如上几位学者发展出的观点为切入点：“礼”概念使荀子整个思想体系中的各种主张，具备一贯的结构。因此，荀子思想体系中的“礼”概念，不仅是仪礼及社会规范的具体主张；更是在道德修养、政策指针，以及天人关系等讨论中，居于最高价值的理念。承接此问题意识，本书所要阐明的主题是：透过分析、比较荀子和荀子之前“礼”概念的用例，来进一步厘清荀子“礼”概念与他之前的“礼”概念的差异。如此，“礼”概念让整个荀子思想具备统合性这一点所发挥的思想功能，也将随之呈现。

## 第二节　本研究的构想

前文整理了研究荀子思想的主要脉络，评述了这些研究的长短处，并从中推导出本书的基本观点与探讨方向：把“礼”概念当作荀子哲学整个系统的关键因素。因此，这项研究可说是继承赤塚忠、陈大齐、韦政通以及龙宇纯的研究方向。无可讳言，他们在整个荀子思想体系中，观察出“礼”概念的重要性，但这并不意味着本项研究只做以上研究既有成果的简介。而与其引进他们对荀子“礼”的研究之结论本身，不如借此探讨为何将“礼”视为荀子思想的核心，会比较有说服力。

若回顾一下在中日学界中国思想的研究之情形，至少到了1980年代，有关方法论的探讨较不活泼；这种状况与1960年代以降，自从 Quentin Skinner 提出挑战后不断展开方法论辩论的西方政治思想史研究，形成明显的对照。[41] 直到1990年代，从事研究中国古代思想的中国和西方学者，才开始注意到建构可靠的思想演变图像在方法论上的困难。

除了《吕氏春秋·十二纪》的“序意”载有完成年次，使我们得以合理推测其成书年代为公元前240年左右之外，其他几乎所有先秦思想文献的著作时间都难以考证。愈是古老的文献，要厘清其文献和文献思想之间的影响关系愈为困难。尤其是我们应该认识到，复数文献成立的顺序，并不一定能代表这些文献之间的思想形成的顺序。因此，问“《论语》和《老子》所包含的思想中，哪一书的思想比较古老”，[42] 并不等于问“《论语》和《老子》，哪一部较早成书”。面对这种困难的状况，采用何种研究方法才能勾勒出某种思想的演变，以及在不同文献

---

41 James Tully (ed.), *Meaning and Context: Quentin Skinner and his Critics* (Oxford: Polity Press, 1988). 该书包含 Skinner 对过去政治思想研究提出方法论上的深刻批判的最具代表性的论文，对 Skinner 的批评以及 Skinner 的回应。

42 对“文献的撰作或编辑的年代”和“此文献中的思想年代”之两种情况的理解混淆的尝试在白牧之（E. Bruce Brooks）和白妙子（A. Taeko Brooks）的研究中十分显著。白氏夫妇的目标是考证《论语》各篇所形成的年代。但是其研究手法是由对某段内容的思想解释与难考证的历史叙述的时期之对应来探求《论语》各篇的绝对年代。参见 E. Bruce Brooks and A. Taeko Brooks, *The Original Analects: Sayings of Confucius and His Successors* (NY: Columbia University Press, 1998), pp.1-11、201-256. 在方法论层次上与此可以相对照的观点是，木村认为《论语》各章也是由各个段论经过长期反复的“重编辑”过程来扩张的。在此过程中，极难断定某整篇思想内容的绝对思想年代。请参见：木村英一:《孔子と論語》(东京：创文社，1971)。

中的两种思想之间的异同或影响关系呢？

## 第一项　中国与欧美学者所采取的研究途径

在这十几年以来，有些中国学者开始讨论研究思想史方法论的问题，对马王堆汉墓思想文献的研究之进展刺激了此趋势：因为《五行》《黄帝帛书》等佚书的出现，确实要求我们修正过去对思想史演变的理解。更何况，1998 年郭店楚简的公布加速了这种趋势，在这样的研究环境变化之下，研究中国古代思想的学者也开始从方法论的层次进行反省。在这里，我们先看看研究中国古代思想的中国和欧美学者如何应对如上状况。

首先，可以代表中文学界道家思想研究的陈鼓应，在研究马王堆汉墓新出土的佚书《黄帝帛书》的思想时，注意到某些概念字有单独使用的例子，以及与其他概念字连起来成为另一种概念字的例子。譬如说，若在某一个文献中“道”和“德”两个字是单独使用的话，则其形成，会比使用“道德”这一复合词的文献还早。[43] 另外，有的中国学者也注意到概念字的意涵之扩大。王博在《黄帝帛书》和所谓《管子》四篇中的“气”概念之使用的比较研究中表示：在后者的思想里面，“气”字有丰富的哲学意涵，而在前者中则找不到。因此，他的结论是《黄帝帛书》思想的形成，比《管子》四篇来得早。[44] 胡家聪则为了主张《管子》并不是管仲本人的著作，而提出“内证考据”

---

43　陈鼓应：《黄帝四经今注今译》（台北：台湾商务印书馆，1995），页 35—36。

44　王博：《〈黄帝四经〉与〈管子〉四篇》，《道家文化研究》辑 1（1992），页 199—213。

的研究方法。[45] 虽然胡家聪的方法看起来相当客观,但是他的"内证"仍然缺乏能决定思想早晚的客观判断标准。结果，他似乎只能"内证"出自己原本就想要勾勒出的思想发展图像。总而言之，这些中国学者倾向于借由各个单字或句子的比较，来决定整个文献与文献之间的思想早晚关系；但他们却未考虑到这些单字与句子，只是某一个主张或思想中的附属因素而已。换言之，由"旧"概念或"旧"句子构成的主张或思想，不一定像这些概念或句子本身一样旧。正如概念或观念一样，某个主张或关于某个主题的思想内容，也会随着历史而有相当的演变发展过程，而这些过程的情形在某种程度上，可以借由合理地推测来掌握。比方说，对某个理念的反对立场，不能比原来的理念早出。同样地,（如《庄子》中的）怀疑主义是对于某些思想的强烈主张之反弹，相对主义是在发现两个不同立场的辩论互存僵持的状况之下才会形成，等等。如果在一个时代的思想发展过程中，各思想家之间确曾一直不断地互相接触的话，如上的"假设"可成为研究思想发展过程的基本前提。其实，这个前提与目前许多中国学者所主张的"《老子》哲学比孔子早出"之说格格不入。

在这十几年间，西方学者对中国学者的思想史探讨方法往往表示了怀疑：中国学者的探讨方式往往与"思想发展上之基本前提"并不符。陈汉生（Chad Hansen）明确反对道家比儒家早出之说法。[46] 另外，罗浩（Harold D. Roth）则主张把

45 胡家聪:《管子新探》(北京：中国社会科学出版社，1995)，页 12。

46 Chad Hansen, *A Daoist Theory of Chinese Thought: A Philosophical Interpretation* (Oxford: Oxford University Press, 1993), pp. 200-204. 也可参见陈汉生( Chad Hansen ):

“《圣经》考据学”引进到先秦文献研究领域之必要。[47] 雷敦龢（Edmund Ryden）也支持罗浩的这个观点。[48]

其实，一些学者借着扩大探讨的视野，如从思想文献的范围延伸到含有各种神话和传诵故事的部分，来试图进一步勾勒出战国思想中的概念、论述结构、故事主题、意图等的演变过程。譬如说，Mark E. Lewis 借由这样的方法，分析战国时代的思想家对“古代”战争之叙述内容，并且发现战国思想家借由讨论“古代”战争的方式来阐述思想家自己对战争的技术、战术、战略、理想将领的资格等问题的看法。[49] 受到 Lewis 启发的普鸣（Michael Puett）则观察到，在对各种故事，如对黄帝那样古代传说人物的叙述中，我们可以看到战国思想家对国家起源、君臣关系等问题之看法的演变过程。[50]

## 第二项　日本学者研究中国古代思想的三个视角

事实上，为了勾勒出先秦思想演变发展的脉络，日本学界不断注重研究方法的改善。其实，日本的中国思想研究，从 19

---

《道家在中国哲学中的地位》，《道家文化研究》辑 15（1999），页 26—28。

47 Harold D. Roth, “Redaction Criticism and the Early History of Taoism,” *Early China*, vol. 19 (1994), pp. 1-5.

48 Edmund Ryden, *The Yellow Emperor’s Four Canons: A Literary Study and Edition of the Text from Mawangdui* (Taipei: Ricci Institute and Kuangchi Press, 1997), pp. 265-272.

49 Mark E. Lewis, *Sanctioned Violence in Early China* (New York: SUNY Press, 1990), pp. 211-212.

50 Michael Puett, “Nature and Artifice: Debates in Late Warring States China concerning the Creation and Culture,” *Harvard Journal of Asiatic Studies*, vol. 57-2 (1997), pp. 471-518.

世纪最后20年以东京大学的年轻学徒引进近代西方的“哲学方法”以来，发展出“东西方哲学比较”的方法，此研究方法在1900年、1910年前后到达顶点。接着，在甲午战争胜利之后，轻视中国的社会风气让当时的汉学家深感传统汉学的危机，而自刚成立不久的京都帝国大学出身的年轻学者，开始注重从中国固有的历史脉络来理解中国思想史的意义，这就是所谓“中国学派”的崛起。第二次世界大战后，“中国学派”的观点几乎完全取代了东西方比较哲学的方法，而成为迄今日本中国古代思想史研究的主流。从研究方法的层次来说，经过对第二次世界大战半世纪以上的文献和思想的仔细研究，日本学者发展出了一些研究方法上的共同视角，即日文所说的“しそうしほうほうろん（思想史方法論）”。[51] 此“思想史方法论”要求研究中国古代思想的学者特别注意如下三种观点：

第一种观点，是涉及分析各个概念意涵的研究方法。这个层面所提出的方法论视野，基本上与陈鼓应、王博等当今的中国学者，以及普鸣所采取的途径并没有太多的差异。[52] 日本学者长年以来分析了先秦思想中之主要概念，例如，竹内照夫（1910—1982）对“仁”概念的研究，[53] 加藤常贤（1894—

51 关于日本学者对东亚思想史整体的方法论省思，参见丸山真男：《思想史の考え方について》，收于武田靖子编《思想史の對象と方法》（东京：创文社，1967），页3—33。关于日本学界对中国思想史的研究之回顾，参见赤塚忠：《序言》，收于赤塚编《思想概論》（东京：大修馆书店，1968），页1—27。

52 普鸣仔细分析了战国文献中“作”的用例和其思想意涵的演变。参见 Michael Puett, “Nature and Artifice,” pp. 471-518。

53 竹内照夫：《仁の古義の研究》（东京：明治书院，1964）。

1978）对“礼”的研究,[54] 栗田直躬（1903—1998）对“心”与“性”概念的研究，[55] 还有小野泽精一（1919—1981）等学者对“气”概念所进行之共同研究，等等。[56] 这些研究大部分是在1950年代之前就已进行。

第二种观点，是把思想史视为不同时代思想家之间的问题意识的继承，或是探求后一个时代的思想家是如何“解决”前一个时代的思想家所留下的思想问题。保持此研究途径的人，特别注意思想史的脉络与思想家之间论辩焦点的演变。举例来说，采用此途径的学者这么问道:“为什么《老子》批评伦理价值？”并在提出这种问题的时候，认为《老子》对伦理价值的批评，反映在此之前曾经有人主张过伦理价值的重要性。另外，使用此研究手法的学者，所注意的是在构成某一个主张背后的理论性。譬如，尽管某一种主张由看似古老朴素的句子、单字或术语所构成，其背后的思想内容本身不一定就如此朴素。换言之，作者可能是以古老朴素的语法，来阐述自己当时相当先进的思想内容。在具有如此思想发展阶段的文献段落中，通常论点本身会被比较清楚且有系统地提出来，而且整段论述是由一个核心概念（主题概念）来得以统整。这样的主题概念由于具备高度的分析性内涵，通常是基于此前相关主题的讨论之后才被提出来的。专攻中国古代逻辑和论辩史的学者大滨皓（1904—1987），便采用此研究途径分析《老子》一书思想之哲

54 加藤常贤:《禮の起原と其發達》（东京：中文馆，1943）。

55 栗田直躬:《中國上代思想の研究》（东京：岩波书店，1949）。

56 小野泽精一编:《氣の思想：中國における自然觀と人間觀の展開》（东京：东京大学出版会，1978）。

学系统性。他认为《老子》的成书应在《孟子》和《荀子》之间。[57]赤塚忠、板野长八（1905—1993）以及金谷治，则分别把古代中国思想的演变勾勒出来，而他们的讨论比较成熟且相当有说服力。[58]

第三种观点，在哲学的写作方式中，“对话”亦是作者阐述其思想的主要写作手法之一，而柏拉图的作品为其显著的代表。其实，中国古代的思想文献也并不例外。不过，在解读这些对话时我们应该要注意的是，不得混淆历史上实际存在过的对话与此后思想家托古创造出的对话。举个简单的例子，应该没有学者会把《庄子》中孔子和其弟子之大部分对话当作历史事实。我们认为这些对话是《庄子》作者之创造，或是属于当时的传说之类。以此为前提，日本学者将此假设扩大到几乎所有先秦文献中的对话，包括《论语》在内。譬如说，和辻哲郎（1889—1960）和津田左右吉（1873—1961）的《论语》研究，都怀疑传统学者在叙述孔子思想时所引用的许多重要句子的代表性。换言之，他们均认为从现本《论语》中孔子发言的内容，我们还难以真正了解孔子本人的思想。[59]同样地，吉永慎二郎研究《墨子 · 兼爱》三篇中的“兼”和“兼爱”概念，也认为

---

57 大滨皓:《老子はいつ頃の思想か》，收于氏著《老子の哲學》（东京：劲草书房，1962），页 295—328。

58 板野长八和金谷治写的著作分量相当庞大。这里只各举一本最可呈现他们对古代中国思想有系统的观点的专著。板野长八:《中国古代における人間觀の展開》（东京：岩波书店，1972）；金谷治:《秦漢思想史研究》（东京：日本学术振兴会，1960）。另外，赤塚忠的研究有著作集。参见赤塚忠:《赤塚忠著作集》卷 1—4（东京：研文社，1986）。

59 和辻哲郎:《孔子》（东京：岩波书店，1990；1938 年初版）。也请参见津田左右吉:《論語と孔子の思想》（东京：岩波书店，1964；1946 年初版）。

“故子墨子曰”一句，就能证实此句之前的段落应该是墨子后学的作品。[60] 事实上，最被日本学者怀疑其历史实在性的文献记载为《春秋左传》中的春秋国君、高官和贤人（如管仲、叔向、子产等）之间的对话。也就是说，日本学者通常认为《春秋左传》中的故事、对话所呈现出的思想——这些往往是借由春秋时代王公贵族和贤人之口所言的——所代表的应为战国时期无名思想家的主张。

一般来说，在上述三种日本学者提出的观点之中，中国学者善于考虑第一种途径。相对地，虽然思想演变的研究还未成为西方汉学的主要焦点，但至少西方学者通常也注意到第二种途径。而本研究则进一步将第三种观点也放在分析视野中，并试图阐述战国时代的思想演变，以及荀子如何统合他之前的各种概念和主张的问题。

## 第三项　本书的关注议题和论述结构

如本书开头所言，本研究的目标在于阐明荀子思想的整体性特色。不过为了了解某个思想的整体构造，我们需要了解其思想的各种构成要素的内容，以及这些内容在被统合之前的情形。因此，本研究同时需要阐述战国时代各种概念和论述的发展、演变过程。荀子思想以“礼”概念统合了多种观念和论述，并借此获得了比他之前的思想更具高度的系统性和理论性。在

60　吉永慎二郎:《墨翟兼愛を説かず :〈墨子〉兼愛篇の論理と構造》,《集刊東洋學》号 67（1992），页 1—20。

此分析架构下，本书的关注是荀子之前“礼”概念的演变。在讨论荀子思想的特色时，我们不可将下面两点加以混淆：“荀子是‘礼’哲学的创始者”以及“荀子是‘礼’哲学的提倡者”。一般而言，荀子的角色往往只被视为提倡者而已。的确，从现存的资料来看，“礼”概念的哲学意义可能是孔子所开创的。然而，我们也要注意的一点是，直到荀子在理论层次上的努力，“礼”概念和与“礼”相关的思想内涵，才从原来比较简单的个别论述转成一个比较完整、系统性之哲学论述。然而，为了了解荀子在“礼”思想的发展中所扮演的独特角色，我们必须先反过来厘清荀子之前“礼”概念演变的面貌，以及荀子如何借由“礼”来统整过去各种思想的问题。

在考察荀子之前“礼”概念之演变的同时，若考虑其他各种议题在整个战国时代的发展，我们将能观察出当时整体论辩脉络中的一种巨大的转换。假如我们归纳代表战国初中期思想的三份文献——《论语》、《墨子》（暂除形成时期比较有争议的“墨辩”诸章）、《孟子》——较为关注的议题，我们会发现，其作者们的兴趣始终指向于伦理目标的达成。对于今日社会科学所要分析的社会机制（mechanism）本身的问题，或作为其理论基础的形上问题，似乎并未引起很大的理论性关注。

相形之下，在可能是孟子到荀子之间——其主要内容大概在前310—前280年所形成——的文献，如《黄帝帛书》《管子》以及《慎子》等战国中晚期齐国或稷下学者的论述之中，则充满对社会、政治机制的分析，以及对形上议题（如“道”的原理等）的探求。由是观之，战国早中期论述的特色，可以由对伦理价值的一种“论争性”（argumentative）和“主观性”

( subjective ) 的态度来代表；而在战国中后期的著作中，我们则可以看出对国家机制和原理问题的一种 "分析式" ( analytic ) 和 "客观性" ( objective ) 的态度。如此，先秦思想的发展，实经历了从以伦理价值的提倡为核心议题的 "伦理论辩" ( ethical discourse / argumentation )，转换成对社会政治论题和形上学议题的分析，即 "分析论述" ( analytical discourse ) 之过程。而且，如下所述，引起如此巨大转变者，似乎是当时聚在齐国而被司马迁称为 "稷下先生" 的卓越思想家们。[61] 甚至还有这种可能：司马谈在《论六家要旨》中对 "道家" 思想特色的分类，以及韩非之前所谓 "前期法家" 的抬头，也是经过稷下 "分析论述" 的思想活动而成形的。

尽管如此，在处于战国后期的荀子思想中，我们还是能够发现其强烈的伦理主张，毕竟《荀子》一书，如《论语》《墨子》以及《孟子》一样,也关注伦理价值的实践和推行。关于这一点，毫无疑问地,《荀子》也与此三者一样热烈辩护伦理价值。若是如此，那么在代表战国后期之思想的《荀子》中，是否能发现如上所述的 "分析论述" 的思想特质呢？至此，换个角度仔细观察其论述伦理价值的方式,我们将发现《荀子》与《论语》《墨子》《孟子》有着相当不同的论述风格。《荀子》在许多地方都 "分析" 了国家机构和形上问题。而且在《荀子》的 "分析性" 的论述中，似乎都引进了许多稷下学者所深化的几个理论观念词，如 "分" "公" "理" 等。然而，荀子同时也追求以伦理的方式

61 《史记·孟子荀卿列传》:"自驺衍与齐之稷下先生，如淳于髡、慎到、环渊、接子、田骈、驺奭之徒，各著书言治乱之事，以干世主，岂可胜道哉！"

来解决国家、社会运作的理论性问题。正因为如此，虽然他使用这些理论观念词来分析国家机构和形上原理的问题，但他最后提倡的价值，绝不脱离“仁义”“礼”“忠”等传统儒学的伦理概念。由是观之，笔者的假设是，荀子是“伦理论辩”和“分析论述”两种思想脉络的统合者，且我们在此两种论辩的统合中，可以找出荀子思想在古代中国政治思想发展上的莫大意义。就荀子而言，“礼”概念的统合功能，就在如上所述的两种论辩的综合上，发挥了其最大功能。换言之，荀子针对当时流行的各层伦理、政治以及形上议题，都一贯地提倡“礼”的功效。如此，荀子针对他之前的思想家提出的不同面相的议题，都以“礼”的实行为终极解决的方法。

## 第四项　本书的讨论步骤与内容

基于上述的视角，本书将以五个步骤来进行讨论：

在第一章中，笔者将描述荀子的著作和生平。第一章的前半部分讨论其著作。大致上应该可以说《荀子》一书是比较可靠的书籍，至少没有可能是在魏晋时期才伪造出来的这种真伪问题。然而，这不意味着《荀子》一书的内容就能够代表荀子本人的思想。而且除了刘向《叙录》附上的目录之外，并没有推知当时《荀子》文本存在情况的资料，自然更难以获悉西汉早年《荀子》的流传情况。在资料上有如此多限制条件之下，笔者检验了当代学者如何思考《荀子》一书与其作者之间的关系，将之整理为五种主要的不同立场，并评述各个观点的得失。

第一章的后半部分则探讨与荀子生平相关的问题。然而，我们手上却相当缺乏正确叙述古代历史人物之生平的可靠资料。虽然在《左传》或《史记》等文献中保留着有关某一历史人物的叙述，但从当代严格实证史学的标准看来，这些叙述之中的绝大多数，恐怕都无法反映真正的历史事实。特别是在撰写古代思想家生平时，此思想家写过的作品本身可能就是描述其生平的第一手资料。实际上，探讨作为历史人物的荀子与作为文献的《荀子》之间的关系，也脱离不了此种困境。据此，该章的主要目标，与其说是提供关于《荀子》作者“荀子”之生平的完整叙述，不如说只是整理过去学者对此议题的各种异议，以及各种观点的论据。

第二章探讨《荀子》所统合的各种思想成分。而在探讨这个问题之前，先要说明战国中期（大概公元前 4 世纪末到公元前 3 世纪初）时段的思想环境，指出在这五十年之间，战国时代的思想主流从“伦理论辩”逐渐转变为“分析论述”。笔者将探讨主导此两段论辩的重要观念和论述的特征。笔者认为，构成“伦理论辩”的主要文献之《论语》《墨子》以及《孟子》（笔者也将《论语》和《孟子》的思想称为“早期儒家”），指出早期儒、墨的“伦理论辩”主要的培育对象并非一般的官员，而是“邑宰”——也就是说地方城邑最高行政首长——以上的统治人才。且他们所提倡的伦理价值最需要能够在此层次发挥，因为他们为当地最高位的行政官，所以在这样的权力关系下，没有人或法规能够有效控制他们的行为。由此观之，无论此伦理学说中宗教因素之多寡，其思想与政治有不可分割之关系这一点则是必然的。相形之下，阐述“分析论述”的崛起部分的探讨，笔者的焦点在于齐国稷下的思想活动。正如司马迁所称，稷下学者所重视的议题，是说明一个国家“治”或“乱”的真正原因是什么。由此问题意识出发，我们将探讨“分”“法”等分析性术语逐步从普通名词转变为理论性概念的情形，也将观察这段转变时期的思想家在论证手法上的随之提升且精致化。

第三章则从评述过去学者对“礼”的研究开始讨论，而由此导出本书所采用的，回顾“礼”概念之历史演变的研究方式。也就是说，本章追溯“礼”概念从古代到战国后期的演化过程。笔者所参考的资料为甲骨文、金文、《诗经》以及战国各种思想文献。笔者借此方式想要论证的重点之一是，早在春秋时期，“礼”字的完整内涵，就无法只以英文的“rituals”一词呈现；因为使用“rituals”一词，将会隐蔽其“礼”在非仪礼方面的重要意涵。该章的另一个重点,则在于对《晏子春秋》和《管子》之中“礼”概念的分析。笔者分析这两份文献的全部“礼”的用例，并观察到“礼”在其中开始具备一种形上的意涵。根据这一点，我们便能够理解“礼”概念在《荀子》中具备的形上意涵，恐怕非荀子本人的发明，而是从《晏子春秋》与《管子》等齐国思想传统中发展出来的。但过去对“礼”概念或“仪礼”的研究，并未细心注意齐国“礼”思想本身的意义。

在第四章中，承接第二章的结论和方向，笔者进一步探讨荀子如何用“礼”概念来统合他之前的思想家所提出的各种概念与论述。此处，将“礼”概念之外的，构成荀子思想的成分分为两层：第一，直接继承儒、墨的“伦理论辩”的部分；第二,主要由稷下学者的“分析论述”所发展出的思想成分的部分。在第一层特色的探讨中，笔者将反驳对比荀子与孟子时常提出的主流观点：“与孟子比起，荀子贬低了道德价值的重要性，因而他允许极权统治。”笔者提出与此完全相反的观点：荀子忠于实现道德政治的程度，是一点也不亚于孟子的。而在第二层的探讨中，笔者乃提出荀子为稷下的“分析论述”之综合者。此处，笔者之所以把荀子思想视为稷下思想的继承者，是因为其政治社会理论的最终目标与稷下学者同样，在解决“治乱”问题之际，以推类的方式将三种领域——“天地”“人体”以及“人类社会”——结合起来。此结合分别由：(1)“天—地—人(统治者)”之间的关系，(2)“人体与社会”之间的推类所构成。换言之，荀子在“天地”和“人”(统治者)，以及在“心—体”和“统治者—人民”之间的推类关系上，要求统治者仿效“天地”和“人体”原本便达成的秩序，并且将此秩序实现于人类社会。

在第五章中，笔者观察荀子思想以“礼”概念将他以前发展出的各种观念与论述统合起来的情形。该章前半部分探讨的重点，可归纳为如下两点：第一，在荀子思想中，“礼”系一个伦理价值，并且人类社会由此始得以有秩序和安宁。“礼”概念的这种特质通过“礼”概念和“伦理”义的“义”概念，以及系“社会身份和角色之区分”和“资源的分配”义的“分”概念结合来呈现。如此，“礼治”将成为根据伦理价值而带给人类秩序的代名词。第二，在与达成民间秩序功能之“乐”概念相结合的过程中，“礼”概念的“秩序”义更为呈现出来。“礼乐”中所呈现的“秩序”意涵可以与“道”概念相通。

在该章后半的讨论中，则试图阐明作为具体达成社会秩序的实际有效方法的“礼”的两种功能。第一个功能是，“礼”为选出在天下或整个国家中的地位仅次于国君的相国的时候，特别需要采用的道德标准。荀子坚信人的德性能够由“礼”的实践呈现无遗。另一种功能则是作为修身之际的具体实践的项目。此面相的“礼”，特别是在《修身》的论述中与“善”的组合相提并论。荀子主张“礼”的实践能引导人的欲望、气息、多种心理情感以及由此发出的言行，使它们都能获得适当的和谐状态。由是观之，“礼”对解决一个人生命中的心身关系的调和，以及整体社会的“生命”之秩序和安宁，均提供了有效、实际、可实行以及终极的解决之道。

在结论部分，笔者将荀子思想的整体意义归纳为如下三点：第一,荀子政治社会理论的终极关怀是人类社会的“治乱”问题。第二，正如司马迁将荀子的学术称为“帝王之术”，其学术的重要功能，是为了将如“天地”和“人体”生理系统般的秩序带给人类社会的（未来的）帝王而设想的。第三，荀子从未怀疑过道德为促进统一天下的绝对必要条件。也就是说，荀子对道德的信念绝不亚于孟子。

第一章

# 《荀子》文本与荀卿的生平

## 引言

本章的讨论分成两个部分。在前一半，笔者先探讨《荀子》一书的成书、编辑以及流传，然后论较《荀子》一书是否能代表荀子本人的思想之五种观点的得失。[1] 在后一半则探索荀卿的生平。在所有荀卿生平相关的“记录”中，除了他卸任兰陵令的前 238 年——亦即任命他的春申君（黄歇，生年未详—前 238）之死亡年——可以大概确定之外，其他事迹的时期并没有可靠的记载，因而学者之间针对他的生卒年、活动时期等问题存在着很大歧见。职是之故，本章的讨论基本上并不意图构筑“正确”的荀卿年谱，而是考虑当代学者的不同观点，尽以合理的推测概述荀卿可能的事迹。

1　本章为了明确其文本和作者之间的区分，系指其文本时将使用“《荀子》”，而系指其人时则使用“荀卿”。

## 第一节 《荀子》的文献考察

本节的目标是陈述《荀子》文献的编辑以及流传之过程。关于刘向（前77—前6）的编辑和至今各种版本流传的历史，已有详述的研究，到目前为止也没有会导出新见的版本等资料。因此本节不会再赘论与《荀子》文本流传相关的具体问题，而其讨论要聚焦于：第一，刘向以及杨倞的编纂所带来的思想意义；第二，现本《荀子》是否能代表荀卿本人思想。无可讳言，现本《荀子》的雏形是刘向校订而成的，而在此之前其文本以多种多样的方式流传，而且其数量也应该非常多（后详述）。可惜的是，我们仍没有确切的材料可用以判断《荀子》一书是否代表荀卿本人的思想。在20世纪以来的荀卿思想研究当中，不少学者探讨过此项问题，且导出了相当多样的见解，但迄今尚未得到适当的整理与评述。为了进行比较具有说服力的荀卿思想研究，除了我们了解的，如前章所探讨的当代学者对荀卿思想本身的看法之外，还需要了解他们在导出如此结论时，对《荀子》文本和其作者之间的关系之多种观点。

### 第一项 《荀子》的文献形成与流传

关于《荀子》文本的相关议题，大概可以分成两个：第一，西汉刘向删定《荀子》三十二篇之后的文本流传的问题；第二，今本《荀子》一书能否代表荀卿本人思想的问题。

就笔者所悉，日本针对今本《荀子》各篇之间思想关系的研究,是从1930年代开始崛起。木村英一、[2]金谷治、[3]丰岛睦[4]等学者，各自发表了对《荀子》文本成书和流传的研究。至于今本《荀子》各种版本之间的流传关系，近来高正对中国保存的大量现存文本进行了详细的考察，并描述出文本流传的详细系谱。[5]在英美学术界中，德效骞也曾经叙述过文本的历史。[6]率先提供《荀子》全英译本的John Knoblock（1938—1998）也在“介绍文本”的讨论中说明过版本的来源和特色，以及彼此之间的引述关系。[7]鲁惟一（Michael Loewe）同样也提供了《荀子》主要版本的简介。[8]在这些先行研究当中，高正的专书最为详细。刘向编纂之后《荀子》历史的阐述,大概都基于上述的研究。而笔者在此的论述，则较注重这些文本的流传背后，所能观察到的思想意义。

根据上面列举的文献学研究，我们可以知道，荀卿去世后，《荀子》成书及流传的过程大概可以分成三个阶段。下面我们按照历史顺序，说明其文献流传的思想意义。

---

2 木村英一:《荀子三十二篇の構成について》,《支那學》卷8（1935），页15—45；木村英一:《讀荀子二則：書誌學的劄記》，收入氏著《中國哲學の探究》（东京：创文社，1981），页183—197。

3 金谷治:《荀子の文獻學的研究》,《日本學士院紀要》卷9号1（1951），页9—33。

4 丰岛睦:《荀子文獻批判の一方法》,《哲學》（广岛大学）卷5（1955），页59—71。

5 高正:《荀子版本源流考》（北京：中国社会科学出版社，1992）。

6 Homer H. Dubs, *Hsüntze: The Moulder of Ancient Confucianism* (London: Arthur Probsthain & Co., 1927), pp. 39-47.

7 John Knoblock, *Xunzi: A Translation and Study of the Complete Works,* vol. I, (California: Stanford University Press, 1988), pp. 105-128.

8 Michael Loewe, “Hsün Tzu,” *Early Chinese Texts: A Bibliographical Guide* (CA: University of California, Berkeley, 1993), pp. 178-188.

### （一）从荀子过世至刘向的文献形成（约前250年至前20年）

司马迁在《史记·孟子荀卿列传》中撰写关于荀卿的情况时，如此写道："于是推儒、墨、道德之行事兴坏，序列著数万言而卒。"而现本《荀子》有九万一千多字。虽然我们现在无法得知司马迁是否看过现本《荀子》的全部内容，但荀卿的弟子们应该各自流传了不同样貌的荀子书（此"荀子书"在何种程度上能代表荀卿本人的思想是另一个问题）。此处的问题在于，我们没有任何有关在此时被冠上"荀子"之名的书本是如何流传的记录，以及南宋以前的任何现存之文本。然而，关于此问题的线索也不是完全付之阙如。事实上，在西汉时代撰写或编辑成的文献中，有许多与《荀子》相似，甚至几乎一样的章节段落文字，我们可以由此推测在刘向编辑之前，《荀子》原型文献之蛛丝马迹。

在可以认定为西汉前期撰写或编辑的文献当中，含有与现本《荀子》类似或相同段落文字的文献有《韩诗外传》《史记·礼书》《礼记》以及《大戴礼记》此四者。如下所述，其实在20世纪初期，学者们便已讨论过，究竟这些段落是抄录自冠上"荀子"之名的原型文献，还是现本《荀子》（西汉时代）的作者或编辑者们从上述文献抄下来之问题。不过，无论是哪种情形，在20世纪后半叶的日本文献学者们一致认为，现本《荀子》的几种母本，在刘向的编纂之前应该已存在。[9]

首先，《韩诗外传》中与《荀子》相似的章节段落高达五十五处。[10]《韩诗外传》的编者韩婴（韩生）是汉文帝时期的

9　在下节中，将考察这一课题的内容以及学者们的观点。

10　丰岛睦：《韓嬰思想管見：〈韓詩外傳〉引用荀子句を中心として》，《支那學研究》号33（1968），页50—58。此外，余崇生也详尽地以列表的方式，对比了45段《荀子》和《韩

博士之一，而《韩诗外传》是由在汉文帝统治期间，即大约前177至前157年时期的著作所编成。[11] 因此，《韩诗外传》是可以证实今本《荀子》的内容真正存在过的文献中时间最早的。众所周知，《韩诗外传》一书是搜集许多故事而组成的，并且借由引述《诗经》的一节来当作总结。这种在结论部分引《诗》来证实自己论点的写法，与《孟子》和《荀子》的论述方式类同。

若我们假定荀卿在前230年左右逝世，《韩诗外传》的撰作时期则会落在荀卿死后的八十年以内。这一点让我们得以推测，韩婴可能遇见过荀子的弟子，譬如说浮丘伯。[12]《汉书》上记载，浮丘伯在吕后（前241—前180）统治时期的前187年到前180年，居住在汉朝首都长安，而当时正好是韩婴担任博士的几年前，[13] 因此韩婴至少应该接触过，由浮丘伯或其他荀卿弟子所传抄的《荀子》原型文献。也就是说，《韩诗外传》中与《荀子》相关的段落，很可能是从荀卿弟子的传抄本中直接抄录下来的（若韩婴见过浮丘伯，那他甚至还可能看过荀卿的亲笔文稿）。若是如此，笔者倾向于认为，《韩诗外传》中的引文或多或少反映了荀卿的思想，也就是说，《韩诗外传》无疑是一本可以用来重建《荀子》原始状态的最核心资料。

此外，《礼记》与《大戴礼记》也含有六段与《荀子》相似的文字。其中有些因为篇幅够长，甚至可以自成一篇。[14] 正如

---

诗外传》相近的文句。余崇生：《〈韓詩外傳〉研究（一）〈荀子〉：引用文との對照表》，《待兼山論叢》（大阪大学文学部）号17（1983），页21—36。

11 《史记 · 儒林列传》曰：“韩生者，燕人也。孝文帝时为博士，景帝时为常山王太傅。”

12 关于荀子的弟子，请参照本章最后一节。

13 见《儒林传》。

14 杨筠如：《关于荀子本书的考证》，见罗根泽编《古史辨》册6（香港：太平书局，

丰岛睦与廖名春都指出的,《史记·礼书》也引用了《荀子·礼论》的大量文字。丰岛睦进一步主张,《礼书》所保存的与“礼”相关的论述,甚至比现存《荀子》中所保存的更为完整。[15] 实际上,司马迁对“礼义”(即国家的伦理大纲)与“礼制”(即国家机构)的说明,例如“礼者养也”“先王恶其乱,故制礼义以养人之欲”“故礼,上事天,下事地,尊先祖而隆君师”等句子基本上都仍依据现存《荀子》中所看到的内容。

### (二)从刘向之后到唐朝杨倞的重编(约前 20 年至 818 年)

西汉的多种文献,如《韩诗外传》《礼记》《大戴礼记》《史记》等,引述了与现本《荀子》同样的段落和句子。这个情形,可暗示冠上“荀子”的几种版本——无论是以数万字的整份文本,还是只不过几百字之单篇的方式——在刘向之前应该在汉代知识分子社群之间普遍流传。以此为背景,刘向整理汉成帝(前 33—前 7 在位)的帝室书库之藏书,并且编辑在《孙卿书》名下保藏的各种文本。他在其《叙录》中说明文本的状况:

> 所校雠中,孙卿书凡三百二十二篇。以相校除复重二百九十篇,定著三十二篇。

此引文的大意是:“校勘过的是,在汉朝的皇家书库[16] 所收集

---

1963),页 138。

15 请参照丰岛睦:《荀子文献批判の一方法》,页 59—71。

16 《增补荀子集解》的注解把“中”字翻译成汉朝的帝室书库。请参照王先谦注、久保爱增、猪饲彦博补:《增补荀子集解》,收入《漢文大系》卷 20,页 64。

的冠上‘孙卿’之名的书籍，总共有三百二十二篇。互相比较、核对这些文本之后，除掉重复的两百九十篇，最后校订为三十二篇。”根据刘向之说，在《孙卿书》名下有三百二十二篇文本，或许在当时，现存《荀子》文本中可见的篇章已有数量不少的重复，因此刘向在校对后，除去重复的两百九十篇文章，将其余的编辑成三十二章的文本。如金谷治指出的，相较于从三十篇校除到八篇的《晏子春秋》，以及从二十篇校除成八篇的《列子》，刘向所搜集到的《荀子》母本，其规模十分庞大。[17]由此我们也可知《荀子》母本在当时确实是相当地广为流传。

值得注意的是，若从字面上来理解刘向所言，原来称为《孙卿书》的诸抄本数量，几乎与他最后定下的文本相差了十倍，因而可知当时应该有许多套的《孙卿书》。如此大量的文献来源，可能使刘向并不需要再从其他文本中抄写，其工作反而是要致力去除重复的部分。刘向将其汇编的文本称作《孙卿新书》，而此“新”的《孙卿书》，除了已删除重复的内容之外，对于后世的影响其实还有更重大的意义。亦即，此《孙卿新书》比过去流传过的任何版本的《孙卿书》，都具备更为“完整”的内容。因此，《孙卿新书》和《孙卿书》的区分，等于是在说一份唯一完整的文本，和其他不完整文本之间的差别。

从刘向以后，《孙卿新书》以抄写为主的方式流传下来。如上所述，由于《孙卿新书》比之前的任何版本都更为完整，所以《孙卿新书》必然逐渐取代了所有其他版本的《孙卿书》。而一旦其他“不完整”的版本逐渐被淘汰且不再流传，此“完整”

---

17　请参照金谷治《荀子の文獻學的研究》，页 12—13。

版本名字中的“新”字也不再需要,此书便可能开始只被称为《孙卿书》。在《隋书 · 经籍志》中可以看到十二卷的《孙卿子》版本，而其中“新”字已经不存在。而其卷数的减少，则是由于纸的发明使得抄写者能够缩减文献抄录体积的大小。唐代政治哲学的文选《群书治要》第三十八章中,引述了杨倞之前《荀子》版本中的二十九条句子。[18] 但不幸的是，所有杨倞之前存在过的版本后来都亡佚了。

### (三) 从杨倞的重编至今 (818 年至今)

唐朝宪宗（778—820；805—820 在位）时的朝臣杨倞（生卒年未详）在 818 年（元和十三年)，对当时流传的文本进行的校勘以及变更，是自刘向整理《荀子》文本后，历史上最大的《荀子》文本变更事件。杨倞的校勘包含了三项重要作业：第一，他把原来被称为《孙卿书》或《孙卿子》的文本重新命名为《荀子》。第二,他对当时知识分子也已经难以读通的部分加上注解。根据杨倞在前言中所言，当时文本中存在许多难以辨认的文字，导致读者在阅读上的困难。第三，他按照篇章之间的相似性重新排列文本的顺序。例如《礼论》从原本的第二十三章移动到第十九章,也就是排到了《乐论》之前。这些改动之中对《荀子》整体思想的形象影响最大者,就是《性恶》一篇的变更。原本《性恶》列于第二十六章,亦即在《子道》( 现本为第二十九篇 )之后，这代表《性恶》篇在刘向的排序中原本是混居于七篇杂录之中。

18 Knoblock 索出了 29 条与现本《荀子》一样的句子。请参照 Knoblock, *Xunzi*, vol. I, p.110.

杨倞把它移到《正名》之后的第二十三篇，其结果则是给了读者一个《性恶》篇是荀子探讨理论性或哲学性问题的重要篇章之一的印象。由于杨倞以前的抄本都已佚失，现在我们能读到的所有《荀子》版本，都是基于杨倞改过篇章次序的文本。

杨倞加注以后的《荀子》文本，不再经过任何内容、顺序上的改动。而宋代开始刻印之后，要追溯版本则是较容易的。迄今关于《荀子》文本流传历史的研究，大抵上一致认为从宋代以后的文本继承，大概以两大系谱来展开：第一条流传系谱从"国子监刊本"开始。此刊本在北宋神宗（1048—1085；1067—1085在位）时国子监的监督下，于1068年（熙宁元年）刊出，而到了南宋孝宗（1127—1194；1162—1189在位）时期的1181年（淳熙八年）由唐仲友（1135—1188）重刻，此版本后来称为"台州刊本"。"国子监刊本"和"台州刊本"的书本都已失传，今日北京图书馆保存了另外继承"国子监刊本"系统的"浙北刊本"，只不过其中残缺不少页面，而其接版源也不甚清楚。[19]

另外，虽然"台州刊本"在中国已失传，但其中一本传到日本之后，被保存于金泽文库，而在转手几次之后的德川时代，为当时著名的藏书家狩谷望之（棭斋，1775—1835）获得；只是其原本在狩谷去世后，也遗失了。然而，不幸中的大幸是，在狩谷还在世时，有一位诸侯曾向他借了原本，并制作了其完整的复本，而该复本在明治时代，为东京大学"中国哲学"讲

19 高正指出："此本共抄补12页半，尚缺2页未补。抄补之页为：杨序第1页上半页，卷5第1、2页，卷11第7、8页，卷13第1、2页及第17、18、19、20页，卷14第1、2页。"高正：《荀子版本源流考》，页17。

座的教授岛田重礼（篁村，1838—1898）购得。岛田后来获悉驻日公使黎庶昌（1837—1897）有意重刻此版，便把此抄本赠送给黎庶昌。黎庶昌于是就请当时声誉最高之雕刻师第三代木村嘉平（1823—1886）雕刻。如此，保留着浓厚宋代风格的《荀子二十卷：唐杨倞注，景宋台州本》收入《古逸丛书》的第七卷，并在1884年出版。

另一方面，第二条脉络的文本流传系谱，则是从南宋时期的商业印刷开始。这系列的文本被称作“纂图互注本”。此刊本的文本来源，无法追溯到杨倞之前的版本，而且其雕刻也不甚精确。只不过由于“纂图”系统刊本明显和“国子监刊本”属于不同的系谱，因此如金谷治所说，此版本在校勘上仍具有参考的价值。[20]

关于对《荀子》各种文本的校勘，还有清代考证家卢文弨（1717—1796），他广泛地搜集当时存在的主要文本，进行了精致的校勘，并由谢墉（生年未详—1795）在1786年出版。卢刊本是在“台州刊本”出现之前，各种《荀子》文本中最精良的文本，在传至日本后由朝川鼎（善庵，1781—1849）于1818年出版。后来，19世纪初“台州刊本”的“出现”，久保爱（筑水，1759—1835）得以利用狩谷望之借给他的“台州刊本”之原本进行校勘，并综合在他之前德川学者的主要注解，而后在1820年出版了《荀子增注》。在中国能够参考到《古逸丛书》所收的“台州刊本”的王先谦（1842—1917），也在1891年出版了《荀子集解》，可谓是清代考证《荀子》文本之成果的集大成者。此

20　金谷治：《荀子》（东京：岩波书店，1962），页434—435。

后，迄今虽然尚未出现对于校对工作有重大意义的“新”文本，但有鉴于近年来先秦以及汉代文献的大量发掘，我们也可以期待“竹简”《荀子》的相关文本的出现。[21]

## 第二项 关于《荀子》一书是否代表荀卿本人的思想之五种观点

若在了解《荀子》思想的具体内容之前，先讨论文献内容是否真的代表荀卿本人的思想，听起来有点本末倒置。因为要判定文献的真伪，或者是否代表其“作者”的思想，应该是在先厘清其思想的内容后才能加以判断。如同其他战国诸子的思想文献，《荀子》文本中也包含着各种不同的观念与写作方式，甚至是互相冲突而不一致的论证。在过去一百年来，因为近代的思想研究比较重视思想内部的一贯性，文本的可信度和内容是否属于所谓“荀子”此人所作，都受到不少学者的怀疑。而且，学者们的观点也相当多样，因此为了进行有系统、有条理的《荀子》思想研究，我们最好先检视过去的学者对于文本与荀卿思想之关系有何看法。笔者将过去一百年左右，学者对《荀子》文本形成的观点分为以下五种：第一，《荀子》文本可区分为真正能代表荀卿本人思想之部分，以及与荀卿本人思想没有直接关系的部分；第二，将整本《荀子》看作是荀卿学派思想的发展或演变过程；第三，将《荀子》一书看作荀卿本人的哲

21 内山俊彦在他的新版《荀子》后言中论及郭店楚简《穷达以时》开头“又天又人天人又分”和荀子思想的可能关系。请参照内山：《荀子》（东京：讲谈社，1999），页336—338。

学思想的发展；第四，将《荀子》一书视为过去诸子思想的综合；第五，基本上接受将《荀子》视为过去诸子思想的综合，但试图在其综合中，观察出统合各种思想成分的构造或核心概念对其整体思想的统合作用。

### （一）第一种立场：区分出真正的荀卿思想部分与杂入的部分

在近代的中国学术史中，胡适应该是第一个基于西方近代哲学的概念，去怀疑《荀子》绝大多数的篇章可能不是荀子本人所作的学者。胡适的方法是：区分出“真正的荀卿思想”和“荀卿后杂入的思想”。他认为，单独在《荀子》一书而无法在其他文献里找到的内容，就是真正能代表荀卿思想的部分。根据他的说法，现本中只有《天论》《解蔽》《正名》以及《性恶》四篇算是“真正的荀卿思想”。[22] 接着，梁启超（1873—1929）虽然呼吁对此问题不宜骤下结论，但他自己也认为，由于荀卿在《儒效》《议兵》以及《强国》中均被称为“孙卿子”，[23] 而这应该是弟子们对他的敬称，所以这些篇章中的论述基本上是荀卿弟子抄录的资料所构成。另一方面，属于古史辨学派的杨筠如（1903—1946），则以更激进的方式发展这些推测，他得出的结论是：《荀子》是一本将西汉时期的哲学思想东拼西凑所完成的作品，具体而言，它抄录自《韩诗外传》《礼记》等著作。[24] 反之，张西堂（1901—1960）基于对《荀子》《韩诗外传》《礼

22 请参照胡适：《中国哲学史大纲》，页 306。

23 梁启超：《要籍解题及其读法》，收入氏著《梁启超学术论集：通类》，卷 2（台北：南岳出版社，1986），页 1035。

24 杨筠如：《关于荀子本书的考证》，页 131—147。

记》文本的详细比较分析，反对杨筠如的主张。不过，张西堂本人也认为《荀子》中多达十四篇的作品并非荀卿本人所作。[25] 此后，龙宇纯也借由更细致的文献研究，指出《荀子》不是件单纯拼凑而成的作品。[26] 20 世纪前半叶的中国学者多少都依据胡适的方法，透过辨认出“杂入”的部分，来决定文本的所谓“真实”部分。[27] 笔者认为这样的观点，与当时学者们尚未注意《荀子》思想在中国思想发展中的综合角色之立场相关。

在上述以辨识杂入文本为主的分析脉络中，还有更为激进的论述，即认为虽然《荀子》是经由一位名为“荀子”的人之手而完成，但却是抄录在他之前的作品，因而没有属于自己的哲学系统。这种观点认为，现本《荀子》即便是出自荀卿本人之手，但也只不过是种拼凑而成的作品，并没有思想的创造性。刘道中即主张《荀子》的内容为“既错误又没有技巧的抄写作品”。[28] 就主张现本《荀子》中看不出作为独特哲学作品的意义这点上，刘道中的看法与杨筠如相当一致。

### （二）第二种立场：视为荀卿学派演化的不同阶段

20 世纪中期的日本学界对《荀子》文本的研究，受到胡适、

---

25　张西堂：《〈荀子·劝学篇〉冤词》，见罗根泽编《古史辨》册 6（香港：太平书局，1963），页 147—162。

26　龙宇纯：《荀子真伪问题》，收入氏著《荀子论集》（台北：学生书局，1987），页 25—54。

27　关于其他研究，张心澂认同梁启超的观点。请参照张心澂：《伪书通考》（上海：商务印书馆，1956），页 620—622。鲁惟一（Michael Loewe）也介绍了胡适、杨筠如、张西堂以及郭沫若的观点。请参照 Loewe: “Hsün tzu,” pp. 179-180。

28　刘道中：《荀况新研究》（桃园：各大书局，1995），页 1—39。

杨筠如等古史辨学派的观点启发。但整体而言，当时日本学者的立场仍与胡适和其追随者的主张保持一定的距离。金谷治的观点可代表当时日本学者的主要问题意识："我们必须解释为何《荀子》里存在了不一致和多样化的思想与论述。"金谷治的研究目标，与其说是要找出荀卿"独特"的原创思想内容，不如说是要依照其思想特色，对《荀子》的全部内容分类。金谷治将整个文本的思想内容分为：（1）修身派；（2）治国派；（3）哲学思索派；（4）其他各种作品（劳动歌曲以及其他叙事文）等四类，且认为这些讨论范围上的差别，反映出了荀卿后学学派的思想。金谷治推测荀卿后学中的每一学派，都在不同领域上发展其师说，并且传承其文献。[29] 为了弥补第一种观点的缺点——即讨论时排斥了那些被认定是"不能代表荀卿的部分"，他将文本分为四类以讨论《荀子》思想的做法是颇值得肯定的，但每一类都归给某一特定学派的假设，恐怕难以证明。以《墨子》为例，其中与所谓"十论"相关的主题，分别被区分出三种版本，如《兼爱上》《兼爱中》《兼爱下》，而这三者或许可以视为是同一学说由三个不同学派所继承的版本。由是观之，我们可以推测，此三个不同的学派在原则上仍保持着同样的论点。同样地，荀卿学派的演变也并不一定按照不同论述类别来分门别类。更何况在儒学传统中，如"修身"和"治国"的实践原来不可分割，荀子和其学生又为何一定要刻意对这些教学内容分类？我们反而可以推测这一分类可能是出自刘向的编辑。

丰岛睦的研究则从《荀子》和《韩诗外传》之间五十二段

---

29 金谷治：《荀子の文獻學的研究》，页 9—28。

相同文本的比较分析开始。在此一比较分析中，丰岛睦推测现本《荀子》中的十八个篇章应该是在韩婴编辑《韩诗外传》之前就已存在。但是他也在《王制》《议兵》中观察到“请问……（孙卿子）曰：夫是……”的句型。此外，在《儒效》《议兵》《强国》中也含有“孙卿子曰”的文句。根据丰岛的意见，含有“请问”和“孙卿子曰”句型之段落应是荀卿的弟子直接记录下来的，因此这些篇章中的内容较能反映出荀卿本人的思想。相较之下，由于战国时代还没有个人直接写下自己著作的习惯，其他篇章的内容恐怕难以判定是否属于荀卿自己的思想。

另外，丰岛也发现在《韩诗外传》和《荀子》同样内容的段落中，《韩诗外传》有七段“传曰”开头的文字，而现本《荀子》中则没有。[30] 丰岛据此推测，这应该是荀卿后学在撰作《荀子》之际，从之前的其他著作中抄录下来的部分；否则若后学真正直接记录荀卿的言论，他们应该可以直接写成“孙卿子曰”。总之，金谷治与丰岛睦的研究倾向于认为，《荀子》的大部分内容是从荀卿在世时到去世后一世纪内逐渐形成的，因此，《荀子》一书与其说是荀子的个人著作，不如说是收集荀卿本人及其后学的言说内容而成的作品。

### （三）第三种立场：《荀子》作为荀卿本人的哲学思想发展过程

有别于将《荀子》思想区分为“真实”与“杂入”部分的第一种立场，或者区分为“荀卿本人思想”与“荀卿学派发展”部分的第二种立场，还有另一种立场试图解释《荀子》文

---

30 丰岛睦：《荀子文献批判の一方法》，页 59—71。

本之不一致性与多样性之思想理由。此立场可再分为两种观点:(1)这些思想上的差异或不一致,代表了荀卿个人哲学活动发展的不同阶段;(2)《荀子》是集成其前各种思想文献的综合著作。其中全面提出前者观点的研究属于少数,而且如下所述,根据其观点来分类文本成立顺序的每个具体见解,将会引起更多的反驳。因此,此观点的有效性目前只能算是处在假设的阶段。赤塚忠在1950年代就曾经指出,从今本《荀子》的内容可以追溯出几个阶段的思想发展。[31] 但赤塚忠本人并没有展开这方面的探讨。与之相较,出版过《荀子》全文英译的John Knoblock,则试图按照荀卿生平对各篇撰作的先后顺序排序。Knoblock认为,《荀子》各篇可代表荀卿生平中某一段的思想。举例而言,Knoblock主张,由于当时墨家在楚国占据思想主导的地位,《荀子》中包含关于知识论和逻辑的《解蔽》和《正名》两篇,应是他居于楚国而受到墨家思想影响时所写成的。[32]

然而,像Knoblock那样将某国的思潮和某本思想文献的内容具体联系起来,反而无法说明许多情形。例如,按照《吕氏春秋·去私》所述"墨者有钜子腹䵍居秦",秦国是墨家最高领导者所居住的地方。同样,《吕氏春秋·去宥》也记录"东方之墨者谢子",暗示了齐鲁地区也有著名的墨者(而这可暗示有成立的学派存在)。也就是说,我们很难想象当时最富庶,且位居华夏文明思想活动中心的齐国,会没有墨家思想活动的据点。由是观之,哪怕《解蔽》和《正名》两篇真的是受到了墨家的

31 赤塚忠:《荀子研究の二三の問題》,页392。

32 John Knoblock: "The Chronology of Xunzi's Works," *Early China*, vol. 8 (1982-1983), p. 36.

影响，也仍然不能断定荀卿一定要在居于楚国的时期，才能写出这些篇章。简言之，尽管在《荀子》文本中可以找出大致辨别其发生时期的历史事件（譬如荀子卸任兰陵令时期的公元前238年），然而将某些“历史事件”的时期与“荀卿写作文本中的某段主张内容”的时期联系起来的推论手法，难免有牵强之嫌。

除此之外，Knoblock 似乎假设现本的各篇即为《荀子》写作的基本单位。这一点也恐怕难以证实。因为《荀子》实际上是在西汉末年由刘向整理成现有的三十二篇，在刘向之前可能是分开流传的，要在刘向将彼此“类似”的内容连接起来之后，才成为像现本的篇章。其实廖名春和高正也在近年的研究中，将《荀子》中的某些篇章归结于荀子在某一时期所写成的。[33] 但他们的分类，也面临和 Knoblock 一样的困难。

## （四）第四种立场：将《荀子》一书视为过去诸子思想的综合

另一种说明现本《荀子》思想多样性的观点，是把“综合先秦思想”这个现象视为其内容的主要特征。事实上，早期提出这个观点的亦是赤塚忠。[34] 不过杜国庠（1889—1961）和 Lee Yearley，也曾经主张过这是理解《荀子》思想特质之重要观点。然而，此观点成为《荀子》思想研究的主要潮流，是在1990年代以后，即由于马王堆汉墓出土的所谓《黄帝帛书》(《黄帝四经》) 的出现，使学者逐渐注意黄老思想对《荀子》的影响。如此，被用来比较分析的文献，逐步扩及与《黄帝帛书》有类

33 请参照高正:《荀子的生平和思想》，收入氏著《诸子百家研究》(北京：中国社会科学出版社，1997)，页204—274。

34 赤塚忠:《荀子研究の二三の問題》，页393—394。

似内容的所谓《管子》四篇，以及《管子》其他诸篇思想所形成的齐学传统。在此研究脉络中，属于齐国稷下思潮的所谓“稷下先生”对《荀子》思想的影响，也引起学者们的注意。本研究也继承此问题意识。

的确，关注这些非儒家的因素对《荀子》思想的影响，有助于说明《荀子》思想的综合性特质。但此观点所导出的结论，往往不是如王庆光般，虽然接受《荀子》思想受到儒家之外的影响之假设，但仍试图在孔孟以来原属的儒学传统中找出《荀子》思想的特色和意义；[35] 就是如赵吉惠（1934—2005）那样，将《荀子》从儒学传统中排除出去。[36] 于是关于《荀子》思想意义的探讨，就沦为如同在所谓“杂家”格局中找出《吕氏春秋》主导思想的方式，也就是在“六家”之中选出哪一家的思想为其中心思想这样的方式。结果，学者对《荀子》独特的思想意义的说明，又回到20世纪初的学者屡次提出过的“性恶”“天人之分”等刻板内容。

### （五）第五种立场：《荀子》作为有整体统一性和一致性之作品

如果要兼顾《荀子》思想是先秦思想的综合之说法，也要寻找其独特的思想意义，我们需要更用心地找出使《荀子》的思想得以具有高度思想统合性的要素。在这样的视野中，我们

---

35 王庆光：《晚周天道心性说及荀子之回应》，《兴大人文学报》期5（1996），页63—83；王庆光：《荀子驳正“黄老之学”并倡导“文化生命”》，《兴大人文学报》期34（2004），页45—72。

36 赵吉惠：《论荀学是稷下黄老之学》，《道家文化研究》，辑4（上海：上海古籍出版社，1994），页103—117。

便能够理解到,《荀子》一书思想的多样性反而会构成相当一贯的整体。关于其思想整体性，内山俊彦已指出整个《荀子》的内容，仍构成具有整体一致的思想体系。[37] 只是他认为其文本最后的杂录(《君子》《大略》《宥坐》《子道》《法行》《哀公》以及《尧问》七篇)为荀卿弟子所搜集、添加，而非本人所作。然而，虽然我们同意这些部分的内容恐怕并不是荀卿直接说或写出来的部分，但也不需要把此部分看作纯属他后学思想的部分。因此当我们认为"这七篇大部分的文句和段落代表荀卿学派的思想"之时，此七篇的思想不只意味着荀卿后学的思想，而且也包含荀卿以前的儒学思想的可能性。也就是说，此七篇内容的存在告诉我们：荀卿本人可能将儒学传统中传诵下来的故事和对话记录，继续整合进自己的论说中，而这七篇即为荀卿这种思想工夫的"材料"。

龙宇纯也认为《荀子》并非东拼西凑下组合而成的作品。他提醒学者小心过于强调荀子"性恶"的观点,并且试图论证《荀子》思想的核心就是"礼"。根据龙宇纯的观点，荀卿可能是第一位提出"宇宙本体意涵"的"礼"概念的思想家。本书要探讨的立场,基本上支持上述内山俊彦和龙宇纯的观点,即认为《荀子》的整体思想是由"礼"概念来保持其统合和一贯性。[38]

严格而言，目前仍然难以判断现本《荀子》一书的内容是否真实地反映，或是在何种程度上能代表荀卿本人的思想。回

37 内山俊彦:《荀子》(东京：讲谈社，1999)，页 67—68。

38 龙宇纯:《荀子思想研究》，收入氏著《荀子论集》(台北：学生书局，1987)，页 85。

顾以上的五种观点，除了第三种观点之外，其他或多或少都受到当时哲学史或思想史研究的学术氛围之影响：第一种观点主要是被20世纪初古史辨的疑古思潮所驱使。当时的学术气氛是，无论如何都要先怀疑任何先秦作品能否代表其冠上之作者的思想。第二种观点反映了武内义雄、津田左右吉等当时日本著名思想史学者之尝试，他们试图阐明中国古代文献中的“思想发展过程”。第四种观点则明显是马王堆帛书文献出土后之副产品。因而当时的学者们致力于厘清《黄帝帛书》、《管子》四篇等文献与《荀子》之间的思想关系。由于目前郭店楚简、上海博物馆藏楚简等1990年代以后出土的文献内容大概属于战国早中期的思想，故而由此获得的见解对上述研究荀卿思想的脉络，特别是对第四种观点的思想研究，提供了丰富的研究题材。

至于本书所采取的第五种观点，即以“礼”的重要性为理解《荀子》思想的关键要素，应该还有发展的空间。丰岛睦曾经指出，《荀子》最后六篇的作者应非荀卿，但他也承认荀卿的核心主张为“具有仁义道德之人依循‘礼’的统治”。内山俊彦也提到：“如果‘礼’构成了荀卿思想的核心部分，则我们应该更关注在整个《荀子》文本中每个重要部分几乎都提及‘礼’这一重要事实。”内山俊彦的提醒是极具启发性的。

总之，根据如上的讨论，在目前为了研究荀卿思想、文献和研究方法相关的议题上，本书下面的探讨中所要关注的特色有两点：第一，荀卿思想的特质就在于其综合前人的思想之处。这并不意味着将荀卿的思想只看作他之前的思想的混合；而是如同德效骞所言，荀卿将前人的思想成分转换并建构成彼此不可或缺且整体一致的思想体系。而在这样的假设上，我们进一步探讨荀卿如何统合前人思想的理论工夫本身。第二，因此，我们不但认同“礼”概念的重要性在于荀卿将之视为最高的实践价值；而且将进一步探析“礼”概念如何使荀卿从过去各种思想传统中所引进的多样主张，得以从一综合体，进而成为具备了一贯结构性的统合体。

## 第二节 荀卿的生平

对当代传记学者而言，与大部分只流传名字的其他先秦思想家相比，荀子能够得《史记》为其立“列传”的情况，是相当幸运的。然而这绝不意味着我们就借此获悉荀卿生平的正确面貌。换言之，“叙述荀卿生平”一事，始终要靠当代学者对历史资料的诠释和建构故事的一种“构想力”。叙述古代人物的生平时，最常碰到的问题大概有两个：第一，我们所拥有的这些“历史资料”是否真正反映历史事实呢？换句话说，这些叙述是否只是后来编出来的故事而已？第二，某件历史事实和荀卿生平上的事件能不能互相结合起来理解？如上所述，为了证实一篇故事的实际历史性，需要大量的资料考证的作业，但古代文献的历史考据作业在实际执行上是非常困难的。“记录”荀卿所生活过的历史事件的文献中，现存最基本的资料应该是司马迁的《史记》。然而，与荀卿生平可能最具密切关系的齐国历史最基本的记录中，司马迁竟把齐国在齐宣王时进攻燕国（大约在前316发生）的记录置于宣王之子湣王（约前300—前284在位）的时候。因此，历史学者在连这些基本记述也不可靠的情况下，唯能依据荀卿因春申君被杀而卸任兰陵令的前238年为探索荀卿生平的实际年龄之“标准”，而据此暗中摸索，进行相关历史记录的“诠释”和历史年代的“推算”。就这样，叙述荀卿的生平等于是依据合理推测来试图“组成”荀卿生平的拼图作业。

在进行这种“历史记录的诠释”以及其后续的“历史年代的推算”来厘清荀卿生平的作业中，最让学者头痛的问题是《史记·孟子荀卿列传》“(荀卿)年五十始来游学于齐”一句的处理问题。如下所述，此部分的理解有“五十岁到齐国”或“十五岁到齐国”两种不同的解释，因而在荀卿生平历史年代的推算上产生了巨大歧见。过去许多学者，王忠林、[39] 相原俊二、[40] 儿玉六郎、[41] John Knoblock[42] 等（还有很多学者）都提供了对荀卿生平的不同概述。讽刺的是，在这些研究中，我们观察到连一些高明且原来应该对资料谨慎解读的历史学者也提出了“荒谬”的推论。例如，梁启雄据如上的引文认为荀卿的年纪在宣王时已达五十岁，因而主张荀卿竟活到一百二十岁。[43] 钱穆（1895—1990）也主张荀卿在威王时期已经待在齐国。[44] 前者明显地违背了我们的常识；若后者属实，那么荀子只会比孟子

39 王忠林:《荀子的生平》，收于《新译荀子读本》(台北：三民书局，1978)，页1—8。

40 相原俊二:《荀子の霸と五霸》，收于《東洋史·考古學論集:三上次男博士頌壽記念》(京都：朋友书店，1979)，页1—9。

41 儿玉六郎:《荀子の事跡》，收于《荀子の思想》，页21—40。

42 John Knoblock: “The Chronology of Xunzi’s Works,” *Early China*, vol. 8 (1982-1983), pp. 29-52.

43 梁启雄:《荀子传征》，收于《荀子简释》(台北：台湾商务印书馆，1965)，页430—431。

44 钱穆:《荀卿年十五之齐考》，收于《先秦诸子系年》(上海：商务印书馆，1936)，页302。

少几岁而已。众所周知，梁启雄是上个世纪最著名的《荀子》注解者之一，钱穆为中国史研究经典著作之《先秦诸子系年》的作者。当然，我们的目标并不是揭示他们推测的谬误，而是提醒我们仍然处于无法重构荀卿生平的合理图案之困境这一点。在方法论的层面上，更令人觉得悲观的是，我们在“纠正”司马迁或者刘向的叙述时没有反证的资料，结果往往只好靠我们的“合理”推测。

除了如 Knoblock、高正等少数学者之外，大部分的学者在把《荀子》中有关生平的叙述与荀卿生平中的具体阶段联结在一起理解时，都显得较为犹豫。不过，虽然我们难以用如“荀子在公元前某年某某岁发生过某一件历史事件”的方式，锁定荀卿生平的实际时间点，但在《荀子》中仍保留了几场与当时著名的王公贵族问答的记载。其中，荀卿与秦昭王（前 306—前 251 在位）、秦应侯范雎（生年未详—前 255）以及赵孝成王（前 266—前 245 在位）对话的时间应该可推定大概的时间点。不过目前能推论的应该只限于此。光靠猜这些问答的时间点，还是无法证实“荀卿在多少岁时开始有怎样的主张或思想”。

对于荀卿的生平，我们拥有三种可用的资料：

（1）荀卿生平的描述。

司马迁的《史记 · 孟子荀卿列传》和刘向的《叙录》叙述了荀卿的生平。不过刘向《叙录》基本上是依据司马迁所用的资料，甚至其大部分可能直接抄自《孟子荀卿列传》。《史记》中的其他传记，如《春申君列传》以及《李斯列传》都提到荀子，因而可以用来补充《孟子荀卿列传》的记载。除这两种资料之外，《战国策 · 楚策四》的《客说春申君》记载着楚国春申君和荀子间的微妙关系。此记载似乎独立于《孟子荀卿列传》和《叙录》流传过的资料，因而在此意义上相当重要。东汉的知识分子应劭所写的《风俗通义 · 孙况》一篇专论荀卿生平，其内容大部分基于《孟子荀卿列传》《叙录》《客说春申君》的相关记载，因此其资料价值则属第二手的层次。不过汉代知识分子对战国诸子写大幅传记这件事情，本身可代表当时的汉朝知识分子相当尊重荀卿的事实。

（2）《荀子》一书。

除《史记》之外，《荀子》一书也提供了重构荀卿生平的重要资料。《荀子》记录了荀卿和当时王公贵族以及荀卿弟子们的问答。假设这些对话不是虚构的，我们就可以推想荀卿和这些战国人物的大概会面时期。根据《荀子》记载，赵孝成王、秦昭王、秦应侯（范雎）以及不透露姓名的齐相都曾接见过荀卿。书中又记录着荀卿与后来成为秦始皇丞相的李斯的对话。不过李斯以弟子身份受教，所以难以猜出具体的时间点，只能说是荀卿待在楚国的时候。《荀子 · 尧问》有一个段落论及荀卿的教诲在当时不甚流行的原因，显然这一段落的论述是出自荀卿后学之手。

（3）其他文本中相关的语句。

即在西汉文献《韩诗外传》以及《盐铁论》中论及的荀卿生平与言论。

必须重申的是，从严格历史考证的角度而言，在上述任何资料中没有一段是百分之百属实且可以判定为正确的记载。因此，本文的讨论也如许多过去的学者一样，只能算是一种推测。

## 第一项　历史背景：战国时代齐国与赵国的状况

荀卿的生卒时间无法断定。比较确定的是，荀卿生活在前3世纪的前三分之二。基于他到齐国的年龄和时期，本文假设荀卿生于前316年左右（其论据请看后文）。[45]《孟子荀卿列传》记录他是赵国人，他出生的时候，正是齐国在战国时代最为强盛的时期，齐威王由于马陵之战（前341）战胜魏国而奠立了其优势。在威王之子宣王（约前319—前301在位）统治的时代，齐国首都临淄是当时中华世界最繁荣的都市。稷下学派的崛起以齐国无与伦比的经济繁荣和军事优势为背景，而其黄金时期是来自宣王对明智学者的兴趣与支持。[46]

在战国政治史和文化史两方面，以齐国入侵燕国的前314年为历史上的分水岭。当时，燕国由于王哙（约前320—前318在位）不按照当时的规范，而将王位传给了没有血缘关系的“贤人”子之，所以爆发了王哙之子太子平和子之的内战。齐宣王的军队利用这混乱的情况，在五十天内进攻且占领了燕国首都。然而其他诸侯害怕齐国势力因此坐大，遂缔结了反齐联盟，逼使齐军退出燕国。

在荀卿的生国赵国，荀卿出生的时候应该是赵武灵王（前325—前299在位）治世。在武灵王之前，战国前期的赵国在国际政治中都处于配角的地位。赵国不是小国，但国力不足以争霸于天下。武灵王在位期间，赵国扮演着平衡诸侯争霸情势的

---

45　请看下一节的讨论。

46　《田敬仲完世家》曰：“宣王喜文学游说之士。”

角色，尤其是平衡齐国与秦国的势力。武灵王是以骑兵取代传统军队而著名的，此一军队改革实施于前 302 年。两年后，齐宣王过世。前 295 年，武灵王征服位于赵国与燕国之间的中山国。然而武灵王虽将王位让给其子惠文王（前 299—前 266 在位），却宠爱公子章，于是赵国也爆发了内战。武灵王让位给惠文王后虽被尊为“主父”，但终被惠文王的军队困于宫中而饿死。[47]

惠文王在位期间，前 286 年时齐国遭到燕国昭王（前 311—前 279 在位）报复而差点亡国，楚国也由于接连败于秦军而失去首都，两国都在争霸的竞赛中落居下风。而在此期间，赵国遂成为唯一能抵挡住日渐强大的秦国的国家。前 269 年，惠文王甚至在阏与打败了秦国军队。前 266 年惠文王薨，其子孝成王（约前 266—前 245 在位）继位，并以惠文王之弟平原君（赵胜，生年未详—前 251）为相。赵国跌落的转折点在前 262 年与秦国的战役。由于秦国攻击韩国，结果使得韩国的上党地区面临孤立，不愿投降给秦国的上党地区遂归附赵国。此事件成为两大势力正面冲突的导火线。前 260 年，秦、赵两国在长平展开总力消耗战，最后秦国大胜，秦国将军白起（生年未详—前 257）坑杀了四十万赵兵。这场战役让战国的局势发生了关键的转变，从此再也没有一国能单独对抗秦国了。两年后，秦军包围赵国的首都邯郸，无法独力克敌的赵国最终仰赖魏国信陵君（魏无忌,生年未详—前 243）的支援才让邯郸解围。荀卿活动的时期与赵国的兴衰相系，可是他参与赵国事务的相

47　见《赵世家》。

关痕迹，却仅见于《荀子 · 议兵》“临武君与孙卿子议兵于赵孝成王前”的一场对话。

## 第二项 在齐国与稷下的活动

如上所述，对于荀卿到齐国的年代以及他当时年龄的不同看法，造成其生平有多种解释。载有荀子生平的记录，有司马迁《史记·孟子荀卿列传》、刘向《叙录》以及应劭《风俗通义·孙况》，而在前两者的记载中，到齐国的年龄和在此时期荀子的情况有一些矛盾，唯《风俗通义》的叙述，整体的用词较为一致。

首先，我们先看《史记 · 孟子荀卿列传》的记载：“年五十始来游学于齐。”在此，写荀卿到齐国的年龄“年五十”，以及说明荀子到齐国的目标——“游学”之间的“不一致”，造成了学者对如何解释，甚至在如何处理此句的问题上的不同态度。其问题在于，五十岁时已建立自身学问的荀子，怎么会只是为了“游学”去齐国呢？[48] 因此这里司马迁应该写“游说”。刘向的《叙录》也一样提到“年五十始来游学”（刘向并没有写“游学”到哪里），但是其用词比《孟子荀卿列传》还奇怪。在这句之前，刘向说道：“是时孙卿有秀才。”而“秀才”一词通常用于称赞年轻学生，不是年老的师傅。因此，刘向的叙述在

48 现本《史记》中“游学”出现 8 次。其中明显系指年轻时的学习过程者有《儒林列传》的“申公游学长安，与刘郢同师”以及《陈丞相世家》中“伯常耕田，纵平使游学”两句。《平津侯主父列传》有“臣结发游学四十余年”一句，因而不能说司马迁在使用此词上完全排斥成年之后的学习行为，但《儒林列传》和《陈丞相世家》的用例明确系指年轻时段的学习过程。

字义上变成“五十岁的秀才荀卿到齐国游学”这样的意思。对此，学者注意到，应劭《风俗通义·孙况》的叙述中，“五十”的部分写成了“十五”，即曰：“是时，孙卿有秀才，年十五始来游学。”至少这样的说法——“十五”岁的“秀才”荀卿到齐国“游学”——比上举两部文献，意思明显通顺得多。

那么，下一个问题是，《风俗通义》如此的写法是否是作者应劭自己的判断，还是他参考过的刘向《叙录》原来这么写，而只是抄写而已？毕竟《风俗通义》是东汉的资料，只靠东汉人写的内容来描述荀卿当时实际的情况，说服力还不太够。主要由于除了“十五”和“五十”的差异之外，《叙录》和《风俗通义》的文字完全一样，或许还是应劭抄写《叙录》的可能性比较高。那么，是应劭抄了这一句之后，按照整句的意思，自己把“五十”改为“十五”吗？关于这一点，南宋时代的藏书家晁公武（1105—1180），在他于1151年成书的《郡斋读书志》中，也引用刘向《叙录》的相关部分，写成“十五”。[49] 这暗示刘向的《叙录》到了宋代还是写为“十五”，东汉的应劭抄录《叙录》的时候当然也应该为“年十五”。到此，由于刘向的叙述将“五十”改为“十五”会通顺得多，所以我们合理推测《叙录》原来的载写就是“十五”，而应劭抄录时就含有“年十五”整句。至此，还有两个问题：第一，为何《叙录》的记载被换为“五十”？第二，为什么司马迁的文本原来写的是“年十五”呢？由于生活在南北朝晚期到隋朝的颜之推（531—约591）从《史记》中

---

49 关于晁公武的相关部分见于王先谦：《序言》，收于王先谦注、久保爱增注、猪饲博彦补《增补荀子集解》，《漢文大系》卷1，页9—10。

引用的文字就是“五十”，[50] 由是观之，南北朝的《史记》文本仍记载为“五十”。

除了如上的理由，一些学者主张，司马迁原来写的就是“五十”，因为如果将“五十”改为“十五”，整句意思会变得不清楚，这是因为文中有“始”字的存在。现代汉语中，“始”字可解释为“到……之后才有”之意。按照此一解释，整句话的意思可以翻译成“到五十岁后才去齐国”；反之若解释为“到十五岁才去”的话，则整句的意思就不通了。然而，我们若注意《史记》文本中“始”字的用法，便会发现“始”字其实系指“首先”或“原来”之意。譬如，《孟尝君列传》曰：“始以薛公为魁然也；今视之，乃眇小丈夫耳。”在这部分的“始”可解释为“原来”或“过去”之意，并且与“当今”时段之意的“今”字做了对比。如此，把句子改为“年十五始来游学”，并且解释为“十五岁时第一次到齐国学习”便是通顺无碍了。不过，文献上我们没有司马迁原来写为“十五”的证据。

综合如上种种的情况来推测，虽然我们无法知道司马迁原来是写的“十五”还是“五十”，但刘向《叙录》原来就写“十五”的可能性相当高。那么先前问过的第一个问题：现本《叙录》的记载为什么写成“五十”？笔者认为是因为后来《史记》的流传，有人据《史记》的记载把《叙录》改成了“五十”所致。

假如从上面的探讨来设想：刘向《叙录》原来写“十五”，但司马迁原来写的是“五十”，这或许暗示了司马迁和刘向依据的资料不同。总之，笔者重视这句话中的“五十”和“秀才”“游

---

50 请看颜之推著、王利器集解：《颜氏家训集解》（北京：中华书局，1993），页174。

学”之间的不一致，再加上考虑到《风俗通义 · 孙况》和《郡斋读书志》引用《叙录》原来写的“十五”的可能性，据此推测：除了《史记》中的相关记载之外，在西汉时期应该保存着含有“荀子十五岁游学于齐”这种内容的文献，而刘向的《叙录》可能根据此种资料写成“十五”。根据如上的探讨，下面笔者暂以荀卿第一次赴齐国的年龄是十五岁为前提来叙述荀卿的生平。

若我们设想荀卿第一次到齐国的时间是十五岁左右，且其时间点是在齐宣王的统治年间，那么荀卿的“游学”应当是在其末年，否则荀卿在前 238 年被解任兰陵令职位时的年纪将会太大。如此，我们推想，齐宣王统治的最后一年——前 301 年，荀卿的年龄大概属十五岁。

接下来，本文将考察荀卿居留齐国时的事迹。《史记》载有相关的五段文句：

> （A）年五十（按：本文认为是“十五”）始来游学于齐。
> （B）驺衍之术迂大而闳辩…… 故齐人颂曰 ……
> （C）田骈之属皆已死，齐襄王时，而荀卿最为老师。
> （D）齐尚修列大夫之缺，而荀卿三为祭酒焉。
> （E）齐人或谗荀卿，荀卿乃适楚。

首先，我们有必要考虑司马迁行文的顺序以及结构。在引文（A）中司马迁说到荀子到达齐国。接着，句子（B）摘要了驺衍、驺奭、淳于髡的学说宗旨。[51] 在句子（C）中司马迁说到

51　胡适认为这一部分是内插。胡适：《中国哲学史大纲》卷上，页 303。不过，本文倾向把

三件事：

（C-a）田骈等学者过世。

（C-b）襄王的统治时期（前 283—前 265 在位）。

（C-c）荀子是当时最高龄的师傅。

在引文（A）中司马迁说到荀子到达齐国，接着提到稷下先生如驺衍提倡的论说。从“游学”联系到稷下先生的描述，似乎想暗示荀卿的理论受到驺衍及在（B）（C）所提到的稷下学者之启发。

司马迁暗示：这里所提到的两位驺子——驺衍和驺奭——是孟子学术的继承人。[52] 但是在现存的《孟子》中，并没有论及驺衍，也没有孟子和驺衍之间的对话。[53] 司马迁把驺衍的生平加进孟、荀的生平叙述之间，而且他对驺衍思想的摘述甚至比孟、荀还要详细，据此推断，司马迁将驺衍视为孟、荀之间的稷下学术代表人物这一点应该无误。根据《史记》，驺衍思想的主要特征可归结为四点：第一，在驺衍的描述中，外在世界的现象并不能由人类世界的视野来度量；第二，他建立“推类”法，使得人类能理解像宇宙这样无法察觉到的领域；第三，他借由“五德”的概念，说明因果的动态关联，并且以之与国家

这部分视为提出驺子和荀子两者之间的学术关系，无论是直接还是间接。

52 《孟子荀卿列传》说：“其后有驺子之属。”再说，司马迁把驺衍的思想描绘成“必止乎仁义节俭”。

53 《孟子外书》的注文有“驺衍请受业于孟子。孟子曰‘吾老矣。不能偕子游于九州之外也’”的文字。出自宋刘攽注、清陈矩补注：《孟子外书补注》，钟肇鹏选编《四书传注会要》册 11（台北：图书馆出版社，2008）。

的兴衰相结合；第四，他说明了统治者的德行与自然界的灾异、瑞祥会相符应。关于驺奭，司马迁说，驺奭在修饰驺衍思想的部分有所贡献。

描述了两位驺子和淳于髡之后，司马迁的焦点从稷下学术之兴盛转到了没落。关于（C-a）“田骈之属皆已死”、（C-b）“齐襄王时”，以及（C-c）“而荀卿最为老师”的时间点，亦是可争论的议题，关键在于我们要如何为此三句话加上标点符号。按照标点位置的不同——标点位于（C-a）和（C-b）之间，或者（C-b）和（C-c）之间。若依前者，可读为“田骈之属皆已死。齐襄王时而荀卿最为老师”；若是后者，可读为“田骈之属皆已死齐襄王时，而荀卿最为老师”。比较合理的推测是按照后者的读法，认为荀子大概经过襄王到王建（前264—前221在位）统治的时期而“最为老师”。此一假设可以从《史记·汲郑列传》关于郑当时的生平叙述中找到佐证，该处说道：“郑君死孝文时。”[54]据此，“皆已死”和“齐襄王时”两句可以相联结，而该句可读为“皆已死齐襄王时”。因此，引文（C）的内容大意是：在稷下学术活动中居于领袖地位的大部分学者都在襄王统治时期陆续过世，于是荀卿接着晋级为齐国学宫的祭酒。

在引文（D）中有“祭酒”一词，而此句本身就是最早提及“祭酒”职位的中国文献，其他战国时代的文献都没有关于祭酒的记载。那么，战国时代荀子所担任的祭酒一职究竟肩负何种职责呢？根据诸桥辙次的整理，在后代的资料中，祭酒是公共

54 泷川龟太郎：《史记会注考证》卷74（东京：东方文化学院东京研究所，1932），页13。请参照班固：《汉书》，页2323。

仪式的主角，并由社群中年纪最长者担任，他拿着献祭的酒并将之泼洒在地，后来祭酒一词用来指称受人尊敬的长者。汉朝时，在行政上这一职位更明确地被界定为“博士祭酒”。[55] 博士的任务是经书的整理、传诵以及对其真谛的诠释，而从事此工作时间最久的人即成为博士祭酒。考虑到司马迁提出荀卿一共三次被任命为祭酒，或许在战国时期齐国的这个职位仅仅是为了特定的典礼而选拔的。如果祭酒是提供给最年长者的稳定职位，按理荀卿一生应该没有被任命过三次。也许荀子离开过齐国几次，而每次回来就被重新任命。

接着要考察荀卿离开齐国的事迹。事实上，要是荀卿是在前 301 年到达齐国，并在前 255 年因任兰陵令而离开，就意味着荀卿大约在齐国居留过四十五年。不过，《盐铁论 · 论儒》有一段描述暗示荀子在担任兰陵令之前就曾离开齐国的叙述：

> 及湣王……诸儒谏不从，各分散：慎到、捷子亡去；田骈如薛；而孙卿适楚。

引文的大意是：“（在齐湣王统治时期）师傅们都分散了：慎到、接予逃走；田骈前往薛国；荀子迁居楚国。”《盐铁论》的描述似乎意指荀卿居齐的时间可分为两段：从宣王到湣王（前 319—前 284 之间），从襄王到王建（前 283—前 221 之间）。这一描述带来的问题是：荀卿在宣王或湣王在位期间，是否居住于齐国？

55 诸桥辙次编：《大漢和辞典》卷 8（东京：大修馆书店，1986），页 471—482。

荀卿离开齐国的时间，很可能是《盐铁论》所写，在湣王治期的最后阶段以及乐毅率领燕军占领齐都期间，即从前284年到前283年。假设荀卿在这个危机时期居住在齐国，并且让自己参与说服或劝阻国君或国相的工作，那么其弟子应该会如《春秋左传》的作者般，自然记录下这些谈话，以称赞其师对湣王霸权政策的谏言——如春秋时代的贤臣所说的一样——是对的。再加上，要是荀卿像《孟子》记录的曾参逃难的故事一样，也在首都亲身经历了燕军犯齐都的时局，[56]其弟子一定会写出师傅如何被卷入此一惨剧的故事：齐军溃散、首都临淄遭掠、湣王惨死，以及齐国由此衰微。然而《荀子》不像《孟子》，它完全没有描写荀子本人被卷入从齐国建国以来经过的最大困难的事迹；而只有《强国》中有一段荀卿被没有透露名字的齐相接见的记录。不过在这里荀卿所描述的周边国对齐国的威胁，暗示了齐国的国力已不振的情景。[57]

让我们再提及荀卿年纪的问题。笔者主要以如下两个理由，认为荀卿在齐国被燕国占领的前284—前283年间，还是三十岁左右的青年。第一，在今本《荀子》中，并没有荀卿与《史记》和《盐铁论》所举出的诸如慎到、田骈、宋钘等稷下前辈学者进行实际讨论的记录，只提供了荀卿单方面对他们的总结和批评。众所周知，《孟子》和《庄子》皆记录有孟轲和庄周本人与淳于髡、宋钘、惠施等当时著名学者的辩论；《荀子》中缺乏这

56 《孟子 · 离娄下》："曾子居武城，有越寇。……寇退，曾子反。"

57 《强国》："今巨楚县吾前，大燕鰌吾后，劲魏钩吾右，西壤之不绝若绳，楚人则乃有襄贲、开阳以临吾左，是一国作谋，则三国必起而乘我。如是，则齐必断而为四三，国若假城然耳，必为天下大笑。"

样的记载，部分理由也许在于写法的转变，如由“对话式”转成“论述式”，但是如上所述，《荀子》中仍包含几段荀卿与当时的王公贵族以及学生的对话。由是观之，当稷下的前辈学者处于其哲学和政治活动的高峰时，荀子应该还属年轻。

第二，从《荀子》中对历史事件的描述来看，现本《荀子》不但在《王霸》提及齐湣王丧国的事件，[58] 而且在《臣道》还评论魏信陵君，说其“争然后善，戾然后功”。这应该是对前258年魏信陵君违君命为赵都邯郸解围的评价。[59] 尤其后者在前258年之后才能写出来。换言之，荀卿属于可以回顾、评论前258年发生的事情的世代。因此，就算荀卿从宣王到湣王时期居于齐国，但他的年纪似乎尚未允许他跟如上所举的稷下著名学者直接辩论；而实际上正是与前辈稷下学者隔一世代的年纪差异，让荀卿能够回顾他们的思想之功过，并且单方面加以严厉批评。同样地，如上所述的《强国》中，荀卿对齐相国谏言也应该在襄王复国之后，甚至是王建时期的记录；前280年代时，当时年轻的荀卿是否具有以如此大的口气向齐相国论政的资格，是值得怀疑的。与此可对照的是荀卿与赵孝成王、秦昭王进行辩论和对话的叙述（详后述），载录这些对话的事实可代表荀卿在前270年至前260年间，逐渐成为杰出的学者或论客，其知名度让他得以在国君御前公开辩论国家大事。

---

58 《王霸》：“不得道以持之，则大危也，大累也，有之不如无之；及其綦也，索为匹夫不可得也，齐愍、宋献是也。”

59 《臣道》：“通忠之顺，权险之平，祸乱之从声，三者非明主莫之能知也。争然后善，戾然后功，生死无私，致忠而公，夫是之谓通忠之顺，信陵君似之矣。”

## 第三项　见赵孝成王与秦昭王

根据上述讨论，一个可行的说法是：荀卿第一次居留齐国的时间，应始自宣王统治后期，结束于湣王薨逝之前。湣王输给五国联军，齐国的首都就被燕国的军队所占有（前284—前279）。后来襄王夺回首都，并致力重建稷下的学术活动，此时荀卿也为了稷下的重建回到齐国。刚好此时（前279—前278）楚国首都郢都因秦国将军白起的攻击而沦陷，被迫迁都。此情况让整个楚国陷入混乱，亦可假设荀卿于此时离开楚国。如此荀卿就可能是在齐国于前278年收复领土后，再次定居于齐都临淄。因此，可以推定荀卿第二次居留齐国的时间应在前278到荀卿就职兰陵令的前255年（详后述）之间，而他会见赵孝成王和秦应侯（范雎）的事迹也可能是发生在此一时期。下面我们稍仔细审视此情况。

首先，对秦、赵、齐三个国家来说，前265年和前264年都是一段关键时刻：前265年秦昭王举范雎为相国；赵国孝成王继位；齐襄王薨逝，其子建于前264年继承王位。秦、赵、齐三国都处于国政的转换时期。

其次，上文已经提到，赵孝成王即位后五六年，赵国和秦国成为彼此最强大的对手，而其对决从长平战役秦国大胜，直到邯郸包围战。此决战即如前述，肇始于前262年上党郡向赵国投诚。上党原属韩国，但是秦国的连番攻击致使它孤立于韩国的其他领土之外。上党的长官冯亭不愿让秦军统治，就决定依附赵国。于是秦、赵两国在长平展开了长达三年的消耗战，到了前260年，赵国不但战败，甚至丧失了参战的四十多万（只扣除几百位老人和少年，因此实际上几乎是全部）军兵。此战可说是战国时期最悲惨的战役。

以上述的历史事件为背景，让我们来看书中所载荀卿与赵孝成王以及秦昭王之间的对话（辩说）内容。《议兵》记录了荀卿在赵孝成王御前与临武君针对作战原则方面的议题展开的辩论，而缺乏对当时赵国情势的任何具体分析。要是此一辩论发生在长平之战后，很难想象他们未曾论及此一关键事件。既然赵国败战，且四十多万大军遭到坑杀，应负起最大责任的国君孝成王应该会如《孟子》中的梁惠王和滕文公一样，[60]针对“我们该如何抵御秦国不断侵袭赵国”或者“我们如何从造成严重伤害的长平之战中恢复”等问题向荀卿请教。毕竟赵国首都邯郸在前 258 年被秦军包围，差一点惨遭灭国。

另一方面，若《荀子》中有关与秦方对话的记录属实，则当时在秦国最有权的秦昭王和应侯都接见过荀卿。但荀卿与应侯范雎的对话中，荀卿从赞叹秦国国内治理平稳的对话内容开始，也没有提具体历史事件。[61]事实上，秦军在长平之战也失去了一半的军兵，[62]加上在前 258 年包围邯郸一役中失利，都是昭王时期的重大军事挫折，同时也冲击到范雎的政治力量。要是荀卿与他们的会面是发生在此之后，谈话中提及此秦国的大挫折，应是荀卿能够大力宣扬德治效果的良机。但相关记录却

60 见《梁惠王下》。

61 《强国》：“应侯问孙卿子曰：‘入秦何见？’孙卿子曰：‘其固塞险，形埶便，山林川谷美，天材之利多，是形胜也。入境，观其风俗，其百姓朴，其声乐不流污，其服不挑，甚畏有司而顺，古之民也。’”

62 《白起王翦列传》：“今秦虽破长平军，而秦卒死者过半，国内空。”

付之阙如。

由此，荀卿与赵孝成王、秦昭王以及范雎会面的时期，应该在他们即位之后（前 265 年）至上党问题对决之前（前 262 年）的可能性比较高。再者，当时齐国也因前 265 年齐襄王薨逝，而由齐王建母垂帘听政，《孟子荀卿列传》所写的“齐人或谗荀卿”的状况，确实可能在这样的齐国宫廷气氛中发生。无论如何，假如上面有关荀卿生年的推算属实，前 265 年的荀卿年龄应该为五十岁左右，这年龄刚好可以让他试着把自己的政治理想付诸“新天地”的实际政治，更不用说赵国是荀卿的母国了。另外，“齐人或谗荀卿”的另外一种可能性，是荀卿“访问”赵国和秦国的结果，使得齐国王室和贵族怀疑他对齐国的忠诚；不过，和孟子对齐宣王提出建言不同，在整本《荀子》中我们并不能找出当时赵国和秦国的统治者实际听取荀卿的政策建言的叙述。

### 第四项　兰陵令时期

前 256 年，因楚国春申君带兵灭鲁，任命荀卿治理原来属鲁的兰陵。这一年是整段荀卿生平中可追溯的两个年度之一。如果我们假设荀卿出生于前 316 年，那么他在六十一岁时就任兰陵令的职位。根据《孟子荀卿列传》，荀卿因春申君的死亡而被解任，而春申君被李园所杀就在前 238 年。因此，我们可以合理推测荀卿任职兰陵令职位是从前 256 年（或在其次年 255 年）到前 238 年的十八或十七年间。

《史记》中并没有任何呈现荀卿在兰陵令任内对外作为的记录。在其任内，前 247 年魏国信陵君率领五国联军在河外打败秦国；六年后，联军在蕞城为秦国所败，此战役是秦国最后一次遭遇诸国联军。秦国当时已经近于吕不韦（生年未详—前235）摄政时期，前240年前后就是《吕氏春秋 · 十二纪》成书的时期。[63]

另外，《战国策 · 楚策四》以“客说春申君”为章名，记载了一段荀卿在楚国遭谗言后前往赵国的故事，这段轶事也被刘向和应劭写入荀卿的生平叙述中。而且《韩诗外传 · 卷四》也载有此故事。可见，此故事于西汉初期就开始脍炙人口。虽然《楚策四》没有写最后荀卿回楚国与否，但《孟子荀卿列传》写他任职到春申君遭杀（即前238）为止。要是《楚策四》的故事也为真，那么荀卿担任兰陵令的时期可分为两个时段。虽然这故事看起来不像是历史事实而更像是轶事——其内容展现出像圣人般超凡的人格不会受到主人的欣赏。然而，由于《战国策》和《韩诗外传》都载有此故事的传诵可溯到西汉初期，所以不可忽略此两部文献载录此故事本身的意义。本文要保留荀卿在兰陵令任职过程中也有可能到过赵国，并且有一小段时期担任孝成王上卿的可能性。

《孟子荀卿列传》写到，荀卿卸任兰陵令后继续居留当地，直到过世。我们不能确定荀卿何年离世。由于荀卿最多活到八十岁左右，据此可以推算荀卿在卸任兰陵令之后的数年内去世。然而，如上所述，有些学者相信荀卿活到一百岁以上。梁启雄以汉朝张苍（据说为荀卿弟子，后述）与唐朝曹宪（541—

---

63 《吕不韦列传》:“是时诸侯多辩士，如荀卿之徒，著书布天下。吕不韦乃使其客人人著所闻，集论以为八览、六论、十二纪，二十余万言。以为备天地万物古今之事，号曰《吕氏春秋》。”

645）两位活到一百岁以上的知识分子为例，试图论证荀卿比一般人长寿——梁启雄的结论是荀卿活到了一百二十岁。[64] 儿玉六郎则试图用统计的方法来回答这个问题，他搜集了从汉朝到清朝中国知识分子寿命的记录，算出战国时期中国知识分子的平均寿命不过五十五岁。根据这一结果，儿玉反驳了荀卿活到一百岁以上的推论。[65]

笔者认为儿玉的观点较为合理。不过我们也可用另外的假设来思考这个问题。要是荀卿真的像张苍、曹宪一样长寿，超过一百岁，他的弟子们应该对他的长寿大书特书。对中国人而言，无论古代还是现代，长寿本身就是人的一个伟大的成就，再加上荀卿深受兰陵郡民尊敬。[66] 这让我们得以推论，要是荀卿与同年代的人相比异常的长寿，该“事件”应该会被视为一伟大的德行而被记录下来，然而我们找不出这样的记录。因此本文排除荀卿活到如此超凡的高龄之可能性，而推测最高应该只活到八十岁上下，即在卸任兰陵令后的几年内去世。

## 第五项　荀卿的弟子

荀卿的学问非常广博，无论是属于哪一派学说，汉代学术皆难有未受其影响者。关于荀卿的具体弟子，包含《荀子》在内的汉代文献中，我们能查到名字的只有陈嚣（生卒年未详）、李斯（生年未详—前 208）、浮丘伯（生卒年未详）、韩非（生

---

64　梁启雄:《荀子传征》,《荀子简释》，页 430—431。

65　儿玉六郎:《荀子の思想》(东京：风间书房，1993)，页 21—56。

66　刘向《叙录》:“兰陵人喜字为卿，盖以法孙卿也。”

年未详—约前 230 年）以及张苍（约前 25—前 152）五位。在今本《荀子》中，荀卿与李斯和陈嚣对话的记载各有一处，而这是关于陈嚣的唯一记录。

李斯是唯一出现在《孟子荀卿列传》中的荀卿弟子。李斯是在秦庄襄王（前 249—前 247 在位）薨逝前后开始服事于吕不韦，由此可以推测李斯是荀卿任职兰陵令初期的学生，时间可能是在前 255 至前 248 年间。《李斯列传》记载了李斯向荀卿说的话（但没有荀卿的回答）：他反对无为的观念，也厌恶不去追求利益的隐士所要过的简约生活。[67]《李斯列传》另外也记载了李斯感叹自己虽然仍记得荀子给过他“物禁太盛”的教诲，然而却已成为其中所要警告的对象，自己卓越的政治势力即将步入衰败。虽然李斯通常被视为典型的法家政治人物，但这些文句暗示着李斯深深地尊敬着他的老师。

韩非是先秦法家和其他治国之术的集大成者。作为荀卿的弟子，韩非的名字出现于《史记 · 老子韩非列传》“与李斯俱事荀卿”一句，以及刘向《叙录》的“及韩非号韩子，又浮丘伯皆授业为名儒”，不过司马迁叙述韩非的方式明显与李斯不同，只说“事荀卿”。因此我们对韩非与荀卿之间的关系不得而知。

在传承荀卿学说的学者中，浮丘伯可能是最重要的学者。如上所说，刘向的《叙录》将他的名字与李斯、韩非一起列举，而《盐铁论 · 毁学》也对比了浮丘伯与李斯的一生，描绘出彼此对照的两种生活方式。根据《毁学》，浮丘伯似没有从政；根据《汉书·儒林》，著名的儒学经典传承者之一，尤其是以《诗经》

67 《李斯列传》：“困苦之地，非世而恶利，自托于无为，此非士之情也。”

四大注解传统之一的“鲁诗”之开祖而著名的申公，就是浮丘伯的学生。

此外，韩婴（约前200—前130）的“韩诗”传统也可能继承了荀卿的学问。在《韩诗外传》中，可以找到多达五十五处与今本《荀子》相似的文段，且这些不是零散的片段，而是整个段落，[68] 可见，“韩诗”基于荀子思想来理解《诗经》。不过，关于韩婴跟什么人习得荀卿的学说，并没有具体的记录。

相对而言，“毛诗”和荀卿学说的密切关系也相当明显。《毛诗序》的论述几乎基于《荀子》的“教化”和“礼义”之学说。[69] 也许是这种内容上的密切关联，魏晋学者认为“毛诗”传统的创始者毛公（毛亨）是荀卿的学生。[70] 当然，这样的系谱组合可能是魏晋学者或是“毛诗”传统的早期继承者所创造的，然而重要的是，无论毛公是不是荀卿的学生，在“韩诗”和“毛诗”的《诗经》解释中，明显观察出要由《荀子》学说来解《诗》的态度。

张苍是汉文帝（前180—前157在位）时的相国，他担任此职达十五年之久。萧何（生年未详—前193）过世后，张苍是当时汉廷唯一拥有历法、法律，以及各种测量知识与技术的知识分子。包含《史记 · 张丞相列传》在内的汉代文献中，皆未记载张苍与荀卿的关系。只有唐朝孔颖达（574—648）《春

68 丰岛睦:《韓嬰思想管見:〈韓詩外傳〉引用荀子句を中心として》，页50—58。

69 《毛诗序注》原文是:“故变风发乎情，止乎礼义；发乎情，民之性也；止乎礼义，先王之泽也。”林庆彰编:《诗经研究论集》卷1（台北：学生书局，1987），页495（郭绍虞注附录）。

70 陆玑《毛诗草木鸟兽虫鱼疏》(《四库全书》卷70，页21）曰:“荀卿授鲁国毛亨。”

秋左传正义》的导论引用刘向的《叙录》，指出张苍的《春秋》研究是继承自荀卿的。不过，我们有理由去怀疑此一系谱的真伪。张苍于前 152 年过世，享年略微超过一百岁。如果说张苍生于前 265 年而荀子是于前 235 年前后已经过世，那么荀卿过世时他就可能年届三十。虽然并非不可能，但若张苍真正受教于荀卿，那么他比较可能像李斯一样亲口说出，或由同时代的人加以记录此事。今只好存疑。

从上述讨论可以得出的暂定结论是，在列名于荀卿弟子的人物中，李斯与浮丘伯两位是最可信的，而我们没有什么特别的理由怀疑浮丘伯与申公的学术继承关系，因此申公也可归为荀卿学派的继承者。从现本《韩诗外传》的内容来看，韩婴继承荀卿的学术传统这一点应该可以肯定，而由他的年纪来看，韩婴也有可能向荀卿的弟子学《诗》。关于“毛诗”，其传承者毛公几乎已经属传说人物，所以说“毛公为荀卿的学生”比较没有实际历史上的意义，只是由《毛诗序》的内容来看，其解释很有可能继承荀卿的学说。另一方面，光靠现有的文献证据，我们很难确定韩非与张苍是否为荀卿的学生。

最后，笔者基于上述的讨论，试着重构荀卿的一生。首先，笔者的讨论开始于“荀卿十五岁时第一次来到齐国”的假设，有四个主要的理由支持此说：第一，根据《风俗通义》及《郡斋读书志》“十五岁”的记载，有很高的几率支持刘向原来的记载也是“十五”。第二，在《史记》中能找到将“始”字解释为“最初”或“原本”，而非“直到”的意思的例子，这能够支持“十五岁”的推论。第三，“时”的用法可以与《汲郑列传》的用法互证，可推想荀卿在齐襄王去世前并非稷下最老且最突出的学者，因此我们不能设想荀卿来到齐国时的年纪太大。第四，如果我们以为荀卿在齐宣王统治时期已经超过五十岁，明显与他活到前 238 年的记载相冲突。

下面运用这些例子来总结荀卿的生平，以作为本章的结尾。

荀卿大约在前 316 年出生于赵国。他年轻时曾到齐国，当时应是十五岁左右。荀卿在稷下思想的影响下研钻到三十岁左右，燕国战胜齐国迫使荀卿离开齐都临淄，并在前 286 年到前 278 年间居留于楚国。后来秦军攻进楚国都郢城，以及齐襄王夺回临淄的事件，让荀卿回到齐国。那时齐国稷下已缺乏其他突出的思想家，随着前辈思想家的去世，荀卿逐渐成为稷下学宫中最年长且最博学的学者，这使得他更受尊敬，在这一时期三度被任命为祭酒。之后，襄王的薨逝可能引起荀子探求新生涯的念头。在前 266 年，赵国由孝成王继位，应侯范雎在秦国掌政，荀卿应该曾在这一年到前 262 年之间拜见他们以及秦昭王。此时也是秦赵争霸最后交锋的前夕。前 256 年楚国灭鲁，荀卿接受楚国春申君的邀请，接任兰陵令。我们无法确定前 238 年他被解任前是否曾一度离职赴赵国，但他在卸任后继续居住在兰陵直到去世。如果说荀卿是在前 237 到前 235 年间去世的话，他的年纪应该是七十岁后半到八十岁。

# 小结

本章的探讨针对如下三个问题展开：第一,《荀子》文本的成书及其流传；第二,《荀子》文本是否代表荀卿本人的思想之五种观点；第三，荀卿的生平。关于文本成书的问题，目前我们很难厘清在刘向编为三十二篇以前的文本状态。这意味着《荀子》文本是否代表荀卿本人的思想，是个难以获得有说服力的结论的问题。面对如此情况，本章将关于现本是否代表荀卿本人思想的各种见解整理成五种观点，并说明各个观点的论据和得失。笔者的立场是，其实各种观点皆有其优缺点，只不过我们可以注意《荀子》包含了来自先前思想家——特别是稷下学者或是后来被归类为道家——的各种概念成分，并且，这些原属不同思想传统的诸概念统合于以“礼”为核心价值的论述，而其中整体论述保持了相当高的理论统合性，原来对立矛盾的论述也成为彼此不可或缺的整体论述中的部分。虽然《荀子》一书为由多样思想整合起来的作品，但其绝大部分由“礼”概念来加以统整,现本《君子》以下“杂录”七篇也不一定看作荀子后学的发明。以广义的思想脉络来说，《荀子》的内容为整段战国时代思想的累积和综合，但没有特别的理由要找出荀卿之外，和他同属一时代的复数作者。鉴于这些观察，本书后面的探讨原则上将《荀子》视为单一思想家的思想之文献。

至于本章对荀卿生平的重构，仅是一步步累积有限且难以认定可靠度的材料而来的推测，因此，讽刺地说，本章的讨论本身可能对理解荀子思想不会有很大的帮助。毕竟，让我们最贴近《荀子》思想特质的方法，是仔细探讨其文本中所呈现的概念和论述本身。

**【附录 1-1】《史记 · 孟子荀卿列传》原文（附标点符号）**

荀卿，赵人。年五十始来游学于齐。驺衍之术迂大而闳辩；奭也文具难施；淳于髡久与处，时有得善言。故齐人颂曰：谈天衍，雕龙奭，炙毂过髡。田骈之属皆已死齐襄王时，而荀卿最为老师。齐尚修列大夫之缺，而荀卿三为祭酒焉。齐人或谗荀卿，荀卿乃适楚，而春申君以为兰陵令。春申君死而荀卿废。因家兰陵，李斯尝为弟子，已而相秦。荀卿嫉浊世之政，亡国乱君相属，不遂大道而营于巫祝，信禨祥。鄙儒小拘，如庄周等又猾稽乱俗。于是推儒、墨、道德之行事兴坏，序列著数万言而卒。因葬兰陵。

**【附录 1-2】现代中文翻译**

荀卿是赵国人。十五岁的时候，他第一次到齐国游学。驺衍对治国之论证有着惊人的广大范围；驺奭关于治国之术的高明言语难以实践；淳于髡掌握长久的权势，他说话既准确又适机。因此，齐人都称赞他们，说："没有人能够和驺衍谈天；没有人能够如驺奭一样雕龙（修饰且敷衍驺衍的理论）；没有人像髡一样流畅讨论。"襄王治世时期，所有师傅例如田骈都陆续过世。结果，荀卿成为最有声誉且受尊敬的学者。齐国试图修复"列大夫"职位人才的空缺，于是荀卿三次被任命为祭酒。有齐人中伤荀卿，于是荀卿前往楚国，春申君任命他为兰陵令。春申君薨逝时，荀卿也失去其职位。由于他的家在兰陵，李斯曾经是他的弟子，后来，李斯到秦国，在那边成为相国。荀卿痛恨乱世黑暗的政治，亡国、昏君接连不断地出现，他们不从大道而迷恋于巫祝，因此迷信于吉凶之兆。恶劣的炫学者都堕落于无价值的事，庄周等学者又妨碍正确的知识且弄乱一般人的公共道德。为了矫正此时代风潮，荀卿便整理且推论儒家、墨家以及道德之论的理论性与实践性，以及三家思想之长短处，并且借此成数万言的著述，而后过世。因为他晚年居住于兰陵，便葬于此地。

**【表 1–1】荀子年谱**

| 年（公元前） | 年龄 | 事件 | 记载 | 记载来源 |
|---|---|---|---|---|
| 约 316 | 1 | 生于赵国 | 荀卿赵人 | 史记 · 孟子荀卿列传 |
| 约 301 | 15 | 到达齐国 | 年五十（十五）始来游学于齐 | 孟子荀卿列传 |
| 约 286—278 | 38—46 | 逃离齐国，前往楚国 | 湣王……荀卿适楚 | 盐铁论 · 论儒篇 |
| 约 278—255 | 46—61 | 成为稷下学宫的祭酒（三次） | 荀卿三为祭酒焉 | 孟子荀卿列传 |
| 约 265 | 51 | 于赵孝成王御前和临武君论辩 | 临武君与孙卿子议兵于赵孝成王 | 荀子 · 议兵篇 |
| 约 265—261 | 51—55 | 会见秦昭王<br>会见秦应侯（范雎） | 秦昭王问孙卿子<br>应侯问孙卿子 | 荀子 · 儒效篇<br>荀子 · 强国篇 |
| 256 | 60 | （此年之后应该在几年内）受命为兰陵令 | 春申君相楚八年……以荀卿为兰陵令 | 史记 · 春申君列传 |
| 约 256—248 | 60—65 | 李斯受业于荀子 | 乃从荀卿学帝王之术 | 史记 · 李斯列传 |
| 约 255—238 | 60—78 | 成为赵国的上卿（？） | 去而之赵，赵以为上卿 | 战国策 · 楚策<br>韩诗外传 · 卷四 |
| 238 | 78 | 解任兰陵令 | 春申君死而荀卿废 | 孟子荀卿列传 |
| 约 237—235 | 79—81 | 逝于楚国兰陵 | 因葬兰陵 | 孟子荀卿列传 |

第二章

# 荀子思想的来源与稷下之学的思想活动

## 引言

在本章中，笔者将阐明荀子思想的来源。在序论和第一章的论述中，笔者屡次指出掌握荀子思想之综合性的重要性。本章则从探讨荀子思想的两种可能来源,来阐明此“综合”的特质。对战国诸子的文献进行通盘性的比较探讨，我们可以观察出两种特色：第一，在中国古代，特别是儒、墨两家的思想中，政治性和伦理价值互相结合；第二，在战国中期之后的思想文献中，分析性的论述大幅地增加。就问题意识的角度看来，第一点说明了荀子思想的基本价值倾向；也就是荀子在自认为是正宗儒者时，所展现出的思想特质。相对而言，第二点思想特色，则通常在非儒家文献——尤其是在司马谈父子之《论六家要旨》中的法家、道家以及名家的主张中能观察得到。笔者的假设是，上述诸家思想的崛起，与战国中期在齐国所推行的密集思想活动——“稷下之学”——有关。[1] 据此，作为厘清荀子哲学的基础作业，本章将追溯儒家思想的起源，以及战国时代分析性论述——即“稷下之学”——之崛起与发展的轨迹。这里对各思想特质的说明，与本书第四章所阐述荀子思想构造中的各层主张相对应。不过在进入本论之前，先让我们厘清过去学者对荀子思想性格之评估的一些问题；借此回顾，笔者也将提出更能正确评估荀子思想之综合性的两种概念工具，即本文所称的“伦理论辩”（ethical argumentation）和“分析论述”（analytical discourse）。

在《荀子》书中，我们不难发现荀子坚信自己继承儒家思想的正统。然而，与荀子本人的强烈诉求相反，大约自唐朝以降，“荀子为正宗儒者”这点往往受到宋明理学家与当代中国思想研究者的质疑。其中一个质疑的理由是，他们认为，荀子与孟子的思想有着“显著”的不同，特别是两者的“性论”主张。据此，宋明理学家和当代新儒学均视孟子为儒学正宗；宋明理学家并将孟子以后“正统”儒学的凋落，归罪于荀子的“分歧”。然而，这样的批评并非客观的评断，反而揭露出了他们对孟子思想的偏好。[2]

相形之下，当代学术界中绝大多数的研究者，不会怀疑孟、

1 究竟齐国的学术活动是在固定的官府中进行的，还是由齐廷邀请的个别学者给予齐王政策建议，尚未定论。此主要原因是可靠的史料很少。鉴于此，在本章中“稷下之学”系指由所谓“稷下先生”受到齐廷的赞助而进行的学术活动之总体；而不至于代表汉代以降“国子监”等受国家的严格控制之固定学府。

2 马积高广泛地讨论过这个议题，见马积高：《荀学源流》（上海：上海古籍出版社，2000），页 193—346。廖名春和孔繁同样也检视过后代中国知识分子对于荀子的评价与贬抑。见廖名春：《荀子新探》，页 1—12。孔繁：《荀子评传》，页 279—313。

荀二人都致力于实现孔子的理想。尽管如此，他们仍然都倾向于认为：较诸荀子的思想，孟子呈现出更多与孔子的相似之处。而这个看法通常来自下述几个前提。

第一个前提，认为在孔子弟子的时代，儒学就已经开始分化，而孟子、荀子分别为不同学派的后继者。事实上，《荀子》书也曾作证指出，当时至少有三个以孔子弟子——即子夏、子张、子游——为名的学派存在。[3]《孟子》中几段对于曾参与子思的赞美，[4] 可能反映出孟子跟随了这两人所宣扬的思路。而荀子在《非十二子》中将子思、孟子联结在一起并加以批评，也会支持孟子可能为曾子、子思一系儒者的观察。

关于学术的来源，荀子称赞子弓是唯一一位居于孔子与荀子之间这一条“正宗”儒家学脉的儒者。武内义雄认为荀子所称之“子弓”，是“子游”之名传抄错误的结果，因此《荀子》的学术可以上溯到子游。武内也观察到《荀子》与《礼记·礼运》在思想上的相似性，而《礼运》的作者也被归属于子游学派。[5] 与此相对，重泽俊郎则主张《礼运》的“礼”思想异于《荀子》的礼论。[6]

港澳台的学者则曾运用当代哲学的术语，从比较哲学的立场试图解释孟、荀分别所属之学派的分化。牟宗三曾经认为孟

3　在《非十二子》中荀子描述此三人后学的“贱儒”形态。

4　譬如，从《公孙丑上》“孟施舍之守气，又不如曾子之守约也”和《公孙丑下》“昔者鲁缪公无人乎子思之侧，则不能安子思”等描述中可看得出孟子对两人的敬慕。

5　武内义雄：《中国思想史》，收入《武内义雄全集》卷 8（东京：角川书店，1978），页 80。

6　重泽俊郎：《原始儒家思想と経学》（东京：岩波书店，1949），页 162—163。重泽也认为《礼运》为子游学派的作品。

子的思想为“内圣”，荀子则为“外王”。然而，牟宗三心中强烈的孟学关怀，引领他批评荀子为不懂孟子“道德形上学”宗旨之人。[7] 韦政通则借用了牟宗三的“内—外”架构，使用“转”字说明两位思想家的特征。如此，孟子的“内圣”被改述为“内转”；荀子的“外王”则为“外转”。差别只在于，与牟宗三相比，韦政通谈论了较多荀子理论在中国古代思想上的正面意义。[8] 尽管如此，“内圣外王”一词并未出现在先秦儒家作品中。众所周知，这句话出自《庄子》最后一篇《天下》，为该篇作者对先秦思想家之回顾。更重要的是，《天下》的作者并没有以“内圣外王”界定儒家思想内涵的意图；[9] 相反地，他事实上暗示了儒家无法实现此理想境界。

第二个前提，是以孟、荀两人与孔子思想之间的距离为基准，所做出的价值判断。荀子的思想通常一直被拿来与孟子比较，而在比较时所观察到的不同，通常被认为是“异端”或“非正统的因素”，因此也带来了对荀子的贬抑。宋明理学家对孟、荀关系的看法，正是这种理解的典型：孟子的思想被视为“纯”，并且被尊奉为高举道德；荀子则属“驳杂”，被贬视为倾向法家。[10]

从上述两个前提来理解孟、荀思想之异同，往往会忽视一个事实：《论语》和《孟子》之间在思想上的“相似性”，主要

---

7 牟宗三：《荀学大略》（台北：“中央”文物供应社，1953），页1—9。

8 韦政通：《荀子与古代哲学》（台北：台湾商务印书馆，1966），页3。

9 《天下》：“是故内圣外王之道，暗而不明，郁而不发，天下之人各为其所欲焉以自为方。悲夫！百家往而不反，必不合矣。后世之学者，不幸不见天地之纯，古人之大体，道术将为天下裂。”

10 举例来说，李德永的早期作品就强调荀子思想中的法家元素。参见李德永：《荀子》（上海：上海人民出版社，1959），页95—101及页117。

是因为孟子距离孔子的时代较近，而荀子则比孟子晚了约七十年，和孔子之间已相隔长达两百五十年。如下所述，从思想发展的角度来看，《论语》和《孟子》形成时的中国思想，还属于一种“早期发展”的阶段;《论语》《孟子》两书尚未发展出那些在之后的思想中才能观察到的各种理论术语和推论方式。换句话说，在孟子与荀子之间，有着约七十年的间隔；而就在这七十年之中，中国思想自身经历了其他时代未曾有过，且之后历史上也未再次发生过的快速发展。笔者将在下文讨论的一个重要事实是，孟子极少讨论《荀子》中不少频繁出现的术语，如“治乱”“法”“势”“术”“制”“公”等。这难道只是单纯因为孟子不想讨论它们吗？如果孟子厌恶其中任何一个术语，他大可以公开地驳斥它们，如同他批判墨子、杨朱的思想那般。因此，设想孟子反对一切法家于日后所阐述的种种观念，将会是牵强的。因为若是这么做，我们要将孟子想象成一位先知，对抗着那些在他的时代尚未作为议题的种种观念。

观察《孟子》与一些道家关键观念的关系，我们也能看到类似的情形。诸如宇宙的起源、控制自然与人文世界运作机制之最终原则等等，《老子》《庄子》热切探究的概念和“客观”原理，在《孟子》中并未被提及。换个方式来说，《孟子》哲学的形成，事实上早于日后被称之为“道”的一套有关政治社会运作机制和宇宙论原则的观念之形成。在孟子的时代，以“道”之阐述来挑战儒学的所谓道家思想，尚未发展到足够精致且让孟子感到威胁的程度。既然孟子无法预知这些思想在未来将会威胁到自己的学说，他又何必驳斥这些理论呢？如同大滨皓的《老子》研究所示，《老子》对于伦理价值与语言功能的批判，仅在其作者曾深入探讨两者之功能之后才有可能。大滨认为,《老子》每一章的意图在他的批判性思想系统中才能找出其思想意义，而如此深入的批判性系统，似乎反映了战国中期以后的思想情境；正如笔者所推论的，是介于孟子与荀子之间的时期。[11]

至此，笔者有必要讨论新出土材料与本章论证之间的关系。郭店楚墓中与《老子》非常类似之文献（整理者称之为《老子甲》《老子乙》以及《老子丙》,后文暂称《郭店老子》）的发现,[12]似乎会让上述观点难以成立。郭店楚墓的下葬年代应不会晚于前287年，当时属于楚国首都的郢地于该年为秦国所占领。如果如一些中国学者所主张的，楚墓下葬的年代是前300年左右，则《郭店老子》中的思想，就与孟子同时甚至还更早。[13]然而，应该指出的是,《郭店老子》的整体分量只有马王堆甲本的百分之三十二。虽然郭店楚简的保存并非百分之百，但目前我们仍没有足够的理由认为，在墓的下葬与考古队的拯救工作之间，有大量的竹简佚失或被盗墓者取走。[14]而且从其思想内容来看，

---

11　大滨皓:《老子はいつ頃の思想か》，见《老子の哲学》（东京：劲草书房，1962），页295—328。这个论点也为陈汉生（Chad Hansen）最近的研究所响应。陈汉生论称“道”的概念应该是从正面的（如《论语》和《孟子》所示）,发展到反面的（如《老子》）。参见 Chad Hansen, *A Daoist Theory of Chinese Thought* (Oxford: Oxford University Press, 1993), pp. 200-204。陈汉生:《道家在中国哲学中的地位》,《道家文化研究》辑15（1999），页26—28。

12　然而，在该组的竹简中未见“老子”等“篇名”。

13　当然，这并不代表所有中国学者的观点。王葆玹论称秦国对楚地的占领，并未根本上改变原有丧葬的风俗。他提出郭店墓的下葬年代可以推后到前221年。参见王葆玹:《试论郭店楚简各篇的撰作时代及其背景——兼论郭店及包山楚墓的时代问题》，姜广辉编《郭店楚简研究》,《中国哲学》辑20（沈阳：辽宁教育出版社，1999），页366—389。

14　这个论点也为郭沂强力支持。参见郭沂:《郭店竹简与先秦学术思想》（上海：上海教育出版社，2000），页481—485。

《郭店老子》的整体思想显然尚未开始挑战儒学的系统。尽管笔者不否认《郭店老子》思想的形成时间与孟子最活跃的时期可能有部分重叠，甚至还更早（大约在前 4 世纪之初到中期）。但前述观点暗示《郭店老子》所呈现的思想，尚属道家理论"发展中""未完成"的阶段。[15]

基于此观点，关于战国中期的思想格局，笔者所关注的是稷下思想在几组新哲学论辩的阐扬与发展中所扮演的角色。在过去的几十年中，一些中国学者持续且渐趋留意稷下学者对荀子思想之形成的影响。举例来说，向仍旦在讨论荀子思想之前，描述了稷下之学的思想活动；然而，他并未探究它们之间的影响关系。[16] 赵吉惠则主张，荀子思想是在稷下学派的压倒性影响之下所产生的。[17] 白奚的研究也观察到稷下之学在思想范围的广泛性上，对荀子产生的影响。[18] 大体而言，认定荀子曾受稷下思想的影响，应该是没有问题的。

然而，如何界定所谓的"稷下思想"，将会使我们对于其如何影响了荀子思想产生不同的判断。第一，稷下学者提出或发展了哪些理论与思想？其特色为何？又与之前的思想有什么差别？第二，荀子究竟从稷下学者处学到了什么？第一个问题的

---

15　池田知久强调《郭店老子》中的思想仍然处于正在形成的阶段。参见池田知久：《尚处形成阶段的〈老子〉最古文本——郭店楚简〈老子〉》，《道家文化研究》辑 17（1999），页 171—181。

16　向仍旦：《稷下学宫与荀子的学术成就》，见《荀子通论》（福州：福建教育出版社，1987），页 1—5。

17　赵吉惠：《论荀学是稷下黄老之学》，《道家文化研究》辑 4（1994），页 111—117。

18　白奚：《稷下学研究：中国古代的思想自由与百家争鸣》（北京：三联书店，1998），页 274—295。

答案，又决定于所谓“稷下学者”的范围。以最狭义而言，“稷下思想”指的是被《史记》列举为“稷下先生”的学者的思想特色，包括驺衍、淳于髡、田骈、慎到、环渊、接予等人。[19]不幸的是，除了慎到的若干著作，其余作品的主要部分都已经失传，只有片断段落能够为我们所参照。

因为难以查明那些只有名字为我们所知的思想家其思想的内涵，透过检验如《管子》《吕氏春秋》等能够代表齐国学术传统但作者不明的作品，来追溯稷下思想的特色，是我们实际需要采用的研究途径。《吕氏春秋》虽然是在秦王嬴政之“仲父”吕不韦的号召下编辑而成的作品，但其中载录了不少田骈、慎到、驺衍等稷下先生的言论；此外，其中也包括了几段明确记载他们姓名的段落，我们能够借之理解稷下思想的部分内容。相较之下，《管子》虽未提到具体稷下先生之名，但其庞大的思想内容，应仍能代表战国中后期的齐国学术。因此，就算我们不能断定《管子》书是否为“稷下先生”亲笔写成之作品的集合，但至少可以视之为在与稷下思想密切地思想交流下所形成的作品。

此外，《马王堆汉墓帛书老子乙本卷前古佚书》——也被称为《黄帝帛书》或《黄帝四经》——与齐国学术之间的关系，近年也受到学者的注意。虽然学者对《黄帝帛书》的思想来源意见纷歧，但在1990年代发表研究的几位学者均认为《黄帝帛

19 《史记·孟子荀卿列传》暗示荀子在他们之间是最年轻的。而合理的推断也是淳于髡是唯一一位与孟子同时或稍早的思想家。证据在于淳于髡曾与孟子、齐威王、威王的宰相驺忌有过对话。既然这里提到的其他学者并未出现在《孟子》之中，且在湣王时期仍然在世，那么他们基本上属于孟子的下一个年代。这意味着有一群学者属于孟子、荀子之间的年代。

书》与稷下学派之思想应该有密切的关系。举例来说，胡家聪以文本的分析比较为基础，主张《黄帝帛书》与其他齐国学术作品——特别是《管子》——之间具有一致性，因而针对《黄帝帛书》为稷下思想之产物这一点展开了颇具说服力的讨论。[20]包括陈鼓应、白奚等中国学者，也有与胡家聪相同的结论。[21]

不过，这些学者的见解也有一些问题。由于他们将《老子》和《黄帝帛书》之间的思想相似之处，归因于从《老子》到《黄帝帛书》的单向传承，因此便想象出了下述的思想发展脉络：始于《老子》，经过《黄帝帛书》，最后则是稷下思想家的思想活动。如此，《黄帝帛书》和《史记》所谓稷下先生的思想，其内容将只不过是渊源于《老子》的"稷下道家"思想。

讨论至此，针对这样的思想继承系谱，稍微回到笔者于导论第二节所提出的疑问，将有益于进一步的讨论：假如《老子》与《黄帝帛书》在孟子展开其哲学活动之前就已经完成且广为流传，为何孟子会对如此具有高度系统性和争议性的论述完全保持沉默？

在急于跳到结论之前，让我们先检视司马迁对于"稷下先生"的观察。司马迁说"稷下先生"是"著书言治乱之事"的学者们。[22]以当代用语言之，稷下思想家密切检视了一个国家之所以能建立秩序，以及崩解、混乱的原因。司马迁陈述中的一个关键点，是孟子似乎并未站在国家运作机制的观点来讨论"治

20　胡家聪：《稷下争鸣与黄老新学》（北京：中国社会科学出版社，1998），页102—142。

21　陈鼓应：《黄帝四经今注今译》（台北：台湾商务印书馆，1995），页38—43。也参见白奚：《稷下学研究》，页92—138。

22　参见《史记·孟子荀卿列传》。

乱之事”。相较之下，在整个《黄帝帛书》、大部分《管子》，以及如《慎子逸文》《尹文子》等搜集了稷下思想家论述的作品之中,“治乱之事”确实为中心主题之一。在我们现代的用语之中，他们对“治乱之事”的兴趣，可以解释为对于社会运作机制的理论兴趣。

由是观之,笔者推测《黄帝帛书》可能并非稷下思想的来源，而更可能是属于孟子时代的早期稷下学者的作品；或退一步说，是在与稷下思想交流的背景中写成的文献。既然在我们的架构中，难以假设《黄帝帛书》的议题为孟子以前世代的思想家所写成,我怀疑《黄帝帛书》的内容大概属稷下思想的鼎盛时期(约前 310—约前 285)，为正处于推展时期的“治乱之论”所组成。

出于同样的理由，我们推测《老子》之形成，一方面是吸收了当时的格言,一方面也受到《黄帝帛书》之形成的相互影响。然而所谓《郭店老子》(事实上，竹简上并无“老子”之名，而是由整理者所命名的)的发现,显示《老子》一书的写作、组成,应该早于稷下最繁盛的时期。如此,《老子》《黄帝帛书》以及《管子》《慎子》等稷下作品之间，有着相当数量的类似之处，就不令人特别惊讶了。因为这些文本的主要部分，原本就是在一个彼此交流、滋养的环境之中写成的。在这个交互影响的时期，稷下之学促成了统治论述之系统化，而这后来也发展成汉代时从皇室到诸侯、从中央到地方都珍视的黄老思想。[23]

---

23 应该留意的是，在战国时代的思想文献中没有一部实际使用“黄老”一词来指称某个学派或某种思想分类的事实。如果如陈鼓应和其他学者所论称的，能以“黄老”一词来涵盖的思想体系早在前 4 世纪——即《孟子》以前——形成的话，它应该会在战国晚期的著作中,以如“黄帝经曰”这样的句子被提到。这种句子之阙如,则笔者认为《黄帝帛书》

讨论至此，让我们回到原来的问题：稷下之学的思想特征是什么？笔者所注意的，是司马迁对稷下思想特征的描述——即对于“治乱”问题的探讨。如果司马迁的描述反映了历史事实，则荀子便是一位典型的稷下学者，因为几乎整本《荀子》书所关注的都是“治乱”问题。[24] 荀子以“分析”的态度检视社会、国家运作机制的概念和论辩，笔者则将此稷下学者共同持有的态度称为“分析论述”。

与此同时，笔者将指出另一种论证的态度，即“伦理论辩”。在这种论述中，思想家所关注的是伦理价值的推广、提倡和辩护。在《论语》《孟子》以及《墨子》等战国早中期形成的文献中，除非与伦理议题有关，否则社会的运作机制和原理均尚未成为探讨的主要对象。如此，此三部文献的实际思想内容中，更多的是对伦理信念的反复提倡；至少从严格的论证标准来看，并未对相关问题提出具有说服力的分析。与此相较，战国中后期盛行的稷下思想似乎是个转折点，将探讨思想的主流态度和基本模式，从“伦理论辩”转变为“分析论述”。[25] 此外，对于伦理价值和语言功能的怀疑态度，也加速了这个论辩架构的转变。

---

应该是在前 4 世纪末到前 3 世纪早期写成的，一份综合了之前稷下思想的文本。至于“黄老思想影响了荀子思想”的看法，既然我们尚未知悉荀子之前以“黄老”一名来指称的思想的实际情况，本书倾向于不采取“黄老思想影响了荀子思想”这样的说法。不过这并不意味着笔者否定后来“汉代黄老思想”的成分之几种思想因素在荀子之前得以有某种程度的理论化，并且影响到荀子思想的某些层面之可能性。

24　本书第四章第三节第三项中有关于这点的延伸讨论。

25　当然，这两种“理念型”（ideal types）的提出并不否认在“分析论述”之中有着道德动机，或是在“伦理论辩”之中会有分析性的态度。

有鉴于此，在战国时期思想发展脉络中，若要厘清战国早中期儒家（包括《孟子》）和《郭店老子》之间思想关系之意义，笔者的假设是：孟子思想实为孔子、墨子发展出之“伦理论辩”在某种程度上之“完成”；而《郭店老子》则反映出当时一种新哲学系统之“孵化”过程，要到孟子下个时代的思想家手中，才得以呈现出较为完整的论述结构，并对整个伦理论辩的论据与价值提出挑战。

那么，我们该如何评估上述两种思想活动及其特色对于荀子思想的影响？如上所述，荀子坚信伦理价值的实践与否，将决定国家兴衰和天下治乱。如果荀子的论证属于分析论述，我们该如何解释他对伦理价值的坚持？确实，如同本书第四章将阐述的，就伦理价值远高于现实政治这点而言，荀子的信心丝毫不亚于孟子。然而更仔细地考察后，发现荀子提倡伦理价值的方式是分析性的，而不只是单纯地反复提倡。因此，当荀子在论辩伦理的价值时，展现了儒家的特色；但当他采取分析论述来处理伦理问题时，其态度则看起来像是个稷下思想家。这个双重性显示：荀子实为“伦理论辩”与“分析论述”这两个不同演进阶段之论述的综合者。

有鉴于上述问题意识与战国思想发展的假设，本章将阐述战国思想演进可以分成的三个阶段：第一，“伦理论辩”的阶段（早期儒家和墨家）；第二，“分析论述”的阶段（《史记》所列举的稷下先生以及《黄帝帛书》《管子》表述的思想）；第三，整合的阶段（《荀子》《韩非子》以及《吕氏春秋》的思想）。在这个演进架构中，第一和第三阶段的主要差别在于，属于后者的思想家们已通过了第二阶段的“思想转变”，即稷下思想家将之理论化的各种议题和论述。

在本章之中，笔者将讨论前两个战国思想发展的阶段。第三个阶段——即荀子所发挥的综合工夫——则为第四、第五章探讨的主题。事实上，或许可以说，检视稷下思想的特征，几乎就等同于描绘整体战国思想。然而，笔者将特别关注于稷下思想家是如何逐步集中分析、说明政治与社会的运作机制，以及操控这些机制的原则。笔者并将试图论证，这些思想家的“分析”兴趣能与早期儒、墨对伦理问题的兴趣相对照。因此，《庄子》和所谓《墨子》“墨辩”诸篇所探讨的名实、逻辑、修辞等与语言哲学相关的问题，将不会成为本章所要探讨的对象。这点尚请读者见谅。

## 第一节　战国时代的齐国与“稷下之学”的背景

在进入思想特征的讨论之前，我们有必要先了解“稷下之学”思想活动之舞台，即齐国的历史背景。我们立即遭遇到描述稷下之学之真实情形的记载颇为有限的问题。根据张秉楠的搜集和整理，现存提到稷下学派的段落或文句，不会超过十五笔。[26]因此，我们无法得悉“稷下”具体指涉的地点、其活动之规模，以及管理运作的详细情况。尽管如此，学者们曾透过分析中国古代政治社会的结构、齐国的经济条件、山东地区的区域特性

---

26　张秉楠:《稷下钩沉》(上海：上海古籍出版社，1991)，页1—5。

等，阐述稷下之学的历史背景。[27] 既然稷下如同向齐君提供政策建议的“智库”，我们或可从齐国政治史的概述着手，在了解齐国政治史的特色之后，编年排序相关史料上的记载，以描绘出一个稷下学术传统的历史图像。经过此项作业，笔者将指出，在所谓“稷下先生”之中，孟子和荀子分属于先、后的时代。在孟、荀之间，我们还能看到另外一群思想家。正是这些在孟、荀之间活动的稷下思想家，将孟子思想中未有的特质与理论层次提供给了荀子。

## 第一项　战国齐国史概观

根据现存的史料，齐国的起源可以追溯到周武王对吕尚的分封。[28] 周武王攻击商朝时，他指派吕尚为军队的统帅。武王与吕尚的组合，被赞誉为“圣君贤相”。然而，这样的故事似乎是传说，而不一定代表历史事实。出现在殷商甲骨占卜之中的“羌”（“姜”的同音字），通常是商朝军事攻击的标靶，或是牺牲仪式的受害者。因此，吕尚的姜族可能与商朝属于敌对的关系。[29] 此敌对关系，似乎便导致了姜族与姬族——即周朝王室——之间的结盟。

---

27　举例来说，参见林丽娥:《先秦齐学考》(台北：台湾商务印书馆，1992)，页 123—145。王阁森、唐致卿主编:《齐国史》(济南：山东人民出版社，1992)，页 509—515。王志民主编:《齐文化概论》(济南：山东人民出版社，1993)，页 58—79 和 513—526。白奚:《稷下学研究》，页 1—66。

28　关于周文王招募吕尚的情形，《史记》记录了三段不同的描述。参见《齐太公世家》。

29　白川静:《羌族考》,《甲骨金文學論集》(京都:朋友书店，1973)，页 555—693。许倬云:《西周史》(台北：联经出版公司，1984)，页 50—53。

如春秋时代其他强国的例子，齐国历史的特色呈现在两种状况——边陲区域之领土扩张，以及公室成员与封臣之不断弑君——的显著对照中。众所周知，齐桓公（前685—前643在位）得到相国管仲的辅助，成功地整合了国力，率先维护周王室的权威，主持会盟，并保护了华夏文明，使其免于周边异族的入侵。因此，桓公被后世誉为春秋五霸之首；而这个因管仲的能力所彰显的齐国黄金时代，也被后人久久称颂。

桓公过世之后，齐国仍未失去足以影响各国平衡的重要国际地位，然而其内部政治却开始崩解，并回复到习惯性内讧、弑君的螺旋之中。在帮助有机会成为国君之公族竞争宝座的表面大义之下，主要的贵族为了扩大自家势力，展开了激烈的政治斗争。最后，在高、国、鲍、崔等齐国大世族之间，胜利者是原为陈国公室支裔的田氏。根据《史记》，陈厉公（前706—前700在位）的一个儿子陈完，曾从他的母国逃到齐国，并请求齐桓公的保护。他的家族此后被称为“田”。[30] 在齐国之中，田氏逐渐扩大控制的领土以及亲附自家的人民。借由“以家量贷而以公量收之”[31] 策略的运用，田氏获得愈来愈多百姓的支持。到了陈完第五代子孙田乞之时，田氏获得了有德之主的名声。田乞之子田常，延续父亲的传统，并在刺杀齐简公（前484—前481在位）之后，说服简公之弟平公将执行刑罚的权力让渡给自己。他提出的理由据称是：“德施人之所欲，君其行之；刑

30 《左传》描述了这个事件，并在“庄公二十一年”这节中补上以下这条经文：“陈人杀其公子御寇。”也参见《史记·田敬仲完世家》。

31 《左传》“昭公三年”。

罚人之所恶，臣请行之。”[32]根据《史记》，田常利用此范围广泛的权力，消灭了与他为敌的贵族，[33]也借此几乎完全控制了齐国朝廷的统治实权。到了其曾孙田和之时，田氏终于在周王室的允许下，于前386年采用了“齐侯”的头衔。相对地，姜氏的国位在齐康公（前404—前379在位）死后就被废除。由于康公没有继承者，其领土最终被“田齐”所并吞。

讽刺的是，齐国宝座的不稳定性，并未随着田和袭取国位而告一段落。田侯剡（前383—前375在位）与其合法继承人一同被另一个王室成员田午刺杀。田午因而登上宝座，后来被授予（田）齐桓公的谥号（前374—前357在位）。桓公的宝座为他的儿子继承，是为齐威王（前356—前320在位）。如此，在一个世纪之内，田氏从政治难民后代的身份崛起，先是“侯”“公”，最后则称“王”，到达与周王室同等的位阶。

齐威王即位后的前九年，齐国的局势看起来并不比姜氏统治时稳定。就内部而言，大臣们取得了原本属于国君的权力；与此同时，周边的国家也尝试入侵齐国。齐威王极力征募有能力的行政官员，并且公平地对待他们。其结果是，他分别在桂陵（前353）和马陵（前342），两次击败魏惠王（前369—前319在位）的军队。魏惠王的祖父魏文侯（前445—前396在位），曾是以“尊贤”著名的国君。该政策曾使魏国变得强大，并在战国初期维持霸权。在这个意义上，齐国对魏国的接连胜利，可以归功于齐威王尚贤政策之成功。在马陵的胜利之后，齐国

32 见《田敬仲完世家》。

33 见《田敬仲完世家》。

进入了其黄金年代。

齐国之强盛时期，在威王之子宣王（前 319—前 301 在位）之时到达了巅峰。与此同时，如同司马迁所述之“宣王喜文学游说之士”，齐宣王本人招揽卓越学者的爱好，让当时最杰出的学者聚集于齐国首都临淄，促成了当时中国规模最大、水准最高之学术中心——稷下之学——的形成。[34]

前 314 年为齐国历史上的分水岭。该年，齐宣王以其父在位时就开始累积的压倒性国力为后盾，进攻因为内战而国力疲弊的燕国。宣王的军队在不到五十天内便攻占燕国的首都，掠夺了其王宫内的礼器与财宝。然而，由于其他诸侯联手阻止，宣王只好放弃吞并燕国的野心，班师回齐。

在宣王之子湣王（前 300—前 284 在位）的统治之下，齐国继续保持富强，也未停止侵略性的领土扩张。湣王与秦昭王（前 306—前 251 在位）以“帝”相称，并且在前 286 年并吞了宋国。不只如此，他甚至想要篡夺周王身为“天子”的地位。然而，在前 285 年，湣王与孟尝君（田文，生年未详—前 279）之间的对立，使得后者叛逃至魏国，并且引发了反齐联盟的形成。联军先是于稷西击败了齐国，燕军并在乐毅（生卒年未详）的领导下全面进攻齐国。乐毅的军队抵达并彻底掠夺了齐国首都临淄，以报三十年前齐国给予燕国的屈辱。但即便失去了国家，齐湣王在寻求他国庇护之时，仍未改傲慢的姿态，因而在流亡期间遭到杀害。之后齐国虽然靠着田单（生卒年未详）的计策，收复了大部分领土，但毕竟曾被燕国击败而一度“丧国”

34　见《田敬仲完世家》。

这件事，终究夺走了齐国原先在国际上的领导地位。在接下来的时期，即襄王（前283—前265在位）与其子末代齐王王建（前264—前221在位）的统治期间，齐国并未遭受其他国家——特别是秦国——毁灭性的侵略。但另一方面，王建也不愿意挑战秦国破坏平衡的扩张行为，让秦国得以放手征服其他国家。最后，齐国于前221年沦为最后一个被秦国征服的战败国，标志整个战国时代的终结。

## 第二项 “稷下之学”的兴衰

在思想史研究者的眼中，长达一百五十年的田齐历史主要特征之一，是其对学术活动——即“稷下之学”——提供前所未有的大规模财政支持，以及此学术活动对于中国思想发展之贡献。关于“稷下”之名的来源，尚未有明确解答。有些解释认为，此学术活动的区域位居临淄西侧或南侧的“稷门”旁边。[35]数以百计的知识分子居住在这个区域，他们之中最卓越的学者被称为“先生”，且享有相当于齐国朝廷“上大夫”的位阶。他们接受非常慷慨的“薪俸”，而且豁免于日常的行政工作。稷下的思想活动可以分为四个阶段：（1）从起源至威王时期；（2）从宣王至湣王时期；（3）从湣王末年至襄王的复兴时期；（4）从襄王的复兴到末代齐主王建时期。

35 林丽娥：《先秦齐学考》，页133—137。

### （一）从起源至威王时期

稷下学派建立的确切日期并不很清楚。徐干（170—218）在其《中论》中提出以下说法：

> 昔齐桓公立稷下之官，设大夫之号，招致贤人而尊崇之。自孟轲之徒皆游于齐。

根据这段引文，徐干似乎认为稷下学派是在田齐桓公时期成立的政府机构（“官”）。应该注意的是，在桓公之前，魏文侯（前445—前396在位）就曾招揽贤能的臣子来辅助他，最后也真的让魏国大为兴盛。因此桓公的目的，可能就是要复制魏国曾经取得的成功。然而，没有其他记载能够确认齐国在桓公时就已经有显著的思想活动。很有可能由于其所身处的东汉、三国时期，朝廷已经拥有官设的学术机构，徐干就将汉代学术机构的运作形态，投射到了稷下之学之上。

另一方面，《史记》的描述已暗示齐威王对贤才的喜好，在稷下学派的崛起过程中可能扮演了重要角色。根据《史记》，威王在其父桓公之后继承齐国的王位，他即位后的前九年，国事并不在轨道之上；我们难以想象在如此不稳定的情境之中，齐国能够延续邀请知识分子和有能官员的政策。到了在位的第九年，他终于在赏“即墨大夫”和诛“阿大夫”的决断中“觉醒”。之后，《史记》中另有一段齐威王与魏惠王之间的对话，讲述了威王对贤人的重视——相较于魏惠王对珠宝的爱好，齐威王夸耀自己欣赏的是贤人。[36]

虽然《史记》在描述齐威王时，并未论及他曾致力于稷下学术活动之建立，但《史记》确实提到了被称为稷下先生之一的淳于髡。根据《史记》，淳于髡曾列举治术的五项要素，向宰相驺忌提出建言。在《孟子荀卿列传》中，驺忌也被列为“三驺子”之一（其余两人则为驺衍和驺奭）。因为驺忌在该对话中被形容成一位聪颖的大臣，能够立即明白淳于髡借由隐喻所提出的晦涩建言，因此驺忌本人很可能也是稷下思想活动的参与者。事实上，我们似乎可以推测，借着允许淳于髡和其他学者表达意见，甚至是向他们询问政策制定的意见，驺忌促成了稷下学术早期阶段的形成。

如此一来，在稷下之学的形成中，淳于髡也是意义重大的人物。如同几则与战国统治者的对话所示，淳于髡似乎扮演了大臣般的重要角色，而不只是个政策顾问。举例来说，在《孟子》中，淳于髡透过将当时战国局势形容成溺水的嫂嫂，呼吁孟子参与齐廷的决策。同样在这个对话中，淳于髡似乎已承担起催促稷下先生对齐国政策做出贡献的责任。如此我们可以看到，淳于髡在这个立场上与孟子展开论辩，而且几乎是整部《孟子》中，唯一一位攻破孟子论说之人。[37]

从上述描述我们可以得出几点推论。首先，虽然我们无法排除稷下学术活动于（田齐）桓公时期建立的可能性，但更合理的推测是，稷下学术实为威王对贤人之爱好所促成。其次，

36 见《田敬仲完世家》。

37 《孟子·离娄上》:“淳于髡曰:‘男女授受不亲，礼与？’……曰:‘天下溺，援之以道;嫂溺，援之以手。子欲手援天下乎？’”

驺忌与淳于髡两人对于稷下之学的发展，也有所贡献。

### （二）从宣王至湣王时期

齐国开始占据支配性的国际地位，为本阶段的特色。《史记》中如此描写了稷下学术活动的荣景：

> 宣王喜文学游说之士，自如驺衍、淳于髡、田骈、接子、慎到、环渊之徒七十六人，皆赐列第为上大夫，不治而议论。是以齐稷下学士复盛，且数百千人。[38]

在《史记》之外，《孟子》也提供了稷下荣景之线索。在《公孙丑下》中，齐宣王曾说："我欲中国而授孟子室，养弟子以万钟。"如此，孟子之周游列国，是如《滕文公下》所说的"后车数十乘，从者数百人"，与孟子同行的，还有多达数百名的弟子与仆人，而且孟子还能照顾他们的生活。[39] 假如将宣王对待孟子的方式推及所有"七十六"先生，司马迁以"数百千人"描述稷下的人口，就应该不是夸大之辞。此外，《管子·弟子职》描写了一种高度组织化、规范化的弟子生活。这种系统性的管理，暗示了当时已有稳定的学校组织；如此，每一位重要思想家的施教场所，可能就如同一所学校般。[40] 还有一点值得注意的是，

---

38　见《田敬仲完世家》。

39　见《孟子》。

40　金谷治推测这种规范是为儒者所遵守的，因为其与儒家价值彼此一致。然而，为了维系一个学派，这种对其老师的忠诚的宣称，一定是普遍性的。因此，笔者并不认为这份文本应该与儒家联结在一起。参见金谷治：《管子の研究》（东京：岩波书店，1987），页317—319。

《弟子职》中缺乏关于食物供给的描述，可见稷下的著名思想家，可能都从齐国政府接受了相当可观的经济支援。[41]

上面《史记》引文中列举出的学者，除了淳于髡，其他似乎都属于此时期。就这点而言，淳于髡之外的学者，根据其活动时期可再分成两个阶段：孟子的时期，以及孟子之后的时期。区分这两个阶段的分水岭约在前 310 年，此时齐国攻燕失败，而孟子也负起责任离开了齐国。

此阶段前半期的思想，可以从《孟子》引述的言论中观察。根据《孟子》所述，墨家与杨朱思想是当时最流行的学说。虽然《孟子》中没有与杨朱辩论的记录，但确实记载了孟子与当时墨家以及可能属于墨家之宋钘（宋牼）的辩论。如此，我们就可以借着《孟子》中对话与辩论的内容，了解当时思想实际的情况。同时，透过仔细分析这些言论，我们也可以理解前 320 年到前 310 年时，思想家们尚未关注到的一些议题。此外，根据《孟子》，我们也得悉此时期思想家的“逻辑”运作尚未成熟，对于概念的界定也没有那么严谨。与此相对，如孟子与墨家、农家的论辩所示，他们的言论均展现出非常强烈的伦理关怀。

此阶段的后半期，约在前 310 年到前 285 年之间，即从孟子的“退休”，到临淄被燕国军队占领的二十余年之间。驺衍、慎到、田骈、接舆以及环渊，大概都在这个时期进行思想活动。如同司马迁所言，此阶段最显著的特征之一，是思想家们追求着以“客观”且具“理论性”的方式，来检视国家“治乱”之原因。此“分析论述”取代了以伦理价值之宣称为主要特质的“伦

41 金谷治:《管子の研究》，页 316—317。

理论辩”。相应于分析论述的快速普及，原本只表达一般、具体意义的几种词汇，逐渐吸收了不同的抽象意义，并且变成了分析性的术语。举例来说，“分”字原本仅有“分开”的意涵，在“分析论述”中却逐渐也含有“资源分配”之意。在此思想环境中，“连锁论证”（以“A”则“B”，“B”则“C”的方式而进行的连续论述）也开始被广泛使用。其次，学者的分析兴趣，此时也从单纯的伦理相关议题，转向了支配世界、宇宙的原则，或世界依之而生的终极存在、原动力或法则。在此阶段，对原则和终极存在之探问的显著例子，即结晶于今本《老子》中的“道”观念。此阶段的思想家，开始将“道”的显现视为自然世界、人体、人类社会的类比组合。稷下学者发展出的这些分析术语以及论述方式，后来也都被吸收进了《荀子》的论述中。本章第三节将进一步讨论这些术语与论述方式。

### （三）从湣王末年至襄王的复兴时期

“稷下之学”的衰退，似乎为宣王之子湣王时的重大历史事件所引发。随着燕军占领临淄，齐廷所推动的学术活动也因此衰退。《盐铁论 · 论儒》叙述当时稷下先生离散的情形，即说：“及湣王……诸儒谏不从，各分散：慎到、接予亡去；田骈如薛；而孙卿适楚。”虽然稷下先生离开齐国的确切日期并不明确（《盐铁论》暗示他们在湣王统治崩溃之前离开），但应不会晚于临淄被占领的前 284 年。稷下先生们的流散，意味着当时最高学术成就的失落。然而，由于此时也是战国四公子在各国内获取权力、寻求贤能人才的时期；因此，其他国家的统治者定然也会欢迎这些代表最先进之国家盛衰理论的稷下先生定居于其国内。

此外，对战国中后期的思想家而言，当时最强盛的齐国之崩溃，应该也动摇了他们对于相关问题的看法。湣王统治年间，应为年轻学徒（应该介于十几岁到三十出头之间）的荀子，从稷下先生处习得当时最先进的政治社会理论的时期，但是他最后目睹的，竟然是自其年少时即为最富强、文明的国家之急剧毁灭；而齐湣王也成为同时目睹中国学术史上几乎最鼎盛之学术活动及其瓦解的国君。

### （四）从襄王的复兴至末代齐主王建时期

前 279 年，田单从燕国处收复了齐国的领土。直到前 221 年最终为秦军所攻陷之前，临淄与其他国都相比，享受了安宁的半个世纪。《孟子荀卿列传》叙述："田骈之属皆已死齐襄王时，而荀卿最为老师。齐尚修列大夫之缺，而荀卿三为祭酒焉。"事实上，在田单复国后的前 278 年，楚国的首都亦为秦国军队所攻陷。因此，合理的推测是：荀子应该是在前 279 年到前 278 年之间回到齐国。根据《春申君列传》记载，在楚国征服了原本属于鲁国的兰陵地区之后，春申君命荀子担任兰陵令（应该为前 256 年）。由此推测，在前 279 年到前 256 年间，荀子于稷下从事学术活动。《孟子荀卿列传》称荀子"最为老师"，在年龄之外，此应该同时意味着"最杰出的学者"之意。由于荀子在司马迁所列举的稷下先生中最为年少，在他离开齐国之后，"稷下之学"在先秦思想发展中的领导地位似乎也进入了尾声。此时，其他的主要学者可能前往了秦国。就军事实力而言，秦国已进入达成统一天下大业的最后倒数阶段。然而，从文化与学术的角度而言，秦国尚未脱离"后进国"的处境，吕不韦为了将秦国的学术文化也提升到足以号令天下的水平，于是邀请了应该是当时最高水准的学者，并在他们的帮助下于“维秦八年”（约前241年）完成了《吕氏春秋》(《十二纪》的部分)。[42] 倘若此作品不是由当时最高水准的学者汇编而成，吕不韦应该也发不出“延诸侯游士宾客有能增损一字者予千金”的自夸之辞。此外，鲁仲连可能是另一位与当时齐国学术传统有关系的知识分子。他曾成功说服了魏国将军新垣衍，去对抗正在包围赵国首都邯郸的秦军。[43] 既然“邯郸之围”的年份（前258年）是在荀子任职兰陵令之前，我们可以合理推论，鲁仲连也许是荀子担任齐国祭酒时的一位稷下先生。

总之，由于关于稷下活动的记载并不多，而且其记述内容又多不可靠，我们对于稷下之学实际内容的了解颇为受限。在此情形之下，可以阐述的有以下几点：

第一，在繁荣的齐宣王时期，稷下先生享有高社会地位，且享受来自齐国朝廷的大量经济支援。以此支援，他们得以拥有数百个弟子、仆人的规模，进行学术思想活动。

第二，稷下先生也享受“不治而论”的待遇。基本上齐君和朝臣可以随时就国家政策询问他们意见；稷下先生也时有提供其弟子给齐国政府充当行政官员。但稷下先生拥有可以随时离开齐国的自由。

第三，我们还不清楚稷下学者是由固定、制度化的机构所

42　见《吕不韦列传》。
43　见《鲁仲连邹阳列传》。

管理，还是根据齐国国君个人对个别学者之赞助来维持。考量到荀子曾三次被选为祭酒，稷下先生之间似乎已有个初步的管理组织。至少已有周期性的集会或餐叙，且这些场合是齐朝廷举办的国家典礼。

第四，稷下学术活动的运作，除了湣王最后丧国状态的时期，似乎有着无涉于齐国国君之递嬗的持续性。此外，齐襄王在复国之后，似乎也极力补上与“稷下”学术活动相关的“列大夫”之爵位（或官位）。著名的稷下先生如淳于髡，似乎不会仅仅因为雇用他们的国君之死就离开稷下。《史记》的记载也暗示，给予稷下先生的经济资助有着制度化的规则，无待于齐国君主的刻意指示才能运作。

## 第二节　“伦理论辩”：战国前期思想的特色

本节试图借由分析早期儒、墨思想，以阐明在稷下思想活动到达其巅峰之前战国思想的特色。此处“早期儒家”一词，意指活动于稷下学者最活跃时期（前 310 年到前 285 年左右）之前，亦即孔子至孟子的儒家思想。本节将提出三个关于早期儒家思想的看法。

第一，战国早期的统治者急切需要能委托其部分领土（更精准地说，那些具有关键生产、防御功能的城邑），甚至整个国家之治理的忠诚人才。

第二，以此时代需求为背景，早期儒家集团正提供了这种人才，且他们合乎了三个重要条件：（1）忠于治理君主委托的城邑；（2）不会背叛、挑战雇主；（3）致力于实践伦理价值。如此，早期儒家逐渐塑造出能在政治行动中实践伦理价值，合乎当时君主所需之理想人才的类型——“君子”。换言之，早期儒者在不会挑战或威胁其雇主的前提之下，被期盼他们能够提供国政的建言，并且替国君管理他的城邑。这种早期儒家和当时扩张中之新型国家君主的合作关系，正是促进早期儒家发展的一个主要因素，而此合作模式也快速地扩张至鲁国之外的各国。

第三，既然早期儒家教育是以“成为地方城邑首长的栽培与训练”为目的，它便是一种实用的教育。此战国早期思想阶段的内容，以表达对伦理价值的信念为主，而尚未展开对国家制度和社会机制本身的“客观”分析。因此，如笔者在导论部分所论，在此思想阶段，具备高度哲学思辨性的“道家”思想体系尚未成形，或就算开始形成，应该尚未挑战早期儒墨两家的主要思想内容。

值得注意的是，上述思想特色在早期墨家思想之中也颇为显著。同样地，《孟子》思想也呈现出以《论语》为主的早期儒家“伦理论辩”的特征。基于这些理由，笔者基本上仍将《孟子》的思想归之于早期儒家。然而，与淳于髡被描述为稷下先生一样，孟子同时也可归属于稷下早期的思想活动。因此，在《孟子》的论辩中，我们也能观察到，以类比方式“界定”“正当化”伦理概念等发展“分析论述”的尝试。

## 第一项　儒家思想的政治起源

孔子之前的古代中国，人们的思想大概是通过以下五种方式来表达和保存：（1）在对天帝和神鬼的颂歌中；（2）在统治者颁布的法令或命令中；（3）在诗歌中；（4）在占卜中；（5）在事件的记录中。如同其他古老的文明，古代中国的思想活动似乎起源于与神祇之间的交流、对话。[44] 与神鬼沟通的庙歌，后来被发展成诗歌。《诗经 · 大雅》原本也应该是在周都神圣庙堂中献给祖先神灵的颂歌。商与周的统治者在奉献牺牲的仪式中，借着与神祇的世界沟通，发挥了鬼神与人之间的媒介作用。神的旨意就如此传达给了人类，[45] 而统治者颁布之法令或命令也渊源于此。占卜确实有预知未来的实用效果，但无疑也是与祖先灵魂身处的世界进行沟通的一种形式。当法令、占卜随着世代积累成一种“记录”之后，后代的人便可以借之回顾过去祖先的占卜和言行。如此，“预测未来”之言说的记录，也就逐渐转变成“能够借以反省预言之结果”的一种历史记录。《尚书》和《周易》（其“经文”的部分），应该就是以此过程中累积起来的“记

---

44　赤塚忠曾提出一个关于商代与西周时期思想活动的系统说明。参见赤塚忠：《中国倫理思想の淵源》，以及《中国哲學の母胎》，收入赤塚忠《中国古代思想史研究》（东京：研文社，1987），页 1—74。

45　David N. Keightley 也曾主张，商代甲骨卜辞的实行富有世俗特色，以及由固定的“官僚制度”来维持的层面。换言之，商朝的占卜行为似乎按照他们官僚制度的日常需要来进行。而在此理路之中，原来要问“未来将发生什么”的占卜陈述实际却成为“已可预料”的，甚至是“可以控制的”的一种行事例内容。参见 Keightley, “The Religious Commitment: Shang Theology and the Genesis of Chinese Political Culture,” *History of Religion*, vol. 17, No. 3-4 (1978), pp. 211-220。

录”为底而形成的文献。[46]

要了解古代中国经典的思想源头，还有另一个重要层面值得留意。上述那些后来被视为经典文献的原始材料，几乎都出现在仪式之举行和记录的脉络中。毋庸置疑，颂歌与诗歌会在相关仪式中被吟诵。身兼宗教、社会领袖之统治者，在作为神圣与世俗世界之媒介时所发出的占卜与命令，必然也需要日趋严格的仪式程序。古代国家若发生重大事件，其往往也伴随着大型仪式的举行。由此观之，最初的历史记录——所谓“编年史”——也可被视为重大仪式之记录。

在西周时期，这些仪式的规则、仪式进行时所歌颂的“诗”句内容，以及演奏音乐之技术等，原本是被以氏族为单位的贵族与宫廷乐师代代传承下来。命令条文与占卜记录，则由负责记录西周诸王之“言”“行”的史官来保存。乐师与史官两者，将这些知识和技能传递给子孙。但到了春秋时代，许多小国家相继灭亡，乐师与史官也随之流散。更重要的是，继承传统知识和文化技术之人才的离散，也逐渐促成早期中国知识传统的重新塑造。春秋时代的知识分子在此过程中，获得重新学习古代圣贤的格言、故事、仪礼规则、演奏技术、历史记录等的机会。随着春秋晚期知识分子自觉古代的智慧与呈现文明的各种技术

46　加藤常贤观察到周代牺牲仪式中的萨满（Shamanism）层面。“王若曰”一词，通常能被用在西周诸王誓言或诰命的开头，描述了他们在牺牲仪式中，具有萨满角色的性格。参见加藤常贤：《王若曰攷》，《中國古代文化の研究》（东京：二松学舍大学出版部，1980），页 387—416。另一方面，夏含夷（Edward L. Shaughnessy）则主张，早在西周时期，中国的贵族就开始将王家命令以书写记录的形式保存下来，参见 Shaughnessy, *Before Confucius: Studies in the Creation of the Chinese Classics* (New York: SUNY Press, 1997), pp. 3-5。

正在衰退，他们逐步“发现”了其中的各种价值，而在维持或复兴的努力中，开始探索其中更为普遍的伦理价值。从这个角度来看，在当时汇合传统智慧的过程中，孔子正是最能洞见其伦理价值之普遍性的人。[47]

然而，上述这种对于孔子学说意义的诠释，也许只是站在当代肯定伦理价值的立场所进行的回顾而已。孔子不可能是春秋时代唯一成功修得传统知识和文化技术的人，但为何当时只有“孔子之教”能够广泛地散播于整个中国？换言之，若要回答“儒家为何发展成‘显学’”这个问题，当时统治者对于有能官员与政治顾问的爱好，以及“孔子之教”能够提供关于古代文献之知识这两点，并不构成具有说服力的答案。这是因为：假使当时的统治者爱好知识与技术，他们雇用有能力的技术官员也就够了，为什么还要寻找致力于伦理的提倡、经常谏止国君满足自身私欲的人才呢？因此，要理解儒家的起源，我们似乎有必要重新检视当时的政治情境。

传统知识分子曾经认为：在春秋时代，整个中国为长期的动荡所支配。根据《左传》的描述，当时持续不断地发生战争、

47 雅斯贝尔斯（Karl Jaspers, 1883—1969）从比较哲学史的立场说明孔子的教学引起将人类宗教思维转换成道德思维的历史意义。余英时从中国思想史的立场也对这个观点有所补充。参见 Jaspers 著、林田新二译:《哲学とは何か》（东京：白水社，1986），页 100—106；余英时:《中国古代知识阶层论》（台北：联经出版公司，1980），页 30—38。跟着此条讨论的思路，罗哲海（Heiner Roetz）也提出了关于中国古代伦理的意义，而他在讨论中使用了“ethical discourse”一词。参见 Roetz: *Confucian Ethics of the Axial Age: A Reconstruction under the Aspect of the Breakthrough Toward Post-conventional Thinking*（New York: SUNY Press, 1993）。在“ethical discourse”一词的使用上，我与罗哲海的差别之处在于，在我的观点之中，“ethical discourse”是作为与战国中期之后占优势的“analytical discourse”相对的词。

政变、暗杀事件，以及大量政治阴谋和通奸行为，学者则常以“礼崩乐坏”这句话来形容此混乱情形。[48] 在传统知识分子的眼中，孔子之所以会以道德哲学家的姿态登场于历史舞台，其理由也正在于此。[49] 然而，这个解释或许过于简单。对于儒家起源问题，在过去一个世纪间，引进社会科学观点的历史学家们，曾试着提出一个更合乎实际历史过程的假设。

在中国学界，马克思主义提供了解释春秋社会经济变化的架构。学者们曾争论孔子的历史定位，究竟是古代奴隶制度的守旧保护者，还是为新地主阶级之利益而奋斗的先驱。[50] 相较之下，日本学者则似乎不太愿意讨论孔子生涯的政治面相。孔子生涯的历史意义，被认为应该是“学校”或（日本学者所称的）“孔子学园”的创立者；而在现代日语中，“学校”或“学园”几乎没有政治意涵。[51] 在日本学者偏好于“严谨”的文献考据

48　一般而言，非马克思主义观点的中国历史学者，将春秋时代视为西周封建体系的崩解，参见李宗侗：《封建的解体》，《文史哲学报》期 15（1965），页 309—343。李宗侗：《春秋时代的社会变动》，《文史哲学报》期 22（1972），页 266—291。

49　顾立雅（Herrlee. G. Creel，1905—1994）与贝塚茂树（1904—1987），均阐述孔子的一生为一个社会改革者。参见 Creel, *Confucius: The Man and the Myth*（New York: J. Day, 1949）；贝塚茂树：《孔子》（东京：岩波书店，1951）。

50　冯友兰和任继愈认为孔子是旧奴隶制度的保护者。参见冯友兰：《中国哲学史新编》卷 1（北京：人民出版社，1962）；任继愈编：《中国哲学史》卷 1（北京：人民出版社，1996）。自 1980 年代以降，开始有了不同的声浪。匡亚明曾主张孔子是新兴封建体系而非当时消失中的奴隶体系的代表。参见匡亚明：《孔子评传》（济南：齐鲁书社，1985），页 10。另一方面，李泽厚将孔子放在早期奴隶社会和进阶奴隶社会之间。然而，对李泽厚来说，孔子是中国“心理结构”之创造者这个事实，似乎比其在马克思主义历史观中的评价远为重要。参见李泽厚：《孔子再评价》，收于氏著《中国古代思想史论》（北京：人民出版社，1985），页 1—48。

51　日本文献学家曾过度强调孔子对于中国文化发展之贡献，却忽略了其对于政治的参与。举例而言，木村英一说：“孔子从政的时间只不过在五十岁左右的几年而已。”参见木村

的研究途径中，孔子的政治行动和《论语》中的政治性言论被视为“文献考据上不可靠”的部分，而这或许解释了他们为何不愿意讨论早期儒学的政治面向。对许多日本学者而言，儒家的政治化应该是在孔子死后才开始进行的历史现象。

虽然依循“严谨”文献考据途径来研究中国思想的日本学者，不愿意讨论孔子的政治性，但1950年代以来的日本历史学界在研究中国古代史时，抱持了不同于上述“脱政治化”的倾向。1950至1970年代，日本历史学家积极试图阐明古代中国历史的政治社会发展动力。[52] 他们观察到：所谓“秦汉帝国”的建立，是春秋战国时代以降，政治制度和国家生存形态之转变所引发出的历史必然。

在我们的探讨中，如此“转变”过程所产生出的国家，并不只“秦汉帝国”两个而已。笔者以较具社会科学的观点，将这些国家称为“新型国家”（new-type state）。相较春秋早期之前的国家，这些“新型国家”有三点显著的不同：其一，从城邑国家转变成领土国家；[53] 其二，从宗族集体的统治（即权力由

---

英一：《孔子と論語》（东京：创文社，1971），页50。这里的“学园”一词，也采用自木村。见同书，页124。

52 由于Mark E. Lewis的简要说明，西方读者也能够接触到1950到1970年代之间与此主题相关的日本学者之研究内容。参见Lewis, *Sanctioned Violence in Early China* (New York: SUNY Press, 1990), pp. 15-96; Lewis, “The Warring States Period,” Michael Loewe (ed.), *The Cambridge History of Ancient China: From the Origins of Civilization to 221 B.C.* (Cambridge: Cambridge University Press, 1999), pp. 587—616.

53 宫崎市定（1901—1995）和贝塚茂树曾试图将古代希腊的“polis（城邦）”观念，与古代中国的“city-state”一词联系在一起。参见宫崎市定：《中國上代は封建制か都市國家か》，《史林》卷33号2（1950），页1—20。贝塚茂树：《中国の古代国家》（东京：中央公论社，1976）。到了1980年代，杜正胜也提出了一个类似的观点。他直接使用“城邦”一词。见杜正胜：《周代城邦》（台北：联经出版公司，1984）。其他的日本学者则

国中几个有力宗族共有）转换为国君个人的专制（政治权力在制度上愈来愈集中于国君本人身上）；[54] 其三，官僚制度化。那么，为何此种“新型国家”促成了儒家对伦理的提倡？为了回答这一点，我们需要先审视“新式国家”形成的过程。

若要了解国家存在、运作之形态的变化，如何促成儒家思想的崛起，我们先要检视中国文明是如何发展出“领土国家”的形态的。在春秋时代巨大的社会转变发生之前，西周统治下的中国封建制度是由诸多“分封”小国组成，且由于水利技术的限制，这些小国中的大多数都是沿着河岸而建立起的。[55] 如同木村正雄所观察到的，西周时个别封国的统治权仅限于其主城以及周围一小块以简单器具就能耕作的区域。邑都地点和领土范围的限制，是因为当时尚未发展出能够开垦远离水源之贫瘠土地的方法。随着如铁器的推行、水利工程的发展等耕作技术的革新，这些国家开始扩大耕作的区域。在中原世界中，国与国之间无法耕作的土地终于消失，原来“缓冲”的荒地区间带被“国界线”所取代。[56]

---

偏好使用“邑制国家”。参见木村正雄：《中国古代帝国の形成：特にその成立の基礎条件》（东京：不昧堂，1965），页 25—46。

54　增渊龙夫观察到非农业自然资源的成功征税，是建立绝对统治的经济基础。参见增渊龙夫：《春秋時代の貴族と農民》，《一橋論叢》卷 72（1972），页 1—24。另一方面，宫崎市定则观察到春秋时期统帅权的建立，促成了垄断政治权力之领导人的出现。而这些领袖将成为战国时代的统治者。宫崎市定：《中国史》卷 1（东京：岩波书店，1979），页 15—30。Mark Lewis 也讨论战国军事将领的作用。然而，他的主要焦点似乎是放在个人作为战争之组织与操作者所具有的实际作用，而较非战国的政治运用。见 Mark Lewis, *Sanctioned Violence in Early China*, pp. 97-135。

55　关于西周封建统治的逐渐扩张，参见伊藤道治：《中國古代王朝の形成：出土資料を中心とする殷周史の研究》（东京：创文社，1976），页 285—286。

56　木村正雄：《中国古代帝国の形成》，页 25—46。关于此时期生产方式的变化，参见杨宽：

各国持续追求国力的增长，导致弱小的国家陆续被兼并。简单来说，强国持续利用不断增加的资源，夺取的领土和农业人口愈多，它们愈能强化自身的军事力量，就愈有能力赢得土地与人力。照理来说，统治者既然有能力增强整体国家的力量，他应该也能强化自身对于领土和人民的支配。然而，实际事态的演变却远非如此，甚至与此相反。中央政府或国君本人对于新领土与人民的控制能力，事实上呈现了衰落的趋势。对此，我们该如何解释呢？

西周末年到春秋时代，封建诸侯之后代逐渐巩固其实际统治权，而与此相对，周朝中央权力则渐趋衰弱。早自春秋中期，如齐、晋等主要国家的领土范围和农业人口，就已经超越了周王室之所有。然而，这些主要国家的强盛，并不代表春秋时代政治、社会转变的全部面貌。

要了解春秋时代的政治情境，发生在个别国家内部的重要转变，值得我们更仔细地检视。当时强国持续兼并弱国，而当弱国被并吞，该土地上原本的统治家族就会失去统治权。此时，通常会有来自征服者之支裔的成员，被指派为该地的新统治者。虽然这种做法是“封建”的正常形态，但到了春秋政治社会的环境中却逐渐制造出了新的问题。如同增渊龙夫所指出的，在几个世代的统治之后，这些原本为了屏护母国而建立的地方城邑，逐渐与其宗家疏远而成为独立的在地政权。若具备足够的生产力和兵力，他们甚至开始挑战宗家，或是企图取而

---

《战国史》(上海：上海人民出版社，1991)，页1—30。西岛定生强调作为生产单位之小家庭的普遍，而这种普遍来自此时期获得了高度的生产力。参见西岛定生:《中国古代の社会と経済》(东京：东京大学出版社，1981)，页47。

代之。换句话说，中央无法控制地方的状况，不仅发生于周王室与封建国家之间，也普遍出现在封建国家与其地方政权之间。[57] 众所周知，鲁国的公室在春秋后期早已欲振乏力，虽然直到前256年才被楚国征服，但“三桓”早就夺取了征税和指挥鲁国军队的权力。齐国田氏家族则一步步篡夺了原本属于姜氏的统治权，最终夺走了整个国家；魏、赵、韩三个主要家族，也瓜分了晋国的全部领土。

事实上，对于想要成为最后胜利者的新统治者们来说，中央政权慢性弱化的恶性循环，是他们必须面对的困境。春秋时代各国的统治者一方面试图扩张国土以确保经济资源的来源，一方面也必须避免自身政权的弱化。特别是春秋晚期开发资源的机制更为增强，在仅仅几年之间，被派任到重要都邑的新邑宰就能够掌控该地区的经济和军事力量。[58] 对国君来说，这意味着一旦反叛，这些邑宰的人才越有能力，其造成的伤害也会越大。因此，将能干的亲属、臣属派任到重要都邑，国君事实上背负了相当大的风险。

春秋中晚期“会盟”之盛行，应该也是上述情况所致。“会盟”原本在封建领主之间广泛地举行，目的是要制度化或是延续封建领主之间的可靠关系。在一般印象中，春秋中期的会盟，主要是霸主建立自身之于其他诸侯之合法支配的场所。但春秋晚期会盟的意义却有了变化：如同增渊龙夫和 Mark Lewis 所观

---

57　增渊龙夫：《中国古代の社會と國家》（东京：弘文堂，1960），页 436—447。

58　《论语》中的有些对话支持了这个论点。《论语》的作者们预设了一个有儒家统治者的政府能够在数年之内增进一国的各种条件。如子路即说“比及三年可使有勇”。孔子也曾有这么一句扼要的陈述：“善人教民七年，亦可以即戎矣。”

察到的，由于政治社会秩序纷扰，会盟逐渐在封建国家的“国内”发挥作用。换句话说，“国内”的会盟通常是由一国的权臣或篡夺者主持，其目的是要赢得“国人”（城市居民）的服从或效忠。[59]然而，相对于仪式表面的崇高宗教氛围，国内“会盟”于政权更替之际屡次举行这一点，事实上则反映当时非常不稳定的政治状态。如此，此类会盟，就不过是在新领导者不久后就会被推翻的悲观期待中，所举行的一种“就职典礼”而已。简言之，到了春秋后期，仅依赖仪式的宗教气氛和演出，已无法使作为维持国家政治社会秩序的处方继续运作。

面对此难题，充满野心的新型国家统治者，便需要能够改善这个情形的新方法。可能的解决方法是，招募不仅具有知识与技术，同时也能忠诚于国君的人才。在战国早期，招募忠诚的行政人员，是增强中央政府统治能力的最为有效的捷径。在此历史情境中，招募来的人员之才能与其德行之间的关系，就成了战国早期“新”君主们的关切之所在。[60]下文，我们从提倡伦理价值之思想家的立场，继续检视这个议题。

## 第二项　“伦理论辩”的盛行与思想特色

笔者将在本项之中，借由分析《论语》《墨子》以及《孟子》

59　增渊龙夫：《中国古代の社会と国家》，收于《岩波講座 · 世界歷史》卷 4（东京：岩波书店，1970），页 146—156；吉本道雅：《春秋國人考》，《史林》卷 69 号 5（1986），页 631—672；Mark Lewis, *Sanctioned Violence in Early China*, pp. 43-52。

60　其政治之官僚化，是另一个制度性地禁止其属臣，于被指派的领地上建立地方性权威的办法。然而，似乎直到战国时代的中期，思想家们才探索并理论化这个议题。

三本文献的思想内容，阐述早期儒、墨思想之行为与论辩的共同特征。笔者将指出：第一，儒家思想的起源与当时国家运作的重组过程息息相关。第二，早期儒、墨论述的问题意识，都是要提升担任邑宰以上的地方行政首长或中央政府官员的道德意识。简言之，“伦理之提倡”和“领导之学”两者，为早期儒、墨的共同思想特质。

### （一）《论语》

《论语》是厘清早期儒家行动和思想之特色的第一手资料。相较于《礼记》和其他战国诸子著作，《论语》的内容保留了较多孔子时代早期儒家的真实言行。尽管如此，日本的文献学学者都认为，《论语》的写作和编纂还是经历了一段漫长，甚至是跨越了整个战国时代的时期。[61] 因此，其中有许多内容不能视为孔子话语“实录”的内容，而只是后世战国儒者借孔子之口以表述自身思想的“虚构”。然而，“郭店楚简”和“上海博物馆藏楚简”中皆发现有《缁衣》——即与今本《礼记》第三十三章有同样内容的一篇——这一点反映出，在竹简抄本被放置于墓中的前 4 世纪末之前，对孔子话语之收集不仅已在进行之中，更已经达到相当程度的“经典化”。无论如何，目前可以指出的是，《论语》的思想基本上很典型地呈现出“伦理论辩”的特色，而可与下节探讨的“分析论述”相对照。因此，笔者

61　武内义雄：《論語之研究》（东京：岩波书店，1939）。津田左右吉：《論語と孔子の思想》（东京：岩波书店，1946）。木村英一：《孔子と論語》（东京：创文社，1971）。白川静的研究也包含了他对于《论语》文本形成的看法，参见白川静：《孔子伝》（东京：中央公论社，1972），页 271—289。

主张的只是《论语》具备此思想倾向这一点，至于《论语》所有对话是否都代表孔子本人之思想的问题，则非此处要讨论的重点。

仔细检视《论语》的内容，我们便发现儒家“学派”的主要社会功能之一，是培育将会成为中央朝廷的高官（宰）或地方行政首长（都宰或邑宰）的“领导人才”。早期儒者所提倡的“仁”（为保持宗族关系最为基础的人品特质）、“义”（支撑统治者与下属之间秩序的义务）、“孝”、“信”、“忠”等概念实为与实现如上所述的理想有关。

根据《论语》，孔子的学生主要有两类：年轻贵族（包括国君或公室的子弟）以及属于“士”阶层的人。一旦达到合适的年龄，或是其宗族的领导人（通常是父亲或是年长的兄弟）死去，贵族的子弟将继承他们父兄的位子，因而自动地成为统治者。《论语》记载孟懿子与其子孟武伯都曾接受孔子的教导。[62] 相形之下，被称为“士”的人，通常位于世袭贵族和一般民众之间。其中大部分是春秋诸侯或世袭贵族之庶出的后代。[63] 虽然他们无法享有统治阶层的特权，如继承世袭采邑等，但却能借由孔子所提供的新式教育，重新提升他们个人的社会地位。他们期盼在学成之后能够仕宦（如“学而优则仕”），而统治者也把他们指派为地方的首长，即都宰或邑宰。[64] 为了成为政府中的“统治人

62　均见《为政》。

63　关于“士”属于哪种阶层，有许多不同的见解。河地重造观察到“士”属于春秋社会的上层。徐复观则认为“士”为农人（虽然社会位阶没有一般农民低），在战时则成为士兵。参见河池重造:《先秦時代の“士”の諸問題》,《史林》卷 42 号 5（1959）, 页 4—6。徐复观:《周秦汉政治社会结构之研究》（台北：学生书局，1975），页 18。

64　由于在此时期的统治者和“士”之间的如此互动模式，假如将“士”一词翻译成当代英

才”，“士”的成员接近弱小领主，并且积极辅助其统治。孔门弟子甚至会对掌握实质统治权的强势贵族（如鲁国的季氏），或在国家边缘领土上企图“叛乱”的贵族（如公山弗扰[65]）提供服务。《论语》生动地描述了早期儒者对于亲自参与政治活动的强烈意愿。举例来说，子张曾询问孔子有关“干禄”之事；同样地，子夏的言论也指出“学”与“仕”之间的密切关联。[66]

值得注意的是，早期儒者期许自己担任的，往往都是位阶甚高的职位。即便是在地方政府层次，也是如邑宰以上的地方首长。“有司”“官人”等被分配了特定工作的低层官员，完全不在他们的眼中。根据《论语》的记载，孔子的学生们通常是被指派为一个城镇的统治者，如子游为武城宰、子羔为费宰、子夏为莒父宰，而原思与仲弓也分别被派任为不知名城邑之“宰”。

此外，一些著名的孔门弟子，甚至担任了比地方首长更高的职位。子路和冉有成为管辖鲁国季氏全部领土的“相”。季氏据称比周公（应该系指春秋时代周室的大臣）更为富裕；子路在季氏政权中也拥有相当高的地位，甚至有权指派另一个年轻的孔门弟子子羔为费宰。

除了实际被指派为官员，有若、曾参、子贡以及宰我等人，似乎也受到当时诸侯和有力贵族的尊敬。与此相称，《论语》到处可见与治理国家相关议题的对话，也详述了孔门弟子与国君、

---

语的话，使用“officer-aspirants”这样的词比迄今广泛被接受的“gentlemen”一词更为合适。

65　见《阳货》。

66　在《子张》中子夏言：“仕而优则学，学而优则仕。”

有力贵族之间的问答。值得注意的是，如子夏、子游等这些著名的孔门弟子，曾亲自以“宰”的身份参与了政治活动。因为这些事例，我们难以想象曾任地方行政首长的孔门弟子，会把自己教化人民的职责，仅仅限制在礼乐操演的层面。[67] 这一点也为孔门弟子对理想统治者的众多描述、评论所证实。举例而言，子夏曾说：“君子信而后劳其民。”（《子张》）在同一篇中，子贡也说：“君子之过也，如日月之食焉。”此处的“君子”，被描述成“日”“月”一般，因而毫无疑问指的是统治者，而不只是有德之人。[68]

当然，《论语》也记录了那些不为国君、贵族所聘用，或拒绝了“宰”职的弟子的信息。[69] 孔子的话语，固然暗示了人应该以提升人格为学习的目的，而非期待着能借此得到高官厚禄。但这样的强硬言辞，反而显露出孔子教育的预设对象，正是有志于“宰”职以上官位之人。再说，孔子之所以提倡伦理的重要性，是因为他坚信伦理是成为中央高官或地方首长之先决条件，而此思想立场也满足了当时新型国家君主招募能够献身于

67 这是伊诺伯（Robert Eno）的主要论点。他定义儒者为“乐舞的编排者”或是“乐舞的大师”。伊诺伯进一步主张“修习乐舞”就是早期儒家思想表达方式上的特征，并可与西方哲学推论的方式对照。参见 Eno, *The Confucian Creation of Heaven: Philosophy and the Defense of Ritual Mastery* (New York: SUNY Press, 1990), pp. 1-15。此外，他论称“我们几乎没有儒者在战国时期担任政治职务的记录”，同书，页 49。然而，如同笔者在本节中所取例《论语》中孔门弟子们就职于各城邑的“宰”的记载，证实了早期儒家人物基本上倾向于被指派政治职务。实际在《论语》中所观察出的情形，与伊诺伯的说法格格不入。

68 在先秦的儒家论述中，“君子”一词，就其政治社会意涵而言，指的是统治者。我将在本书第五章第二节的相关论述中详尽讨论这一点。

69 闵子骞被要求成为费宰，但他拒绝了。见《雍也》。

自己的“士”（officer-aspirants）的需求。在这些君主的眼中，儒家教育出的行政官员既不会背叛其雇主，也不会恣意压榨百姓。既然当时的君主极度需要值得信任，且会献身于都邑管理职务的行政首长，儒家“学派”的出现，就将其政权从春秋时代的常态性混乱中拯救了出来。很自然地，儒家“学派”的影响力，也就开始从鲁国扩散到周围的齐、魏、楚等正在转变中的战国国家。

那么，早期儒家的伦理追求，对于战国时代思想的发展有何意义呢？必须指出的是，此时期儒家对于“仁”等伦理价值的提倡，并非以“分析”或“推理”的思辨方法来进行。换句话说，虽然早期儒者“发现”了伦理的极度重要性——无之则没有国家和社会能够长存——但是此发现并非来自缜密的“客观”逻辑推论或是归纳，而是累积自日常经验中的伦理性省思，以及对历史事件的价值判断。[70]

事实上，除了“诚”这个概念之外，《孟子》《荀子》等儒家文献所使用的伦理概念，几乎全都已经出现在《论语》中。《论语》丰富的伦理意涵，与其缺乏“分析性”的推论这点，形成鲜明的对比。在《论语》中，伦理概念通常是在与生活和社会经验相关的例子中被提倡。具体而言，《论语》以四种方式表述伦理概念：第一，孔子直接陈述伦理概念的重要性，但未说明其实质内容；第二，在被问及关于统治者、贵族、历史人物或其弟子的人格时，孔子以这些人是否与“仁”或“礼”等伦理

70　伊诺伯同样关注这个层面。然而，他似乎将其理解成整个先秦思想的特点。参见 Eno, *The Confucian Creation of Heaven*, pp. 7-11。

概念一致来回应；第三，孔子借由询问是否有“仁”存乎其中推断某一人格或处境，但在此情形中，他也没有解释“仁”的实质内容；第四，当被问到如“什么是仁”等问题时，孔子用具体的例子来回应。

上述这些方式中，第四种值得我们进一步检视。以具体例子回应“什么是仁”的做法，通常被认为与孔子哲学的实践性格有关。然而,孔子的回答通常都是一种“循环论证”。举例来说，当子贡问如何实践“仁”时,孔子回答道:“……友其士之仁者。”(《卫灵公》)[71] 此处，就概念厘清的层次而言，孔子并未提供关于“仁”的具体答案；在抽象层次上，他也未对伦理价值提出清楚的“定义”。因此,“仁”的使用,在此陈述之中实属一种“循环论证”。

为了解释上述这种情形，学者常常指出，这是孔子“因材而施”的态度所致：孔子根据弟子才能之不同，调整了自己的教导。然而，这种解释无意之间假设了孔子哲学之伟大超出了其弟子的理解，因此他才需要以简单的例子来说明深奥的哲学内涵。与此不同，笔者则认为,《论语》以平易语言表达伦理概念的重要性而无意于厘清其内涵，正反映出了孔子当时思想表述的基本特征。换言之，在孔子之时，思想的表述以对日常生活、历史事实的省思为基础。伦理意涵在这些省思之中被观察出，然后再被思想家所提倡。随着关于伦理价值的论述和探讨逐渐地累积，早期儒家开始试图超越此表述方式的限制，而借着其他概念的意涵来描述、“定义”伦理价值。回到《论语》中

71 文本如下:“子贡问为仁。子曰:‘……友其士之仁者。’”

孔子弟子的发言以及彼此之间的对话，可以观察到此表述方式在儒家思想之中发展的情况。具体而言，在孔门弟子的发言中，伦理价值开始被用以相互解释。比如说，有若以“孝”“悌”解释“仁”的基础，也就是“仁之本”（《学而》）；另一方面，曾参则宣称孔子之道为“忠恕”（《里仁》）等。

《论语》中一个著名的例子也支持上述观察。子贡说：“夫子之言性与天道，不可得而闻也。”（《公冶长》）子贡的发言不应被理解成孔子未曾提及这些词语，因为孔子在《论语》中曾不止十次地提到“天”。这句话所暗示的，应是“天道”与“性”并不是孔子教诲的中心。对孔子而言，“天”仅仅代表无法为人力所控制的压倒性力量，而尚未成为分析思考的对象。

上述讨论可以总结为两点。第一，在《论语》中孔子提倡了几个伦理概念，如“仁”的重要性。在孔子之前，春秋时代的诗人和史官等“哲学”先行者，似乎并没有探索“仁”概念的思想价值，不过，我们也不宜急着跳到结论说早期儒家已看出“仁”概念的普遍性。我们也要注意，早期儒家也关注的是伦理概念在实际政治上的关键作用。此外，在孔子的时代，伦理价值基本上仍被理解为具体行为，而尚未成为可以被分析性推论加以界定的概念。第二，在孔子后学形成儒家“学派”的过程之中，这些伦理价值越来越被认定成较为抽象的概念，且不必透过具体行为来描述其内涵，或是以“连锁推论”的方式反复阐述其重要性。

### （二）《墨子》

《墨子》不仅分量庞大，其思想内容也相当复杂，其中包含了:《兼爱》《非攻》等试图解决当时政治社会问题的所谓“十论”诸篇;与《论语》类似,以对话形式叙述墨家活动的《耕柱》诸篇;批判儒家学说的《非儒》篇;阐述逻辑、辩论术以及物理现象的《经上》《经下》《经说上》《经说下》《大取》《小取》等所谓“墨辩”六篇;说明如何防御城邑的《备城门》诸篇等。因此,这部文本应该包含了整个战国时代的累积,而不纯粹只是在“稷下之前”阶段的思想内容。确实,我们难以想象《墨子》中的逻辑理论,可以在没有与稷下思想活动互动、影响的情况中,获得如此高度的发展。事实上,出现在《孟子》《庄子》《荀子》等文本中,为了停止战争而周游列国的宋钘,可能即来自墨家。而从《荀子》对其的批判来看,宋钘的“心论”和“欲论”应该与稷下之间有某种程度上的交流,因而也包含了不见于今本《墨子》的思想内容。

为了呈现早期墨家的伦理论辩特色,下文主要讨论的是与《论语》之对话形式类似的《耕柱》《贵义》《公孟》《鲁问》以及《公输》五篇。此五篇叙述了墨子与其弟子、疑属儒家的公孟子和程子,以及有力贵族之间的对话,因而反映出一些当时墨家集团的教学、就业模式。由于此五篇之中的内容主要围绕墨子本人的言论和行为,因此必然不会出现属于战国中期的宋钘等的名词。这一点也会证实,虽然尚不确定这五篇是否为墨子本人言行的实录,我们至少可以视之为可代表“稷下之前”思想阶段的论述。

首先,《耕柱》等五篇的显著特色是,其文献结构和以对话为中心的论述方式,呈现出与《论语》相当类似的风格。不仅如此,我们还可发现,早期墨家的政治社会活动基本上也继承了早期儒家的模式。我们可以从三点观察出早期墨家活动形态与儒家的相似之处。

第一，如同早期儒家，墨家思想的社会功能，也在于给当时的“新型国家”提供能担任高级官员的人才。根据《耕柱》，高石子在卫国朝廷中被如同“卿”一般对待；《贵义》则记录墨子将学生送去卫国做官；在《鲁问》中，墨子派遣曹公子去宋国仕宦，而胜绰则被派去齐国；同样在《鲁问》中，越国甚至表示乐意将一个广达五百里的封邑给墨子。[72] 虽然这些例子并未确切指出墨子门人担任的职位，甚至从严格的历史学角度来看，这些故事恐怕实属虚构；但重要的是，如同早期儒者的对话，这些《墨子》中的对话也反映出，墨家学派同样以培育出高层的政治领袖为目标。此外，如高石子受到卫君“致禄甚厚，设我于卿”（《耕柱》）的待遇，墨子门人的职位通常亦非低层官吏。《公孟》的一则对话甚至显示，若是一位弟子未能被指派到适当的位子上，他将会有所抱怨；[73] 而《鲁问》中也有类似的怨言。[74]

第二，墨家思想甚至比早期儒家更着重强调伦理价值。他们一方面接受儒家的“仁”（有时候可以与“爱”互换），并且视之为重要的伦理价值，但另一方面却也认为“义”的重要性更在“仁”之上。墨家甚至将“义”看成是其政治社会活动的终极目标，认为“义”的实现等同于世界和平与秩序之完成。从墨家坚持要推广伦理价值的立场看来，早期儒者的态度反而

72　根据《公输》，五百里为宋国的大小。

73　《公孟》：“有游于子墨子之门者，身体强良，思虑徇通，欲使随而学。子墨子曰：‘姑学乎，吾将仕子。’劝于善言而学。其年，而责仕于子墨子。”

74　《鲁问》：“鲁人有因子墨子而学其子者，其子战而死，其父让子墨子。”

较缺乏一贯性：虽然儒者认为“伦理价值”是政治领袖的必要条件，他们却未坚持于提升天下所有人民的道德水平。关于一般大众，早期儒家认为“一个国家若能由一位有德的统治者来治理，则其人民将会自动地服从他”。如此，提升大众的伦理水平，事实上并非早期儒家学说的重点。

除此之外，早期墨者非常清楚自己在社会中的角色与定位。换言之，他们很清楚地界定了何种人才属于“墨者”。身为领导者，一位墨者被要求挺身维护社会之秩序，进而终结天下的动乱。墨家同时将人民福祉的实现视为最优先的理论和实践目标。在此意义上，早期墨家比早期儒家还更积极地促进了“伦理”与“政治”之间的结合。

第三，早期墨家思想促使当时的人认识到，“学”是成为具有领导能力之政府高层官员必备的条件。[75] 就具备浓厚目的取向性格的墨家集团而言，以“学”为自我实践的目标这一点，也反映出他们“伦理论辩”的基本性格。如此，早期墨家学说的终极目标，不是要获得高官厚禄，而是要借着自身独特的政治社会活动提升整体社会的伦理水平。很自然地，在此伦理需求中，个人勤奋履行伦理价值——即“学”——远比提升自身社会地位重要，而这似乎也成了《耕柱》以下五篇所反映出早期墨家之思想基调。

那么，墨者对于前稷下阶段的思想发展有何贡献？首先，墨者不但挺身承担起儒家对于伦理的提倡，甚至更推进了一步。

---

75 如上《公孟》“有游于子墨子之门者”的用例中，墨子说：“今子为义，我亦为义，岂独我义也哉？子不学，则人将笑子，故劝子于学。”通过墨子的这一段话，作者表示在实践墨家最高伦理价值“义”的过程中，还需要借由“学”的过程来达成。

借由提倡“义”概念，墨者试图指出更具普遍性的伦理价值，而且将之推展于天下。为此，早期墨家一方面主张“天欲义”(《天志上》)，另一方面自己也挺身实践“义”，并坚信“义”的推展即为实现人民福利和天下太平的不二法门。其次，相较于早期儒者，早期墨者积极站在被统治者的立场，设想解决当时政治社会问题的方案。此对于被统治者(大部分为农民)的同情态度，使当时的思想家能够跨出统治集团对于社会的有限认识，进而从更宽广的规模构想整体社会的理想蓝图。诚然，虽然在墨子崛起之前，儒者早已提倡伦理的重要性；但他们所捍卫的伦理，是在以血缘宗族为基本单位的有限人际关系中实践。这意味着儒家所构想的社会，还受到血缘关系的约束，且其具体实践对象仍仅止于统治者社群之内；对于民众，儒者只期盼他们会被自然教化。相形之下，墨家则开始构想更整体的理想社会蓝图，并认为此理想社会的建立需要墨者自身的主动参与。对实践伦理和改变世界的强烈意愿，与对当时过着穷困生活之民众的同情合流，后来也构成孟子“仁政”“王道”主张的思想成分。

总而言之，虽然包含可用以讨论社会“治乱”的语汇和论述，但早期墨家思想并未广泛探索社会机制和其形上原则等问题。毋庸赘言，墨家欲“治”且恶“乱”，并主张借由爱人如爱己、减少社会资源的消费、反对侵略战争、建立一元政治权威等具体方式，来追求天下的秩序。他们相信这些主张之正当性来自“天欲义”——即便此观点在伦理与宗教信仰上都显得模棱两可。因此，墨家认为无论是天子还是百姓，“不欲义”之人必然会遭到“天”的惩罚。就伦理价值之具有可推广性这点而言，墨家的这种乐观态度，之后也出现在孟子的思想中。只是虽然墨家的论辩框架比早期儒家还要精致，但随着战国中期更能客观分析社会机制之稷下思想家的崛起，连同下文将要讨论的《孟子》思想，其对伦理价值的天真信赖也将受到严厉的挑战。

（三）《孟子》

接着，笔者将顺着上面的讨论脉络，阐述《孟子》政治思想的两种意义：第一，孟子综合了早期儒、墨两家的伦理论辩；第二，作为稷下思想论述的“先驱者”之一，他在与敌对思想家的尖锐辩论之中，探索了各种抽象概念与论辩技巧——主要是“推类”——之运用。然而就整段战国思想史而言，笔者基本上还是倾向将孟子的思想归属于伦理论辩。这是因为：（1）如同早期的儒者与墨者，孟子本人认为伦理价值的复兴或推行，是治疗当时政治社会问题最关键的处方；（2）在孟子的讨论中，缺乏如“术”“法”“分”等“分析性”术语的系统性运用。如下所述，稍后于孟子的稷下思想家，正是借由运用这些词汇，精心建构了能够说明各种社会机制的理论。下面，先让我们检视“术”“法”这两个术语，借以呈现出《孟子》思想中的“前稷下”特色。

在《孟子》中，“术”指“方法”或“技艺”。因此，举例来说，“仁术”这个复合词，指的是“仁”德在统治者内心被表达出来的方式。[76] 在此段落之外，“术”未与任何特定的统治技术产生关联。另一方面，“法”则包含了两个意思：其一，典范（作为

76 众所周知，在《梁惠王上》中，孟子将齐宣王的“不忍其觳觫，若无罪而就死地”称赞为“仁术”。

动词的时候，则指“仿效一个典范”）；其二，法规。不过《孟子》中的“法”字，大部分可诠释为“典范”或是“仿效”，较少直接意指“政府的法律”。换言之，与“术”相同，在《孟子》的“法”概念中我们看不到有什么特别的政治含义。只有两个“法”的用例意指法律，如在“法而不廛”（《公孙丑上》）这个句子中，孟子主张施行于市集的法律，不要强制征税。另一个例子则是“徒法不能以自行”，而这句话表面上看来似乎可以诠释成“孟子反对以法律来统治”，事实并非如此，孟子是在强调，我们应该以伦理价值为统治的指引。更重要的是，孟子并未表现出对于法律的反感；相反地，他事实上同意法律对于社会秩序之维持的必要性。他所欲指出的是：仅仅依赖于法律的施行，不足以成就具备伦理的统治。在此脉络中，孟子也批判依赖于军事力量、外交技巧以及土地开垦的统治模式。[77]

那么，孟子对于“术”“法”的中立态度告诉了我们什么？战国时，各国统治者极度需要有助于国家治理的政治技术以及法律。但就《孟子》的用例而言，与“术”“法”术语有关的各种论述，其“理论性”还并未发展到足以威胁孟子自己的主张的程度。或许也是因为如此，孟子并未对此类术语采取严肃否定的态度。孟子在齐宣王的朝廷中享受举足轻重的政治地位，也就是说，他是齐宣王最重要的政治顾问之一（下面我们再提及这一点）。因此，如果同时代的人已发展出关于“术”与“法”的理论，孟子不太可能对其毫不知情。

除了缺乏对于“政治社会机制”之相关“分析性”词汇的使用，

77 《离娄上》：“故善战者服上刑，连诸侯者次之，辟草莱、任土地者次之。”

孟子思想另一值得注意的层面，是与早期儒、墨一般，对于伦理政治的强烈需求。事实上，此需求是孟子与早期墨家共有的思想特点，而当代学者对这一点从未怀疑。然而，面对孟子悲叹墨家学说为“不道德”的片面言论时，我们却需要抱持谨慎的态度。基于同样的理由，我们也不应该在听取孟子抱怨同时代战国君主为无德之人的评论后，就直接断定当时的思想氛围为不道德的。[78] 孟子的怨言很容易误导我们去认定他是当时唯一一个坚持道德之重要性的人。很讽刺地，与孟子生活在同时代之国君和贵族们，对于如孟子这般提倡伦理价值采取相当友善的态度。正如在他与齐宣王和滕文公的对话中，甚至看得出来尊敬思想家对伦理的提倡。毕竟当时的诸侯们，在面对孟子评论实际政治是否合乎伦理原则时，也未提出要推翻孟子主张的其他理论。

值得注意的是，孟子对当时“缺仁义”之情形的不满，并不真的就代表当时的思想家忽略伦理价值。实际的情况应该是相反的。在被孟子彻底批判的三个——杨朱、墨家、农家——彼此竞争的学派之中，至少墨、农两家就大力提倡伦理的重要性。而且，在他们提出关于当时政权之正当性——此同时也为伦理问题——的质问时，感觉到难堪的人事实上就是孟子本人；他只能借由坚称统治者“劳心”功能之重要性来回答。这一点显示，不管战国统治者是否会接受提供给他们的观点，诉诸伦理的倾向似乎是孟子时代思想界的主流。

---

78 这方面也可以在《公孙丑》中其与齐国贵族景丑氏（景子）关于如何维持社会风俗的争辩之中看得到。参见本书第三章第二节第四项的讨论。

如此，孟子思想的核心为伦理议题似乎已毋庸置疑，但其伦理论辩和早期墨家是否真的格格不入呢？由于孟子猛烈批判墨家之“不道德性”，读者很容易就被引导到只注意孟、墨思想的对立、差异之处。确实，孟子坚信墨家思想应该被消灭，但假如我们只关注两者间的对立，将会忽略它们共享了一些观念与主张。事实上无论自觉与否，墨家和孟子之间，在诉求伦理的态度、肯定当时封建政治社会秩序以及参与政治的强烈兴趣等层面上，并没有根本性的不同。

被孟子批评的三项墨家主张为：其一，“节葬”；其二，“兼爱”（孟子将之理解为“无父”的主张）；其三，“利”的提倡。表面上看来，孟子对于这些墨家学说的攻击，看似揭示了一个不同的哲学立场。然而，仔细检视其批评将会发现，孟子的论证只是修辞上的反对，在其主张背后的想法则并未与墨家的观点完全对立。

让我们从孟子的第一个批评开始谈起。相较于另外两个议题，早期儒、墨思想在对待丧葬问题上的冲突是较具根本性的。早期儒家的态度反映出统治阶级想以奢侈方式举办丧礼的欲望，而墨家则站在被统治者的立场加以反对。然而，就重视伦理价值这点而言，孟子和墨家之间的差异并不大：他们都追求伦理价值的实现。举例来说，早期儒者认为“三年之丧”能完成“孝”，因而是合乎伦理价值的。对此，墨家则认为“三年之丧”不合乎伦理价值，因为它会伤害被统治人民的福利。实际上，早期儒家和墨家均肯定“孝道”与“人民的福祉”这两个价值。反而是之后的庄周和其后学，才开始全面挑战了早期儒家的伦理论辩：庄周学派质疑伦理价值的普遍性和有效性，且认为“丧礼”

本身不具任何意义。

耐人寻味的是，孟子和墨家一方面屡次表现出对自己所抱持之伦理价值的自信态度，另一方面在实际行为上却无法贯彻自己的主张。因此在他们的主张之中，实际上仍含有一大片属于“例外”的灰色区块。譬如，孟子曾为母亲举办了比父亲奢侈得多的丧礼而遭到批评。[79] 同样地，墨者夷之也为自己的父母举办了盛大的丧礼，孟子则刻意指出此行为与墨家思想的不一致。[80] 在整段战国时代的思想当中，早期儒家的丧礼论受到墨家以及后来庄周学派的严厉批判，而荀子对他们批判丧礼的主要论点进行了反驳：第一，自然资源本身足够让统治者准备陪葬品以及其他消费；第二，统治者是在“礼”的限度内享受最“奢侈”的丧礼。而由此两点赢得了秦汉统治阶层的支持，儒家丧礼论乃在这个论辩之中取得最后的胜利。

接着我们来看孟子的第二个批评。孟子批判墨家的“兼爱”主张，形容其为“无父”（不承认对于父亲的适当、具伦理意涵的情感）。孟子相信墨家将家人与陌生人混视为一，既不道德也不可行。然而进一步检视《墨子》的论述，我们便会发现墨家绝非主张所有人际关系都不应该有所分化，而是在接受人类社会是以血缘关系为基础的前提下，提倡人应该“如同”爱自己的家人一般，去爱所有其他的人。此处，墨者清楚地知道，不同人际关系中产生的爱会有所不同。毋庸置疑，在墨者眼中，“爱”的效果是更重要的：若彼此相“爱”，则国与国之间将不会发生

79 《梁惠王下》：“孟子之后丧逾前丧。”
80 《滕文公上》：“然而夷子葬其亲厚，则是以所贱事亲也。”

战争。在孟子的思想中，“国与国不应该互相攻打”这个论点是如此的根本，而使他无法对其有任何反驳。在碰巧遇到正要前去劝阻楚王发动战争的宋钘（在《孟子》中为“宋牼”）时，孟子不禁兴起了敬佩之情而对宋钘说道：“先生之志则大矣。”[81]

孟子的第三个批评，则显得有些似是而非。墨家思想所提倡的是“万民之利”，而非特定人群的利益。孟子故意将墨家意指“福利”（welfare）的“利”概念，理解成为己追求的“私利”（profit）。

孟子极为努力地以上述三项批评证明墨家思想之不道德；墨家也不落人后地批评儒家学说，如“三年之丧”与音乐之不道德。然而，当孟子受到墨家全然为伦理动机所驱动的强烈批判时，他也采取了同样的方式反驳：墨家会伤害中华文明的人伦。此处，伦理论辩面临了一个严峻的困境。正是在这样的思想脉络中，《庄子》与《老子》等无法被儒、墨两方说服的第三种思想势力逐渐形成。或许，孟子在论辩之际的各种修辞，如以不严谨的类比来自圆其说，也引起了战国中期之后思想家对于语言之不信任。意识到辩论陷于混乱的后果，《墨子》“墨辩”诸篇的作者和荀子都做出了极大的努力，以改善他们对于修辞和逻辑的运用。总之，战国早中期的伦理论辩——亦即所谓“儒墨之辩”——不具备能调和彼此之间不同伦理主张的推论工具，因此开始引起下一代思想家质疑伦理价值能否解决当时的政治社会问题。他们开始设想：国家之兴亡盛衰恐怕与“伦理”的实践和推行不太相关。

---

81　见《告子下》。

事实上，伦理论辩并不只在思想理论层次上衰败，在实际效果上亦然。儒、墨之间的对立，或孟子对异己主张的敌意，也使得之后的思想家对“伦理论辩”的实际效果——即国家与人民的福利之达成——感到强烈怀疑。的确，早期儒、墨均相信百姓的福利是最优先的考量，但双方实际上却都无法真正改善人民的处境。笔者并不是说他们的主张过于理想和高远，因为在战国君主和世袭贵族之中，事实上还颇有儒、墨价值的追随者。举例来说，孟子便曾成功说服滕文公施行儒家式的葬礼（而遭到滕国朝臣以“吾宗国鲁先君莫之行”的理由反对）。[82] 伦理论辩被分析论述逐渐取代的一个现实理由，很有可能是儒、墨之间的对立，实际上让人民的生存条件更趋恶化。以下举出的一桩孟子本人所涉及的重大历史事件，恐怕严重伤害了伦理论辩的说服力。

在孟子居住于齐国之时，燕王哙认为其相国子之为贤人，因而将王位让给了子之。根据《韩非子》记载，燕王哙似乎实践着墨家的政策。[83] 哙之禅让，引起了支持太子平的朝臣之强烈反对，导致了一场毁灭性的内战。《史记》记载：“孟轲谓齐王曰：‘今伐燕，此文武之时，不可失也！’”[84] 根据司马迁的记载，竟是孟子本人劝说齐王去“伐”燕。虽然《孟子》中的叙述没这么直接，但我们仍能发现对于齐国应不应该攻打燕这个问题，

82 《滕文公上》。

83 参见《韩非子 · 说疑》，燕王哙是一个不喜欢观赏女子跳舞、听宫廷音乐、装修宫殿、挖掘人工湖，或是打猎的统治者。他耕作自己的土地。

84 《史记 · 燕召公世家》。

孟子毫无疑问给了一个肯定的答案。[85] 结果，齐国的军队一路行进至燕国的首都。野村茂夫反思这些历史事实，认为孟子对齐国军事干涉燕国内战所给出的肯定答复，是出于他对燕国朝廷被墨者支配的反感。[86]

在抵达燕国首都之后，齐宣王的军队摧毁了燕国的宗庙，并掠夺了宝物和礼器。[87] 我们不能确定孟子对于齐国攻击行动的肯定答复是否真的源于对燕国朝廷被墨家思想把持一事的反感。但无可争议的事实是：墨家和孟子的政策建议导致了大量人民的死亡，以及一个与齐国大小相当之大国的严重毁损。

总结本节讨论，早期儒、墨两家共同注意到当时国家对人民的剥削已到了临界点，因而主张统治者应该保障百姓最低程度的生活条件，让他们不会恐惧于贫穷或战争所带来的死亡。为了强化此主张的可行性，儒、墨两家甚至提出“若无法解决此问题，将被能够完成此目标的另一个君主取代”的论点，来警告当时的国君。事实上，这种主张称不上过度理想；反而在某种程度上，是根据春秋时代以来“田氏取齐”“三家分晋”等实际发生过的政治社会情境所得出的观察。早期儒、墨对人民

85　见《梁惠王下》和《公孙丑下》之中的一系列对话。在齐的军事入侵结果成为一场彻底的失败之后，孟子曾借着说这些话来规避自己的责任。沈同问“燕可伐与”的时候，孟子确实说过“可”。但失败之后的说法是“今以燕伐燕，何为劝之哉”，这是一种借口。因为战争开始发动的时候，问法一定是“我国可以伐燕国吗”。孟子在伐燕失败之后的如此说明，可与另外一段在齐国成功占领燕国首都时，充满信心地支持合并燕国的回答成对比。孟子对齐宣王说：“取之而燕民悦，则取之。古之人有行之者，武王是也。”

86　参见野村茂夫：《燕国王子噲譲位問題と孟子》，《愛知教育大學研究報告 · 人文科學編》辑 33（1984），页 204—194。

87　见《孟子 · 梁惠王下》。

福利的追求，与“太古三代的圣王治世”形象结合，成为中国理想政治的“黄金律”。汉朝以降，每到了朝代更替之时，新的统治者和知识分子将不断取经于此，并借此主张新王朝取代前朝的正当性。

尽管儒、墨两家“重视民生”的诉求后来成为中国政治中的“黄金律”，但在他们自己身处的历史时空中，儒、墨都无法改善实际的政治社会情境。无论是直接还是间接，肇端于燕国墨者与身处齐国的孟子，而由齐国发动的全面入侵邻国的行径，似乎让当时的人开始深刻怀疑，伦理价值的提倡是否真能统一天下。在事后，孟子也只好负起出兵失败的责任而离开齐国。由于孟子在齐宣王的朝廷中原本是最受尊敬的思想家，他的离开似乎也造成齐国思想的“真空”状态。然而此“真空”状态，逐渐被以“稷下先生”之名为人所知的卓越思想家们所填补；齐国的思想活动也因而迎来了更高的发展阶段。登场于此时期的思想家，以较诸之前更为客观、分析的态度，思索当时政治社会运作的根本机制以及背后的原理。

## 第三节　“分析论述”（Analytical Discourse）：稷下思想的特色

在本节之中，笔者将试图借由“分析论述”这样的术语来阐释“稷下之学”的几项思想特色。如上所述，“分析论述”是战国中期出现的一股思潮，它逐渐取代当时已衰退的早期儒、墨“伦理论辩”。

如同上一节讨论过的，孟子认为伦理具有恢复天下秩序与和平的效力，因而毫无保留地拥护伦理。有别于传统知识分子和当代学者的一般印象，孟子在当时并没有“因为太过理想而遭到歧视”；相反地，他在齐国、滕国等地，都引起了国君们的兴趣和注意，而且拥有接受可观经济资助的“国师”级政策顾问的职位。不仅如此，在齐宣王统治时期，孟子还亲身参与或实际影响了恐怕是当时最大的历史事件——攻伐燕国——的决策；齐国还几乎借此取得了战国中期的霸权地位。当然，孟子要实现的应该并非齐国的霸权本身：其实齐国当时已经在中原属几乎最强盛、文明的国家。因此，孟子觉得齐国需要实现的就是“仁政”。在此意义上，齐国的失败，的确亦是孟子的挫折；他负起责任，并内心忧闷地离开了齐国。

孟子本人也痛心于自己的挫折，他自问：“由孔子而来至于今，百有余岁，去圣人之世，若此其未远也；近圣人之居，若此其甚也，然而无有乎尔，则亦无有乎尔。”[88] 为何伦理价值无法改善孟子所居处的世界？面对这个问题，他无法找到具有说服力的答案。他只能将自己无力改善人民的处境这件事，诠释为“天命”所注定。事实上，因为墨家大力主张“天欲义”，其论述甚至遭遇了更为严峻的质疑与挑战：假使“天”真的期盼伦理价值普及于天下，为何时局却是愈来愈糟？从战国中期开始，滕、宋、中山等国陆续遭到灭亡；在宣王之子湣王的统治下，甚至连齐国也一度亡国。相较之下，不以实践伦理为目标的秦国，为何反而能逐步扩展领土？对于战国中后期的思想家来说，

88　见《孟子·尽心下》。

伦理之实践与否，显然愈来愈无法成为衡量、说明国家兴亡之有效尺度。在此情况之下，思想家们定然也感受到以更为“客观”之方式来分析国家兴亡机制的紧迫需求。

在这层意义上，很自然地，孟子从思想论说的历史舞台上退了下来；而司马迁笔下“著书言治乱之事”的思想家们也就此崛起。[89] 对于伦理价值作为改变现实情境手段之有效性的怀疑，似乎将思想家的注意力转向对政治社会机制进行更客观以及更具分析性的检视。以此为基础，他们开始提出能够实际改善国家之治理的实用方法，且这些治国处方不一定都要求伦理的实践。在《史记》之外，《吕氏春秋》也描述了当时思想家所探求的议题正在经历巨大转变。《执一》即曰：

> 田骈以道术说齐［王］。[90] 齐王应之曰：“寡人所有者齐国也，愿闻齐国之政。”田骈对曰：“臣之言，无政而可以得政。譬之若林木，无材而可以得材。愿王之自取齐国之政也。骈犹浅言之也，博言之，岂独齐国之政哉？变化应求而皆有章，因性任物而莫不宜当。”

田骈是司马迁所列举出的当时著名的“稷下先生”之一。他将“道术”——能够应用于统治术的普遍原则——介绍给齐王（齐宣王或其子湣王）。令人费解的是，文中的齐王竟然听不懂田骈所提倡之“道术”的意义。只要齐王曾经读过如今本《老子》的

89 《孟子荀卿列传》：“自驺衍……驺奭之徒，各著书言治乱之事，以干世主，岂可胜道哉！”
90 依据《淮南子 · 道应训》的相似文句，我在这里补上“王”字。

内容，他对于“道术”能够运用于“治国”这点，应该不难理解。更何况，齐国是中国当时最文明的国家，宣王是司马迁所叙述的“喜文学”的国君，还是稷下之学的赞助者。这样的齐王，竟然没听懂“道家”思想最基本的想法！由是观之，如“道术”这般的主题，在孟子之时尚未引起战国诸侯的关注。因此，《吕氏春秋》特别收录这一段对话，反映了田骈之“道术”所涵盖的论述内容，事实上带给了当时思想界重大的冲击。田骈大力主张：借由宇宙、物理或存在的法则——“道术”——我们可以正确地分析出国家治乱的原因和处方。而这也是孟子的伦理论辩所未预见的思想发展，孟子必然也不可能针对自己未意识到的议题加以反驳。如此，田骈与其他稷下先生之“发现”社会运作机制，实启动了中国古代思想脉络中的社会科学论辩。[91]此外，如庄周及其后学等其他思想家也与此论辩互动，进而引发了对伦理、语言、知识的根本性怀疑，以及形上论和本体论方面的思辨。在此意义上，此后司马谈《论六家要旨》所界定的“道家”“法家”“阴阳家”“名家”思想，实为此时期中思想运动的产物。[92]

在本节中，笔者将检视这个阶段中政治社会论述的三项特色，分别是：其一，政策的项目化；其二，分析性术语的发展；其三，人体、社会、自然世界之间的类比关系。这些特色，在早期儒家和墨家的思想之中并不显著。

---

91　战争规模的扩大、战争技术的进步以及对战争的理论化，也同样是让思想家能够以较为理论、客观的态度来分析各种现象的重要因素。Mark Lewis 找到了战国军事文献中的各种分析要素。参见 Lewis, *Sanctioned Violence in Early China*, pp. 97-135。

92　当然，笔者并不主张这些思想的全部内容在稷下的思想活动后才出现或形成。

## 第一项　政策的项目化

在进一步讨论之前，首先要澄清的是，笔者并非主张在战国中晚期之前从未有过政策的项目化。早期儒、墨的思想，确实也曾建议要实行一些政策项目。举例而言，“兼爱”“非攻”等所谓的墨家“十论”，就一方面是墨家的政治理念或口号，在另一方面也可视为政策项目。此外，如《孟子》所示，许多征税的方式已为当时的统治者所知，且孟子也建议他们去执行其中一种。[93] 尽管如此，早期儒、墨两家的各种政策蓝图，与笔者所称的“政策的项目化”，在两层意义上有所不同。第一，早期儒、墨提倡的一些政策，是其“伦理论辩”中某种政治理想的展现——如“仁政”（孟子）、“义政”（墨家）等。也就是说，他们之所以会提倡某一政策，是因为该政策能体现某种伦理价值。相形之下，本文所说的“项目化”，指的是为了达成“国家本身的治理”而执行的具体政策。第二，儒、墨两家所提倡的“政策”，若被单独提及，就往往不再是政策本身，而变成为了达成政策目标而应有的精神态度（如儒家的“孝”、墨家的“爱”等），或行为准则（如儒家的“惠”、墨家的“节用”“尚同”等）。相对地，此处所谓的“项目化”政策，是指被安排在一连串执行时程表中的、彼此不同的一套措施。根据上述的区分，下文将讨论《管子·大臣》，以及《黄帝帛书·君正》之作者所提出的政策“项目化”的例子。事实上，《管子》的《幼官》甚至是更具系统性的政策手册，其内容与天体的运行和季节的循环相配

93 《滕文公上》：“夏后氏五十而贡，殷人七十而助，周人百亩而彻，其实皆什一也。”

合，在世界和宇宙的运作原理中界定整齐成套政策之合理性。

### （一）《管子·大匡》

首先让我们讨论《大匡》中政策项目化的例子。《管子》《大匡》《中匡》以及《小匡》三篇的内容，是由齐桓公和管仲的对话组成。然而，这些对话基本上不该被视为历史实录，而是处在战国中期的该篇作者借管仲之口呈现自己关于治术之想法的作品。换言之，虽然这些对话被安排以管仲传记的形式呈现，但它们事实上是一篇按照时间顺序条列出的必须执行之政策的政治论述。作者意图将齐桓公的欲望（称霸）和管仲劝止的言论做对比。管仲每逢听到齐桓公的大欲，就一直劝他先要巩固国内政治和外交关系。在整个传记式的描述中，管仲所强调的总是人民福祉的重要性，而对这一点的坚持，也与孟子的论说内容全然一致。然而，若从实际政策论述的角度来看，《大匡》呈现出了比孟子更加“发展”的风格与思想。其作者借用传记式的论述，将《孟子》中原来彼此无关的政策，安排在一个执行时程表之中；几项不同的政策，也因而被整合进一套宏观蓝图中，并成为其中不可或缺的部分。或许，管仲与桓公对话中列举出的各项政策，原本是来自不同的传诵故事。

在其统治的第一年，桓公表达了想建立属于自己之军队的抱负。管仲对此表示反对，其理由为：“百姓病，公先与百姓，而藏其兵，与其厚于兵，不如厚于人。”之后的每一年，桓公都会再次向管仲提及这个想法，希望能获得他的支持；桓公甚至还提及要攻击鲁、宋等邻国。在这一过程中，齐桓公如此“愚蠢”的要求，与管仲具有洞察力的反驳形成了显著的对比。一直到第五年，桓公才完成了管仲所规划的政策指南。也是在该年，鲍叔牙劝导桓公听从管仲的政策建议，而桓公则默许了鲍叔牙的劝说。因此，此后的“对话”变成管仲的政论和桓公只说“诺”的答复。该篇作者借此描述桓公如何执行管仲所提倡的蓝图。

下面列出的，是《大匡》作者以“齐桓公故事的方式”所陈述出的前四个政策。而这些正是《大匡》作者（或作者们）心目中最关键的四项：

（a）轻税，弛关市之征。

（b）问病臣，愿赏而无罚。

（c）诸侯之礼，令齐以豹皮往，小侯以鹿皮报。

（d）有谏其君而善者，以玺问之，以信其言。

在这段描述之后，《大匡》继续说明，齐国因为执行这些政策而得“诸侯附”。换言之，齐桓公在春秋诸侯之间得到了名声，小诸侯们因而开始向他靠拢。达成国内政治的巩固和社会的安定，是可以开始发动军事行动的标志。因此，《大匡》继续写道：

（e）齐车千乘……故败狄。

（f）“可以加政矣。”曰：“从今以往二年，适子不闻孝，不闻爱其弟，不闻敬老国良，三者无一焉，可诛也。”

以上对于桓公政策实行过程的描述，实际上与孟子“仁政”之具体推行，并没有两样。政策（a）到（d）是孟子“仁政”的项目化，而（e）则是将其推广至全中国。应该指出的是，《大匡》的作者们并未忘记添加一句："近侯莫不请事。兵车之会六，乘车之会三，飨国四十有二年。"借由添加上的这一句，《大匡》的作者主张，只有在建立了与邻国稳固的信任关系之后，对外动武才是被允许的。这个想法与孟子的立场相一致。政策（f）则是唯一提到刑罚的项目，而作者们将刑罚放在一系列政策的最后，也显示出与孟子思想的一致性。孟子批评齐宣王的狩猎场所规模太大，形容其为"为阱于国中"，因为在此广大土地上猎鹿的人，将会被视同犯了杀人罪而遭受惩罚。[94]《大匡》借由将惩罚性的政策放在最后，反对国君任意处罚人民。

如上所述，此思想主轴是从孟子之"仁政"——人民福利政策——发展出来的具体政策。在《大匡》的对话中，国君愚蠢的强国妄想和贤人对民生问题的一贯关注，构成一个强烈的对比。此对比，也令人想起《孟子》中急于建立霸权的齐宣王，与不断要求民利为先的孟子之间的对比。这个相似之处暗示："百姓的福祉为所有统治之基础"这样的观点，不但为孟子和《大匡》的作者所赞同，且应该在当时齐国的思想家间颇为流行。

不过，值得注意的是，在《大匡》作者想要推行的福利政策中，可以观察出比孟子仁政思想还进一步的发展。相对于孟子，《大匡》按照时间顺序安排了福利政策理念的实践程序。虽然两者共享了类似的理念，但《大匡》中的讨论仍较为条例化，并且安排了一系列的政策计划。特别是《大匡》的作者将一些原属不同层次的叙述，合并至一个按照时序妥善安排的政策蓝图中。这些事实让我们可以推测，《大匡》的完成应该稍后于

94 《孟子 · 梁惠王下》言："齐宣王问曰：'文王之囿，方七十里，有诸？'"

《孟子》；而《大臣》的作者，有可能是稍后于孟子，但仍属同时的齐国学者。

## （二）《黄帝帛书》

《黄帝帛书》为我们提供了另一个政策项目化的例子。《君正》记载了关于如何稳定新夺取的领地，以及如何最有效地运用当地资源以增强国力。此论述也叙述了政策实现的程序。引录如下：

> 一年从其俗，二年用其德，[95]三年而民有得，四年而发号令，〔五年而以刑正，六年而〕民畏敬，七年而可以正（征）。
>
> 一年从其俗，则知民则。二年用〔其德〕，则民力。三年无赋敛，则民有得。四年发号令，则民畏敬。五年以刑正，则民不幸（倖）。六年□□□□□□□。[96]〔七〕年而可以正（征），则朕（胜）强适（敌）。

在此段落中，作者呼吁统治者先不要对新得领土上的人民征税。同时，作者也认为稳定百姓的生活条件有助于获得更多领土，

---

95 余明光、陈鼓应以及 Robin Yates 诠释“德”为“贤人”。见余明光等：《黄帝四经今注今译》，页 21。陈鼓应：《黄帝四经今注今译》，页 105。Yates, *Five Lost Classics: Tao, Huang-lao, and Yin-yang in Han China*, p. 61. 另一方面，Leo S. Chang 和 Yu Feng 将这句话翻译成“bestows reward and benefits”，Chang and Yu (trans.), *The Four Political Treatises of the Yellow Emperor*, p. 108。Chang 和 Yu 的诠释使得第二和第三年之间的政策没有差异。此处，这句话被认为能够代表“尚贤”思想。

96 陈鼓应增加了七个字，“民畏敬，则知刑罚”。见陈鼓应：《黄帝四经今注今译》，页 104—106。Leo S. Chang 和 Yu Feng 将这个部分读为“民畏敬，则无不听”。Chang and Yu (trans.), *The Four Political Treatises of the Yellow Emperor*, p. 109. 余明光则和 Yates 留下这处空白，未增补内容。

而这点与孟子认为赢得百姓之心者最终能够统一天下的主张相当一致。《君正》要求统治者以德为先的主张,亦与《大匡》的“轻税”“赏而无罚”等福利政策相同。虽然引文中未见“仁”“义”等语词,但《君正》注重安顿人民生活条件的立场,与孟子之“仁政”、《大匡》之福利政策，实属于同一脉络的主张。

然而，这并不是说《君正》就仅为《孟子》施政蓝图的复制而已；其中还有些不见于孟子思想中的新成分。对孟子而言，赢得百姓之心者将会统一天下，是“莫能御之”、必然且自明的历史法则。同样地,《大匡》的作者也催促国君应将刑法的范围限制于反德之奸人，其前提是：百姓必然会服从给予其好处的统治者。《君正》的作者虽然主张“给予要早于征收”，但稳住政治社会秩序本身的重要性也并不亚于如“先给予”般的福利政策。作者主张，国家对老百姓具备制裁力（第四年），以及刑法的适当执行运用（第五年），是统治者能动员人力以与对手争夺霸权的关键要素。国家制裁力的运用，对于建立统治者凌驾于百姓之上的权威地位，也具关键作用。此处，我们固然可以看到倾向于建立中央集权的“原始法家”面貌，但我们并无必要将《君正》归类于某个特定的学派，如所谓的“齐法家”。假如将《君正》这样的思想看作“原始法家”的话，其思想特质，应该不在于提出能被后来的“法家思想”内容涵盖的主张这一点，而在于作者既提出扩张刑罚制裁力的重要，但尚未清楚地意识到其与伦理价值的推行之间的矛盾这一点。《君正》所提出“政治权威是维持政治社会秩序的关键之一”的主张，应该仍是“人民福利”之政策的补充；因而，至少在《君正》作者的心目中，此主张尚未与孟子所提倡之“仁政”政策相互矛盾。若以本书的术语来解释，《君正》中重视福利政策与主张维持政治社会秩序这两种看似矛盾之主张的“混合”，实际上反映了在战国中期整体思想环境中，“分析论述”的观点尚未取代“伦理论辩”的情形。

此外，在政治社会秩序的建立之外，《君正》作者还关注到时机与效果之间的关系。在《君正》的规划中，政策以一年为基础，形成一套例行事项，如征税、各项土木工程、处决罪犯等，有几项重要国家庆典的举行应该也是以一年为周期。相比之下，孟子似未曾考量政策的时机。

### （三）《管子·幼官》

对于政策执行之时机的重视，似乎是齐国政治思想的特色。在《管子·幼官》的“时令思想”中，我们可以看到该思想的进一步发展。《幼官》将各个重要政策的实施分派给四季。在该篇中，作者一开始就强调伦理价值的重要，且其语气之强并不亚于孟子；所有主要的儒家伦理价值，如“仁”“义”“忠”“信”“礼”等都被列举出来。在泛论之后，作者接着详述应该实施的具体政策。作者（们）主张，若统治者有决心实践《幼官》所阐述的政策，则九年就足以使“帝事成形”（完成了帝王的事业，或达到天下太平）。如此，《幼官》按照一年四季的架构，把项目化政策分配于最适合执行的时期中。[97] 如此，《幼官》之“项目化”，除了依时间顺序安排政策之执行，还呈现出以一年为单位

97　在今本《管子》之中，《幼官》篇之后紧接的是一篇内容几乎全然相同的《幼官图》。《幼官图》应该是作为《幼官》篇的图像化版本而创作的。郭沫若等则试图在其《管子集校》之中重建此图像。

反复循环的构造。

《幼官》“时令思想”中的这种循环构造，很自然地就令人想起驺衍——司马迁列举出的稷下先生之一——的“五德转移”思想。白奚的稷下思想研究指出，《幼官》的叙述展现出驺衍在《主运》之中理论化的思想内容。[98] 然而，由于《主运》今日已失传，白奚的论点尚未能获得现存文献的证实。退一步言之，即使《幼官》的内容并不代表驺衍本人的思想，《管子》保存有“时令思想”这一套理论的事实，也足以让我们推测“时令思想”的理论化，在稷下的思想活动中，至少是一个重要的议题。

众所周知，《吕氏春秋 · 十二纪》的论述也是按照一年中四季循环的理论架构来建立的。[99] 事实上，在《十二纪》的论述中，我们可以观察出：除了把项目化的政策分配于四季十二纪，其分配还依据“五行学说”的循环构图。由此观之，其整体思想内容，显然还比《幼官》更接近驺衍的五行理论。

## 第二项　分析性术语的发展

稷下思想活动的规模和深度，是以前所未见的规模而进行的，而其最显著的特色，是稷下学者界定、深化，甚至创造了许多分析性的术语。这些词原本大多数为普通名词或动词，却

---

98　参见白奚：《稷下学研究》，页 263—264。

99　关于这点，请参见町田三郎具有说服力的讨论。町田也观察到，“月令”思想的核心论述，是认为自然秩序应为人类社会应该遵循的模范。町田三郎：《“管子” と “呂氏春秋”》，《中国哲學論集》（九州大学）号 7（1981），页 1—15。

在稷下学者手中，转换成能够用来更客观、系统地分析各种政治社会问题的理论性术语。冯友兰曾经将《管子》四篇的思想界定为“稷下唯物学派”，认为如“气”“精”等概念，是在稷下思想活动的脉络之中发展出来的。冯友兰正确地观察到稷下思想家借由运用“气”“精”等术语开始关注人类生命、意识的起源等理论性的议题。[100] 他的分析与我们的假设——是稷下思想家开始展开对超乎经验的社会机制、存在根据等问题的探讨——也相当吻合。

此外，史华慈（Benjamin I. Schwartz，1916—1999）也通过与古代希腊哲学相比较，指出在“气”概念之外，稷下思想家还深化了“性”与“心”两个概念，且扩展了其向度。史华慈认为，围绕着这些概念，战国中期不同“学派”的哲学家开始逐渐形成一些共同的论述议题。他也指出“气”的概念是与“治”概念的发展一起进行的。[101] 冯友兰和史华慈的研究让我们了解到，为了探讨社会机制与自然秩序之原则等议题，“理论性”术语的发展是不可或缺的条件。因此，战国时代“分析论述”的崛起，必然也使得不少词在语义广度和哲学深度上都有了进一步的发展与延伸。

在战国中期稷下“分析论述”的发展中，“治”“乱”“分”以及“法”这四个词，最具不可或缺的理论性功能。正是这些

---

100　冯友兰：《中国哲学史新编》卷 1（北京：人民出版社，1962），页 294。

101　Benjamin I. Schwartz, *The World of Thought in Ancient China* (Cambridge: Harvard University Press, 1985), p. 180. 在其对《论语》《墨子》此三个概念的检视之中，史华慈具有说服力地观察到此两份文本之中的“人文关怀”。参见同书，页 184。这个观察与笔者的假设一致，即这些概念在战国早期的伦理论辩之中被广泛地使用。

词汇的运用，使分析社会结构、政治机构之原理成为可能。在早期儒、墨以及孟子的思想中，这些词只在与伦理问题相关的议题中才具备思想意义。如上一节所指出的,《孟子》中的“术”和“法”，指的主要是一种方法或模范，而非特定的政治技术，更不具有特定的、政治社会分析上的理论意义。虽然“礼”的使用也有一样的情形，笔者将留在下一章再行讨论。此处先集中讨论稷下思想中的“治”“乱”“分”以及“法”四个分析性术语。

### (一)“治”与“乱”

在被孟子和荀子之间的稷下思想家理论化的诸术语之中，“治”与“乱”或许是最重要的一对。如同本书第四章将详论的，荀子社会理论的终极目标在于“恢复”人类社会的秩序，即荀子所说的“治”。《史记》生动地描述了“治”“乱”两概念在稷下思想中的关键性：

> 自驺衍与齐之稷下先生，如淳于髡、慎到、环渊、接子、田骈、驺奭之徒，各著书言治乱之事，以干世主。[102]

引文传达了两个讯息：第一，在司马迁眼里，“治乱之事”是稷下先生议论中不可或缺的部分；第二，司马迁并未将孟子列入从驺衍开始，讨论“治乱之事”的稷下先生的名单中。事实上，司马迁在《孟子荀卿列传》曾清楚指出“其次驺衍，后孟子”，

102　见《史记· 孟子荀卿列传》。

而在此段被列出的思想家中除了淳于髡之外，都属孟子之后的时代。[103]

尽管在司马迁的名单中缺席，《孟子》中还是有着四十三个"治"字以及十六个"乱"字的用例。此处，"治"[104]和"乱"[105]被用作形容词以及动词。而"一治一乱"的说法，也显示出此两词互为反义，分别意指国家或天下的有序和混乱。事实上，"一治一乱"反映出孟子对"治乱"问题之看法的两个特点。第一，在孟子的"治乱"观中，我们再次发现孟子政治理论的"伦理论辩"特色。孟子认为，社会的有序和混乱，是实施"仁政"（福利政策）与否所带来的两种"不可避免"的结果。因此，若一个统治者能以"仁政"达成一国之"治"，按理来说他就会"自动地"达成全天下之"治"。换言之，只要有一个仁爱的统治者——即孟子所称赞的"王者"——出现，国家和天下秩序自然而然就会恢复。因此，在孟子看来，"治乱"问题的关键并非政策本身的好坏，而在于具备仁德的国君是否出现。相较而言，一国的"治乱"，仅是仁君出现后就能自动解决的边缘问题而已。

第二，孟子在回顾历史时就曾认为，世界的有序和混乱是彼此递嬗而轮流发生的。如《尽心下》最后一段所感叹的，孟

103 不过，无论司马迁的认知如何，《孟子》中的对话证实了淳于髡与孟子同时代。

104 作为动词，它意指"妥善地处理"（如"治丧""治栖"），"控制"（如"治水"），或是"统治"（如"治人""治国家""治天下"）。有着这些细致的意涵，如"礼义"等道德动作，也就可以"被治"（"奚暇治礼义哉"）。主语或宾语的"治"，则意指"秩序"，或"有序的状态"。这个意涵可见于如"国欲治""四境之内不治"的句子中。

105 作为动词，其意指"以不宜的方式混淆了上下之间的分别"，如"上下乱"。作为形容词，其意指"失序的状态"，如"乱世"。当这个词与另一个和政府官员相关的词联结在一起使用时，则系指贪官。

子相信从尧舜到商汤，从商汤到周文、武王，每经过五百年的周期，天下就由新的“王者”来恢复治世。[106] 因此，既然自周武王到孟子之时已经过了六百多年，新的治世应该将要来临。上述这个想法，事实上再次反映出孟子的伦理论辩特色。对他来说，从历史角度来看，“治”和“乱”不能与“仁君”之出现分割开。如此，从东周以来由所谓春秋五霸或者子产等贤相，借由政策本身所达成的一种小康治世，仍然称不上孟子心目中的“治世”。因为孟子明确表示他本人无法目睹“治世”的来临，因此只好退回到“天志”或命运的层次上来看待“治乱”问题。总之，伦理之外会影响一国之“治”与“乱”的其他政治、社会因素，尚未进入孟子的视野中。

接下来，让我们检视《黄帝帛书》中的“治”“乱”用例。相较于《孟子》,《黄帝帛书》的作者对一国之治乱（一个国家是否能够维持其秩序）问题，明显展现出了更明确的兴趣，且在处理此问题时也采取了更为分析性的态度。然而，与下文将要讨论的《慎子》《管子》相比,《黄帝帛书》中的“治”“乱”两字本身，还尚未提升为相关论述中最关键的术语。具体而言，《黄帝帛书》在描述理想国家的状态时，使用的术语为“正”而非“治”。事实上,整部《黄帝帛书》中包含了多达八十二个“正”概念的用例，是“治”字十五个用例的五倍以上。[107] 同样地，《黄帝帛书》中“乱”字的意涵也颇局限，主要被用来指涉具体

---

106　孟子曰：“由尧舜至于汤，五百有余岁……然而无有乎尔，则亦无有乎尔。”

107　Edmund Ryden, “Concordance.” Ryden, *The Yellow Emperor’s Four Canons: A Literary Study and Edition of the Text from Mawangdui* (Taipei: Ricci Institute, 1997), pp. 475-477.

的混乱情形，如“乱兵”“臣乱”“内乱”等。相形之下，若要叙述一国彻底荒芜的情形，其作者选择的是“亡”或“荒”字。上述情形暗示了《黄帝帛书》对于“治乱”问题的讨论,用“治”和“乱”字来陈述的情况还限制在对国家存亡及其个别原因的叙述，而尚未上升为借此保持整体国家的机构和运作的原理性之术语。

慎到身为稷下先生中最著名的成员之一，其对“治”“乱”概念之发展起的关键作用，值得我们进一步注意。在战国思想史的发展中，慎到应该是以高度的理论性兴趣对国家机制进行分析的先驱。相较于《论语》《孟子》等从伦理角度探讨实际政治的问题意识，在观察国家稳定或解体之原因时，慎到自始至终都保持较为“客观”态度；这种视角，可比拟于当代政治社会科学对国家机制的分析。事实上，本节所讨论的术语，几乎全部都是在慎到的手中才被进一步的“理论化”。然而,由于“治”和“乱”两词直接与一国家之稳定或解体相关,因此“治”和“乱”可以说是慎到思想中的核心术语。

慎到对于“治乱”问题的讨论,主要有两点特色。首先,“治乱”问题本身被提升成为其论述的主题。慎到提出了“治之道”与“治乱之分”。由“治”与“道”此两个概念的联结关系上，慎到探究了“治”的根本道理;并且在其与“分”概念的结合当中，他分析了何种情况会导致整体国家的“治”或“乱”的根本原因。慎到对“道”“分”等术语的使用，呈现了他从分析视野讨论国家问题的思想倾向。换言之,作为“分析论述”之理论家的慎到，其政论的特色就在于使用“分”“法”等分析词汇来阐明国家机构的运作法则，而这与孟子使用这些词汇的态度形成一个鲜明的对比。至于慎到是如何将“法”“分”两概念提升为分析性的词汇，笔者将在下一项中详细讨论。

其次，慎到措意于阐明政治运作本身的固有原则。他的疑问是：为何桀、纣的时代会是个“乱世”？对此，他提醒了我们一个历史事实，即在中国历史的任何一个时期中，都有如同比干、伍子胥这般的忠臣。有鉴于此，慎到提出了一个观察，即乱世之所以会出现，是因为在该时期，腐败官员的数量已增加到即便有少数忠臣也无法弥补其伤害的程度。以此分析性的观察为基础，慎到的结论是：

> 亡国之君，非一人之罪也；治国之君，非一人之力。将治乱，在乎贤使任职，而不在于忠也。（知忠）

慎到宣称：国家之兴亡，不能归结于是否有少数“忠臣”存在，而是与国家机构中各种职位是否得到适当地分配有关。

《管子》中也有大量与“治乱”问题相关的篇幅，甚至似乎是以此议题为全书的中心主题。因此，该书毫不意外地使用了众多的“治”（370 个）和“乱”（208 个）。引人注目的是，在多达 22 条用例中，“治”和“乱”出现在同一个句子中，并且互为反义词。举具体的例子来说，《立政》的作者分析了“国之所以治乱者三”——即导致国家“治”“乱”的三个原因，并认为一国秩序的实现即为“治术”最重要的目的。同样地，《乘马》的作者以市集为例，认为“市者，可以知治乱”。《八观》的作者则提供了观察一国治乱之广泛且系统的方法：“入州里，观习俗，听民之所以化其上，而治乱之国可知也。”在此论述当中，“治国”和“乱国”两词被用来相互对比。《五辅》的“治”和“乱”，则涵盖了更为广泛的意涵，即说：“上下乱，贵贱争，长幼倍，贫富失，而国不乱者，未之尝闻也。”该句中“乱”字出现两次，且其意涵的范围有大小之别。第一个“乱”字的主语为“上下”，意指上下关系的紊乱，而这是在《孟子》中也可以看见的传统用法。相对地，后一个“乱”则意味（狭义的）“乱”“争”“倍”“失”等条件复合时，所产生的足以吞噬整个国家的失序状态。如此，从《管子》的用例中，我们可以观察到“乱”概念的意涵正在逐渐扩大。

此外，将“治”视为“道”的同义词，也是《管子》的另一个特色。《枢言》说：“法出于礼，礼出于治。治、礼，道也。万物待治、礼而后定。”此处的“治”与“礼”为同一层次的概念，并且均构成“道”的属性。如下所述，此思想倾向可能是荀子“礼治”论的重要先驱。同样重要的是，《枢言》的作者预设了万物之有序状态。由于“万物”一词包含了所有植物、动物和人类，此一预设就反映了作者所关注的不只是“特定”事物之内的秩序，而是让整个社会或世界达成有序状态的整体性秩序。

经过以上对“治”“乱”两词之演进的检视，我们能够看到这些概念在语义上的扩张，以及其作为分析概念逐渐成熟的过程。在《孟子》中，“治”“乱”为“仁政”之施行或缺乏所带来的必然结果。虽然它们意味着一国之内特定的社会秩序状态，同时也被用以描述天下是否达到太平或有序状态；然而，相较于伦理价值，这些词在《孟子》中仅具有次等的重要性。《黄帝帛书》以具分析性的方式使用“治”“乱”两词，其作者密切关注一国兴衰背后的动力。但“治”“乱”两词，还尚未在讨论有序与混乱的议题中占有中心位置；一国遭到灭亡的状态则被称为“亡”或“荒”。在此思想脉络中，慎到可能是第一个将这些词概念化，并用于表示整个国家之有序或混乱状态的思想家。最后，在《管子》的思想中，“治”概念指的是万物享有之秩序的最理想状态。而此词的分析与抽象意义，将在荀子的政治社会论述之中，更为完整地呈现。

（二）“分”

许多学者一致承认“分”概念在荀子思想中的重要性。[108] 陈大齐、李德永等学者在20世纪中期进行研究时，就已注意到“分”与荀子之“群”“礼”等概念之间的关系。[109] 当代学者之中，渡边信一郎也许是最早同时探讨荀子“分”概念和其历史渊源这两个问题的学者。他注意到《孟子》“劳心者—劳力者”的区分，实为统治者与被统治者之间劳动与资源分配的问题。渡边也指出，在《尹文子·大道上》中有段论述，涉及人“欲”与社会资源之划“分”之间的关系。于是，渡边总结指出，荀子的“分”观念，是以稷下思想活动为基础而建构出的。[110] 与渡边不同，菅本大二采取另外一种观点，认为“分”观念渊源于

108　“分”字在《荀子》中出现109次，相较于《论语》的3次、《孟子》的7次、《墨子》的61次、《庄子》的38次，以及《管子》的195次。其在现代中文的基本含义为“区分”，同样也可用在这些先秦文本之中。

109　举例来说，陈大齐：《荀子学说》，页5。李德永：《荀子》，页92—95。韦政通：《荀子与古代哲学》，页27—34。内山俊彦：《荀子》，页143—146。细川一敏的文章特地处理“群”在战国时期思想论述中的各个层面。参见细川一敏：《“羣”という語より觀た戰國時代の社會》，《中哲文學會報》号2（1976），页56—70。

110　渡边信一郎：《荀子の國家論》，《史林》号66号1（1983），页25—29。

所谓的早期法家，并认为慎到是“分”论的理论奠基者。与此同时，他检视了《管子》中“分”的用例，并且追溯其在该书之中的理论性发展。菅本主张，慎到和《管子》思想中的“分”观念，影响了荀子思想中与“分”相关部分的形成。[111] 在上述文献之外，余明光还增添了《黄帝帛书 · 道原》以及《伊尹九主》中的两个“分”字的用例，并加以分析。他主张荀子的“分”观念来自黄老思想。[112]

这些研究中所检视的文献，无论将之归类为早期法家还是黄老思想，学者之间大概有一共识：荀子的“分”概念可视为是来自稷下的思想活动。在这里的讨论中，笔者的用意并不在于把“分”观念的源头归之于某个特定学派的思想活动，而在于将“分”观念的演进过程，放在从“伦理论辩”到“分析论述”此一思想发展的脉络之中进行讨论。“分”思想的建立，实与对“治乱之事”的探讨有不可分割的关系。对“分”的探讨，以当代的用语来说，可比拟为对一个社会机构（social mechanism / system）的运作的探讨。

稷下思想家所提出的关于“分”的论述，主要沿着两条思路发展。[113] 其一是关注社会全体，认为其中全部成员都有各自的社会角色，以及源自此角色的社会地位。这条思路也探究了如何将自然与社会资源分配给所有社会成员的问题。另外一条

---

111 菅本大二:《“分”の思想：初期法家お中心に》,《漢文學會會報》号 50（1992），页 23—28。菅本引用自《慎子》的段落，也可在《尹文子》第一章《大道上》中找到。

112 余明光:《荀子思想与黄老之学》,《道家文化研究》辑 6（1995），页 168—174。

113 余明光将黄老的“分”观念区分成三种。其一，阶级地位之间的分别；其二，分配给官僚各种不同工作；其三，百姓之中各种不同社会角色的分配。见余明光:《荀子思想与黄老之学》，页 169。

思路，则将焦点限缩在官僚运作的机制上，思想家试图提供给统治者一些能适当控制其官僚系统的可行办法。然而，因为战国晚期思想含有全部社会职位和位阶都应该由统治者进行分配的想法，我们有时候会较难以严格区分这两种主张。

为了厘清稷下思想中“分”概念的分析特质，我们先以探讨“伦理论辩”中的“分”概念为切入点。《论语》中有“三分天下”“邦分崩”“五谷不分”等用例，其中的“分”为“分开”之意，且同时出现在正面和负面的脉络中。相对而言，在《墨子》中，“分”通常是被使用在讨论经济政策的脉络之中。墨家借着合并使用“财”“均”“禄”“货”等词，呼吁统治阶层要节用资源。“节用”“正均分”“均分”等用语，也反映墨家对于公平分配资源之重视。毋庸赘言，墨者对公平分配的强烈要求，来自伦理的动机；而此伦理动机，也与他们对当时过着悲惨生活之下层人民的深刻同情相结合。

相较于《论语》和《墨子》的论述，《孟子》较为清楚地观察到“分”区分社会角色的功能。虽然孟子在“劳心者—劳力者”（《滕文公上》）的社会分工论中并未使用“分”字，但他仍主张一个社会不可废除统治者和被统治者之间的分工。不过，就政治角度而言，孟子的论述并未预设任何一种人民对统治者进行以取代政权为前提的抗争。在孟子眼中，当代统治者面对的最急迫的问题，若不是阻止人民逃离他们的国家，便是周边国家的威胁。对于国家社会秩序本身解体的忧虑，很少出现在《孟子》之中。因为孟子由伦理论辩的角度思考国家兴亡的问题，一切社会问题的起因或一国之衰退与灭亡，都被归因于统治者之缺乏伦理德行，以及他们对百姓毫不怜悯的剥削。

直到慎到手中，“分”的概念化才有了重要的理论性突破。慎到提出“治乱之分”的观点，并且以“分”来探讨整个国家安定与否的问题。他说：

> 今一兔走，百人逐之；非一兔足为百人分也，由未定。由未定，尧且屈力，而况众人乎？积兔满市，行者不顾；非不欲兔也，分已定矣。分已定，人虽鄙不争。故治天下及国，在乎定分而已矣。（吕氏春秋 · 慎势）

此段引文也被引述、摘录于《商君书 · 定分》以及《尹文子 · 大道上》两部文献之中，可证实慎到的“分”论对当时思想界造成了巨大的冲击。由此也可观察到，在战国中期后的思想潮流中，“分”概念逐渐成为先秦政治社会理论中最重要的术语之一的情形。值得注意的是，相对于孟子和墨家，引文中没有直接诉求于“仁”“义”等伦理价值。其次，在儒、墨伦理论辩中值得后人仿效的典范圣王如尧、舜，也被降格为普遍受到经济原理支配之人类的一个案例而已。这种对于古代圣王的认识，远离了孟子将尧、舜视为修身之最终目标的观点。根据对人类普遍性格的了解，慎到进一步探求了人类社会存续的普遍法则——人类需要构成社会。而为了构成社会，将资源适当分配给其成员是不可或缺的条件。

《管子》一书中丰富的“分”字用例，有助于我们理解该概念的演进。《管子》包含了一百九十五个“分”字的用例，而其中以“分”概念来提出的主张，一般而言含有以下三种要素：其一，将社会资源正确地分配给人民；其二，“德”与“能”是适当地分配管理的职务时的根据；其三，有必要遵守的社会角色之区别（如“君臣”“父子”）。与慎到相同，《管子》的“分”一样含有丰富的分析性意涵。然而，与慎到以“分”强调资源之分配相比，《管子》之“分”关注的则是社会成员之间彼此不同但适宜的角色之建立。《管子》将需要“分”的社会关系，区分成以下六种：

（1）长幼不分
（2）贤不肖不分
（3）贵贱之分
（4）上下有分
（5）君臣无分
（6）分职

如此，《管子》中与“分”相关的主题，显然从资源分配之必要性，转移到也许会导致分配不均之社会结构问题。同样地，如同例子（6）“分职”所示，《管子》相当重视统治者作为政府职位分配者的角色。[114]《乘马》甚至暗示，能够发挥此“分”之功能者就是“圣人”，即说：“圣人之所以为圣人者，善分民也。”此处，理想圣王的核心属性正是“分”。反过来说，若是无法发挥“分”的功能，就无法成为理想的统治者。《乘马》的作者明确指出，成为理想统治者的条件或其不可或缺的任务，即是将

114　菅本大二仔细分析了《管子》“分”概念的这个层面。菅本大二：《“分”の思想》，页24—28。

“分”实现于天下。我们透过《乘马》的论述，了解到稷下思想家认为，一个国家的成员之间职位和地位的区分得以清楚奠立，即是一个国家社会存立的条件，而这样的区分最终还是要以社会资源的公平分配来落实。

如此，对《管子》的编者来说，“分”在几种能使国家顺利运作的原则之中，几乎成为最高的原则。《制分》称：

> 治者所道富也，治而未必富也。……必知制之分，然后能制。是故治国有器，富国有事，强国有数，胜国有理，制天下有分。

《制分》的作者认为“治国”有五个不可或缺的要素：“富”“强”“胜”“制”，以及最后的“分”。为了达成这五项目标，他将“器”“事”“数”“理”以及“分”五种方法搭配给各要素。在这样的搭配之中，作者将“分”放在论证之最后，并宣称“制天下有分”。值得注意的是，随着“分”概念的出现，句子的主语也从“国”转换成“天下”，这点反映了作者欲借此表示“分”概念的理论性和普遍性。简言之，“分”是达成前面四者的大前提，或是能综合它们的关键要素。

总之，借由“分析性”概念和相关论题的提出和界定，思想家开始探讨人类和国家社会的普遍特质，并且以对此特质的分析为基础，提出各种具体治理国家的方法。“分”无疑就是其中最关键的理论性术语。而如同第五章将讨论的，《荀子》的礼治思想，即是建立在富含理论性意义的“分”概念之上。

(三)“法”

在“治乱”和“分”概念之外，“法”亦在稷下思想“分析论述”的开展中获得了更丰富的理论性内涵。借着将“法”理论化，稷下以后的思想家开始得以探讨的议题，可分为实际方面和理论方面两个方向：在实际方面，是如何控制官僚系统以及整体社会之秩序的问题；在理论方面，则是统治者在治理国家之际，如何在人事事务上保持执行政策时的“客观性”与“公平性”的问题。经由“法”概念之理论化，“法”概念的意涵，从原本仅指“实定法”的具体法令，转换成客观规范之准则。同时，“法”概念的发展，也促成战国思想从“伦理论辩”迈进“分析论述”的阶段。

毫无疑问，春秋晚期至战国中期的思想家也认识到，国家不可没有“法”这项工具。然而，如同笔者在上文已指出的，《孟子》中并没有关于“法”这个词的讨论。孟子在以动词的形式使用“法”时，所意指的乃是“效仿典范”，而没有明确从维持社会、政治体制的角度来加以界定。因此，孟子并未呈现出在理论层次上讨论“法”概念的兴趣。这一点暗示我们，对“法”的成熟分析，应该是从孟子下一个时代的思想家才开始的。然而，若将“法”的理论化看成是孟子之后的发展，我们又该如何评估商鞅在“法”思想之发展中所扮演的角色呢？商鞅并非稷下的思想家，且其死于前338年，也就是在孟子担任齐宣王客卿之前约二十年。因此，也许在稷下思想活动之前，“法”的理论已有一定程度的发展。

众所周知，商鞅确实是曾大力推行“法”治的人，且在他之前应该已有作为“实定法”的“法”概念。籾山明在研究春秋至战国时代“法”观念之发展时，指出其与当时战争方式的变化和军事规定的发展有着无法切割的关联。他指出：因为对于军事规定的服从与否，将直接地影响战争的结果，因此军队中建立明确的赏罚标准是赢得胜利的基本条件。[115] 诚然，商鞅在秦国亦实为一位杰出将领。因此，商鞅或许曾按照他的军中经验，将原来军中执行的刑罚规范引进政府运作中。如此，将商鞅看作战国所谓“法家”思想系谱的始祖，我们没有什么异议。

但若要主张商鞅本人即为“法”理论的奠基者，恐怕言过其实。如同申不害，商鞅是一位终其一生都致力于政治活动的人，他的生活方式应该与其他进行论辩和著述的思想家类同。商鞅治术之重要性逐渐为时人所察觉，不过是因为在他死后，秦国益趋强大，于是他也被“回顾性”地看成是一位提倡以“法”来治理政府和人民的“思想家”。毕竟，《商君书》的内容并非商鞅本人阐述自己的思想之著作，而基本上是反映商鞅以后的学者，根据如上理解回顾性地阐述他们所理解的商鞅思想罢了。

关于战国“法”思想的发展，浅野裕一观察到，在认为“法”是组成政府强制力之重要概念工具的理论中，有两条主要思路，且分别是由商鞅和韩非，以及申不害和慎到所发展。[116] 然而，相较于慎到的论述，《商君书》主要关注于“法”的实际层面，且直接主张其重要性，较少对其进行分析性的论述。[117] 相形之

---

115 籾山明：《法家以前：春秋期における刑と秩序》，《東洋史研究》卷 39 号 2（1980），页 249—285。

116 浅野裕一：《黄老道の成立と展開》（东京：创文社，1992），页 246。

117 关于《商君书》的论述结构，参见柴田昇：《〈商君書〉の歷史的位置》，《史林》卷 79 号 1（1996），页 95—123。

下，正如一些学者曾将慎到之“法”思想称为“道法”思想，认为其内容含有理论性的内涵；笔者则认为，慎到的“法”观念可代表经过稷下“分析论述”的思想所引导出的“法”观念的理论化。换言之，商鞅和申不害身处的时代大趋势，是三晋之衰弱与秦国之强大之间的对比，而当时的知识分子逐渐发觉“法”之运用的好坏会实际影响国家的兴衰。再下个时代的稷下思想家如慎到等人，则将秦国国力的增强归因于“法”的成功运用，并且借此经验事例试图导出更为普遍能够说明国家治乱的原因之政治理论。

荀子在《非十二子》中评论慎到的思想为“尚法而无法”，在《解蔽》中也说“慎子蔽于法而不知贤”。在荀子的批判中，慎到是主张“尚法”和“反尚贤”之人。[118]《庄子·天下》的作者说慎到“笑天下之尚贤”，是主张“无用贤圣”的人，因而也同样将慎到看成“反尚贤论”的思想家。毋庸赘言，当时儒、墨两家都大力提倡“尚贤”。在“伦理论辩”当中，“尚贤”的重要性是毫无疑问的，早期儒、墨的歧见不过是“贤君”的具体内容而已。因此，慎到的反驳、否定，对于早期儒、墨之“伦理论辩”而言，应该造成了巨大的冲击。按照慎到的思路，国家之成败不在于国君或相国是否为贤人的问题，而在于能否建立一个能让所有社会成员——无论其能力如何——都为国家效劳的政治制度或原则。若真能建立这样的制度或原则，一国就无须期待如尧、舜这般的圣王再次降临。慎到认为，当时战国国家衰退的理由是：“今也，国无常道，官无常法；是以国家日缪。”

118 《天论》有“慎子有见于后，无见于先”一句。“无见于先”似乎是批评“尚贤论”的话。

因此，不同于孟子乐观地预言有德君主将能直接统一天下，慎到对国家存续的看法则颇为悲观。换言之，国家存续所需要的条件，并非历史中偶尔才会出现的圣君，而是固定的“法”。慎到的论述，乃基于其对当时政治社会机制的分析。这些分析使得他能够将早期儒、墨未能阐发的思想，进一步地概念化；他的“法”概念也是这种思想努力的产物。

慎到指出，若要保持和平与安定，“法”对于一个国家而言是必要的。他主张：“法之功，莫大使私不行；君之功，莫大使民不争。”若着意于“使民不争”这个句子，我们将不难意识到慎到实为荀子社会理论的先驱者。慎到认为，“法”是维系国家和社会所不可或缺的要素，且在提倡“法”之必要的同时，他也对“尚贤”展开了批评。他说：“法之所加，各以其分蒙其赏罚，而无望于君也。”此外，慎到也解释了为何“法”是治术中必要的一环，他主张“君舍法而以心裁轻重，则同功殊赏，同罪殊罚也”，以及认为“法”之缺乏即“怨之所由生也。”

另一方面，我们不应误解的是，慎到虽然尖锐地批判儒、墨的“尚贤”主张，但他并未全面否定伦理的价值。慎到论述的重点，在于提出社会机制的运作中固有的支配法则。如此，慎到曰：“法虽不善，犹愈于无法。”这里，他实际承认了“法”并非“善”。于是，若将慎到视为如韩非一样排除伦理价值的思想家，我们将无法了解他为何会认为“法”并不必然为善。

既然慎到不认为“法”是治术的完美工具，其思想中的“礼”也就值得我们留意。确实，慎到有两段论述将“礼”与“法”并列，认为两者都有让政府能顺利运作的必要价值。他在《威德》中如此主张：

法制礼籍，所以立公义也。凡立公，所以弃私也。

明君动事分功，必由慧；定罪分财，必由法；行德制中，必由礼。

在这两个段落中，“礼”和“法”彼此相辅，而非相互排斥。可见慎到似乎也同意，没有伦理的政治权威将无法长久地维持下去。此外，慎到对于“公义”（一种公正性）此一含有伦理价值之概念的提倡，似乎也支持了上述观察。他认为统治者的独断决定会造成人民对于统治者的敌意，因而导致社会不和谐。“法”作为与“礼”相辅相成的原则性工具，是实现政治决策公平性的必要条件。因此，慎到并非将伦理价值排除在统治领域之外的思想家，他原则上认同如孟子所提倡的，政府运作一定需要伦理和社会正义。不过慎到的主张不止于此；他进一步思考了统治者也要面对日常实际决策的局面，而在此层面提出了统治者为了下正确客观的判断，所需要的政治运作本身的几种客观原理。

然而，若将慎到思想视为儒、法两家之折中的一种形式，也将是错误的。换句话说，他的思想并非借由“混合”两条思路来建立，而是为了克服早期儒、墨之伦理论辩所无法回应的现实问题，所发展出的新的分析性尝试。慎到的理论目标并非专为反抗儒、墨思想，而是想要提出更客观、更具说服力的方式，来探索维持社会秩序的实际方法。

为了进一步了解慎到思想的“分析性”和“客观性”，我们则该注意其思想中“法”和“分”概念的结合。换言之，慎到的“法”概念不只与“公义”“礼”等伦理价值结合，而是在与

“分”这样富有分析效力的词语结合时，发挥出更大的理论功能。正是借由“分”观念的帮助，慎到能够敏锐地观察到，社会成员之间角色的划分之于维持社会秩序的必要性。此外，关于“法”的制定以及施行，慎到也看到了统治者以及人民之间在社会角色上的差别。根据慎到的说法，“以力役法者，百姓也；以死守法者，有司也；以道变法者，君长也”。对于慎到而言，统治者与属民之社会角色的划分，相应于“法”之“可变”与“不可变”。“法”基本上是为了使赏罚公平，因此其执行原则不会随着对象是人民或政府官员而有所变化。因此，慎到在此处主张，百姓应该全然地为“法”所监督；而即便可能会害政府官员丢失性命，他们也要尽力维护“法”的确切实行。正是在此视野之中，“法”被与同样代表不变之标准的提秤、量尺等联想在一起。慎到曰：“有权衡者，不可欺以轻重；有尺寸者，不可差以长短；有法度者，不可巧以诈伪。”在“法”的实行之中，慎到并不允许统治者任意更改“法”所规定的事项。

另一方面，由于统治者是社会成员之中唯一一个能够发布“法”的人，因此也就不可能有任何人为的“法”，能够强迫“法”之权威来源的统治者屈居其下。这个难题，成为战国晚期政治论述之中的核心议题。[119]

对此，慎到的解答，是将“法”的基础归于看似可变，但在根本上不变的“道”。慎到颇具说服力地鼓励统治者，在必要时将原来的“法”改变为更符合于“道”——天体的运行与四季的循环——之自然律则。慎到之所以将“常道”（国君要遵守

119 笔者在第五章第二节第三项更详尽地讨论了这点。

的）和“常法”（国君以外全部人民要遵守的）两项视为维持一国秩序和稳定之条件的理由也在于此。

在“道”之外，慎到将事物之中不可避免的因果关系称为“因”；无法抗拒的社会、自然力量则为“势”。在理论上，“法”的制定与实施，不能背离“因”和“势”的自然规则。因此对慎到来说，在不同的时空之中有与其相应的不同之“法”，是再自然不过的事。慎到认为，因为既有社会习俗是“势”此一不可抗拒之力量的展现，所以任何抵触社会习俗之“法”的颁行，就会“不因”或“逆势”——即不会赢得百姓的支持。具体而言，当统治者征服了新的领地，他不应马上强迫其人民服从他自己国家的“法”；“法”必须依据被征服者的社会习俗而有所调整。在此脉络之中，“以道变法”这个似有矛盾的句子，其意义也就清楚了起来。慎到认为“法”应该随情境之需要而改变，这一点在荀子对他的批判之中也清楚地呈现——荀子批评慎到的论辩是“尚法而无法……下则取从于俗”。也就是说，在荀子的眼界中，慎到所提倡的“法”缺乏任何应有的原则，只是配合民间习俗的规则而已。[120]

由是观之，整理所谓先秦“法”思想的发展以及商鞅、慎到在其中扮演的角色，我们可以归纳出以下三点：第一，商鞅和申不害为实际实行过“法”的政治家，他们治术的成功以“变法”一词为后人所记忆。第二，考量到慎到是第一位以分析方式将“法”理论化的思想家，我们可以用回顾性的观点，视其为所谓法家理论的创始者。第三，相形之下，韩非则是当时几乎所有

120　参见《荀子·非十二子》。

关于实际治术之论述的综合者，且由于韩非认为他的理论与儒、墨的理念无法相容，我们可以将韩非视为真正意义上所谓"法家"的建立者。再者，就韩非"法治"论的形成而言，商鞅是借"法"之实行而成功扩大国家权力的历史实例，而韩非的"法治"论本身则直接受了慎到"法"思想的影响。因此，虽然商鞅和慎到两人确实都是韩非法家思想之源头，但是我们不该将此两者的影响放在同一个层次上评价。

接着，我们来检视《黄帝帛书》之中的"法"观念。《黄帝帛书》中有二十七个"法"字的用例。[121] 其首篇《道法》的开头即是对"法"的说明：

> 道生法。法者，引得失以绳而明曲直者也。故执道者，生法而弗敢犯也，法立而弗敢废也。[夫][122] 能自引以绳，然后见知天下而不惑矣。

《黄帝帛书》试图借着类比于木匠使用的"绳"，证实"法"的客观性。其作者继续主张："道"之人（亦即一国的统治者）颁定"法"，但在"法"已经制定之后，其制定者也不能任意地更改或蓄意地废除之。就解释"法"具有"变"与"不变"之双重层面这点而言，《黄帝帛书》的论述比慎到更为清楚。不难看出，这段话阐述了与慎到"以道变法"同样的思想内容。

在评估"法"的价值时，《黄帝帛书》与慎到再次呈现出类

121 Edmund Ryden, *The Yellow Emperor's Four Canons*, p. 439。
122 该字为余明光所添。见余明光等：《黄帝四经今注今译》，页 2。

似的立场。《黄帝帛书》也认为“法”是完成“公”的境界所不可或缺的要素，且“公”又是社会秩序——“治”——的来源。《君正》言：

> 法度者，正之至也；而以法度治者，不可乱也；而生法度者，不可乱也。精公无私而赏罚信，所以治也。

引文中，作者在某种程度上肯定伦理价值之于治术的重要性，而在这一点上，慎到与《黄帝帛书》共享同一个思想立场。

在《黄帝帛书》的“法”概念中，另一个重要的意涵是“天”的不变性。《论》曰：

> 明以正者，天之道也。适者，天度也。信者，天之期也。极而〔反〕者，天之生（性）也。必者，天之命也。□□□□□□□□□者，天之所以为物命也。此之胃（谓）七法。

引文的作者列举了七种“天”的作用，在已遗失的内容之外，它们分别是“正”“适”“信”“极而反”以及“必”五种。虽然现在第六、七种作用为何已不得而知，但我们仍可以合理地推断，此段文句是在尝试描述天运的规律性，此处的“法”指的即是此规律性。[123]

---

123　Randall Peerenboom 将自然世界中的模范率则，视为普遍于黄老思想之中的主要特色。见 Peerenboom, *Law and Morality in Ancient China:The Silk Manuscripts of Huang-Lao* (New York: SUNY Press, 1993), pp. 27-29。

相较于慎到、《黄帝帛书》的用例，《管子》也提供了“法”观念之发展的丰富例证。如同金谷治所列举的，《管子》中包含多达八个专论“法”的段落。[124] 金谷认为《管子》中的“法”思想有三个发展阶段。第一阶段，最原始的“法”思想阶段，主要讨论“法”在实际政策中的施行；第二阶段，对于“法”的反思性分析，其思想立场为道、法两家之间的折中；第三阶段，作者赞赏“法”的客观性，而此立场近于《韩非子》的主张。金谷提出之“法”思想的“原始”阶段不无道理，因为从思想发展的角度来看，应该是先有只提倡“法”之重要性的主张，然后才会进入较为客观地分析“法”之效力的论述。在金谷的分类中，只主张“法”之重要性的“法”论，可能早在孟子之时已开始出现，而富有“客观性”的“法”概念应该要到《韩非子》的时期才可能发展出来。然而，如上文所讨论，《慎子》和《黄帝帛书》都已关注“法”之客观性。这点则暗示了在金谷所提出之第二、第三个阶段和特点之间，不一定有时代早晚的差别。以此解读为前提，笔者推测此二者，即对“法”的反思性分析和对“法”之客观性的赞扬，可能是在整个战国晚期“同时”为慎到后学——无论可称得上是“慎到学派”与否——所深化的。在下面的讨论之中，笔者在探讨《管子》之用例的同时，也会将之与上述《慎子》和《黄帝帛书》之“法”概念进行比较。

一般来说，《管子》中与“法”概念相关的论述主题，有以下五点，而这五点与《慎子》《黄帝帛书》“法”概念的内容一致：其一，“法”被认为是维持政治社会秩序不可或缺的要素；其二，

---

124　金谷治:《管子の研究》，页 183—184。

"法"与测量工具的比喻反映了"法"的不可更动；其三，作者警告统治者，在"法"已经颁布之后，不可刻意地更动之；其四，统治者为"生法"之唯一权威；其五，"法"的执行与德性的培养彼此互补。如上所举五则对"法"的观点可看出：它们皆显示"法"是建立社会秩序之不可或缺的重要角色，这点与慎到对"法"的分析态度属同一个思维方向。

首先，让我们检视"法"与伦理价值之间的关系，《管子·权修》则提供了适合讨论此议题的用例。该篇包含了两个不同的论述：其一，一般性的政策方针，其中作者同时拥护伦理和实际的施政方法；其二，对于"礼""义""廉""耻"以及"法"的说明。在后者中，所有的段落都以"凡牧民者"这个句子开始，金谷治则认为其为前者的注解。[125] 此外，"礼""义""廉""耻"等四个德目，也出现在《牧民》中，并被称为"四维"。这点意味着在《牧民》（即现本《管子》的首篇）所提出"四维"的基础之上，《权修》的作者还添加上了"法"概念，并将"法"视为与其他四者同等重要的核心价值。[126] 然而，这四个的伦理价值仍然是根本性的；"法"则比较具有工具性，作为实际治术的有效方法，协助完成伦理观念的辅助性作业。值得注意的是，这个期待以"法"这种实际的方法来补充伦理价值的论述架构，与《荀子》对"礼""法"关系的看法一致。

其次，如同《黄帝帛书》，"法"在《管子》之中也与"道"

---

125 金谷治：《管子の研究》，页 74—76。第三章主要讨论《经言》的部分，而这个部分一般而言被视为《管子》之中最古老的部分。

126 《权修》中关于"法"的解说文句如下："法者，将立朝廷者也……法者，将用民力者也……法者，将用民能者也……法者，将用民之死命者也。"

有紧密的关系。《心术上》有以下的一组论述：

> （经）简物、小末一道，杀僇禁诛，谓之法。
>
> （说）…… 法者所以同出，不得不然者也，故杀僇禁诛以一之也。故事督乎法，法出乎权，权出乎道。

这段文字由一组“经文”及其“解说”所构成。在“经”的部分，作者着重于“法”的公平性，强调“法”的执行不应有例外。而此强调公平性的层面，在“解说”的文字中也得到回响。如同通常会被提出的，“解说”部分最后一句的“故事督乎法，法出乎权，权出乎道”与《黄帝帛书》的开场白“道生法”一语相似。既然“解说”必然是在“经文”之后才写成，公平地说，《黄帝帛书》的文句可能给“说解”的部分提供了原始材料。不同的是，在上引《心术上》的句子中，“道”“法”之间还有个“权”字。从字面上来说，“权”指的是测量仪器（秤锤），暗指“统治者在判断局势时呈现出的周到持平的做法”。借着将“权”放在“道”“法”之间，《心术上》的作者似乎有两点意图。第一，他主张“道”有“不变性”与“可变性”的双重内涵，且在此概念架构中，“法”代表了“道”的“不变性”，而“权”则代表了其“可变性”。第二，该作者试图强调统治者的中介性角色：他是唯一一位能制定出在不同情境中皆为有效律令之人。因此，这里的“权”似乎隐喻的是统治者。

《慎子》《黄帝帛书》二书在“法”概念上的一致性，在《管子》的其他部分中也能够看到。《法法》说：

> 规矩者，方圜之正也。虽有巧目利手，不如拙规矩之正方圜也。故巧者能生规矩，不能废规矩而正方圜。虽圣人能生法，不能废法而治国。故虽有明智高行，倍法而治，是废规矩而正方圜也。

在这个段落中，“虽圣人能生法，不能废法而治国”一句所阐述的，与上引《黄帝帛书·道法》“执道者，生法而弗敢犯也，法立而弗敢废也”为同样的思想。两书的作者皆指出“法”的双重性（统治者为“法”的来源，然而在制定之后就不能随意更改）。

讨论至此，在与《荀子》思想的关联上，“法”与“礼”概念的关系也不宜忽视。与《黄帝帛书·道法》《管子·心术上》描述“道”“法”关系的方式类似，《管子·枢言》描述了“礼”“法”的关系。《枢言》即说：“人故相憎也。人之心悍，故为之法。法出于礼，礼出于治。治、礼，道也。万物待治、礼而后定。”根据该段，作者认为人类社会之所以需要“法”，是因为人类易于憎恨彼此。此论证与慎到对于“法”的说明相当一致：慎到认为“法”是能够阻止人们彼此竞争的基本方法。有趣的是，如果我们以“礼”替代“法”，则此处《枢言》的引文与荀子关于“礼”的讨论之间，实有着直接可见的相似论证架构。

在此相似之处外，“礼”“治”“道”的组合，可能也构成了《荀子》政治社会理论的基础。如下所述，《荀子》将“治”设想为“道”的展现。[127] 为了进一步理解这一点的思想特色，让

---

127　关于荀子将“治”视为其社会政治理论之最高目标，本书第四章第三节第三项将会继续讨论这点。

我们检视《管子·法法》的例子:“故置法以自治,立仪以自正也。故上不行则民不从,彼民不服法死制,则国必乱矣。”在此段落中,作者举出了“仪”和“法”,似乎对于两者有着同等程度的重视。如同“上不行则民不从”这句所指出的,作者主张统治者以“仪”(即朝廷礼仪)自我修正,为赢得属民尊敬的必要条件。虽然在该句中没有“礼”字,但既然礼仪是“礼”之中的重要成分,且“礼”为统治层要遵守的伦理价值之确切表现方式,此段落实际上仍是强调以“礼”修正统治者人格这一点的重要性。如同本书之后将要讨论的,这种伦理、法,以及行政规范之间的密切互补关系,也为《荀子》所呼应。[128]

根据以上的讨论,稷下思想中的“法”概念的特色,可以摘要如下。首先,若要维持国家的和平与安定,“法”是不可或缺的要素。与此论点相关,作者们借由将“法”与测量工具和天体运行的规律性联想在一起,试图呈现出“法”具有的不变、律则的特质。然而,稷下的“法”思想与孟子等早期儒家和墨家对于伦理政治的提倡,并未彼此冲突。在其论证之中,慎到以及《黄帝帛书》《管子》的作者皆给予伦理价值重要的地位。特别是在说到“法虽不善,犹愈于无法”时,正是慎到本人承认了“法”的局限性。这种同时重视政治社会机制之客观分析以及伦理价值之必要性的调和观点,也许后来为荀子所承继,并由其“礼”概念进一步加以综合。

金谷治在研究《管子》时,观察出“法”概念与伦理政治

128 见本书第三章第二节第三项(二)。

之间的一种“折中”关系。[129] 笔者却认为，即便我们将《管子》的这种思想特质称为“折中主义”，此“折中”并非源于两种已经成熟之思潮的混合；反而是因为“法”的论述还处于发展中的阶段，故其价值倾向仍不至于完全取代儒、墨两家所构想出的伦理政治。也就是说，慎到、《黄帝帛书》以及《管子》的作者，均尚未针对“客观”政治的施行是否与伦理政治彼此冲突这一点做出结论。与此相较，《韩非子》的“法术论”则观察到，国家的政治目标与儒、墨所提出的伦理价值会互相冲突。借其“法术论”，《韩非子》甚至揭露了“伦理论辩”终究会陷入只能满足特定人物或政团的利益之“非道德”性。

## 第三项 人体、社会、自然世界之间的类比联结

稷下思想活动对于《荀子》思想形成之可能的影响，不仅在于“治”“分”等个别观念的层次，更可见于一些论述架构之中。众所周知，《荀子》中有几处将“天”、“地”、“君子”（统治者）三者并列在一起，且此三者相连的模式可说正是《荀子》的主要论述架构之一。胡家聪认为，此思维模式在《黄帝帛书》中亦颇显著，并对《荀子》《易传》以及《吕氏春秋》的思想有了深切的影响。不仅如此，胡家聪进一步主张，此思维模式实为稷下思想的特质。[130] 事实上，胡家聪更追溯其根源到范蠡、老子以及列子的思想中。[131] 与此完全相反，池田知久断定荀子为

---

129 金谷治:《管子の研究》, 页 18、页 19“英文摘要”。

130 胡家聪:《稷下争鸣与黄老新学》, 页 154—158。

131 胡家聪:《稷下争鸣与黄老新学》, 页 145—147。

此思想架构的始祖，他认为《黄帝帛书》和《管子》是秦代与前汉时期写成的思想折中作品。如此，胡家聪与池田知久，对于此思想架构出现时间点的看法，有着三个世纪的落差。[132] 笔者则认为，池田并未对此问题提出具有说服力的解答。譬如说，此思维模式也大量出现在如《吕氏春秋》等确实为荀子在世时就撰写成的文献之中。曾经出现在《吕氏春秋》《黄帝帛书》《管子》等可推定形成于先秦时代的大量文献之中的思维模式，有可能全然出自单独一位思想家（如荀子）之手吗？反之，比较合理的推想应该是：为了要综合各种不同的思想与论辩，荀子采取了他之前的思想家曾广泛接受的思想架构，而其中也包括了“天、地、人三者相连”的思考模式。同样地，胡家聪的推测也值得再商榷。此三者相连思维模式的来源，恐怕也难以追溯至特定思想家如范蠡身上，或是特定文本如《老子》或《列子》之中。更合理的推测是，该思想模式是在整个稷下思想活动的过程中，才逐步被理论化而提出的。换句话说，天、地、人三者相连的思考模式，实为战国中期“分析论述”发展之中的理论产物。

虽然胡家聪和池田知久所描绘出的思想发展图像，与我们的观点不完全相合，但他们关注天、地、人三者相连之思维模式的问题意识本身，仍然具有启发性。笔者则将焦点放在他们未能说明清楚的两个问题上：第一，此思维模式与稷下思想的其他特征之间有何思想关系？第二，该思维方式在《荀子》的

132　池田知久：《儒家の“三才”と老子の“四大”》，《東洋學論集：中村璋八博士古稀記念》（东京：汲古书院，1996），页 3—24。

整体思想系统中有着何种论述功能？

事实上，在“天、地、人”之外，《荀子》中涉及类比关系的思维模式，还有身体与社会之关系这个向度。在此类比架构中，“心”代表统治者，其他身体器官则代表属民。本节将先讨论天、地、人的思维模式，然后再讨论人体与社会的类比关系。据此，笔者将论证此两种类比架构的形成，与上文讨论的“治”观念有着密切的关系。

### (一)“天、地、人”三种领域之间的类比联结

我们先从“伦理论辩”阶段中天、地、人三者的联结谈起。在稷下思想之前，存在着一个想法，即认为有个至上的“统治者”同时操控自然与人类世界之命运。这个信仰能够追溯到商代卜筮传统中被崇拜为最高神祇的“帝”。之后的周代则崇拜“天”，但毋庸置疑，“帝”与“天”同时统理天上与人间的事物。在早期儒家的“伦理论辩”中，虽然儒者强调道德修身层面上的个人努力，但他们并未排除“天”的意志会影响人间事务之可能性。举例来说，在与万章的一系列对话中，孟子主张王位的继承，必须要“天……以行与事示之”(《万章上》)的同意。

相较于儒家，墨家更坚信“天”必然会回应人类的行为。据此，墨家将人对“天”的宗教信仰，并入了他们的“伦理论辩”之中，他们主张：其一，“天欲义”(《天志》上、下)，即“天”希望所有地上的事物皆能善；其二，因此，“天志”将会惩戒那些犯下不道德行为之人——包括天子在内。在古代中国，无论是知识分子还是一般人，大致上都相信“天”的意志会影响人类生活，且早期儒家和墨家，对于第一点应该都没有异议。然而，按照

经验，品德高尚之人的身世，往往不如墨家所论辩的那么理想和乐观。因此，当早期儒者被迫解释为何孜孜努力修身的许多人仍无法免除于“失败”的人生时，他们提出了如“命”“时”等概念来回应。[133] 但无论如何，早期儒家和墨家仍同样相信，不管身于何种处境，人对于伦理价值的追求都不应止息。

早期儒家与墨家对整体天人关系的论述，乃是由如下四层维度所构成。第一层——亦即最高层：在天上之统治者与其他神祇以及祖先之灵之间；第二层：在“天”与“天子”之间；第三层：在“天子”及其分封领主之间；第四层：在封建领主与其属民之间。这四个维度同时揭示在各层次中，统治者与被统治者之间的主从关系。

此外，在《孟子》之中，也可以找到“天”“地”和“人”的并列关系。孟子将“天时”“地利”和“人和”排在一起，[134] 但他并未进一步阐述三者之间的（影响）关系。《黄帝帛书》的作者则以类比的方式，来理解天上与人间秩序之间的关系：天、地、人（人间统治者）三者，在作为统治者的能力上，彼此类比地相连。如《三禁》曰：“行非恒者，天禁之。爽事，地禁之。失令者，君禁之。”此处，我们见到一种想法：认为天上的统治者（“天”）能够对万物所做的事情，与地上的统治者对其属民能做出的事情，彼此之间是可以类比的。在此类比当中，我们也看到《黄帝帛书》的天命并非掌管全部人类的无限权威。换言之，虽然地上的统治者还是要服从于“天”的权威，但在另

133 这个观念在郭店楚简《穷达以时》中也可见到。

134 “地利”一词在《黄帝帛书》的《前道》中也可见，该文曰：“上知天时，下知地利，中知人事。”

一方面，他已具备对地上属民行使像“天”一样之禁令的权威。以此为前提，《黄帝帛书》试图借由“参”概念联结“天”“地”“人”三者。《大（六）分》即称：

> 主上者，执六分，以生杀，以赏〔罚〕，以必伐。天下大（太）平，正以明德，参之于天地，而兼覆载而无私也。故王天下。王天〔下〕者之道，有天焉，有人焉，又（有）地焉。

在《孟子》和《墨子》中，统治天下的正当性必须经过“天志”的认证。与此不同，《黄帝帛书》的作者则先预设了人间统治者之存在，因而就无须考虑其权威的正当性是否为“天志”所验证。如此，人间统治者与“天”之间的关系，就从原来的“主从”，转换成一种（类比上的）“平等”的关系。在此思维架构中，人类的事务，便应该在人的领域之中解决。《行守》曰：

> 天恶高；地恶广；人恶苛。高而不已，天〔将〕阙之；广而不已，地将绝之；苛而不已，人将杀之。

在此段落中，虽然我们仍然难以正确理解“人”究竟厌恶些什么，但作者先预设了“天”“地”皆厌恶对于其代表之“高”和“广”之特质的侵夺。然而重要的是，作者也预设了“人”会诛杀那些侵夺其领域之人。因此，按照《行守》的思路，“人”如天、地一样，也具备能诛杀那些侵夺其领域之人的权威。可见，这样的“人”只能是人间最高的统治者。若是如此，在理论层次上，《行守》的作者便将处理人类领域的重大权柄，授予了人类世界的统治者。

尽管承认其拥有此权柄，《黄帝帛书》的作者们仍清楚地警告人类世界的统治者，不应毫无限制地施展其政治力量于其属民。《黄帝帛书》提出两个适当控制政治权力的方法。其一，政治权力应在“法”的范围之内施展，虽然“法”出自统治者，但仍不应超越“道”所界定的权限范围。其二，提倡人君务必仿效“天道”。近来几位学者，如陈鼓应、胡家聪和Peerenboom，皆强调了《黄帝帛书》思想中这个面相。[135] 这里笔者想指出的一点是，“分析论述”与“天地”之间的类比联结关系，经常在其与“正”概念的联结关系中被提出来。当《黄帝帛书》提倡“天道”在人类世界的展现时，其仿效的内涵实为天上世界之“秩序”，而“正”概念就是指天上以及地上之秩序状态之意。

在“伦理论辩”中，“正”概念与统治者自己的修身相关。举例来说，《论语》中有两则对话，记录了孔子主张统治者在统治其人民之前，要能够先修正自身的品德。在一则与季康子的对话中，孔子说：“子帅以正，孰敢不正？”孟子也用“正”字表达同样的意涵：“其身正，而天下归之。”墨家的修身系指“义”的实践。由于“义”是墨家“伦理论辩”中的最高价值，如“正”等概念，便构成“义”再一下层的价值。墨家称呼政治领导人为“正长”，但此“正”也可能通于“政”。

相形之下，在稷下的“分析论述”中，“正”概念基本上代

---

135 见陈鼓应：《黄帝四经今注今译》，页 24、25；胡家聪：《稷下争鸣与黄老新学》，页 158—159；Peerenboom, *Law and Morality in Ancient China*, pp. 27-28。

表了自然世界的不变性与其和谐状态。借着类比于自然，思想家们将有序的状态投射到人类世界之上。在《黄帝帛书》中，“正”指的是“建立均衡公正的状况”，且也与天体的规律有关（所谓“规律”，同样意指“不变性”与“和谐状态”）。《论》篇认为“天”的功能为“定二以建八正”，此处“正”之来源，被归因于自然世界而非如儒、墨两家主张的有德统治者。而当此自然世界的模范被投射到人类世界中，“正”就被用来指称适当的政治社会秩序。《四度》说：“君臣当位谓之静，贤不肖当位谓之正。”不仅如此，《黄帝帛书》将认知事物的适当秩序也包含在“正”中。《道法》曰：“名形已定，物自为正。”“正”字所蕴含的客观性与不变性，使思想家能将其与“法”结合在一起。举例来说，《君正》言：“法度者，正之至也。”《慎子》则说：“权衡，所以立公正也。”

这也唤起我们去思考另一个重要的问题，即“正”与“静”的关系。《黄帝帛书》中的“正”观念，是伴随着“静”共同发展的。而两者的关系，可以从两方面来解释：其一，作者将之与其他重要概念并举，呈现其重要性。如《名理》即说：“故唯执道者，能虚静公正。”在此，“静”和“正”均为“执道”的实际效果。其二则是以“连锁论证”（“sorites”：如以“A 是 B，则 B 是 C，则 C 是 D……”的方式推论下去）或生成的顺序来描述之。如《道法》说：“至正者静，至静者圣。”同样地，《论》也说“正生静”。《郭店老子》也将统治者的静止与其人民的纠正结合在一起。其甲本第三十二简（现本第五十七章）说：“我好静而民自正。”

当“正”“法”“静”等概念进入“分析论述”中构成政治主张时，其内容则更进一步的精致化，而意指在天、地、人三者相连的论述架构中，所达成的“有序”状态。《管子·内业》

提供了一个适当的例子：

> 天主正，地主平，人主安静。春秋冬夏，天之时也；山陵川谷，地之枝（材）也；[136] 喜怒取予，人之谋也。

这段文句，典型地将“天”“地”以及统治者并列在一起。该段的作者认为，此三者在本质上，应该以“以静止的不变性”为其仿效的对象。此处，“正”“平”“静”即代表了此不变性。《白心》则提供了另一个例子：

> 故苞物众者，莫大于天地；化物多者，莫多于日月；民之所急，莫急于水火。然而天不为一物枉其时，明君圣人，亦不为一人枉其法。天行其所行，而万物被其利；圣人亦行其所行，而百姓被其利。

《白心》将自然世界中天地恒久的生育功能，联结到明君圣人对人类施利的行为。此处，“时”和“法”代表不变性，且借由此不变性，“天（天地）”和“明君圣人”两者，分别将“利”带给万物和人民。而在此意义上，“利”概念成为“天（天地）”所主宰的领域和“明君圣人”所主宰的领域之间的中介。换言之，人主最大的功能就在于能像“天”一般，将“利”带给人间。

---

136　王念孙将“枝”改为“材”。见郭沫若主编：《管子集校》（北京：科学出版社，1956），页785。

## （二）身体与社会的类比联结

在讨论“天”“地”“人”三者相连的思维模式之后，是时候来检视类比关系的另一个向度，即身体与社会之间的类比。思想家们认为，如同“天”和“人”之间的例子所示，“身体”和“社会”两个领域均体现统治者与被统治者之间的关系。过去已多有学者言及了中国思想的这个面相。举例来说，施舟人（Kristofer Schipper，1934—2021）指出：在道家思想中，个人的身体就可以构成一个小宇宙。[137] Mark Lewis 亦谓：在先秦的军事文献里，一支军队中各个组成部分的功能，就被描述成有如人体的器官。[138] Nathan Sivin（1931—2022）则曾经较为仔细地分析中国思想中社会 / 国家与人体之间的类比关系。[139] 下面，笔者在参考前人研究的同时，将比较关注稷下的“分析论述”如何发展出此类比架构与他们对政治社会问题的探讨。

“身体”与“社会”之类比关系的早期论述方式，呈现在《孟子》关于“心”优先于“气”的论辩之中。孟子有个明确的想法，认为“心”具有思考的功能，即“心之官则思”（《告子上》）。同样地，孟子也论辩人心之意志的重要性：“夫志，气之帅也。气，体之充也。”（《公孙丑上》）孟子之说法，在下面两种意义上具有重要性。第一，孟子借由“帅”这个字，将人类的意志放置在“气”之上，处领导地位。第二，在《公孙丑上》这段文字

137 Kristofer M. Schipper (Karen C. Duval trans.), *The Taoist Body* (California: University of California Press, 1994), pp. 103-108.

138 Mark Lewis, *Sanctioned Violence in Early China*, pp. 104-107.

139 Nathan Sivin, “State, Cosmos, and Body in the Last Three Centuries BC,” *Harvard Journal of Asiatic Studies*, vol. 55—1 (1995), pp. 5-38.

之前的段落中，孟子主张言语的表达同样也在“心”的控制之下。然而值得注意的是，孟子虽然对“劳心者”与“劳力者”进行了区分（《滕文公上》），但却尚未阐述“各个器官机能如何系统地构成整个身体”这类的问题。对此，《五行》的叙述则更具体一些：

耳目鼻口手足六者，心之役也。心曰唯，莫敢不唯……心曰进，莫敢不进；心曰退，莫敢不退。

到了《管子》，关于“心”与其他生理器官在功能上之关系的探讨，才有了不少进展。《管子》以“心”之于其他人体器官之关系的比喻，来看待统治者之于其属民的优越地位。《心术上》的开头说：

心之在体，君之位也，九窍之有职，官之分也。心处其道，九窍循理……上离其道，下失其事。

这段引文将“心”与其他人体生理器官的关系，与统治者和其臣属之间的功能性关系，借由类比的方式联结了起来。该段作者认为在“心”的监督之下，九个器官执行不同的任务，且各个器官都被想象成一个政府的职位。值得注意的是，作者借由使用“分”概念，主张每一个政府职位都不该彼此重叠，而必须只为统治者本人控制。于是，此处的“心”不只有监督“窍”的功能而已，它更拥有通往“道”的垄断权。类似的角色关系，也在《庄子》之中得到阐述。《齐物论》说：

百骸、九窍、六藏，赅而存焉，吾谁与为亲？汝皆说之乎？其有私焉？如是皆有为臣妾乎？其臣妾不足以相治乎？其递相为君臣乎？其有真君存焉。

虽然该段作者并未明确说“真君”即是“心”，但其使用“君”“臣”等字的方式，暗示了他认为“心”与其他器官之间的关系，可以类比于统治者与其属民之间的关系。事实上，“真君”一词的模糊性，反而更强化了只有“心”能通往“道”之境地的独占性。

另外一个例子则反映出，《管子》也将统治者的“心”与一国的中心联结在一起。《心术下》如此说：

圣人裁物，不为物使。心安，是国安也；心治，是国治也。治也者，心也；安也者，心也。治心在于中，治言出于口，治事加于民。故功作而民从，则百姓治矣。

这段文字强调了“心”之于外在环境的优越性，并将“心”的稳定状态，与一国的稳定联系在一起。而在此论述中，“治”概念扮演了关键的角色。在“治心”“治言”“治事”和“百姓治”等词中，借由引进“治”概念，作者以类比的方式联结起了此四个领域的有序状态。这一点显示：作者所构想的“稳定的状态”，系指在每个组织或单位之中，都包含有统治的部分以及被控制、具有各自功能的其他部分，并且两者之间彼此互补而能达成一个有机的整体。“正”“静”等词在其他“心”论的文献中常出现，但在此则并未出现。

《管子·心术下》中的另一个段落，则将类比的两个面相——在“心”与“统治者”之间，以及在“天”“地”“人”三者之间——整合在同一个论述之中：

> 无以物乱官，毋以官乱心，此之谓内德。是故意气定，然后反正。气者身之充也，行者正之义（正者行之义）[140]也。充不美，则心不得；行不正，则民不服。是故圣人若天然，无私覆也；若地然，无私载也。私者乱天下也。

引文似乎呈现了《管子》思想的综合特质：此处的“正”概念富有伦理意涵。事实上，这段引文与《黄帝帛书·大分》的“天下大（太）平，正以明德，参之于天地，而兼覆载而无私也”一句颇为相似。

这段《心术下》引文中的前三段话，阐述“心”“气”与其他生理器官之关系，最后一部分则强调“无私”。其中，“乱”字也出现了。而既然“乱”是“治”的反义词，这段话其实就暗示了：“无私”有助于达成天下的秩序。同样地，《白心》亦云：“天或维之，地或载之…… 人有治之。”其中“人”（统治者）被描述成在此“三领域之类比结构”中实现人类社会之秩序的主体。

最后，我们必须提到《管子》之“礼”概念与此“三领域之类比结构”的关系。先让我们检视《君臣上》的这段话：

---

140 此为郭沫若的校补，见郭沫若主编：《管子集校》，页 652。

> 天有常象，地有常刑（形），人有常礼，一设而不更，此谓三常。兼而一之，人君之道也。分而职之，人臣之事也。

就其与《荀子》思想之关系而言，引文中有两点值得注意。第一，《君臣上》的作者认为“天”、“地”、“人”（人类世界的统治者）是“常”或“不变性”的展现。天体的运行代表了“天”之“常”，万物的繁育代表了“地”之“常”，而“礼”则被认为是人类世界之“常”的展现。这个联想在下面三种意涵上，具有重大意义：其一，“礼”被认为是“道”的展现；其二，正如天体运行和万物繁育都被认为是“无为”的展现，“礼”也被视为保有“无为”的属性；其三，既然“礼”的角色与万物的繁育被联想在一起，“礼”也多多少少就包含有助于生产的功能，《荀子》的“礼论”则以“养”字来表达这项功能。[141] 如此，《管子·君臣上》中将“礼”概念描述成具有“道”“无为”“繁育万物”等特点，正组成了《荀子》“礼”论的核心架构。[142]

第二点值得注意的是，《君臣上》的作者宣称“天”“地”有其“常”，并将它们与仪式以及社会习俗之“常”联系在一起。另一方面，他着意于统治者之“分”——将职官与社会位阶分配给所有社会成员——的角色。换句话说，这段引文最重要的主题，是认为统治者要实现此“分”的角色。君主安排职官和社会位阶给人民，社会和自然资源也将随之适当地分配给全部

---

141　见《强国》“所以养生安乐者，莫大乎礼义”，《礼论》“礼者养也”等。

142　请参见本书第四章第三节第一项和第三项。

的人民。不仅如此,《君臣下》更继续将此“分配”论述，放置在“统治者—属民”和“心—其他生理器官”的类比关系中阐述：

> 君臣上下之分素，则礼制立矣。是故，以人役上，以力役明，以刑役心，此物之理也。

如此，“分”“礼”以及人体与社会之间的类比关系，构成一段阐述国家之理想治理状态的论述，而此组合也能在荀子的政治社会理论中观察得到。

在《管子》中,统治者与“天”“地”的角色有着同等的地位，三者都如同是“道”的展现。既然“道”被认为是“不变”与“无私”的,如“静”“平”“正”“公”等可以用来描述“不变”与“无私”两属性之各种术语,也随之发展。统治者在仿效“天”“地”之“不变”与“无私”时,实际上是在努力达到“静”“平”“正”“公”等概念所指向的境界。

统治者与“心”的类比结合，除了区别开其领导地位和官僚之臣属地位外，也呈现了统治者所担任的妥善分配政府职位、社会位阶和各种资源的角色。在此论述理路中，不可或缺的是“分”的概念。在此类比中,社会成员之间的和谐关系(称为“治”)也借由此“分”的功能来达成。

《管子》虽然已将“礼”并入与此两种类比关系相关的论述中，然而“礼”在其中的重要性仍不及“道”或“天地”。相对地,《荀子》则一方面引进此两种类比模式，另一方面有意识地将“礼”视为人类世界秩序之展现以及实现之方法。简言之,在荀子看来,可与自然世界和人体相比的和谐，正是借由“礼”之实践才能达成的。

## 小结

本章的目标在于厘清荀子思想的渊源。然而，由于荀子身处战国末年，且其综合了几乎所有此前的思想，我们若想了解其思想之源渊，则有必要尽可能地检视现今所能看到的所有战国思想文献。过去的学者论述荀子思想渊源的方式，若不是主要以在孔孟儒家的思想脉络中，就是采用按照司马迁的“六家”分类以分辨“儒家影响多少，道家影响多少”的态度探讨。相较之下，笔者则换个角度，先将战国时代思想史分成早期儒、墨所代表的“伦理论辩”，以及战国中期以降之齐国稷下思想家、《管子》《慎子》《黄帝帛书》所代表的“分析论述”等两个阶段，接着再试图于此架构中思考荀子思想的渊源。

根据此战国思想发展的构想，本章探讨了以下三个问题:（1）齐国和所谓“稷下之学”的历史，以及稷下思想活动的一些特征；（2）从政治社会史的角度，探讨“伦理论辩”的特色以及衰退的可能原因;（3）透过观察“稷下之学”的思想内容，来阐述“分析论述”展现出的三层思想特色:“政策的项目化”“使用术语的理论化”，以及“天地、人体、人类社会间的类比联结”。本章研究所得，大致可摘要如下。

首先，以早期儒、墨思想为代表的“伦理论辩”，其兴起与当时春秋战国正在经历的政治社会变动息息相关。但不同于过去学者，笔者不以“礼崩乐坏”等简单语词模糊地概括此变动，而是借由观察春秋中、晚期统治者因国家形态之质变而面临的“困境”，来解释提倡伦理价值的儒家思想为何会出现在历史舞台之上。经过春秋时代，当时的国家处于从城邑国家转变为领土国家的过程之中。随着这些“新型国家”逐渐占领距离国都很远的周边领土，其统治者就开始需要面对如何管理这些具有重要战略、经济意义之领地的难题。无论是派遣君主的亲属还是高级贵族为周边城邑的统治者，他们终究随时会离叛，甚至取国君而代之。因此，在一方面，这些“新型国家”自然渴求通晓行政、课税、军事以及各种仪礼，能担任地方城邑首长的人才。但在另一方面，国君也期待派遣出去的人才，可以保持对自己的忠诚而不会背叛。从这个角度检视《论语》《墨子》所构想出的人才形象，我们将发现其所提倡的“君子”，正完全符合当时国家需要的、“能干且绝不会违反伦理规范”的统治人才。简言之，早期儒、墨两家是以“栽培统治人才”为主要任务，而崛起于历史之中；其强调学习传统经典以培养自身道德，以及形成积极参与政治的集团，也与此任务直接相关。他们不但在学派之内栽培合乎伦理规范的人才，更致力于劝说当时的统治者体会伦理价值的实用性。

到了战国中期，各国建立起了某种程度上稳定的政治组织，提倡伦理价值的气氛也相对地逐渐消退。尽管如此，在战国中期时，伦理价值仍或多或少得到当时社会高层之支持。但后来可能认同墨家或农家思想的燕王哙与其相国“贤人子之”之间的禅让事件所带来的重大冲击，使得当时的知识分子开始怀疑伦理价值之提倡是否真有促成国家社会安定和人民福祉之功效。

在此历史关键时刻,孟子给予齐宣王攻伐燕国的“认可”。如此,原来应该可以彼此共存的伦理原则——如墨家认同的“禅让”和孟子高声提倡的“拯救燕国人民”——却引起了实际的军事冲突。很讽刺地，以伦理动机为基础的政策，竟然带来完全违背伦理需求的严重后果。简言之，早期儒、墨两家想要实现理想社会的尝试失败了；孟子也似乎为此被迫离开了齐国。

伐燕之后，在齐国首都中被称为“稷下”的一角区域，属孟子下一个时代且拥有当时最先进之学术理论的思想家如驺衍、田骈、慎到等人，开始将其议题从伦理价值的提倡，转向对政治社会动态的分析。他们开始全面地分析国家兴衰的原因。从现存文献能得悉，在此思想潮流的转移之中，慎到可能扮演了特别重要的角色。和其他杰出稷下思想家一样，为了分析当时政治社会系统的实际情形和其“客观”原因，慎到界定——甚至可能发明了——如“治”“乱”“分”“法”等，之后探讨政治社会的理论性问题时不可或缺的各种术语。

除了客观观察人类世界的实际情况，稷下思想家的另一个特点，在于他们探索了国家社会之运作机制或统摄“天地”和宇宙的终极法则。在此探索之中，原本被人格化且拥有无法理解之力量的“天”，渐渐为人以“不变性”与“规律性”的譬喻来掌握。此外，稷下思想家更将此“天地”的属性，类比于人体中的“心”以及社会中的君王。并且他们主张：为了达成一国之整体秩序与和谐，“天地”所呈现出之“不变性”“规律性”的境界,应该也要在统治者的“心”中实现。为了呼应此理论需求，稷下思想家开发出“正”“静”等各种概念，以描述在此类比中达成之秩序状态。如此，早期儒墨“伦理论辩”所提倡的各种伦理价值,稷下“分析论述”所提出的各种理论性概念,以及“天地—人体—社会”之类比的思维模式,就千丝万缕地交织在一起,并在日后成为荀子思想的理论框架。其差别在于,如本书后文将揭示的,荀子更进一步地以“礼”概念将这些思想内容统合起来。至此,我们的探讨也到了转向厘清中国古代“礼”概念之演变和其思想特质的时候了。

第三章

# 先秦时代的“礼”概念之演变

## 引言

荀子思想对礼论历史发展的贡献，就算说“先秦以前的礼论皆汇流于荀子的礼论，而秦汉后的礼论更是自荀子而来”亦不为过。但是，倘若将荀子思想中的礼论全都视为他个人的创造，恐怕仍是误解；毕竟，荀子是先秦礼论的综合者。因此，为了解荀子礼论的内容，必然要先厘清其之前“礼”概念演变的情形。也就是说，在荀子之前，中国古代的“礼”概念是如何一步步被理论化的呢？我们也要问：这些早于荀子的思想家的著作或言论中，“礼”与其他概念相比，具有何种程度之重要性呢？简言之，思考这些著作中“礼”概念的内容以及先秦思想家的“礼”观，会提供给我们与荀子礼论之基础相关的讯息。

为了重新建构先秦时期“礼”概念发展的较为完整的思想脉络，文献选择的问题也是关键。换言之，目前对先秦思想中“礼”概念的研究，通常只会运用到《论语》《礼记》以及《荀子》三部作品，其他先秦文献的用例则似乎尚未受重视。提到这里，有一点讽刺的情况是，众多学者一方面肯定稷下学术传统对荀子思想建构的影响，但另一方面却忽略稷下学术中的“礼”思想可能影响过荀子的“礼”论。我们不应再忽视荀子的礼治论或许是从稷下学术传统发展出来的可能。

有鉴于此，本章的讨论将分为三个部分。第一，笔者会检视传统学者与现代学者，以及东西方学者对于“礼”的看法。目前东西方学者在关于“礼”的诠释上，仍然十分缺乏交流与对话；由于他们各自采取了不同的诠释方向，因此很难进行具有建设性的讨论。笔者于这一部分讨论的用意，主要是借由重新检视他们的分析标准，试着搭起不同研究方法之间的桥梁；同时，也致力于提出更为整体，也更具说服力的先秦“礼”观念之发展及演变。

第二，笔者将探讨“礼”在古代中国最早为人所知的观念形态。对于《说文解字》以礼节仪式来解释“礼”一字，前人都是确信无疑的。然而，即使“礼”最初含有礼节仪式之意，并不意味着由“礼”或“丰”（豊）的形状代表的这个字，就全然与礼节仪式同义。其中我们要注意的一点是，《说文解字》作于东汉时期，离可能最早开始使用“礼”字的商朝时期，相隔了一千年以上。另一点需要考虑的是，从商朝到战国时期的整个发展过程中，应该不断会有新的意涵附加到以礼节仪式为“本意”的“礼”字上，并且这些概念上的演变早在《说文解字》成书前三百年就已经发生。如同笔者在下文中指出的，春秋时期的“礼”与伦理规范有关，而不再只是指礼节仪式。[1]

第三，战国中期的思想家逐渐理解“礼”的功用不止于社会规范，也可具体用来维持社会秩序，这一层理解也会拓展当我们思考“礼”一词的语义时之视野。如下文所阐述，这个概念化的转变即为战国中晚期思想家，尤其是稷下学者，以“分析论述”的态度来探讨各种议题的结果。笔者会使用与前一章相同的方法，呈现出“礼”是如何随着时间，借由不同的方式，被概念化为一个“分析性术语”（analytical term）。我会采取三种迄今研究中不太常用的策略来进行这部分的论述:（1）不将《孟子》视为《荀子》之外另一支儒家学派的著作，而是认为孟子的思想属于较为早期的稷下学术传统，与后来的其他稷下思想一样被荀子整合在自己的思想架构中。（2）《晏子春秋》《慎子》及《管子》等文献，因为出现了一种“概念化的‘礼’”，故而可以被视为呈现稷下学术如何将“礼”概念当作“分析性术语”的重要著作。（3）过去学者认为《老子》和《庄子》贬低“礼”的价值,笔者则会分析这两部著作所批判的是“礼”的何种层面，以及这种批判是否最终有助于荀子建构更高层次理论化的“礼”概念。

在本章最后的部分,笔者将讨论《庄子》和《管子》中一些“礼”的用例。就思想史的角度而言，这些文献的思想形成本身经过了相当复杂的历史过程。在此，借由对这些文献中的“礼”用例之分析，笔者试图证明战国后期的“礼”概念几乎已经达到

1　由《左传》如何使用“礼”之用例,就会有多少种春秋时期“礼”思想的面貌。而实际上，《左传》的叙述大抵上反映战国时代的思想。因此，为了不使我的讨论陷入如此时代前后的混淆，本章的探讨暂不使用《左传》中“礼”字的用例。

一种形上原理的层次。“礼”概念的这种意涵，历来一直被视为荀子个人的哲学贡献，而本章的探讨则会促进修正这样的观点。

## 第一节　中国古代“礼”的三种研究途径

“礼”概念占据了荀子思想的核心。历史上，荀子的“礼”为汉朝的伦理思想、社会理论及政治体制奠定了基础；尔后，汉朝的“礼制”随之成为以后两千年中国和东亚国家社会政治体制的原型。[2]由于“礼”所包含的意义非常广泛，各种意涵之间便容易产生混淆。东西方学者用不同态度来解释“礼”时便出现了这种情况。无可讳言，出身于东亚的传统及现代学者都产出了大量解释“礼”的著作，但至今仍无单一的学术词语能精确地表达“礼”全部的含义。主要的原因是，在这些文化圈的各种语言中，“礼”仍是正在使用的词，如现代韩文为“례”(ye)，或现代日文为“れい”(lei 或 rei)，现代东亚人在听到这个词时，会因为上下文脉络而在心中出现某些具体的形象，如“有礼貌的人”或“壮丽的仪式”等。西方学者要面对的“礼”的情况或许与此相反。这是因为西方没有一个能与“礼”相对应的词。西方学者因而费尽心力来解释“礼”的含义，他们的研究手法可约略分为两种。

第一种方法，跟掌握、理解“礼”广泛丰富的意涵有关。举例而言，首位研究荀子思想整个体系的德效骞列举出了十三

2　关于这一点，笔者的见解请参阅本书“附论”。

个英语词语来翻译“礼”字,分别是“religion”“ceremony”“deportment”“decorum”“propriety”“formality”“politeness”“courtesy”“etiquette”“good form”“good behavior”“good manners”以及“the rules of proper conduct”。[3] 德效骞自己则倾向于使用“rules of proper conduct”，他认为这个词比较能涵盖“礼”的意义和理论层面。继德效骞后，完成《荀子》英语全译本的 John Knoblock 也认为“礼”的意义涵盖范围广大。Knoblock 列举出来的适合翻译“礼”的英语词汇可被归为两类。一类是强调“礼”的理论层面，包含礼节规范、至高道德感、责任义务和社会秩序等；另一类则是日常生活中我们所称的“礼节”——也就是合宜的行为举止，以及婚丧祭祀之际所着之衣裳、举动与言辞上的细节规定。[4] 就 Knoblock 的用词“准则（principle）”与德效骞的“规则（rule）”有互通之处这一点来看，我们可以清楚看出两位学者的共同点。也就是说，要不是他们被西方读者要求非将“礼”字翻译成西方词语不可，他们或许没有意愿把“礼”字给勉强翻译出来。

另一个方法则是用特定的术语来代表“礼”字整体的意涵。在过去的英语学界里，“ritual”（仪礼）一词已经成为翻译“礼”字的最主要术语。这可能是出于两个原因：第一，19 世纪以来，人类学研究显示了仪式在维持社会秩序上具有的功能。当“仪礼”一词被认为与社会秩序有不可或缺的关联，它所包含的意思也就更接近汉字的“礼”概念所界定的含义。第二，1960 年代以来，

---

3　请参阅 Homer H. Dubs (trans.), *The Works of Hsüntze*, p.113。

4　请参阅 John Knoblock, *Xunzi*, vol.3, p.49。

西方学者也开始专注于“仪礼”的哲学意义，关于这一点下文再提及。

从“礼”有众多解释这一点来看，我们能看出许多因人而异的观点。由于学者们常以相当不同的前提为出发点，进行各自的论述，“礼”的意义之多，甚至到了难以由此进行建设性探讨的程度。有鉴于此，本章先评论传统及当代学者对“礼”的看法，其次将探讨“礼”含义的观点分成三种：（1）以“祭祀仪式”“制度”等方式在历史上实际存在过的“礼”；（2）作为一种哲学价值的“礼”；（3）作为持续演变之概念的“礼”。笔者希望，借由这三种不同层次的理解，能够在对“礼”一词仍有不同定义的情况下，进行有意义的讨论。

## 第一项　历史实在的“礼”

“礼”作为一个历史事实的看法，源自战国时代或更早以前，由此观点来看，“礼”可被解释为西周早期的特定仪式和典礼。战国儒家认为西周的国家典礼及祭祀仪式代表了国家所要依循之理想，这一点促使战国时期和秦汉的儒家编纂或撰写有关仪式的叙述，成为流传至今的《仪礼》。《礼记》中的《奔丧》及《投壶》也都被认为是出自《仪礼》的片段。[5]《仪礼》和《礼记》都有描述秦汉儒家所推崇的仪式程序，中国学者一般认为

5　请参阅 John Steele, *The I-Li or Book of Etiquette and Ceremonial* (London: Probsthain & Co., 1917), p. 15。亦请参阅竹内照夫译：《礼記》卷 3（东京：明治书院，1979），页 853。

这些叙述反映出西周至春秋时代举行这些仪式的实际情况。[6] 日本学者则有不同的看法，他们质疑周代早期实际执行的仪式和现存文本中所保存记载的仪式之间可能不完全相符。池田末利（1910—2000）比较过《仪礼》所描述的仪式程序的细节及20世纪初出土的祭品后，认为这些仪式叙述反映出的恐怕是战国中晚期的社会规范。然而，他也同意《仪礼》包含对春秋时期礼节仪式的描述。[7]《左传》的历史描述中，确实有记载春秋至战国时期，各种国家及民众层级的仪式在不失宗教意义的情况下进行。

有趣的是，《仪礼》虽有丰富的社会仪礼记载，但描述周朝王室举行国家典礼的片段却不多，仅仅在《仪礼》和《礼记》中留有片段的描述而已。可见虽然战国及秦汉时期儒家保存了这些有助于了解当时社会及政治情况的重要礼仪著作，却未能成功保存关于周代国家典礼本身的完整记录。

后来，汉朝知识分子于《周礼》中呈现了周代官制更完整的样貌。《周礼》的内容可作为当代“礼”观（即汉朝的“礼”观）投射于描述古代国家官制（即西周的“礼”）的典例。虽然以前很多传统知识分子都认为《周礼》为周公旦所作，但现在已普遍推断其最后编纂完成时间不早于西汉成帝（前33—前7）的时期。至于《周礼》是否为刘歆所仿造以支持王莽（前45—23）篡汉，则已超出我们的讨论范围。重要的是，《周礼》记载的政府规模比周朝还要大得多，并且跟汉朝相当符合。这意味着，

6　例如，请参阅张鹤泉:《周代祭祀研究》（台北：文津出版社，1993），页3。

7　贝塚茂树等编:《アジア歴史事典》卷2（东京：平凡社，1959），页434。

此内容可能反映汉朝的知识分子对于描述政府制度之理论需求。

即使如此，我们也不应该以为《周礼》的所有素材皆属造假。我们可以合理推测的编集过程是：搜集当时知识分子所信赖、载录“旧国家官制”的文献材料，经过相当长的时间，一步步加以编辑。在《周礼》中出现的一些朝廷职位名称可追溯至如《尚书》《管子》及《吕氏春秋》等文献，而且也可看出《管子》和《吕氏春秋》的时令思想对《周礼》思想可能的影响。此外，其中也可观察出汉代颇为盛行的阴阳及礼乐思想。[8]

有了这些认知后，我们或许会问：《周礼》描述周朝为“理想礼制国家”的形象会不会只是虚构？若以严密的考证态度来厘清有关周制的真实记载，《仪礼》及其他文献所描述的仪式，确实经历过春秋战国时期的社会政治转变。其结果是，很难只凭借在这些文献里找到的记载，去寻找西周原始的礼仪形式。到了 20 世纪，当代历史研究在新的方法论和考古学的帮助之下，逐步厘清了周代礼制及其受到商代祭祀之影响。举例而言，杨宽的著作能让我们了解西周仪式的社会功能：

> 西周、春秋时代的贵族十分讲究“礼”。这许多“礼”都是贵族根据古老的风俗习惯，加以改变和发展，作为巩固贵族内部组织和统治人民的一种手段的。目的在于维护其宗法制度和君权、族权、夫权、神权，具有维护当时社会经济

---

8 津田左右吉主张《周礼》对于礼乐的思路是在《荀子》的理论影响下发展的。津田：《周官の研究》，见《津田左右吉全集》卷 17（东京：岩波书店，1965），页 467。津田也发现《荀子 · 王制》对于理想政府制度的描述，延伸至《礼记 · 王制》，再延伸至《周礼》。请参阅前书，页 427—428。

> 制度和政治制度的作用。当时许多经济和政治上的典章制度，常常贯串在各种“礼”的举行中，依靠各种“礼”的举行来加以确立和维护的。[9]

杨宽试图证明西周存有高度发展的仪节习俗及制度。基于杨宽的论点及考古证据，我们可以推测周人依照典礼分配适当的角色，以维系合宜的亲属关系、社会秩序及宗族关系之机制。最近挖掘出的大量西周早期铜器，提供给我们更多有关周代仪节的资料，例如典礼的时间、地点、目的、行程及祭祀内容。[10]下节将进一步探讨“礼”和周代国家制度之仪节的关系。

## 第二项　哲学价值的“礼”

“礼”的哲学解释之起源与实际存在过的“礼”的历史几乎一样久远。历史学家寻找“礼”在特定的历史环境下最为具体的样貌，哲学家则试图塑造出抽象且超越特定历史脉络的“礼”之意义层面。“礼”可能带有哲学意涵的想法，可追溯至战国时代的儒家，例如孟子在他的哲学观点上定义了“礼”，说“礼”起于“恭敬之心”。荀子也发展出他自己的“礼”论。说到这一点，由荀子建立的、作为一种哲学价值的“礼”，对于汉朝知识分子“礼”观的影响相当大。毋庸置疑的是，司马迁在《史记·礼

9　请参阅杨宽:《古史新探》(北京：中华书局，1965)，页 2—3。

10　例如请参考张光直（1931—2001）对于商周仪式之政治意义的诠释。请参阅 Chang Kuang-chih（张光直）, *Art, Myth and Ritual: The Path to Political Authority in Ancient China* (Cambridge: Harvard University, 1983)。

书》中有关“礼”的理论性内容几乎都引用自《荀子》。另外，《说文解字》中的“礼”概念也或多或少含有一种思想意涵，而关于这一点将在下一节进一步讨论。笔者在这里提出的论点是，在汉朝之前，“礼”概念确实已具备某种程度的哲学内涵。

近年来除了传统的解释，也有新的解释“礼”的尝试。1970年代左右起，重新解释“礼”之哲学意涵的尝试，很快就得到了两群学者的支持：一群属于在东亚思想传统中探索哲学上的新价值之美国学者，另一群则是所谓的“当代新儒学”——系指在西化冲击下探求重新建构新的儒学价值系统之一群学者。这两群学者一致认为，现代社会充满各种家庭及社会问题，而儒家的哲学价值会含有为了解决这些问题的线索。由此脉络来提倡“礼”的意义最为成功的例子就是赫伯特·芬格莱特（Herbert Fingarette）的专书 *Confucius: the Secular as Sacred* ——“志在世俗的圣人”。[11] 芬格莱特有关“礼”于哲学层面的描述，引来西方和中文界学者的关注，但对日本的影响比较少。芬格莱特写道：

> 我愈来愈确信孔子能作为我们今日的良师，一位伟大先师，不同于那些只给我们现有思想中些微不同观点的老师。他告诉我们尚未被阐述但必须被说明的事情；他有新的课题要教导我们。[12]

11 Herbert Fingarette: *Confucius, The Secular as Sacred* (NY: Harper & Row, 1972). 此书也有中文翻译。请参见赫伯特·芬格莱特著，彭国翔、张华译:《孔子:即凡而圣》(南京:江苏人民出版社，2002)。

12 Herbert Fingarette, *Confucius: The Secular as Sacred*, p. 7；芬格莱特:《孔子:即凡而圣》,

这一本书因为将“礼”定义为“神奇的力量”（magic power）而著名。芬格莱特使用此词表面上令人想起浓厚的人类学色彩，然而他的意图却为借由此概念来阐述“礼”概念实具有丰富的哲学深度。将“礼”概念由“神奇的力量”这样的术语解释的想法原先是由亚瑟·卫利（Arthur Waley，1889—1966）提出的。[13] 事实上，对于芬格莱特而言，首要的目的并非定义“礼”的“咒术性”，而是要说明“礼”的实行如何能营造出理想的人类社会。对于芬格莱特而言，“礼”：

> （……）不仅能强而有力地实现社会制度的和谐及美丽，以及人类交流固有根本的尊严，也能实现道德完美，借着人具有同等尊严，同为礼的自由实践者的观念来与他人应对，以成就个人。[14]

芬格莱特尝试证明，“礼”作为极为重要的道德价值，是为了帮助理想人格的形成。芬格莱特由于借用约翰·奥斯丁（J. L. Austin，1911—1960）所主张的“如判决、结婚誓言等例子，语言实为行动”的理论，[15] 拓展了“礼”固有的“神奇力量”之影响范畴，除史前社会之外，还能包含现代工业社会的人类活

---

页 vii。引文的翻译由笔者自己完成。

13　芬格莱特将“礼”形容成神奇的力量，主要是根据亚瑟·卫利的叙述。请参 Arthur Waley (trans.), *The Analects of Confucius* (NY: Random House Inc., 1938), pp. 64-68。

14　芬格莱特：《孔子：即凡而圣》，页 16。引文的翻译由笔者自己完成。

15　关于芬格莱特结合奥斯丁的理论来讨论“礼”之方法，其评论请参见山本和人于以下著作的后记。赫伯特·芬格莱特著、山本和人译：《論語は問いかける：孔子との対話》（东京：平凡社，1989），页 184—187。

动。在此书的很多情况中，芬格莱特不会去翻译“礼”（*li*）字，如出现在第一章标题的“神圣仪式”（holy rite）等用词，浓厚地暗示“礼”和“rite”（仪式）的紧密关系，而这样的“仪式”为社会活动的隐喻，在此情况下，“仪式”一词也就被赋予了哲学意涵。

另一位主张这种方法的学者是杜维明，在他“自我修养”的中心理念下，也相当注重“礼”的功能。芬格莱特专研《论语》的思想，而杜维明的哲学思想则不只包含《论语》，也涵括了被认为是由孟子奠定基础，后由陆象山（1139—1193）所延伸发展的哲学传统。众所周知，陆象山是“心学”的开山始祖，并且为朱熹（1130—1200）的理论对手，他的学术传统后来发展为阳明学。杜维明对于“礼”的高度评价，与芬格莱特的想法十分相似。[16] 杜维明的儒家研究指向，试图深入了解人类永存的问题，[17] 而芬格莱特关于“礼”的著作给了他很大的鼓励。

杜维明认为，每一个人借由儒家思想的“自我修养”，都能够达到内在精神的最高层次，此种精神上的“超越”不同于基督信仰的精神，因为这之中没有唯一绝对的上帝。杜维明追寻的儒家思想中，精神达成“超越”的境界有两个特点：第一，这种超越是基于个人内在本体的启明；第二，个人内在本体必

---

16 杜维明于儒家道德思想中，相较于“礼”，更强调“仁”的重要性。请参阅 Tu Weiming（杜维明）, “The Creative Tension between *Jen* and *Li*,” *Philosophy East & West*, vol.18, 1-2 (1968), p. 34。此文有中文翻译。请参阅杜维明:《“仁”与“礼”之间的创造紧张性》，收于氏著《人性与自我修养》（台北：联经出版公司，1992），页 3—20。

17 Tu Weiming, “*Li* as Process of Humanization,” *Philosophy East & West*, vol. 22—2 (1972), p. 187. 此文的中文翻译请参阅杜维明《作为人性化过程的“礼”》,收于氏著《人性与自我修养》，页 27。

须透过人类社会的行为来具体化。杜维明认为，前者跟“仁”有关，而后者跟“礼”有关，两者相辅相成。他表示：

> “仁”，作为儒家的理想，是普遍的而不是特殊的，但在具体地实施“仁”的真实过程中，在“礼”的范围内却又存在着对特殊的考虑。[18]

芬格莱特和杜维明从哲学诠释的角度来阐述“礼”的内容，与杨宽等历史学家所引证的观念相当不同。换言之，即便哲学家说我们要实践哲学价值的“礼”，但此“礼”已经脱离了“礼”之历史内涵的具体脉络，恐怕并非历史上从未被实际执行过的“仪礼”本身。如此，此两种观点就算提及同一个“礼”字，它们所指的含义实际上完全不一样。

有鉴于此，以下要说明的第三种观点则为由思想史——尤其是观念史——的研究经验中所累积出来的。此观点首先把“礼”看作一个概念，并且不否定此“礼”概念含有历史事实以及理念性的两种含义之可能性。不但如此，此观点的目标反而按照思想的历史演变理论框架，试图阐明“礼”概念中彼此可能产生矛盾的多层意涵。如此，在此观点中，“礼”概念是在历史中一直演变的观念，并且可以理解为原来系指事实意义的“礼”会转换成富有哲学意义的“礼”。如下所述，我们甚至可以观察到：战国时代的儒家所坚信、所“叙述”的古代典礼，可能实为他们自己发明出来的思想产物。

---

18　Tu Weiming, “The Creative Tension between *Jen* and *Li*,” p. 36；杜维明：《“仁”与“礼”之间的创造紧张性》，页15。

## 第三项 演变概念的“礼”

与前两个倾向将“礼”视为一个固定概念的观点相比，这里要说明的第三种观点，则不论具体还是抽象，主要探讨的对象是“礼”概念在历史上的演变或发展，并且注重从动态的层次阐明“礼”的多种意涵。这个观点不一定排除前面两种诠释，但它努力将实际历史中所存在过的“礼”——即特定的仪式和典礼之“礼”——和超越具体历史脉络的哲学意义之“礼”之间，努力做出明确的区分。此观点推测，儒家著作所提及、在西周历史上存在过的“礼”，有相当多的部分可能实为战国时代儒家哲学的思想产物。此外，此观点由历史连续性的角度来看春秋战国时代有关“礼”的论述，试着厘清“礼”概念在各个历史阶段中所呈现的不同历史意义。如此，此观点呈现出“礼”概念的一种“动态”，此动态在战国思想中所发挥的价值功能，以及在当时存在于各种论辩中的思想意义。

在以此观点来研究“礼”概念的著作中，较早发表且可说是最重要的成果，为胡适在 1919 年出版的《中国哲学史大纲》上卷所提出的观点。在此书中，胡适很有系统地将“礼”概念的发展分为三个阶段：(1)“礼”为宗教行为及仪式；(2)“礼”为民间习俗所能接受的各种社会规范；(3)“礼”为与时更新的道德行为之典范准则。[19] 胡适的见解表明“礼”是一个在不同时代会有不同特色、持续发展的概念。会建构出这样的理解，和胡适曾受过哲学训练，以及该书阐述的主题为“哲学史”相关。

---

19 胡适：《中国哲学史大纲》上卷（上海：上海商务印书馆，1919），页 137—138。

在日本，津田左右吉也是这种研究方法的提倡者。专精于东亚思想史领域的津田，透露出战国时期的儒家是如何借由他们设计虚构对话的技巧，来阐述自己的思想。虽然学者通常认为《论语》前半部分的资料来源相对属早期，但津田强调，在《论语》中即使较为可信的前半部分，也很难找到几句在严格文献考据的观点下能够断定为“孔子真正说过”的话语。虽然“礼”概念的发展本身并非津田的研究主题，但我们在对《论语》思想的研究中引进他的观点，一方面可以避免混淆孔子本人的思想和受战国中后期儒家思想影响的部分，另一方面则可以去追溯“礼”作为一个持续转变的概念之发展过程。[20]

据笔者所悉，在日本学者当中，第一个全面研究中国古代“礼”概念的发展者，是西晋一郎（1873—1943）和小糸夏次郎（1908—1946），他们的共同研究于 1941 年出版。由于当时时局的影响，出版社前言中异常亢奋的爱国情操相当刺眼；但大异于此的是，他们的论述本身却是严守学术规范的一项研究。他们的讨论包含两个部分：前半部分分析《论语》《孟子》及《荀子》的“礼”，追溯“礼”概念的发展，其中还结合了道家的世界观，也促使反驳墨家意图简化丧礼的论点持续发展。后半部分则是分析《礼记》的“礼”，并提出其受到荀子的影响之观点。[21]

加藤常贤亦于 1943 年出版有关“礼”概念发展的著作《礼

---

20　津田左右吉:《論語と孔子の思想》，见《津田左右吉全集》卷 14（东京：岩波书店，1964），页 157—219。

21　西晋一郎、小糸夏次郎共著:《禮の意義と構造》（东京：畝傍书房，1941）。

的起源与其发展》，聚焦于“礼”的起源及其早期的发展，这个焦点是加藤认为胡适尚未详细说明的。因此加藤的研究最值得注意的一点，应该在于他对“礼”最初形式的诠释。加藤认为，“礼”最初的形式可能与原始社会的宗教信仰中常被认为是最重要的“禁忌与神授力量（taboo-manna）”相仿。[22] 他追溯的是儒家将“礼”从超自然概念转成道德价值的发展过程。

并非只有日本学者认为“礼”必须以发展的观点来理解，并且历史事实及思想作品之间需保有清楚的文献考据上的区分。Noah Edward Fehl（1917—1979）试着勾画出“礼”的发展演变，且将其每个发展阶段与西方文明相关观念作比较。Fehl 引证出多种词汇来说明“礼”的各种不同层面，例如“神授力量与禁忌”（manna and taboo）、“礼仪”（courtoisie）、（希腊概念的）“正义”（dikē）及“教养”（paideia），他的著作标题也使用过“propriety”（礼仪）一词，等等。[23] 这些大多是笔者已在前面介绍过的词。不熟悉东亚语言的西方读者之所以能够理解“礼”观念的发展演变，主要是归功于 Fehl 所做出的贡献。其实，Fehl 本身不太算是汉学家，而是比较文明的历史学家。虽然他的研究在过度仰赖二手资料和翻译这点上稍嫌遗憾，然而，令人感到更遗憾的是，在 Fehl 之后，没有其他学者试图如 Fehl 般巧妙地做过重构“礼”和“礼”概念历史发展之作业。

采“观念的演变”之观点的研究有两个共通的看法：第一，

---

22 加藤常贤：《禮の起原と其發達》（东京：中文馆，1943），页 62—66。

23 他对于“礼”的诠释分别见于其著作中的页 20（manna and taboo），页 87（paideia），页 89（courtoisie），页 176（dikē）。请参见 Fehl, *Li: Rites and Propriety in Literature and Life* (Hong Kong: Hong Kong University Press, 1971)。

对于如《论语》等文献中出现的任何字句是否真正表达孔子本身的思想，采取谨慎的保留态度。第二，他们相当重视荀子是“礼”观念之发展的集大成者的角色。举例而言，《左传》有很多片段描述春秋时代贤臣批判国君所犯下的脱轨行为，其实这些言论无非都是违反了“礼”，蕴含着违反伦理规范的意思。20 世纪之前的知识分子通常认为，春秋贤臣的这些谏言，可代表他们真正发过的言论，因为他们是历史上确实存在过的人物。[24] 其实，到了 20 世纪，也有不少学者将《左传》的“礼”论视为历史上实际被辩论过的言论。譬如，徐复观基于他对《左传》中“礼”论的分析，将春秋时代的思想视为中国人文主义的开端，并认为“礼”逐渐成为中国道德价值的核心；以色列的汉学家尤锐（Yuri Pines）也认为《左传》的言论可以认定为春秋人物对话的实际记录。[25] 基于此前提，尤锐也分析了《左传》的“礼”观，并且将之与荀子的“礼”观比较，并主张荀子的“礼”论是《左传》“礼”论的复兴。[26] 如果我们接受此论点，则“礼”在孔子的年代以前就已高度地理论化了。

虽然笔者没有完全排除《左传》的言论是依据《春秋》的“经”，而且很早就开始撰写的可能，但对《左传》的言论是否代表春秋时代的思想，抱持高度的质疑。举例而言，在《左传》

---

24　请参阅徐复观:《中国人性论史》（台北：台湾商务印书馆，1990；1969 年初版），页 36—50。

25　请见 Yuri Pines，“Intellectual Change in the Chunqiu Period : The Reliability of the Speeches in the *Zuo zhuan* as Source of Chunqiu Intellectual History,” *Early China*,vol. 22 (1997), pp.77-132。

26　请见 Yuri Pines, “Disputers of the *Li*: Breakthroughs in the Concept of Ritual in Pre-Imperial China,” *Asia Major*, vol.13-1 (2000), pp. 34-40。

的言论中，谈话者预言一些世族未来的命运，而这些预言竟都成真。这很明显表示此种谈话，显然是由知道此世族末路的后世思想家来写出——这些言论通常是借用春秋时代的贤人之口写出来。其实，不但是预言，贤人对于某些重大事件和事件之间因果关系的说明也实为回顾性的。换言之，这些春秋贤人对历史事件因果关系的说明表露出作者或编撰者（应该是战国时代的儒家）的历史诠释。镰田正认为，《左传》大部分的叙述基本上应该是战国中期，即公元前4世纪中期的作品，但后人仍有增叙补述。[27]

若我们在镰田等研究的前提下，从“思想的演变”的角度观察《左传》中当时众多贤臣的礼论，会发现它们应该代表战国儒家的观点。当代思想史家特别注意的是，《左传》的作者在每个事件的描述后还会加上“君子曰”或“孔子曰”。在这个部分，君子（或孔子）由“非礼也”的总结语来批判违反“礼”的行为或个人。就此处的“礼”作为一个高度概念化的思想而言，不论历史名人、君子还是孔子是否讨论过“礼”的内涵，皆不应该视为春秋时代的思想，而是反映出战国时期的思想实况；这些句子中的思想甚至会呈现出荀子的“礼”概念——这可代表战国末年——的特质。[28] 这是Fehl和日本的思想史学者叙述

---

27 请参阅镰田正：《左傳の成立と其の展開》（东京：大修馆书店，1963），页305—388。平势隆郎则基于其对古代中国朝代历法的研究，认为《春秋》及《左传》的撰写是当时战国诸侯为证实自己的国家为君临天下的“正统”（平势语）。就这一点而言，平势的论点确切地解释了为何《左传》里出现许多先知的言论。请参阅平势隆郎：《中国古代の予言書》（东京：讲谈社，2000年），页31—150。

28 请参阅近藤则之：《左傳の成立に關する新視點：禮理論の再評價を通じて》，《日本中國學會報》卷35（1983），页104—106。

“礼”概念发展历史背后的理论预设。[29] 此外，我们可以了解到芬格莱特及杜维明以哲学化的“礼”概念所重构的“孔子思想”的主要内涵，无论他们有没有意识到，其“孔子”礼论的实际内容反而是属于荀子礼论的内容。[30]

总结此段，到目前为止，如上所述的三种观点之间的交流甚少。譬如，加藤和 Fehl 所提出的，以“禁忌与神授力量”（或“神授力量与禁忌”）作为“礼”最初形式的定义之说，与芬格莱特的“神奇的力量”之观点互通。然而，虽然他们使用类似的词语，但 Fehl 并没有参考加藤的研究，芬格莱特也没有参考加藤和 Fehl 的。

可能的原因是，从这三种研究方法分别导出来的观察之间会存在着一些冲突。举例而言，提倡第三种研究方法的学者会认为，第二种观点的前提——将“礼”概念中的哲学思维归为孔子的发明的手法——恐怕不合乎当时实际的思想情况，因为第三种观点认为，礼论的高度理论化应该经过整段战国时代的思想发展才能达到。

因为本章的目标在于厘清荀子礼论的思想起源，下一节的讨论基本上会采取第三种研究途径，试图勾勒出先秦“礼”概念之演变或发展，尤其是战国诸子如何将具体“仪礼”义，或“祭

29　Fehl 所持的观点可见于他第四章的讨论，请参阅 Fehl, *Li: Rites and Propriety in Literature and Life*, pp.120, 126-139。前部分进行《礼记》的分析，后部分则为《左传》。

30　史华慈（Benjamin Schwartz）指出，芬格莱特所建构的“神圣仪式（holy rite）”的“礼”概念反而接近荀子的“礼”论。请参阅 Schwartz, *The World of Thought in Ancient China* (Cambridge: Harvard University Press, 1985), p. 300。史华慈在该页的探讨中，如果不那么专注于芬格莱特等的哲学著作，而更加注重由思想演变的观点来进行研究，应该更能精确地重建孔子“礼”概念到荀子“礼论”的发展过程之中国古代思想史。

祀的固有名字”义的“礼”概念发展成为某种程度上具有理论性的“礼”论。为了确切地描绘出荀子在“礼”观念发展中的角色，我们需要尽量避免将当代学者主观所认定的“礼”概念投射于荀子的“礼”概念上；同时也要避免将原来荀子思想特有的“礼”概念的内涵，归于孔子的发明。

## 第二节　早期儒家“礼”概念的演变

上一节介绍了胡适、西晋、小系、加藤和 Fehl 五位学者对先秦时代“礼”概念发展过程的相关研究。然而，即便是“最新的”Fehl 的研究著作也已出版了半世纪了。自 Fehl 之后，“礼”在受到哲学及人类学研究方法的影响下，其整体概念的理解稍嫌被化约在“仪式”层面。遗憾的是，从“仪式”的意涵探讨“礼”概念成为学界的常态，结果，“礼”和“ritual”的比较研究缺少分析“礼”字本身内容的第一手文献（包括甲骨文和金文资料）。再者，在分析某篇文献中的“礼”概念之际，我们要注意，由于“礼”概念的意涵相当广泛，在分析这些用例之前，最好不要预先使用单一的字眼如“ritual”等，来涵盖“礼”字的整体意涵。考量到这点，笔者查阅了比过去相关研究还要广泛的“礼”字用例。除了上述五种研究都探讨过的《诗经》《论语》及《孟子》这三本重要文献之外，在胡适和加藤的年代的思想史研究中未被充分利用的甲骨文和金文资料，本研究也纳入探讨的范围。

除了努力善用考古研究提供的讯息，笔者也要将稷下学术传统文献中的“礼”概念放入探讨的范围。先前的研究竟然完全没有探讨过所谓“稷下学文献”的“礼”在礼论形成中的重要角色。我们的分析从考古资料中的“礼”概念开始，接着谈“礼”在《诗》《论》《孟》中的用法，最后探讨稷下学者和道家建构的礼论。充分分析过这些丰富的资料后，我们才能够提出一条新的“礼”概念发展史脉络。要重申的是，笔者的目的不是要列举先秦的各种仪式，或叙述仪式本身的发展史，而是要分析“礼”概念发展的过程。这项比较文本的研究会显示出“礼”的含义比“仪式”一词来得更广阔。

## 第一项　从商朝至西周时期的“礼”和“Rituals”

“礼”字在中国文明最早期有何种意涵呢？在儒家思想尚未出现之前，古代人是如何将“礼”这个词转变成一个概念？要厘清此一起源问题，追溯“礼”字最早用例有何意涵应该是最好的方法。然而许多学者会查阅《说文解字》来考察，但其问题在于，《说文解字》是东汉的作品，其编者许慎也在字词的解释中展开他自己的哲学观点，如《说文解字》解释“礼”：“礼：履也。[31] 所以事神致福也。从示从豊。”引起我们注意的是，其前后解说实不一致。第一句“礼：履也”定义“礼”为“踩”。事实上，《荀子 · 大略》有类似但较完整的句子：“礼者，人之所履也。”这段引文的“履”可以被释为“实践”，这里意指需要去实践的是儒家的道德价值。《说文解字》的定义可以清楚看出荀子（或他的后学）坚信因为“礼”是让人行事得以合乎道

31　这一段中，“礼”和“履”属同音字。

德的实际方法，故扮演着不可或缺的角色，这样的论点跟任何有关人类世界之外的超自然力量的主张并无关系。《说文解字》的定义或许反映出，汉代儒家受到荀子“礼”观影响而有的一种普遍思维。

接着，在《说文解字》引文的第二句，“礼”被解释为“事神致福”，富有宗教意味。《说文解字》并没有说明为什么“履”跟“事神”有关。不可否认的是，“礼”的文字起源是有宗教特色的，即礼器（豊）和天向人显现（示）。[32] 值得注意的是许慎将“礼”字的宗教含义与《荀子》中所出现的道德意涵相联结，但正因为如此，我们很难判断《说文解字》的解释是否代表“礼”字最早的意涵。

考古研究显示，战国时代“豊”字也含有“礼”的意思。[33] 根据《说文解字》的记载，“豊”和“丰”两字皆能表现出“礼”概念的意涵，其谓：“豊：行礼之器也。从豆象形。凡豊之属皆从豊。读与礼同。”“丰：豆之丰满者也。从豆象形，一曰：乡饮酒有丰［侯者］。”[34]“豊”字或“豐”字底下的“豆”字被多数人认为是礼器的象征，但上方字形的含义一直以来都不明确。王国维（1877—1927）认为其代表一对玉的看法曾受到广泛的支持，[35] 但是越来越多的研究发现此偏旁明显象征其他非玉的物

32 《说文解字》中，“示”的解释如下：“示：天垂象见吉凶所以示人也。从二（古文上），三垂日月星也。观乎天文，以察时变。示神事也。”

33 郭店楚简其中一例显示出，在前三百年，“豊”在书写上没有“示”字边。请参阅张光裕：《郭店楚简研究：第一卷 · 文字编》（台北：艺文印书馆，1999），页 376—377。

34 高鸿缙怀疑最后两个字是后来加上的。请参阅周法高主编：《金文诂林》卷 6（香港：香港中文大学出版社，1976），页 3106。

35 王国维：《释礼》，见《观堂集林》卷 6（上海：上海古籍出版社，1917），页 14—15。

体,因而促使学者修正王国维的见解。举例而言,高鸿缙(1891—1963)认为字体上半部象征一种后人称为“笾”的竹编器具。[36]

“豊”字最早的用例是在甲骨文中发现的,此字不只是代表在祭祀时使用的礼器,它于甲骨上似乎具有某种抽象意义。“豊”有时被用来代指人名或地名,除此之外,李孝定(1918—1997)还讨论了五个“豊”用于“奠祭”或“圣酒”(醴)等意思的例子。[37] 赤塚忠也是此论点的主要支持者,他认为“礼”源自“饮圣酒”这一仪式中最重要的步骤,进而成为其象征。[38] 这样的看法异于高鸿缙——他讨论了三个例子,发现此字意指整体的仪式。[39] 要化解李孝定、赤塚忠和高鸿缙的意见差异,或许可以依照赤塚忠的说法,接受“饮圣酒”在商代仪式中一直被视为重要步骤的解释方向。然而,“礼”字的原形是否有用来统称仪式本身这点仍不明确。甲骨上还有其他很多象征特定仪式的文字,但它们跟“礼”字的原形(无论是“豊”还是“醴”)的关系仍无法解开。西周金文的研究也有类似的情况。除了人名、地名、仪式名称和奠酒这四种“礼”的含义,高鸿缙还举出两个含有其他意义的例子。一个当形容词用,意指“懿美”,另一个代表君王在特定仪式上使用的弓。[40] 此外,还有另一个“大豐簋”的用例:“乙亥,王又大豐。”白川静研究过“大豐”的

---

36　周法高主编:《金文诂林》,页 3111。

37　李孝定:《甲骨文字集释》卷 5(台北:“中研院”历史语言研究所,1991),页 1687。白川静也观察到这一点。白川静:《説文新義》卷 5(神户:白鶴美术馆,1974),页 989。

38　赤塚忠:《中国古代思想史研究》(东京:研文社,1987),页 70。

39　周法高主编:《金文诂林》,页 3096。

40　周法高主编:《金文诂林》,页 3096—3097。

七种解释，他借由比较“大豐”及另一个“麦尊”中的相关文字，让学者注意到以下事实：第一，“大豐”（或许是仪式名称）是在王宫或宗庙的邻近水域举行的；第二，“大豐”是一系列仪式中的一个环节。[41] 这些甲骨文及金文的资料显示，商代至西周早期“豊”和“豐”字的用例，似乎没有成为一个象征整体“典礼”或“仪式”的统称。[42]

白川静和赤塚忠都认为西周晚期就已经建立了结构严谨的仪式系统，即后来称作“礼制”的国家制度。这种国家制度应该不只是周公旦在短时间内建立起的“礼”，而是周朝自推翻商朝的一百年来，渐渐发展出的一套自己的宗教政治运作模式。当然，这不是全新的运作模式，其仪式结构是结合商朝文化而建立的。[43] 赤塚忠将周朝前期盛大的国家仪式解释为其宗教政治秩序的体现，他的观察如下：

> 诸侯领受天子的命令后，即册封土地、封地变更、封号及领地继承，以及官职指派，就会跟随天子从宗周（理政中心）前往豐京（祭祀中心）。借由四处升烟，天子祈求灵台及大湖的天帝和神灵降临并且被引领至辟雍（宗庙）。一旦

---

41 白川静:《金文通釋》卷 1（神户：白鹤美术馆，1962），页 5—9。关于他对“麦尊”的诠释，请参阅白川静:《金文通釋》卷 11（神户：白鹤美术馆，1965），页 632—634。

42 在这一方面，徐复观（1904—1982）分析了《书经》中五个“礼”的用例（一个在《金縢》，三个在《洛诰》，一个在《君奭》），总结出从周朝部分（《周书》）找到的五个例子中,“礼”的用法与祭祀有紧密的关联，而于商朝的部分（《商书》）则完全没有找到“礼”的用法。请参阅徐复观:《中国人性论史》，页 42。但由于《书经》文本成书的复杂过程及文本真实性的问题，笔者犹豫是否该引用《书经》作为西周思想表现的例证。

43 白川静:《金文の世界》（东京：平凡社，1973），页 106。

> 天帝和神灵就定位，就会献上饮食。天子接着喝下献给天帝和神灵的酒醴。……领受天子命令的诸侯须依照身份地位，于祭祀仪式献祭。天子饮酒的过程即为君权神授的体现。仪式后接着是由身为天神代表的天子所主持的宴席，就是在这场宴席中，天子的命令产生效力。天子入座后，宴席就立即开始。开始时，祭祀司仪祈求周文王（及其他先祖）所建立的（周）朝代能在至高无上的天神带领下，拥有永久的未来（繁荣兴盛）。于是，天子、宗室诸侯及文武百官分享了献给天帝及神灵的祭品和醴酒。宴席中，他们祝福彼此。同时，他们也赞颂过去自周文王顺应天命建立周朝后，他们与先祖共同维持世代的繁荣兴盛。之后，他们唱诵一首用于告诫宗室诸侯须谨守周文王的律法和品德的叙事诗。抑或是，天子赞扬自己恭敬地遵行文王的律法，虔敬地完成祭祀仪式，以及谨守文王之品德来治理朝政，颂扬后接着的或许是乐舞表演。[44]

从赤塚忠的描述中可以看到，在周朝首都举行的盛大国家典礼，大幅促进了祖灵、王室及诸侯的关系。确切来说，周王、诸侯及贵族百官对仪式的参与，确立了周朝政权。赤塚忠以“人伦共同体”来称述周朝这样的宗教政治秩序。[45]

考古物证的发现能让我们勾画出周朝国家仪式在演变过程中的特点。白川静将周朝国家体制的建立分成早、晚两个时期。

---

44 赤塚忠:《中国古代思想史研究》，页68—69。

45 赤塚忠:《中国古代思想史研究》，页42。

早期指的是周昭王的朝代。白川静以下列的考古物证来推断此时期的发展:(1)酒器数量的减少;(2)白川静推想为用来表达对自然的敬畏的饕餮纹，被象征祖先及后代子孙之联结的凤纹取代;(3)“钟”成为一种仪式乐器。这表示周代从商代的宗教政治制度中,发展出自成一格的严谨系统。[46] 在这个探讨中，酒器的减少乃是关键的佐证。如李孝定和赤塚忠推论的,由“豊”字或“豐”字代表的“礼”，最初是与圣酒有关联。不论周王是否意识到纵情于酒的危险，我们都很难想象仪式执行过程没有酒醴。然而，酒器的减少代表“礼”的观念渐渐脱离与酒醴的紧密关系，这个转捩点促使“礼”概念转化为仪式及国家制度的象征。

各种“钟”的出现对于“礼”观的发展具有划时代的意义，因为“礼”和“乐”的结合表现出中国文明的高度发展及其精髓。如果我们推想此时期的音乐技巧大幅进步，那也必定会促使“礼”与其原意中“酒”的含义渐渐分离,进而与音乐结合。白川静描述此时期主要会举行的两个重要的国家仪式分别是:在周朝祭祀中心豐京的辟雍(四面环水的宫殿)大规模举行的祭祖仪式，以及祈求丰收的籍田礼。[47]

后期指的则是穆王执政的时代。铭文记载了“册命仪式”，即周王及宗室诸侯见证世袭贵族及封建诸侯的继位，此仪式会在新任周王登基或新任诸侯继承封地时举行。此种铭文形式有两个特点:(1)详细记载日期及地点;(2)周王赏赐的物件由玉

46 白川静:《金文の世界》，页 87—106。

47 白川静:《金文の世界》，页 89—105。

贝及原铜，改为袍衣及装饰品。白川静认为这些转变与世袭贵族制的建立及宫廷礼仪的出现有关，[48] 这确实也可以说是讲究仪礼的周代政府制度已达完善。但讽刺的是，这也是周朝衰败的开始。然而，只透过若干考古物品厘清当时西周礼制的观念仍有相当的困难。

最后四位周王的执政时期，都遭遇到天灾、社会动乱、政权篡夺、周王诸侯传统宗教政治关系的瓦解，且宣王至厉王期间政局更加动荡不安。《国语》的一段叙述显示出一些主要的国家仪式在西周末期都不再施行，如周宣王实施的政治改革导致籍田礼的废止。[49] 经过这一段“礼”作为周朝国家制度基础的衰败期，“礼”字复兴时，自然而然其中产生了道德意义。“礼”注入道德意涵之概念化过程可见于《诗经》。

## 第二项　《诗经》：行为及社会规范化之“礼”概念

在当代学者的视野中，《诗经》中有关“礼”的描述提供了仪式研究（ritual studies）的丰富材料，但相对而言，此研究途径相对会忽略“礼”在观念史方面的意义。加藤常贤在进行“礼”概念发展的相关研究时，没有为了讨论《诗经》中的“礼”而提供独立的分析项目。我们可以推断《诗经》绝大部分的编撰时期应该在春秋中期，也就是早于孔子的年代。因此，《诗经》中的“礼”有助于我们了解仪式的特定名称是如何融入

---

48　白川静:《金文の世界》，页 133—144。

49　请参阅《国语》之《周语》第一章宣王与虢文公的对话。

更具综合性的“礼”中，这点是Fehl和西晋一郎也没有注意到的。Fehl从仪式研究的观点解释《诗经》有描述各种仪礼的情形，但却没有分析“礼”概念本身的含义。[50] 西晋一郎的研究检视了在《诗经》中出现的每一个“礼”字的内容。就方法而论，笔者倾向依循西晋一郎的途径。

《诗经》有七首诗节中出现“礼”字，其中有一节重复一次。在这些诗节中，我们能找到“礼”字在使用上的四层意义。

**【表3-1】《诗经》中的“礼”字**

| | 句子 | 篇章 | 备考 |
|---|---|---|---|
| （1） | 礼仪卒度 | 小雅·楚茨 | |
| （2） | 式礼莫愆 | 小雅·楚茨 | |
| （3） | 礼仪既备 | 小雅·楚茨 | |
| （4） | 以洽百礼 | 小雅·宾之初筵；颂·载芟；颂·丰年 | |
| （5） | 百礼既至 | 小雅·宾之初筵 | |
| （6） | 人而无礼 * | 鄘风·相鼠 | 出现两次 |
| （7） | 礼则然矣 | 小雅·十月之交 | |

第一，“礼”字如同西晋一郎所指出的，代表醴酒，也代表祭品。这样的用法可见于《载芟》及《宾之初筵》。《宾之初筵》诵：

50 Fehl, *Li: Rites and Propriety in Literature and Life*, pp. 81-86.

> 籥舞笙鼓，乐既和奏，烝衎烈祖，以洽百礼，百礼既至，有壬有林，锡尔纯嘏，子孙其湛……

《宾之初筵》描述了一个与射箭有关的宴席，但它真正的主题似乎跟饮酒有关。在作者描述的景象中，宴席之初宾客举止合乎礼制，这与之后吵嚷的喝酒场面形成强烈对比。在这首诗中，“百礼”意指“一百杯酒”，即对之后射箭比赛输家的“惩罚”。

第二，“礼”泛指礼仪。我们能在《楚茨》中找到这种用法：

> 礼仪卒度，笑语卒获，神保是格，报以介福，万寿攸酢，我孔熯矣，式礼莫愆……礼仪既备，钟鼓既戒，孝孙徂位……

《楚茨》记述了丰收庆典的过程，一开头是描述先除草再种小米的场景。丰收庆典会在一年中的丰收时刻举行，庆典过程会在祭祀祖灵时达到最高峰。

第三，“礼”与“仪”并用时，可被解释为促进人类的社交生活运作良好的社会规范。《相鼠》诵：

> 相鼠有皮，人而无仪，人而无仪，不死何为？相鼠有齿，人而无止，人而无止，不死何俟？相鼠有体，人而无礼，人而无礼，胡不遄死？

这首诗的主题即为“仪”和“礼”对个人社交生活的重要性。“仪”使用于“威仪”和“令仪”。当“仪”与这两个字并用，代表了执行仪式时需展现的合宜礼仪。尤锐搜集了三十五个“仪”的用例（包含“威仪”），也推断广义的“恰当行为”与“仪礼”具有紧密的关联。[51] 这些诗节带有严肃口吻，斥责没有谨守礼仪和规范的人们，显示出《相鼠》的作者极为重视这些德行。此主张所隐含的是老鼠的身体部位及人类的行为举止之比喻。如同老鼠被去皮、除牙或解四肢就不能存活，人若是不遵守社会规范也不能在人类社会中生存。显然，“礼”在此强调的是典范而非仪式层面。这里的“礼”似乎代表的是，古代中国社会若要良好运作就必须遵守的（合宜）社会行为。

第四，“礼”字也代表某种社会力量，或是社会约束个人的力量。《相鼠》的作者提倡“礼”，注重的是“礼”在个人行为上展现出来的效果。别处则可见到，“礼”的含义还扩及为能命令个人去选择何者当为或不当为的权威力量。让我们来检视《十月之交》的例子：

> 抑此皇父，岂曰不时，胡为我作，不既我谋，彻我墙屋，田卒污莱，曰：予不戕，礼则然矣。

这首讽刺诗的完成日期不明，但作者显然是在批评皇父滥权，导致周代的旧首都被遗弃。皇父被人们（或许是被作者）批评为滥权，且以遵守“礼”之责任为滥用权力之借口。这里的“礼”有两种可能的解释：（1）“礼”代表对王室法令的服从。在这一种解释下，最后一段可被解释为“（皇父说：）这并非我的过错，我仅是执行王令”。（2）“礼”代表服从社会力量。这段引文的

---

51 Yuri Pines, “Intellectual Change in the Chunqiu Period,” p.101.

解释即为：“我无法抗拒，因为众人都要求我这么做。”不论皇父的压力来自第一还是第二个解释，“礼”字都不能被解释为特定的“仪礼”，而是象征着甚至连一位篡位者也无法抵抗的集体社会力量。因此，我们可以理解高本汉（Bernhard Karlgren, 1889—1978）和 Fehl 在此把“礼”翻成“律法”（law）的观点。[52] 但我们要注意的是，此“律法”并不是指实定法意涵的法规，因为即使皇父违反法律条规，他应该仍能逃避惩处。就此意义而言，在此出现的“礼”针对贵族以上阶级的人所发挥的社会力量恐怕仅限于让他们自发遵守的层次。

前述有关《诗经》中的“礼”字之讨论可总结为三点：第一，“礼”字泛指各种仪礼的概念。第二，“礼”被视为不再与仪礼有直接关联的社会行为之规范。第三，“礼”被解释为个人社交生活需要的重要价值观。整体看来，就“礼”观念之发展而言，如《诗经》的用例所示，春秋时代的贵族相当重视“礼”，而其理念化也以相当的程度进行，于是我们可以推论，下文所述的孔子“礼”思想的意义，与其说是“礼”的重要性之首倡者，倒不如说是建立“礼”与“仁”等其他道德价值的关系之贡献者。

## 第三项　《论语》的“礼”概念

在赫伯特 · 芬格莱特提出其诠释后，孔子思想中的“礼”

---

52　Bernhard Karlgren, *The Book of Odes* (Stockholm: The Museum of Far Eastern Antiquities, 1950), p.139. 也参见 Fehl, *Li: Rites and Propriety in Literature and Life*, p. 86。

之重要性引起了美国比较哲学学者和现代新儒家学者的注意。[53] 与此大概同时期的日本学界，其研究《论语》“礼”的方法却正在离开哲学的方法，而接近人类学的观点。[54] 白川静 1971 年出版的《孔子传》即具此种方法上之转变的特点，他认为“儒”字源自“祈雨中的巫觋”。传承祭拜之仪礼，并且促成儒家形成的，即为继承巫术传统的宗族。[55] 这个解释是基于汉字早期意义之宗教人类学观点的诠释。自称“私淑”白川学术的学者加地伸行，将白川静的发现整合至自己的研究中，加强其儒家起源之论点。[56] 他在专书《儒教とは何か》中对儒家思想渊源的探讨，也深受日本读者欢迎。不过一般而言，1970 年代之后，日本学者已逐渐减少重构《论语》哲学思想的尝试。

然而，我们前一项的分析似乎并没有强调春秋时代的“礼”概念中所含的宗教元素，或者孔子思想起源与其之关联。重述我们观察过的重点：“礼”字在春秋早期以前，除了还保持其原有的礼器及祭品之含义外，就已经添入了社会规范的意义。由是观之，我们合理怀疑白川静描述的“礼”的社会团体，于春秋末期仍保留着浓厚的巫觋传统特质。

同样地，“礼”仅被解释为“仪礼”（ritual）的观点也必须

53 必须注意的是，中国学者都认为“仁”是比“礼”更为重要的价值。请参阅 Tu Weiming（杜维明），“The Creative Tension between *Jen* and *Li*”。亦请参阅李泽厚：《中国古代思想史论》（北京：人民出版社，1985），页 15。

54 在由日本学者撰写的相关研究中，笔者认为最为重要的著作是武内义雄：《論語之研究》（东京：岩波书店，1939）；津田左右吉：《論語と孔子の思想》（东京：岩波书店，1946）；木村英一：《孔子と論語》（东京：创文社，1971）；宫崎市定：《論語の新研究》（东京：岩波书店，1974）。

55 白川静：《孔子伝》（东京：中央公论社，1972），页 79—81。

56 请参阅加地伸行：《儒教とは何か》（东京：中央公论社，1991），页 56—58。

修正。如《诗经》所示，于孔子的年代之前，“仪礼”的意涵本身就只占“礼”概念的一部分含义而已。如《相鼠》所佐证的，“礼”在那个时代之前就已经成为一个价值观念。下面我会列出《论语》中“礼”的用例，以讨论说明早期儒家如何将“礼”概念化成重要的道德价值之一。

其实,《论语》中“礼”概念直接指狭义的“ritual”之用例并没有想象中的那么多，比较明显的例子是在《论语·八佾》中的“我爱其礼”一句。此句中“礼”可被解释为“仪礼”，并且讨论到祭祀仪式是否该继续执行。但这样的用法在《论语》中较少见。如果此推测是正确的，那么大部分的“礼”字所含之意义为何？与《诗经》的用法相比，笔者能观察到的《论语》的“礼”概念可分为三层意义:（1）社会规范和制度;（2）道德价值;（3）作为教化统治者及人民之方法。

### （一）作为社会规范和制度的“礼”:“夏礼”“礼乐”

此意涵中的“礼”字已经不只系指个别的仪礼。举例而言，《八佾》有两句用例:“夏礼，吾能言之”及“殷礼，吾能言之”。而此中“夏礼”和“殷礼”两词按逐字解释应该系指“夏朝的仪礼”和“殷（商）朝的仪礼”。然而，因为一个国家的“礼”所系指的实质内容应该是不同朝代的各种国家仪式之总体——即“国家制度”。由此可见,早期儒家依据他们对“礼”的理解，掌握了先前各朝代或当时不同国家之间的社会政治制度的特色。

《论语》中，此意义之第二种“礼”的用法就是“礼乐”一词。此词在《论语》中出现九次。“礼”和“乐”的密切关系意味着在早期儒家的心目中，凡举行“礼”的时候，音乐的演奏也不可或缺。这些“礼乐”的用例，说明春秋末期以前，“礼乐”不仅是“礼”加上“乐”的简单组合，还隐含了借此表现出“应要实现的理想国家制度”之意。举例来说，《季氏》有“礼乐征伐自天子出”一句。在这里，“礼乐”就是隐喻一个理想、正当的国家社会制度。《论语》的作者由于使用此意涵的“礼”概念，构想出不同社会阶级互不越犯的合宜之社会政治秩序，因此，若将这里的“礼”诠释为“仪礼”，则“仪礼”已经变成合宜社会的隐喻了。

同样地，“生，事之以礼”（《为政》）和“死，葬之以礼”（《为政》）等句子看似意指仪礼，然而这两个句子也不能简单依字义分别解释为“依照仪礼服侍父母”及“依照仪礼举行葬礼”。如此解释不合理的原因是，我们很难想象那时的人们埋葬及祭祀祖宗会没有举行仪式。因此，这些例子的重点并非是否举行“仪式”本身，而应该是儿女必须遵行恰当的社会习俗或规范，来服侍父母与举行葬礼。

早期儒家在使用“礼”字以试图呈现“恰当的行为”的重要例子为《子罕》的一段文字：

> 子曰：“麻冕，礼也。今也纯，俭，吾从众。拜下，礼也。今拜乎上，泰也。虽违众，吾从下。”

孔子所要说的是，“戴着麻织礼帽”和“先在堂下行礼拜”，与公众认同的“戴着丝织礼帽”和“仅入堂后礼拜一次”之社会行为不相符。狭义的“礼”代表古人皆遵守但如今已过时的规范，在孔子生活的年代应该存在着当时被广泛接受于社会的风俗习惯，但其与先前制定的规范（古礼）明显不相符。这一段引文中，孔子由于将古习惯称为“礼”，表示他并没有接受当代广受认同的社会风俗。不过此段话反而暗示早期儒家认为他们自己的伦理标准，比跟从当今的习俗规定还重要。换句话说，在早期儒家开始按照古代“礼”的标准，质疑当今社会习俗的理路时，理想的“礼”就已经不存在于实际社会习俗中了。也就是说，当时儒家学者发现，只靠仪礼（即“ritual”，并非“礼”）不足以提升人们的伦理感，亦无法（重新）建立理想的人类社会，因此需要积极地探求恰当仪式的标准。举例而言，《阳货》描述孔子悲叹：“礼云礼云！”这里的“礼”意指玉帛等祭品，象征仪式。孔子（或这一段的作者）所要批判的是仪礼（即“ritual”）已流于形式之现状。职是之故，如白川的见解，将早期儒家理解成专为仪式的集团恐怕不太妥当，更确切一点地说，他们是以当时的伦理标准来进行仪式礼节的诠释者的身份，出现在思想史的舞台上。早期儒家对盲从仪式规定的社会风气有所警惕，而主张是否服从仪式本身应该从每个人的伦理价值出发，凭己身意志去实践，甚至去改善社会风俗。这个角度引领我们到《论语》“礼”概念的第二个特点。

### （二）作为道德价值的“礼”：“恭”与“敬”

《论语》“礼”概念的另一个特色，是其价值与“仁”“恭”“敬”等伦理概念关联而被提倡。[57] 此倾向到了孟子，由于将“恭”和“敬”结合为“恭敬之心”的理论，构成其所谓“四端”之一。

57 “让”亦重要，下文有讨论。

在这里，我们首先从《论语》“礼”概念与“恭”的结合开始探讨。《论语》有三处“礼”与“恭”并用的例子，其中两例的言论出自孔子的学生有若和子夏，而非孔子本人，这表示伦理价值的观念形成，多半可能始于孔子的学生，而非孔子。笔者已经在前章第二节讨论过这一点。《论语》的“恭”指的是个人表达对他人之尊敬的行为，而“礼”则意指为表达此尊敬的合宜规范行为。举例来说，《泰伯》曰：“子曰：恭而无礼则劳。”《学而》也曰：“恭近于礼，远耻辱也。”《颜渊》中子夏也说：“君子敬而无失，与人恭而有礼；四海之内，皆兄弟也。”值得注意的是，通常“礼”的规范只属于一个社会或王朝的范围，但在这里，某一个人的“恭”由“礼”的方式表现出来，“四海之内”的人（等于世界的人）便如兄弟一样对待他，显示出这里的“礼”是所有人类表达“恭”的心理状态之方式。

接着，“礼”与“敬”并用可见于两段文字，其中《子路》的用例最为著名：“上好礼，则民莫敢不敬。”此句前半部分通常依字义被解释为“如果主上爱好仪礼”，但笔者则主张此处的“礼”不应被翻译成（“ritual”义的）“仪礼”。我们难以想象那个时代的统治者中有不喜爱执行壮丽仪式的，因为仪式最能呈现他的政治权威。季桓子在家庙中厅执行“八佾舞”之仪礼，表示那个时代的统治阶层敢执行逾越当时社会规范（较狭义而言，国家规定）所准许的仪礼。[58] 因此，《子路》引文中的“礼”指的必定不是“礼”的“仪式层面”，而是其“规范层面”。其实，在如上《子路》引文中的“礼”（社会行为规范）及“敬”

58　孔子著名的批判可见于《论语 · 八佾》的首段。

（敬畏之心）之间的关系也是相辅相成的。统治者似乎必须遵守（合宜的）社会规范，才能使百姓敬畏他。在《论语》中，“敬”概念代表人们对地位极高的上层，如统治者、父母及祖灵，需保有虔诚敬畏之心及举止。[59]《论语》有一段可见“恭”及“敬”并用，即《公冶长》曰：“子谓子产，有君子之道四焉：其行己也恭，其事上也敬，其养民也惠，其使民也义。”这一段中，“恭”说明个人的行为，“敬”用于与上层的关系，这样比较有助于了解这两个词之间的微妙差别。基本上，两个词都含有“尊敬”之意，但“敬”带有的意思是对他人（如上所述通常是地位极高的上层）所怀有的敬畏之心，而“恭”指的是一种自我检视，也可说是对他人谦虚为怀。

我们分析《论语》中“礼”（社会规范）、“恭”（谦虚为怀）、“敬”（敬畏之心）这三个概念之间的关系，便能够理解早期儒家伦理论辩的一些特色。第一，早期儒家认为“敬”的对象一定是针对“他者”，否则只系自尊，那样敬畏仅会转为高傲。因此，一个人必须实践“恭”，才能懂得尊“敬”他人。第二，对他人的敬意也需有针对自身伦理状态的自我检视——“恭”。否则，若一个人在自己内心并没有满满的自信，同时也没有自我检讨的话，哪怕对他人保持所谓谦虚的态度，也只会流于表面上的服从而已。第三，个人内心的自我检视及对他人之敬意，都需要经由个人所行的适当社会举止表达出来，早期儒家称其为“礼”。

总之，我们在《论语》的用例中，能观察到“礼”概念理

59　对在世的父母保有敬畏之心可见于《里仁》的“事父母……又敬不违”，而对于往生者的敬畏之意可见于《雍也》的“敬鬼神而远之”。

念化的情形是：由于“礼”概念与“恭”和“敬”两个概念构成“心理状态”——“实践方式”的互补关系，在必须建立于个人能为社会和谐做出贡献的伦理基础上，开始具备了一种“实践伦理”的心理基础。“礼”转化成“实践伦理”的过程，广义上与在《论语》中更具普遍伦理价值的“仁”的结合下，进一步呈现了出来。其实，这一意涵中的“礼”概念和其他伦理价值的关系，就是孟子所进一步要探讨的主题。

### （三）作为教化统治者及人民之方法的“礼”

上述讨论说明了《论语》中“礼”字的概念化情形。“礼”与“恭”“敬”结合，成为表达对自我之检视与对他人之尊敬不可或缺的表达方式。不过，“礼”的实践目标，不止于单单陶冶个人伦理的层次。《论语》作者的理路是，假如统治者能实践“礼”，便能赢得百姓对他的尊敬和服从。此理念在《论语》中似乎是一贯的，[60] 在“礼”“恭”和“敬”并用的段落中也成为其主题。例如，《子路》曰：“上好礼，则民莫敢不敬。”另外，在《公冶长》孔子称赞子产的片段中，孔子用了“恭”和“敬”来解答一个理想的统治者所需具备的条件；《为政》也曰：“道之以德，齐之以礼，有耻且格。”[61] 在此，“礼”的主语应该为统治者，而“耻且格”则系指“礼”的推行对教化人民产生的效果。以此理解方向来看《里仁》的一段：“能以礼让为国乎？何有！”此处的“礼”与“让”并用，且都与“为国”（治理整个国家）确切

---

60　有趣的是，这个主题也贯穿《礼记·缁衣》（以及“郭店楚简”）的论述结构。

61　关于“格”字的说明，我遵照注疏版本的相关解释：“且能自修而归正也。”请参阅〔魏〕何晏注：《论语注疏》卷 1（台北：弘毅出版社，1994），页 88。

相关。此句“何有”一句中可以看出早期儒家对“礼”在政治层面的效果之信心，此种信心也表现出早期儒家致力去改善当时社会政治环境的抱负。正如笔者在第二章第二节第一项“儒家思想的政治起源”中所探讨的，孔门弟子学好“礼”后，预期会被国君和当时各层统治者雇用，被派遣至周边城邑担任都宰或邑宰。

值得注意的是，若我们比较《论语》及《诗经》的“礼”，《论语》的“礼”在这一层意义——即实践者透过“礼”来改变政治现状的积极向度——会凸显出来；而在《诗经》中，虽然诗人看似注重个人层面及社交生活中的“礼”，但是他们对于“礼”的态度是相当消极的。如《十月之交》“日予不戕，礼则然矣”，将“礼”描述成某种不可抗拒的社会压力。这首诗的作者在宫廷应该享有相当崇高的地位，《诗经》描述的这种先秦时代出现的消极态度显而易见。相较之下，透过《论语》的“礼”之用例，其作者们屡次表示“礼”是一种可实践的个人修身指南，进而形成社会秩序，甚至达成人类（即“四海”）和谐的规范。对于总是怀有当邑宰以上的行政官之企图的儒者而言，“礼”的实践就是借此能使人民服从他们的合宜方法。如此，“礼”的形象一旦从消极转为积极，战国儒家便在“礼”的名义下开始整备仪式规则和社会风俗，甚至试图创造新的社会规范。总之，假如儒家投入政治活动的态度真的是消极或负面的，那么他们应该就不会积极热烈地讨论当时的社会规范，也不会执着地要求当时的统治者应当实行之，也更不会“发明”这些仪式和规范的价值和意义。

必须注意的是，我们不能将早期儒家只视为仪式的提倡者或执行者。当然，当时任何国家都非常需要大量能执行仪式能力的人才，然而《论语》的作者或者编者们设想的“礼”之实践者，同时也是管理税务及征税的政治领袖。假设用当代语言，即早期儒家“学者”在地方政府都担任最高行政首长，而在此情况下，我们难以相信他们仅负责执行特定的仪式而已。举例而言，《先进》冉有曰：“方六七十，如五六十，求也为之，比及三年，可使足民。如其礼乐，以俟君子。”这一段引文可见，冉有的志向不在于成为仪式主持或执行者，他理想中的职位是监督仪式的行政首长。根据孟子的说法，鲁国面积是五百平方里，[62] 冉有形容自己是未来管理约鲁国总面积十分之一大小的城邑的邑宰；事实上，冉有所想象的领土甚至比五十平方里的滕国还大。[63] 无论此言论属实还是虚构，我们都能推论出，早期儒者立志于透过“礼”之实践当地方城邑的行政长官，并借由“礼”的实践促进、提高辖下人民之伦理意识，也借此达成其国家与社会的有序及和谐。

## 第四项 《孟子》的“礼”概念

孟子以提倡“仁义”著名，虽然他承认“礼”对于他的思想而言，不如“仁”“义”重要，但每当与孟子对立的思想家质疑“礼”的价值时，孟子还是会强调“礼”的重要性。[64]

62 《孟子 · 告子下》：“今鲁方百里者五。”

63 《孟子 · 滕文公上》：“今滕绝长补短，将五十里也。”

64 在《告子下》，孟子巧妙地反驳了“礼与食孰重”和“色与礼孰重”这些质问。下面会引述全段并讨论之。

回顾当代学者对孟子思想的研究，迄今尚未有对孟子“礼”概念的意义提出比较完整的分析。[65] 其实，孟子的“礼”概念具有《论语》所没有的内涵和思想意义。除了孟子本人的礼论之外,《孟子》书中其他人也谈及了“礼”，我们可从此得悉战国知识分子怀有的“礼”观。按照先前《论语》“礼”的探讨方向，笔者会从“礼”的仪式层面开始分析；接着探讨孟子如何由道德价值来界定“礼”的意义；再次，也会探讨孟子如何使用“礼义”——后来成为荀子社会政治理论之核心价值的复合词；最后，也将比较孟子思想中“礼”的道德意义，以及郭店楚简和马王堆汉墓帛书《五行》中所出现的高度心理概念化的“礼”。

### （一）从仪式到社会规范的“礼”

让我们先从仪式层面开始分析孟子思想中的“礼”概念。和《论语》相同，孟子思想中并没有太多狭义地定义为仪礼或仪式的例子。直接系指仪式的例子多见于《告子下》，如：

> 夫貉，五谷不生，惟黍生之；无城郭宫室宗庙祭祀之礼，无诸侯币帛饔飧，无百官有司，故二十取一而足也。

这一段引文阐述“宗庙祭祀之礼”是与一个社会的生产力和伴随而来的征税相联结的。虽然孟子没有解释，一个处于如华夏等文明地区的社会为何会需要“宗庙祭祀之礼”，但是他的论述

65　就我所知，关于孟子思想中“礼”概念的专题研究，只有宇野精一曾经发表过一篇文章。请参阅宇野精一:《孟子の禮說》，收于《東方學》辑 5（1952），页 13—21。

触及了政府维持这些祭典所可能导致的剥削人民的问题。在讨论孟子关于“礼”作为社会功能的观点之前，我们再多看一个例子。《滕文公下》曰：

> 子未学礼乎？丈夫之冠也，父命之；女子之嫁也，母命之。

这一段引文也隐含“礼”的仪式意义，即冠礼和婚礼。这些仪式过程都详细记录于现存的《仪礼》。下面的例子让我们能推断出，孟子年代的社会规矩开始有文字化的手册。《公孙丑下》曰：

> 景子曰：“否，非此之谓也。《礼》曰：‘父召，无诺；君命召，不俟驾。’”

这一段景子所引《礼》的内容应该在孟子的年代是很常见的一句话。《论语》和《礼记》也有类似的说法。[66] 此句的“《礼》曰”给我们的印象是，在战国时代社会上层中已流传有记载仪式程序及合宜社会举止的一种手册。

必须注意的是，在这里言及“礼”的“手册”的记载并非出于孟子本人，而是出自与其交谈者，而且这一位可能是对礼拜仪式不如孟子那么熟悉的齐国朝臣。这项事实说明了，不只儒家，战国贵族以及知识分子也都意识到遵守社会规范的重要性。一般来说，现如今对当时的社会风气会有“礼坏乐崩”的

---

66 《论语 · 乡党》：“君命召，不俟架，行矣。”《礼记 · 玉藻》也有类似说法：“父命呼，唯而不诺。”“凡君召……在官不俟屦，在外不俟车。”

印象，不同于此，笔者据此反而认为，至少在《孟子》中呈现出的齐国上层社会对于遵守社会规范仍具有相当的敏感度。

孟子的“礼”之主要意义，确实是从“仪式”转为“仪式场合或日常生活中的合宜举止”。《离娄上》亦记载淳于髡曰：“男女授受不亲，礼与？”淳于髡提及的“礼”不再指仪式本身，而是指个人生活中必须遵守的社会规范。孟子的思想似乎肯定“礼”的重要性，将之视为维持合宜社会关系不可或缺之因素。而且孟子所重视的“礼”并非仪式的准则本身，而是其背后规范性的心理基础，这引导我们至下一个要点。

### （二）道德之心理基础的“礼”

前一项我们观察到《论语》的“礼”与“恭”“敬”“让”并用时，其意义为个人道德能借之展现为合宜社会举止的一种心理状态。孟子对“礼”这一层意义的发展有极大的贡献，他以这些词语界定“礼”概念的含义。孟子透过这样的定义，建立了他固有的“伦理论辩”之思想特质。借以此面相，孟子除了主张“礼”为道德的表现，还主张“礼”与“仁”“义”“智”的伦理价值一样，属于人类与生俱来的本质。我们从两方面探讨孟子“礼”概念在这方面的思想特质和意义。

首先，孟子在界定“礼”的心理基础时，所使用的是两组复合词：以“辞让”和“恭敬”来定义“礼”。孟子曰：

> 辞让之心，礼之端也。（《公孙丑上》）
> 恭敬之心，礼也。（《告子上》）

如同我们在《论语》中看到的例子，“恭”“敬”及“让”三词含有“尊敬”和“自我检讨”的含义，并且彼此之间有微妙的差异。譬如，随着对于主上、长辈，还是对于自己，或者该如何表达等不同的情况，要使用的概念也不一样。此外，孟子还使用了“心”一词，将“礼”特别表述为一种心理状态。亦值得注意的是，孟子定义“礼”时，分别结合了“辞”和“让”以及“恭”和“敬”。或许，孟子在前者加上“端”这个字，是想区分“恭敬”和“辞让”两者不同层次的功能：前者为“礼”的心理状态本身，后者则为会引起“礼”的心理状态之端绪。与“心”的结合，“恭”和“敬”就可以代表心理状态，[67] 而如《论语》的例子所示，“礼”的这种价值需由实际的“辞让”行为来证实。如此，孟子加上“心”和“端”两词来更清楚地界定“礼”概念的两层含义。他也没有忽略在“礼”概念中心理伦理化的作用，是透过辞让的实际行为而实现的。

其次，孟子从与“仁”“义”“智”三个概念的关系来理解“礼”的内涵。这意味着，孟子在与原先不同的伦理价值的关联上探讨“礼”的意义。“礼”和“恭敬”以及“辞让”都含有一种“自我检视和尊敬别人”的内涵，所以这些概念之间的结合在某程度上是自然的。然而，孟子在这里将“礼”与不同伦理价值之结合，通常是在思想家先清楚自己对伦理本身意义的理解，并了解在此之下不同概念之间的共同意义才能做到。孟子以三种方式整合理解“仁”“义”“礼”“智”四个概念的伦理面相。第一，孟子举出此四种伦理价值的共同基础。孟子曰：“仁义礼智根于

67 这一点在《五行》中非常明显，下面我会讨论。

心。”（《尽心上》）第二，孟子说明四种价值的关系。孟子曰：“礼之实，节文斯二者也。”（《离娄上》）在这里，“礼”的角色是“仁”和“义”的“节文”，在此引文中的核心伦理价值为“仁”和“义”，“礼”和“智”则为附属要素。第三，孟子也使用比喻的方式说明“义”及“礼”的重要性。他认为：“夫义，路也；礼，门也。”（《万章下》）有趣的是，在这一段论述中，孟子选择用的是“义”和“礼”，而不是“仁”和“智”。“义”和“礼”的叙述隐含孟子找到了两者的共同特点，即“恰当行为”；“路”和“门”隐喻个人为了达到合乎道德的生活的适当方式。这样，“礼”接近“义”之内涵的这层意义，引导我们至第三个要点：孟子对于“礼义”一词的认知。

### （三）《孟子》的“礼义”的概念

《孟子》中“礼”概念的第三种特色在其与“义”之结合中可以看到。虽然孟子的“礼义”用例只有五个（占了“礼”用例总数的十四分之一），但在《论语》中尚未出现“礼义”，相比而言，在《荀子》中的“礼义”数量则占了所有“礼”字用例的三分之一左右（343 ∶ 115）。此情形暗示《荀子》中的“礼义”渊源于《孟子》“礼义”概念的可能。整体而言，《孟子》五个“礼义”的用例，都可解释为符合伦理标准的合宜社会举止，只是每一句用例中的“社会举止”定义都不同。我们先看《梁惠王下》的用例：

> 礼义由贤者出，而孟子之后丧逾前丧，君无见乎？

值得注意的是，这里“礼义由贤者出”一语的出现，也透露出孟子伦理价值上的困境。因为孟子厚葬母亲，违反当时的社会规范而遭到批评。讽刺的是，孟子本人就是探讨如何达到“礼”（社会举止的理念，即恭敬之心）或该如何借由“礼”（社会举止本身）适当地实现伦理价值的人物，但他本人却违反了当时的贵族们实际实践的“礼”。这样的情形可能引发如此的质问：如果连“礼”的提倡者都违反“礼”的话，那么其他人该遵守什么样的规范？由是观之，战国中期的知识分子相当清楚地意识到，社会举止本身的“礼”与如孟子提倡的心理状态的“礼”之间会产生一些矛盾的情形。

的确，《孟子》的“礼义”可以更广义地解释为整体社会的规范。《尽心下》曰：“不信仁贤，则国空虚；无礼义，则上下乱；无政事，则财用不足。”在这里，孟子阐述了维持政治秩序的三个条件：第一，怀有仁德的君王或大臣（仁贤）；第二，基于社会伦理（礼义）的合宜社会政治体制；第三，会直接影响人民生活的政事。除此之外，值得注意的是，本段引文将“礼义”一词与“治”和“乱”并用。如笔者在第二章第三节第二项中所讨论过的，国家治乱的问题，在孟子下个世代的稷下学者的思想活动中，浮现为一个重要的议题。孟子的主张仍然属“伦理论辩”的范畴——伦理价值（“礼义”）就是国家社会秩序的基础。如在本书第五章所述，对治国之术而言，伦理价值实属优势这样的观点，直至荀子的“礼”论方得以进一步被系统化的阐述。事实上，伦理和实际政策的结合，显现出与孟子的其他“礼”概念稍微不同的思想内容。尽管如此，“治乱”问题对孟子有何种程度的重要性，只靠如上《尽心下》的引文内容还无法清楚看出。

另外,《离娄上》中的“礼义”用例，就其与孟子思想中核心的伦理价值“仁义”并用而言，亦是非常重要的，即曰:“言非礼义，谓之自暴也；吾身不能居仁由义，谓之自弃也。”由于在这段引言之后，孟子仍继续强调“仁义”的重要性，也使我们得以观察出：孟子开始意识到，在“礼”与“义”相结合时，其重要性几乎与“仁”一样，均在修身和社会稳定上有不可或缺的价值。

如上《尽心下》的“无礼义，则上下乱”一句所示，孟子除了将“礼义”视为社会稳定的关键因素之外，同时也似乎主张这样的“礼义”会产生于具有伦理价值的“人心”。也许是由于这个原因，孟子在《梁惠王上》中喊出:“奚暇治礼义哉？”要求君王以他的“仁心”给予人民“修礼义”的生活条件，但除了这个例子之外,孟子并没有说明人民应当学习“礼”的必要，甚至将人民几乎贬低到与动物同等。[68] 如此，虽然上面的例子显示，至少理论上孟子的目标是教化国中全部的人民，但他似乎也承认以当时大部分人民的生活或经济条件，无法使其实践“礼”的规范。

另外，对孟子而言，“礼”之履行本身要求相当程度的经济负担这一点也是个问题。如《告子下》“二十取一”的用例所示，孟子觉察到维持制度化的“礼”（国家仪式）需以向人民课税为代价，而这样的仪式只能由统治阶级举行。然而孟子同时主张，君王应借减少课税来用“礼义”教化百姓。到底孟子认为“礼”

68　见《离娄下》:“人之所以异于禽兽者，几希。庶民去之，君子存之。”

是属统治层的规范，还是也要推广及全民的规范？由谁来负责维持“礼制”或推动“礼义”规范的经济代价？孟子似乎没发现其论述中含有的矛盾。

总结以上说明，与一般印象不同，孟子对于“礼”的语意扩展及概念化应该有不少贡献。孟子借由结合“礼”和“恭敬”及“辞让”二词，来进一步厘清“礼”概念的心理基础，并且借由结合“礼”和“义”，将“礼”的讨论范围拓展至国家制度的运作，而不再只限于个人举止。然而，“礼”也好，“礼义”也好，孟子本人似乎并没有对“国家社会治乱论”进一步开展分析性的论述。之后，稷下学者觉察到社会稳定的重要性，而这也激发他们探讨“礼”的意义和作用。在他们的探讨中，“礼”的语义持续地扩展。至少孟子相信呈现“礼义”的国家社会，就会自动达成其有序和安定。稷下学者则开始怀疑伦理价值本身是否具有维持社会秩序的功能这一点。换个角度而言，孟子借由提及“礼义”来开始注意社会“治乱”问题本身，稷下学者则将“社会秩序论”本身当作他们所专门要探讨的议题。在此意涵上，孟子的“礼”论几乎到了稷下“分析论述”的入口。

### 第五项 《五行》的“礼”概念

《五行》为 1973 年出土于马王堆汉墓的佚书之一，由庞朴命名为《五行篇》。到了 1993 年，郭店楚墓又挖掘出来与此相同内容的一组竹简，并且在其竹简上确实有《五行》之名。只是马王堆的《五行》由“经”和“说”两部分构成一组，而郭店本则只有“经”的部分。从郭店楚墓的下葬年代（前300年上下）来推算，郭店文献的抄写年代必在此之前，因而可以合理推测“经”部分的思想在孟子活动的时代已流传，此思想内容的时代会比孟子早。[69] 今笔者不会涉入两者之间的时代早晚问题，而仅将分析对象限于《五行》一篇中的“礼”概念的思想特色。

**【表3–2】**《五行》中的“礼”字

| | 句子 | |
|---|---|---|
| （1） | 礼型（形）于内，谓之德之行；不型（形）于内，谓之行。 | 1经[70] |
| （2） | 不远不敬，不敬不严，不严不尊，不尊不恭，不恭亡礼。 | 12经 |
| （3） | 不远不敬，远心也者，礼气也。 | 12说 |
| （4） | 恭而后礼也。 | 12说 |
| （5） | 有以礼气也。 | 12说 |
| （6） | 以其外心人交，远也；远而装（庄）之，敬也；敬而不解，严［也］；严而威之，尊也；尊而不骄，恭也；恭而博交，礼也。 | 16经[71] |
| （7） | “［恭而博交，］礼也。”言其能柏（博），然后礼也。 | 16说 |
| （8） | 知而安之，仁也；安而敬之，礼也。 | 18经 |

69　在【表3–2】中的引文（1）、（2）、（8）、（9）、（12）、（13）和（19）应该属于这部分。虽然引文（6）属于马王堆版本的文本部分，但没有出现于郭店版本。就此意义上而言，引文（6）诠释了引文（2）中构成连锁论的五个术语，可见引文（6）可能是引文（2）的早期解释。

70　表中的号码按照庞朴的分段。请参阅庞朴：《帛书五行篇研究》（济南：齐鲁书社，1988，第二版）。

71　郭店本缺此句。

| | | |
|---|---|---|
| （9） | 仁义，礼乐之所由生也。 | 18经 |
| （10） | “安而敬之，礼也。”既安止矣，而有秋秋然而敬之者，礼气也。 | 18说 |
| （11） | “仁义，礼乐之所由生也。”言礼乐之生于仁义［也］。 | 18说 |
| （12） | 行而敬之，礼。 | 19经 |
| （13） | 仁义，礼智（知）之所由生也。 | 19经 |
| （14） | “行而敬之，礼。”既行之，矣［有］秋秋然敬之者，礼也。 | 19说 |
| （15） | “仁义，礼智（知）之所由生也。”言礼［之］生于仁义也。 | 19说 |
| （16） | 遁禽兽之生，则有好恶焉，而无礼义焉。 | 23说 |
| （17） | ［畏］父兄，其杀畏人，礼也。 | 25说 |
| （18） | 由色榆于礼，进耳。 | 25说 |
| （19） | 闻道而恭者，好礼者也。 | 28经 |
| （20） | “闻道而恭，［好］礼者也。”言好礼者之闻君子道，而以之其礼也。 | 28说 |

关于《五行》“礼”字的用法，值得注意的有两点。第一，如同孟子“……之心”的句型，《五行》也从心理作用的角度来界定“礼”的内容。如引文（2）中的“不敬”及“不恭”，引文（8）和（12）中的“敬之”，以及引文（19）中的“闻道而恭者”所显示，《五行》的“恭”和“敬”是解释“礼”的内涵。相对地，“辞”（“以礼貌的方式道谢”之意）和“让”的用例并未出现。孟子将这些概念也看作“礼”的内涵。在引文（2）中，作者主张“礼”的实现必须经过“远”“敬”“严”“尊”及“恭”五个阶段的“心理”过程。《五行》的作者之所以并不采用“辞”和“让”，也许是因为他比较专注于个人心理状态，而对伦理价

值之社会实现的兴趣则相对地较小。[72]

第二，如《五行》这样的标题所表明，“礼”在五个重要德目，即“仁”“义”“礼”“智”以及“圣”之中占其中一个位子。同时，《五行》尝试解释这些德目之间的关联。值得注意的是，《五行》中引文（9）的“礼乐”和引文（13）的“礼智”都是由“仁义”所产生的。在《五行》思想中，“某种概念由其他的某种概念所产生”这样的思维方式，会令人想起孟子思想的亲近性。其中值得注意的情形是如下三点：首先，“仁义”一词被设想为最核心的伦理价值。其次，《五行》的“仁义”观念也是一种会具有“发生”及“形成”这样动态性的伦理价值。最后，为了表述伦理概念的扩充，它们会与“气”概念相结合。虽然《五行》中“说”部分较晚——恐怕直至战国末年——才完成，在引文（3）、（5）和（10）的“说”部分，作者使用“礼气”一词，也就是将“礼”和“气”相结合。这样的情况让我们想起孟子将“义”与“浩然之气”相结合，一边积聚也一边可以扩大的情形。虽然我们尚未能断言《五行》“经”“说”两部分的作者是否属于所谓的“思孟学派”，但此种用例的存在明确表示战国中晚期有一群思想家由“气”之存在来解释“礼”的功能。

---

72　池田知久发现引文（2）是授权统治者的方法。请见池田知久：《馬王堆漢墓帛書五行篇研究》（东京：汲古书院，1993），页 286。此层面可以说是从早期儒家到荀子的“礼”概念中构成的“基调低音”（*básso contínuo*），即统贯先秦儒家“礼”概念的共同基本特质。

## 第三节　稷下思想和道家思想的“礼”与礼论

前一节阐述了《论语》《孟子》以及《五行》——即“伦理论辩”中的“礼”概念及其概念发展中的思想特色。笔者指出，虽然孟子自己强调的是“仁义”，但其“礼”和“礼义”概念的发展中也会含有后来构成荀子“礼”论中不可或缺的一些思想要素。换言之，在战国时代“礼”概念发展的意义上，荀子“礼”论应该不只传承于孔子，而且在某种程度上也继承了孟子所开展的思想特色。

然而，即使我们可以描绘出孟子及荀子间“礼”和“礼义”的概念发展之传承脉络，但两者之间还是存在着一些差异。为了阐明在两者之间的思想环节，我们不得不注意孟荀之间的思想发展，特别是稷下之学者们对“礼”概念的发展所扮演的主导角色。如前章所述，在齐宣王（前 319—前 301 在位）至齐湣王（前 300—前 284 在位）所统治的时期，齐国首都临淄招致当时华夏各地的百家名硕，他们的学术活动给当时中国思想的活动带来了重大的转变。笔者将之称呼为从“伦理论辩”到“分析论述”之转变。由此思想脉络来看，荀子属于战国时期最后一代的巨儒，并且是综合此两种论辩的思想家。

在前章的探讨中笔者主张过：稷下学者为了探讨社会机制的原理，开发了“治”“乱”“分”“法”等重要的分析性术语。在下面我们照此理路将推测“礼”概念也由稷下学者将之分析术语化的可能。在此假设中，本节将探讨《晏子春秋》《慎子》《老子》《庄子》《管子》等文献的“礼”概念。

关于上列文献彼此之间的思想前后关系，首先，虽然《老子》

和《庄子》与稷下思想之间的影响程度尚未明确，但为了厘清荀子的“礼”概念——即在了解战国中晚期“礼”概念之发展上，检视《老子》和《庄子》中“礼”概念的分析是不可或缺的。其次，从其主题来看，《晏子春秋》在齐国稷下成书应该无误，但其思想形成和文献编辑时间应该与孟子的年代重叠，因而其“礼”概念与其他稷下学者的相关论述相比，应该属较为早期的思想。另外，无可讳言，由于《庄子》和《管子》撰写横跨的时间很长，比较难以判定此两部著作中“礼”概念的实际年代，因此我们将此两部文献的“礼”概念视为大约代表战国中晚期思想的观点，并以此展开论述。

总之，虽然近年来越来越多的学者普遍同意荀子思想的形成深受稷下思想的影响，但就稷下思想的“礼”概念对于荀子思想塑造的影响此一命题，却一直缺乏探究。笔者不敢贸然论定本节的讨论顺序是否能反映“礼”概念发展的实际顺序这一点，但希望本节的探讨至少能够弥补过去的相关研究较未重视此阶段“礼”概念发展的缺憾。

## 第一项 《晏子春秋》的礼论

《晏子春秋》一书曾经被认为是魏晋时代的伪书，但由于1972年出土的银雀山竹简包含与《晏子春秋》内容相似的一百零二条竹简，之后的学者大概同意其主要部分在战国中晚期由齐国的学者所撰写。[73] 若是如此，那么此书的撰写应该也经过

---

73　陶梅生推断《晏子春秋》是战国中晚期的作品。请见陶梅生注译、叶国良校阅：《新译晏

稷下学者之手。吴则虞认为，《晏子春秋》最后的编辑者为淳于髡的后代淳于越。淳于越原为齐王建的朝臣，之后移至秦国，并与李斯在秦始皇御前，辩论统一后的天下要由“封建制度”还是“郡县制度”来治理。[74]

众所周知，《晏子春秋》记载了晏婴和齐国统治者（大多是与齐景公）、大臣、诸侯、人民、儒家学者的对话。这些对话的内容和形式与《孟子》相当类似，但《晏子春秋》中的“对话”基本上应该属虚构；可能是战国时齐国的学者为了提倡他们的“礼”思想而借用此对话形式。

《晏子春秋》有多达一百零九个“礼”的用例。《晏子春秋》的“礼”概念也包含在前节所述《孟子》“礼”概念的八种意涵中，而且其论述的焦点也放在建立合宜的国家制度这一点；其论述的规模也增大了。如此，其相关论述也许可以称得上是礼论。其“礼”概念有如下四种思想特色：

第一，在《晏子春秋》中，“礼”就已经成为独立探讨的议题。与《论语》和《孟子》对“礼”的讨论方式相比，《论语》和《孟子》中的“礼”概念虽也被视为不可或缺的价值，但其价值相较于“仁”或“仁义”，“礼”总非最主要者，而是较次要或补充性的。相形之下，《晏子春秋》的作者则将“礼”视为可单独探讨的主题，在若干对话中亦是关键的主题。属于此种架构并以晏子为主讲者来阐述“礼”之重要性的对话有七段。其中我们先看《景公登射思得勇力士与之图国晏子谏》中的礼论：

---

子春秋》（台北：三民书局，1998），页 31—32。

74　请见吴则虞：《晏子春秋集释》（北京：中华书局，1962），页 23—30。

> 景公登射，晏子修礼而侍。公曰：“选射之礼，寡人厌之矣！吾欲得天下勇士，与之图国。”晏子对曰：“君子无礼，是庶人也；庶人无礼，是禽兽也。夫勇多则弑其君，力多则杀其长，然而不敢者，维礼之谓也。礼者，所以御民也；辔者，所以御马也。无礼而能治者国家者，晏未之闻也。”景公曰：“善。”乃饰射更席，以为上客，终日问礼。

其基本情节是：在晏婴和齐景公的对话中，晏婴劝诫景公，而且其作者借由将“终日问礼”一句放在其结尾，努力让读者了解“礼”对于国家及社会的稳定性有多么重要。在《晏子春秋》一书中，作者借由提供各种情境来反复申述这样的立场。我们不妨看看其他例子。《景公饮酒酣愿诸大夫无为礼晏子谏》叙述：晏婴为劝诫景公，他故意忽略“礼”，因此搅乱了景公的心思。晏婴把握住机会，成功说服景公注重“礼”之重要性。

第二，《晏子春秋》不仅强调“礼”的重要性，也同时解释“礼”为何重要。如上《景公登射思得勇力士与之图国晏子谏》所示，《晏子春秋》设定了三种群体：君子、庶人和禽兽。此处，作者发现所有动物都需要成群，但这就是弱肉强食的世界。《景公饮酒酣愿诸大夫无为礼晏子谏》陈述“禽兽以力为政”，而这种令人畏惧的景况在“礼”丧失效力的人类社会也会发生，人民因而“胜其长”并且“弑君”。“礼”确实能防止人类群体或社会堕落至“以力为政”的世界，同样的论述模式亦可见于《庄公矜勇力不顾行义晏子谏》《景公登射思得勇力士与之图国晏子谏》和《景公饮酒命晏子去礼晏子谏》三处的论述中。

第三，《晏子春秋》的作者将“礼”视为维持整体国家社会安定最关键的方法。此下的对话中，[75]“礼”就呈现此整体性的意义：

> 公曰：“然则奈何？”晏子对曰：“维礼可以已之。其在礼也，家施不及国，民不懈，货不移，工贾不变，士不滥，[76]官不谄，[77]大夫不收公利。”公曰：“善。今知礼之可以为国也。”对曰：“礼之可以为国也久矣，与天地并立。”

这段对话中，“礼”涵括天地（包含自然环境的世界）和五种社会关系。《晏子春秋》的作者认为，此五种社会关系由于“礼”的道德力量才能维持。如此，正如《景公为泰吕成将以燕飨晏子谏》所述，作者将“礼”提倡为“纪”（百姓的法纪），即曰：“公曰：‘何以礼为？’对曰：‘夫礼者，民之纪。纪乱则民失。乱纪失民，危道也。’”此处的“礼”被视为所有人都必须遵守的法纪。也如《景公登射思得勇力士与之图国晏子谏》称“庶人无礼，是禽兽也”，“礼”就是让人类可以保持人类之所以为人类之意义的枢纽规范。

还有一点值得注意的是，《晏子春秋》也强调“礼”在外交上的重要性，在这一背景之下，检视《景公使晏子予鲁地而鲁使不尽受》中的对话有助于我们的理解：

> 诸侯相见，交让，争处其卑，礼之文也；交委多，争受

---

75 《左传》“昭公二十六年”有一段对话与此相似。这两段对话似乎出于同一文献来源，但用词上有差异。原则上，我会引用《晏子春秋》。

76 陶梅生将“滥”译为“失职”，见陶梅生注译、叶国良校阅：《新译晏子春秋》，页 428。

77 吴则虞将“谄”译为“慢”（傲慢）。请见吴则虞：《晏子春秋集释》，页 473。

少，行之实也。礼成文于前，行成章于后，交之所以长久也。

此处的“礼”为维持诸侯国之间和谐外交关系的法纪。值得注意的是，“礼”的这层意义在《论语》和《孟子》中都不明显，但在《左传》中则占了其核心地位。

另外，《晏子春秋》的作者站在“所有法规都有例外；所有法律都会被违反”的认知上，也承认“礼”作为社会规范的表现，并不能成为人民一致遵守的绝对标准。当时的思想家也常会思考哪些“礼”必须被遵守，哪些则否的问题。在《论语·先进》中，孔子面对他最具天赋的门人颜渊之死时，哭得非常伤心，违反了“礼”的规范。如上所述，在《孟子·公孙丑下》也有孟子违反当时“礼”规范的例子。其实，《晏子春秋·晏子死景公哭之称莫复陈告吾过》的场景就与《论语·先进》很像：齐景公哭泣晏子之死，而此表现超过了“礼”所规定的。

第四，与墨家“礼”观的关系也是探讨《晏子春秋》“礼”概念的特色时重要的一点。墨家主张任何国家仪式的执行和音乐的演奏，不能超出人民生产能力所及的范围。就这方面而言，《晏子春秋》的作者明显地支持墨家，其论述如下：

> 晏子曰：“古者圣人，非不知能繁登降之礼，制规矩之节，行表缀之数以教民，以为烦人留日。故制［礼］[78]乐不羡于便事。”

78　我在此补上“礼”字，是因为前一部分在陈述“礼”的意涵，也是因为《淮南子·齐俗训》有一段“古者非不知繁升降盘还之礼也”一句开始的论述中有“故制礼足以佐实喻意而已矣”一句。

此段论述的“礼”主要是与仪式规矩相关。这一段的“礼”概念，与如上《景公为泰吕成将以燕飨晏子谏》《景公使晏子予鲁地而鲁使不尽受》和《景公问后世孰将践有齐者晏子对以田氏》的用例中提倡的“礼”之“理想”层面并不明显。其实，《晏子春秋》的作者似乎没有发觉这样对于“礼”的制式及繁复之批判会与自身重视“礼”的理想层面的立场相矛盾。荀子的“礼论”则进一步主张，以“礼”将资源的消费有效地控制于一个社会能够承担的最合适点。关于这个问题，在本书第五章第一节第二项中将提供仔细的探讨。

最后，《晏子春秋》为了赞美如上所述“礼”的伟大作用，也引进《诗经》于文中。在《景公饮酒酣愿诸大夫无为礼晏子谏》和《景公饮酒命晏子去礼晏子谏》的后尾，为了增加说服力，引述了《诗经·鄘风·相鼠》的“人而无礼，胡不遄死”一句。在《孟子》有关“礼”的论述中还没有引述《诗经》的文句，而此论述方式完全与《荀子》“礼”论的论述方式一样。

总之，以上所述的《晏子春秋》的“礼”论基本上都在荀子“礼”论中可以观察到，而既然《晏子春秋》的思想可代表战国中期的齐国思想，我们可以推测其“礼”论也应该是荀子“礼”论的主要思想源头之一。

## 第二项 《慎子》的礼论

经由如上对《晏子春秋》“礼”论的探讨，我们了解到稷下的思想家不但强调“礼”，并且强调“礼”在维持社会政治秩序的角色上所具有的重要性。然而另一方面，《晏子春秋》的礼论似尚未进一步探求“礼”的缺陷。正如景子在《孟子·公孙丑下》中的发言，齐国贵族引用当时的仪礼与社会规范来批评孟子。[79] 这表示在当时的齐鲁地区，除了儒家学者以外，还有许多知识分子也认同“礼”的重要性。只是孟子自身并没有很认真地看待自己违反“礼”这件事，也造成齐地的知识分子开始怀疑“礼”的功效本身，而孟子之后的思想家没有忽略这项问题。

从现存的文献内容来看，从《慎子》《老子》以及《庄子》中我们可以观察到，当时思想家是有在分析、批判“礼”的功能的。我们要注意的是，如《晏子春秋》那样有组织的礼论，应该成为荀子礼论的重要来源，但荀子的礼论具备综合性的另一重要理由，则是因为荀子针对慎到和道家对“礼”的批评所进行的省思；并且还在此省思的基础上，努力克服慎到和道家的反礼论。

在现存的《慎子》中，仍保留了四段带有“礼”字的论述，这些用例能帮助我们得悉慎到思想对“礼”概念的发展起的作用。慎到将“礼”作为治国的方法来分析其功效及限制。首先，从慎到肯定“礼”的功能的观点来看，《慎子》“行德制中，必由礼”一句，代表慎到肯定“礼”在建立一种合乎道德原则的国家制度层面的功用。慎到同时主张“慧”和“法”也是维持合宜社会政治秩序的主要方法。在此意义上，慎到甚至也赞扬“礼”的重要性，即说：“法制礼籍，所以立公义也。”慎到主张，“法”与“礼”的规范就是建立统贯整体社会的伦理规范——“公义”——的两大方法。

到此，身为关注整体社会政治机构运作原理的思想家，慎

79 《梁惠王下》中鲁平公的朝臣臧仓曰：“礼义由贤者出。”

到在论及“礼”的重要性的同时，也注意到“礼”的缺陷。慎到曰:“国有贵贱之礼，无贤不肖之礼;有长幼之礼，无勇怯之礼;有亲疏之礼，无爱憎之礼也。”对慎到而言，一国之君的关键任务是适当地区分人民的各种属性，并且按此适当地分配职位和资源。在此慎到清楚地阐述了“礼”能做及不能做什么。透过“礼”，能区分的就是如“贵贱”“长幼”和“亲疏”的社会关系,但慎到认为“礼”在区分人的能力这个方面却没有任何助益。如在第二章探讨过，慎到是将“分”这个字从普通概念提升为分析社会问题之术语的思想家，而从此体认到“礼”对区分不同社会关系的关键功能。也就是说，一个社会假如无法区分其成员之间的贵贱、长幼和亲疏的关系，那么此种社会的秩序也就会瓦解。不过，慎到也发现无法由“礼”来区分的领域：这就是“贤不肖”“勇怯”以及“爱憎”的程度。问题是，在国政上，这些属性的区分也一点都不亚于社会关系的区分之重要性。而且慎到敏锐地观察出，当时的国家陷于瘫痪的原因往往就在于国君无法了解区分“贤不肖”“勇怯”以及“爱憎”的重要性。对慎到而言，为了建立合宜的政治社会秩序，需要由客观公正的标准来区分“礼”所无法区分的领域。慎到将“政”也从“礼”的领域中分离出来，即说:“礼从俗，政从上，使从君。”在第一层意义上，此句意谓“礼”根据社会风俗，因而代表一种自发的社会规范。此部分的“礼”可与政策制定（“政”）的人为性格构成对比。不过，此句也意味着：国君执行各项政策本身就与维持社会规范的实践属于不同层次。如此，与《晏子春秋》的作者认为仅“礼”就可以成为建立国家社会的大本相比，慎到观察到：虽然“礼”还是建立国家社会秩序之不可或缺的要素之一，但并非唯一的方法。在国家的治理问题上，“礼”所无法涵盖的范围要由“法”“政”等方式来解决。

## 第三项　《老子》的“礼”概念

由于以往学者多以挑战儒家思想的价值，来解释道家的崛起及其思想意义，《老子》及《庄子》的礼论也通常被视为对“礼”的功效之严厉批判。然而，就算道家对“礼”概念的态度基本上是否定的，但是和慎到的礼论一样，他们对“礼”的批评还促成了“礼”概念的深化或进一步的理论化。在这里，我们来看《老子》“礼”概念的用例：

> 吉事尚左，凶事尚右。偏将军居左，上将军居右，言以丧礼处之。杀人之众，以哀悲泣之；战胜，以丧礼处之。（第三十一章）
>
> 上德不德，是以有德；下德不失德，是以无德。上德无为而无以为，下德为之而有以为。上仁为之而无以为，上义为之而有以为，上礼为之而莫之应，则攘臂而扔之。故失道而后德，失德而后仁，失仁而后义，失义而后礼。夫礼者，忠信之薄，而乱之首。（第三十八章）

第三十一章的用例在郭店楚简中也出现了，由此可推测此句的来源较早——不一定代表“分析论辩”上的用例。事实上，这里的“礼”概念只系军中规定和“葬礼”之间的关系，而此章的主题是人类对死亡的厌恶。因此，作者在此句中对“礼”并没有褒贬之意。

相形之下，第三十八章的用例中，可以观察出作者明显的有贬低“礼”的价值的意图。他与其他属“分析论述”的思想家一样，有着高度肯定“治”的状态之思想立场，由之将“礼”形容为“乱之首”，对提倡“礼”之价值的言论发出严厉的批判。其批评可归纳成两点：第一点是“礼”的实行往往流于形式，其实践者不了解其内部的伦理意义；第二是“礼”中矫揉造作的举止，违背了“无为”的理想。

不过，值得注意的是，第三十八章的作者对于“礼”的批判实际上并不是要排斥伦理价值，因为作者提倡的“忠信”显然就是伦理价值。因此其批判应是放在“礼”会陷于虚伪的行为这点。加藤常贤和陈鼓应除了注意到这一点外，还一致认为，这样的批判促成了“礼”观念的进一步发展。也就是说，此章的“礼”论厘清“礼”就其为伦理行为而言，还是需要“实质内涵”的必要。[80] 然而，如前一节所讨论的，早期儒家原本也就主张在实践“礼”之际，如“恭”和“敬”等心理状态之重要性。在这种情况下，光靠“礼”需要伦理内涵这样的主张，我们恐怕难以判断此种“反礼论”对儒家的礼论是否构成有效的批评。

由于《老子》特有的负面叙述风格，对“礼”的评论至少在表面上看来也不太正面，但《老子》的作者仍然相当重视“礼”本身的价值。《老子》第三十八章将“礼”看作不重要的论点，其实是与作者列举的其他四个观念——“道”“德”“仁”以及

---

80　加藤常贤：《禮の起原と其發達》，页 160—163；陈鼓应：“The Notion of *Li* in Pre-Qin Daoism”，“中国仪式与哲学”研讨会论文（1999 年 5 月 27、28 日，荷兰莱顿大学），页 4—5；陈鼓应：《先秦道家之礼观》，《中国文化研究》卷 18 期 2（2000），页 6—7。

“义”——相对来说而已。事实上，从第三十八章的作者将“礼”与其他四个概念并列而论这个事实，就能观察出《老子》在以下两层意义上承认“礼”的重要性之事实。第一，此章作者将“礼”列入描述宇宙形成到人类遵守议题的五个核心概念。第二，此五种概念产生相结合的连环，“道”和“礼”两个概念也透过如此连环的关系间接相连。换言之，“礼”在究竟的意义上也是生自“道”。也就如陈鼓应所说的，“礼”“仁”和“义”都包含于道的整体运行中。[81] 与作者以严厉口吻塑造出的负面印象相异，其文句内容明确肯定“礼”也是“道”的延续，从另一面说，“礼”实际上以吊诡且溯源的方式渐渐回归于其根源——“道”——之中。

## 第四项　《庄子》的“礼”概念

同样地，《庄子》的思想也以批判“礼”而著称，其中有多达五十个“礼”的用例。然而《庄子》的作者确实将“礼”的几个特点看作与其学说的主要内容相冲突。[82]《庄子》尽管在

---

81　陈鼓应：“The Notion of *Li* in Pre-Qin Daoism”，页 5；《先秦道家之礼观》，页 7。

82　《庄子》涵括了战国中后期至汉朝不同层面的思想是受到广泛认同的。例如请参见葛瑞汉 (A. C. Graham), *Disputers of the Tao: Philosophical Argument in Ancient China* (La Salle Illinois: Open Court, 1989), p. 173；刘笑敢 (Liu Xiaogan), *Classifying the* Zhuangzi *Chapters* (Ann Arbor: University of Michigan Press, 1994)。就我们的讨论而言，记住以下这两点很重要：第一，《庄子》很大一部分是完成于战国晚期；第二，在《解蔽》中，荀子主张庄子为“蔽于天”的思想家。这样的证据表示荀子很有可能非常熟悉现本《庄子》的《天道》及《天运》之内容，无论这些章节是否为历史上的庄周所作。刘笑敢认为此两篇的思想出自黄老传统。请见刘笑敢：*Classifying the* Zhuangzi *Chapters*, pp. 121-134。

一些篇章中强调这样的矛盾，但其他篇章却也肯定一种理念化的“礼”对维持社会政治秩序的功能。《庄子》中对“礼”这两种不同的态度也许暗示《庄子》所涵盖的思想年代比较久：它收录了不同时代的学者对“礼”的不同观点。因此，《庄子》中一些对“礼”的诠释，会反映出与荀子同时代或晚于荀子的庄子学派的思想。无论如何，笔者将《庄子》和《管子》的“礼”概念，视为约从前 4 世纪后半叶至前 3 世纪前半叶的思想产物。

一般而言，《庄子》的“礼”意指需要肢体扭曲造作的虚伪实践。此含义在其外篇一系列的篇章中显著。其作者使用如“钩绳”“胶漆”“屈折”“削其性”等负面的字眼来主张“礼”这样的肢体动作会伤害“性”（生命的自发动力）。《庄子》对“礼”的负面评价大概根据两个观点：第一，如《老子》所批评的，“礼”的举动会违背“无为”的原则。《知北游》即引述《老子》第三十九章，且主张“礼相伪也”。第二，“礼”会毁损个人生命的自发动力。这项主张的第一层意义是反对儒家礼论，并且构成了拒绝参与政治的主张之理论依据。

然而，《庄子》的“礼”有一个尚未真正受到学者关注的侧面。如同《老子》，《庄子》的作者也承认：若要维持社会秩序，礼节和国家仪式仍是必要的。首先，《天道》列举了“礼”“法”“度”和“数”——即礼节和各种行政规定。虽然其将“礼”的功用放在次要的“治之末”并贬低其价值，但也用了与《老子》相同的推理方式——将这些概念放在“道”“德”同一层次——承认“礼”用于治国方略之某种必要性。

第二个例子是《天运》使用“礼义”的观点，《天运》曰：

故夫三皇五帝之礼义法度，不矜于同而矜于治。故譬三皇五帝之礼义法度，其犹柤梨橘柚邪！其味相反而皆可于口。故礼义法度者，应时而变者也。

这一段引文的“礼义”系社会道德，且其作者将此价值视为建立“治”（社会政治秩序）的关键要素。“治”概念是稷下学者特别重视的，并且“礼义”和“治”的结合也与荀子的“礼义”理论要建立的方向相符。《在宥》中可见作者虽然赞同“无为”的功效，但他也将“礼”定义为“节而不可不积者”，也就是说并没有否定其功能的价值。

除此之外，《天运》中还可见作者将“礼义”与“太清”“天理”及“自然”一样，看作为达成完美音乐演奏之关键要素。此处的音乐乃象征万物不断繁衍所依循之自然规律。因此，体现于音乐的“礼义”为建立根源性秩序的方法。如此，由于“礼”概念与“乐”相结合，其意涵还象征秩序本身。关于这一点，荀子建立了“礼乐”概念，此“礼”概念的内容亦成为荀子社会政治理论的终极目标。关于荀子“礼”论中其与“乐”的关系，我们将在下章第二节第二项中详论。

## 第五项　《管子》的礼论

和《晏子春秋》一样，《管子》亦可谓是一部齐国学者的文集，其庞大内容中也应该包含稷下诸子的一些写作。虽然《管子》的思想往往被归为道家、法家或这些思想之间的折中主义，但《管子》有多达 116 个“礼”字以及 18 个“礼义”的用例，且几乎全书都肯定“礼”的价值。整体上,《管子》可以说涵盖了上述各战国文献中出现的“礼”概念:《管子》的“礼”概念基本上包含了《孟子》和《晏子春秋》对“礼”的 7 种解释。就内容而言,《管子》对“礼”的讨论较《晏子春秋》更系统。[83] 在《管子》中,无论“礼”概念是否成为主题,凡是对“礼”的解释或论述,其作者都将之归类、分析甚至提升为一种形上的概念。此外,《管子》的“礼”概念除了伦理上的意涵,还兼备如同“治”和“分”一样丰富的分析性含义;其“礼”概念甚至也会与“道”的运行相关。

这项事实说明,撰写《管子》诸篇的思想家,应该消化过如上的战国文献中几乎全部的对“礼”概念的讨论。换言之,与第二章讨论过的《管子》与稷下学术的关系相呼应,《管子》对“礼”概念的理论化可视为理论层次的“礼论”的形成,因而反映了战国中晚期齐国稷下学术的发展。本节的探讨将放在《管子》很可能对荀子社会政治理论核心的“礼”有直接的影响上,为了讨论的方便,笔者将《管子》的“礼”分出三层意义:(1)作为控制人类欲望及情感的重要方法之“礼”;(2)作为建立社会秩序的主要方法之“礼”;(3)作为秩序本身的形上原则之“礼”。

---

83 金谷治认为属所谓“经言”的 9 篇(第 1 章至第 9 章)及“内言”的 9 篇(第 18 章至第 26 章)有最早的文献资料,而“管子解”5 篇(第 63 章至第 67 章)则是最晚撰写的。请参阅金谷治:《管子の研究》,页 49—67。透过金谷治的研究,我们认为“经言”及“内言”可能于孟子的年代著成,而“管子解”的撰写时期则或许近于秦汉时期。假设如此推想,其余篇章该为战国后期之作品。不过,由于在“管子解”的论述中还看不出反映一统之后的思想风潮,该部分的主要思想也应该属于战国末年。

### (一) 作为控制人类欲望及情感的重要方法之“礼”

在早期儒家的“伦理论辩”视野中，因为“礼”代表人类伦理上的某种意义，儒家自然极为重视其实践。孟子和《五行》的作者均认为“礼”的心理基础在于自己对他人的尊敬。相比而言，一方面《管子》同样注意“礼”的心理层面，另一方面也进一步考察这种心理的实际层面之功能，而借此导出一个观察：一个人若遵守“礼”的原则，就可以满足人人都有的欲望及情感需求。《管子》的作者认为，人都具有欲望及情感，但其发泄应该在礼节允许的界线之内。《心术下》曰：

> 凡民之生也，必以正平。所以失之者，必以喜乐哀怒。节怒莫若乐，节乐莫若礼，守礼莫若敬。外敬而内静者，必反其性。

这段引文的主题是如何保持精神的平衡状态。《心术下》的作者主张“礼”是达到心思平静的实践方法,由“敬”“性”以及“礼”等术语并用的方式来看，这段引文似乎反映出其思想环境与孟子的年代相近。然而，我们却可以观察出孟子思想所没有的新论点。第一,《心术下》的作者认为“礼”是维持心思平静的必要途径。孟子的“不动心”是根据“义”联结的“浩然之气”，比较少谈“心”是否要宁静的问题。第二，作者指向的目标就是实践者达到其精神活动中“静”的境界,甚至将“敬”和“礼”视为达成精神宁静的方法;《孟子》中则没有“静”概念的用例。

如《晏子春秋 · 景公上路寝闻哭声问梁丘据晏子对》的内容及几个先前引自《老子》和《庄子》的相关用例所示，“礼”

的繁复及虚伪成为战国时期思想家的批评对象。上述《心术下》的引文中,“礼”的究竟价值在于达成精神的宁静,而此宁静与“无为”相关。虽然按照道家“无为”的理路,“礼”的举止看似与《老子》《庄子》的主张相冲突。然而支持“礼”价值的齐国学者,却确信借此“礼”会达成精神宁静的这种逻辑,回应了道家对于实践“礼”会干扰精神宁静的批判。如此,《管子》不但给予“礼”概念新的含义,并且这一套辩护的思路,也成为荀子礼论的思想成分。

### (二)作为建立社会秩序的主要方法之“礼”

《管子》思想的“礼”包含的第二层意义,是“礼”在维持社会政治秩序稳定上发挥关键功能的层面。这一层意义虽可见于孟子的“礼义”,然而孟子关于“礼”之重要性的论述,基本上只是将他的信念表达出来而已;并没有详细分析其理由。关于这一点,虽然《晏子春秋》并非条理清晰,但却开始解释“礼”如此重要的原因,如《景公问后世孰将践有齐者晏子对以田氏》的内容所示,“礼”是稳定和谐的社会关系中不可或缺的环节。

此外,《管子》诸篇的作者也仔细分析“礼”的具体内容,试图用多种字词来界定“礼”的各种功能。譬如,《五辅》将“礼”分成四对社会关系(八种社会成员)所各自要依循的四项原则:

> 德有六兴,义有七体,礼有八经,法有五务,权有三度。……民知义矣,而未知礼,然后饰八经以导之礼。所谓

> 八经者何？曰：上下有义，贵贱有分，长幼有等，贫富有度。凡此八者，礼之经也。

这段引文的论述结构清晰，其所讨论的主题是理想的治国之道。作者提出五个重要概念：“德”“义”“礼”“法”“权”。每一个概念都有几个附属条件。就“礼”而言，有如下四个原则：（1）义（上下有义）；（2）分（贵贱有分）；（3）等（长幼有等）；（4）度（贫富有度）。在此，作者将当时社会中存在的社会关系整理为四种类别，并且主张这些社会关系都需要由“礼”的规范来维持；达成如此的和谐，国家才能维持社会政治的秩序。《管子》其他篇章也有这样的表述，譬如《中匡》曰：

> 公曰：“请问为国？”对曰：“远举贤人，慈爱百姓，外存亡国，继绝世，起诸孤，薄税敛，轻刑罚，此为国之大礼也。”

引文中的“大礼”一词所比喻的即为建立理想社会政治制度的方法。《中匡》的作者在“礼”前加了“大”字，来界定“礼”对国家运作的整体性角色，几乎将“礼”看作国家存立最关键的纲纪。值得注意的是，《管子》的礼论也关注“礼”在每个社会成员之间的关系上所要实践的事实。此个人层次的“礼”包含的意义是：在《管子》思想中，“礼”为一种全民规范。换言之，除了王公贵族等统治层，《管子》的作者们也要求在一个国家中占绝大多数的成员——“民”——在某种程度上都须遵守“礼”。如《权修》曰：“民之修小礼，行小义，饰小廉，谨小耻，禁微邪，治之本也。”其实，百姓也需要修习“礼”的观点，在孟子思想中也出现过。《梁惠王上》即曰："奚暇治礼义哉？"然而，就此论述而言，孟子要求的是统治者需要为人民预备"礼义"的实践条件，而他对民众是否实践"礼"并不关注，只不过是要表达期望而已。毕竟此句的重点在于促使统治者理解百姓生活的疾苦。与此形成对比，《管子》的作者则认为民众的伦理实践为达成社会秩序的基础，因此这一句引文就意谓：推动小礼本身亦是统治者的义务。

### （三）作为秩序本身的形上原则之"礼"

正如前文所介绍的田骈提倡"道术"的例子，追寻"道""一"等形上的原理亦是稷下学术全盛时期的思想特色。笔者在第二章已有过讨论，稷下学者将"不可预知的力量"或"对人类绝对的支配力"之"天"转换成一种"治"（秩序）的达成，并且常在此秩序中的"天地"就能"孕育万物"。稷下思想家将此"天地"的秩序投射至身体、人心以及人类社会之三种领域，并且主张此秩序就是其三种领域所要共同达成的目标。与原来属于自然界的身体生理系统领域已经达成某种如"天地"领域般的秩序相比，人心和人类社会之两种领域则还没有达成其秩序，因而其秩序的达成就是稷下学者要追求的目标。为了探讨此项问题，思想家开始使用如"法""正""理"等界定各种秩序性的术语，并且利用这些概念，试图将他们的探讨范围扩大到形上议题。在此思想脉络中，"礼"概念也开始具备某种形上意涵。我们先看《君臣下》的例子：

> 君臣上下之分素，则礼制立矣。是故以人役上，以力役

明，以刑役心，此物之理也。心道进退，而刑道滔赶。进退者主制，滔赶者主劳。主劳者方，主制者圆。圆者运，运者通，通则和。方者执，执者固，固则信。君以利和，臣以节信，则上下无邪矣。故曰："君人者制仁，臣人者守信。"此言上下之礼也。

这段引文的讨论内容显示出齐国学者礼论的分析性特质。首先，作者将统治者与其百姓的关系以心思与手脚等身体部分的关联来类比，并且称为“物之理”。从此“物之理”推到社会关系上的问题时，便转换成“礼”来规范人群中统治者和被统治者之间的合宜关系。此外,《君臣下》的作者还表明统治者对“制者”（建立制度）的社会功能就是“礼”的意义。以此理论为基础，统治者因而为国家制度（礼制）的奠基者。

其次,《君臣下》的作者用以“圆”和“运”这样的术语来形容统治者的角色,与以“方”和“臣”为其功能的臣属相对比。在此，作者暗示统治者是运行原理——即“道”的体现。如此，一个理想的国家制度在“礼制”的名称之下乃成为有序的人类社会，而这样的人类社会就如同自然规律一样，是可以永续的。在此意涵上，“礼”概念提升至形上的层次。如此的论述架构，如下章所要讨论的，与荀子勾画出的统治者形象相当类似。

以此“礼”概念的形上含义为基础，或许我们便可以理解《管子》中“礼”和“神”一起出现的原因。《君臣下》曰："上以礼神明。"《侈靡》亦曰："礼义者，人君之神也。"这两段引文的“神”指的不是像天帝或鬼神般的宗教崇拜对象（我们将在第四章第三节详细讨论)。《内业》简明扼要地定义“神”一词：

“一物能化谓之神。”这似乎说明“神”指的是能让事物转化其内质的神妙力量。在这个概念架构下，统治者维系人类社会秩序的角色能类比为维持万物生长不息的天地。在此，“礼义”作为社会秩序的源头，能展现其将社会转化为和谐有序的神妙力量。

除此之外，《管子》也阐述了“神”对心理和感情之神妙作用。如《内业》所言：“神明之极。”《心术下》和《内业》的作者认为“礼”即为达到理想有序，进而调和各种人类情绪的重要价值。虽然这里没有直接将“神”与“礼”相结合，但我们仍可推测，“礼”应该是将心思精神融合至“神明之极”的必要途径。

先前的讨论提及《管子》思想中的“礼”能为社会政治及个人心理带来和谐有序的状态。齐国学者将这种状态定义为“治”，并且视之为“道”的体现。《枢言》即曰：“法出于礼，礼出于治。治、礼，道也。万物待治、礼而后定。”这段引文提出四个重要概念：“法”“礼”“治”及“道”。值得注意的是，作者借由加上“也”字，断定“礼”和“治”同属于“道”。在引文的开头，因为“法”和“礼”相连，似乎在讨论人类社会的问题，然而在后半则举“万物”一词来说明其主题扩大至包含着人类社会及自然世界。如此，“万物待治、礼而后定”一句中的“礼”的功能不仅在于促进人类社会中的合宜关系，更在于维持自然世界的良好秩序。在这里“礼”字与“治”字属同一层次，并均直属于“道”。显然，“礼”概念的这种意涵是《论语》和《孟子》中所未见的，在荀子礼论中则是其主要特质。

总之，在《管子》中，“礼”概念在天地、人体以及人类社会的类比中所构想，其功能具有“神妙”性，也与“治”和

“道”概念相结合。与其他文献的“礼”概念相比,《管子》的“礼”概念则具备某种程度的形上意涵,具备这种思想特质的《管子》“礼”概念与《荀子》礼论的亲近性亦相当明显。虽然《管子》一书具体在何种程度上代表稷下学派的思想还无法导出定论，但至少《管子》代表齐学传统这一点应该毫无疑问，因此，我们也可以合理推测：同样属于齐学传统的荀子之礼论，应该是在齐学传统中高度理论化的“礼”概念之基础上所建立起来的。由此观之,要阐明荀子的礼论,我们不能只是厘清荀子“礼”概念本身的个别意涵；也需要进一步探究礼论在荀子思想体系中发挥的理论性角色及其结构性特质。荀子礼论的整体特色应该透过这样的探讨后才能呈现。

## 小结

本章主要探讨了两个主题。第一，检视“礼”在三种途径中的特色和长短处。第二，追溯“礼”从商朝到周朝，再到稷下学派全盛时的战国中晚期之发展过程。笔者将演变过程分为五个阶段，而其“礼”概念或“礼”论的各个阶段之思想特色如下：

第一，商朝至西周。这时期的“礼”主要指的是仪式和酒醴的具体名称，似乎尚未变成涵盖整体仪式及典礼的综合概念。

第二，西周末期至春秋中期。笔者主要以《诗经》的内容来分析这时期的“礼”。《诗经》中的“礼”象征仪式及典礼的整体概念。有趣的是，这段时期的“礼”也开始含有超乎仪礼范围的日常生活举止的意涵，开始涉及社会规范的意义。

第三，春秋末期至战国早期。这时期主要以《论语》来分析。虽然在《论语》中仍可见到“礼”的仪式意涵，但《论语》主要是将其解释为举止及社会规范。由于“礼”与政策实施具有紧密关联，早期儒家学者因而将“礼”视为统治者能够施行的规范。换言之，“礼”的实践不再是被动的习惯动作。

第四，战国早中期。以《孟子》《五行》《晏子春秋》为代表的这段时期文献的“礼”概念，主要意指举止及社会规范。此意涵明显地比原先的仪式含义更为主流。除此之外，孟子和《五行》的作者探讨了“礼”比之作为伦理价值更为深奥的心理层面。“礼”亦随着《晏子春秋》的论述脉络，成为一个明确的讨论主题。

第五，战国中晚期。笔者将这一段时期的“礼”论以《慎子》《老子》《庄子》及《管子》的内容为代表。稷下学者的分析性探讨在与“礼”相关的论述中也可以看到。《慎子》在国家社会的“治乱”问题上观察出“礼”的功能之重要和限制。在《老子》和《庄子》的“反礼论”中却也可以看出此两者对“礼”的重视。《管子》的“礼”概念具备广泛的意涵，也具备在如上所举的全部文献中所未见的理论性。首先，《管子》的“礼”为统治者及其百姓都应遵守的首要价值，也就是说，履行“礼”的主体从统治扩大及全部属民。其次，“礼”也与“神”“治”以及“道”三个概念结合，被视为让人类世界达成与自然世界的循环过程一样的合宜秩序。因此《管子》的作者将“礼”的这种功能称为“神”，并且认为在某种程度上“礼”能代表“道”。

总而言之，本章借由将“礼”概念的演变分成五个阶段来分析，而先秦时期的“礼”概念展开的思想意义可以归纳出如下三点。

第一，有异于普遍的印象，“礼”的概念在荀子提出论述以前，就已达到相当抽象的层次。从《管子》的几段引文例证可以见到，战国晚期的“礼”已含有理论及一种形上的层面，即一种维持国家安定秩序的方法。这一点可说明荀子并非“礼”论的创立者，而是集大成者。

第二，“礼”概念的理论化似乎是稷下诸子“分析论述”下的产物，而此观点源自以下的观察。在《慎子》《晏子春秋》及《管子》关于“礼”的论述中，“礼”经常出现于维持国家及社会安定秩序的相关主题中，特别是与笔者所谓的“分析性术语”如“治”“分”“法”并用，甚至与形上术语即“道”相互联结。除这点之外，“礼”在“治乱”架构中的探讨亦可能开始于孟子时代，再由前3世纪初的稷下学者全面展开。

第三，如普遍被认为是讽刺、揶揄儒家“礼”观的道家思想家，就道家对于“礼”的批判而言，其对象其实是“礼”中刻意实践所导致的矫揉造作的部分而已。也就是说，《老子》及《庄子》的作者实际上都没有公开反对“礼”为维持国家及社会的安定秩序之方法。道家对于“礼”的这种双重理解似乎在两方面意义上影响到荀子“礼”论的系统化。其一，面对道家对于“礼”的批评，无论这项评论是否对当时的思想家展现强大的说服力，在探讨“礼”的功能上，荀子应该感到他不得不为之辩护。这或许说明了为何荀子在其书中不遗余力地提倡“礼”的功效，而如此的热忱在本章所分析的各种著作中，除了《晏子春秋》之外,其他都并不显著。其二,荀子将“礼”的功效与“天”的运转和“地”的生育万物联想在一起，因为天地循环不息的运行即为无为之体现，如此，对礼论“道家化”的理路亦可有效反驳道家的反礼论。此两点正说明荀子的礼论不仅奠基于《晏子春秋》及《管子》的礼论之理论架构上,而且也建立于《老子》及《庄子》的批判之上。

第四章

# 荀子思想之结构

## 引言

荀子综合了先前的战国诸子思想，并且进一步将之统合于涵盖政治、社会、伦理三领域的学说里。在本章的探讨中，我们把《荀子》思想发展阶段的特色分成四层思想结构来理解。由于在当今留名的先秦诸子中，荀子几乎是最后的一位，而其书完成的时间点可能已进入秦汉时期，因此一些学者将《荀子》思想的基本性格理解为“折中”，甚至称之为“杂家”，似乎也不是全然不合理。町田三郎也曾指出，如同《吕氏春秋》及《管子》，《荀子》一书也呈现出“综合”先秦思想的特质。[1]

《吕氏春秋》及《管子》的“杂家”性质，或许反映了此两部书由其搜集了不同思想家的不同论述来构成之事实。[2] 然而，

1 町田三郎:《秦漢思想史の研究》(东京：创文社，1985)，页 25—46。

2 以《吕氏春秋》而言,《史记·吕不韦列传》:“吕不韦乃使其客人人著所闻，集论以为八览。”

《荀子》一书的形成恐怕不同于《吕氏春秋》及《管子》之杂糅汇合。同样是“综合”,《荀子》的“综合”却明显具备某种程度的“统合”境界：荀子本人大量使用“一”“统”“类”等含有浓厚“统合”意涵的术语正反映了这点。[3]正如德效骞的观察,《荀子》中的所有概念和论述,透过这些“具有统合意涵的术语”的强韧联结作用，组成具有一贯性的主张。[4]

的确,《荀子》的儒学含有相当多样的先秦思想成分，因此难以用“学派”的分野来看待其思想归属问题。或许也因为如此,其与孟子思想的差异也颇为明显，因而被宋明理学以来的传统知识分子和有志于复兴儒学价值的当代新儒家学者贬为儒学的异端。事实上，学者对于荀子受到道家影响这一点迄今没有特别的异议。本书第二章所述墨家思想之“义”(“人民福利”之意)和“利”概念，也是荀子思想中的重要成分。至于荀子和法家思想的关系，正如菅本大二的研究所指出，除了荀子对法家的影响，我们应该也要注意战国中期的法家思想对于荀子之影响此一脉络。[5]如此,荀子思想内就含有墨、道、法三家的思想成分。

那么,若由此“多样性”或“统合性”的层面来理解荀子思想,看似互相扞格不入的思想成分，又是如何在荀子思想中共存的呢？笔者的假设是,《荀子》的基本价值方向并未脱离儒家，但也受到稷下思想的深刻影响，并在这两种影响之下建立其思想

---

3 在《荀子》书中，这三个字常用作动词。

4 Homer H. Dubs, *Hsüntze*, pp. 293.

5 菅本大二:《荀子における法家思想の受容》,《日本中國學會報》辑 43（1991），页 15—29。此文有中文翻译。菅本大二著、佐藤将之等译:《荀子对法家思想的接纳》,《台湾政治大学哲学学报》期 11（2003），页 111—136。

体系。从这个角度，本书第二章追溯了稷下思想呈现出的战国思想新动向，而此思潮在孟子到荀子之间（约前310至前280之间，也就是从齐宣王到湣王时期）到达了发展高峰。经过稷下学术活动中大幅且深入的分析性思考，之后谈论中国哲学之际不可或缺的各种主要概念、推论和论证技巧等，有了快速的发展。因此，荀子与孟子思想之间最大的差异，就在于前者能够吸收这段时期的新思想发展。然而本章讨论的主要目标，不是要列举两位思想家之间的异同，而是要阐明：获得新"思想工具"的荀子，是如何试图解决孟子遗留下的各种哲学及社会议题的。

为了方便讨论，笔者把《荀子》的整体思想区分成以下四个层次。

（1）第一层次：伦理及社会政治问题的实践论述。

这一层次的基本概念和论述方式来自早期儒家及墨家。在这个层次中，荀子直接引进早期儒、墨的概念及论证模式于自己的思想中，因此"伦理论辩"的成分比"分析论述"还多。李泽厚曾经敏锐地指出：孟、荀思想其实有相当多彼此类似之处。[6] 在笔者看来，分析荀子思想的这个层次将有助于厘清孟、荀思想的类似之处，大致上都可在属于"伦理论辩"传统的相关主题中观察得到。

（2）第二层次："心"与其伦理关系的分析论述。

这个层次中的部分思想可以追溯至孟子，例如孟子的"诚"

6　请参见李泽厚：《荀易庸记要》，见《中国古代思想史论》（北京：人民出版社，1985），页118—119。

概念，但更多仍属于稷下思想。不论是将稷下思想看作个别哲学家的主张，还是涵盖一群思想家的共同思潮，《荀子》无疑包含了诸多稷下思想。不过令人惊讶的是，以对之前相关论述之批判性接受为基础，荀子竟然更进一步建立了三种不同的“心术”理论。这三种“心”论可能来自三条不同的思想脉络：其一，子思与孟子提倡的所谓“道德心”；其二，稷下及道家所探求的“清静心”；其三，荀子本人把“心”与“礼”相结合的论述。笔者分别将前两种“心术论”的核心内涵称为“动态心”和“静态心”。第三种“心”论，则是由“礼”来控制的“礼治心”，而此“心”论可能是荀子自己开展出的论述。笔者将此“礼治心”的论述分类于荀子思想的第四层次（详见下文）。

（3）第三层次：“统合”与“治理”问题的分析论述。

荀子思想的这个面相，与其说是借由引进了先行思想而达成的，不如看成是他自己的理论建构。理由在于，我们可以观察到与同时代的其他思想家相比，荀子更强调在不同事物、事实、概念、现象和价值之间进行“分类”与“统合”之必要。同时，他也受到稷下思想的影响，诸如针对政治社会机构以及终极原则（如“道”概念）的理论性探求，并在吸收稷下思想“分析论述”之成果的基础上，提出了自己政治社会理论的终极目标——“治”——以借此构想人类社会治理、和谐的理想状态。

（4）第四层次：“礼”与“礼仪”的综合论述。

荀子坚信自己为孔学的正宗继承者，亦是伦理价值的拥护者，但此立场并未妨碍他对政治社会机制进行分析，以及探索达成和谐秩序的实际方法。作为伦理价值的拥护者，荀子可以说被视为先秦儒、墨伦理论辩传统的继承人。相对地，他对社会机制及达成社会规范之方法的探索，则渊源于稷下思想家的“分析论述”。简言之，荀子以分析性的论述架构，重构了早期儒家及墨家的伦理论辩。在此综合的过程中，他以“礼”及“礼义”为结合此两种论述脉络的环节。这些概念不仅使他能够提倡宇宙秩序中伦理的价值，也让他得以提出同时能达到治气、节欲、养志、个人与社会间的和谐关系，聘用有德官员的选拔标准，甚至是达成人类世界之秩序与和平的具体实践准则。

本章将探讨上述四个层次中的前三个层次，借此试图呈现：荀子在“综合”的同时，也“统合”了先秦各种概念和论述，并且在稷下及道家思想家之分析论述的基础上，将早期儒、墨较为简单且具有争议性的伦理主张转换成具备一贯系统的伦理论述。至于上述第四层次（“礼”与“礼仪”的综合论述），由于需要较多篇幅，故留待下一章再继续讨论。

## 第一节　荀子思想中的“伦理论辩”特色

在本节中，笔者将检视荀子思想中最基础的层次，也可以说是一种“古层”。其中大部分的思想成分，与前4世纪早期儒、墨思想的内容相符合。学者一方面指出孟、荀思想十分不同，一方面也承认两者之间有着颇为类似的部分。[7] 就对荀子思想的理解而言，本书之所以重视荀子思想的这个层次，乃出于以下

7　如李泽厚:《荀易庸记要》，见《中国古代思想史论》，页118—119。

两个理由：第一，此部分可能构成荀子思想发展的最早阶段；[8] 第二，将此部分与荀子其他思想成分进行比较，有助于阐明荀子“继承且统合先前思想”的独特思想角色。

荀子思想的这一层面共包括了以下四项核心主张：第一，提高自我品德（“学”与“修身”理论）；第二，征聘贤人（“尚贤”思想）；第三，推行人民福利（“仁政”的主张）；[9] 第四，提倡“仁”与“仁义”。就思想史的角度来看，前 4 世纪的早期儒家与墨家已经主张过这些内容。尽管之间有着明显的敌意，但此两个“学派”重视这四项内容的立场完全一致；且这点在整个战国时期皆未曾改变。笔者将先讨论构成荀子伦理论述的前三项主张；至于第四项，即对“仁”与“仁义”的提倡，则是先秦儒、墨共有的核心价值，且为推动前三项的概念根基，因而属于稍微不同于其他三者的层次。

## 第一项　“学”与“修身”理论

在现存的先秦文献中，《荀子》及《吕氏春秋》两部应该是以最系统的方法，阐述过学习的功能之重要作品。在儒家和墨家的政治、社会思想中，“学”为其教学的核心，[10] 且与“修身”不可分离。相形之下，以《老子》与《庄子》为代表的道家文献，

8　赤塚忠：《荀子研究の二三の問題》，《儒家思想研究》（东京：研文社，1986），页 392。

9　“仁政”（《梁惠王上》以及《梁惠王下》）是孟子的词语，孟子也使用“保民”（《梁惠王上》）和“王政”（《梁惠王下》）来表示他的理想政治蓝图。

10　在《吕氏春秋·孟夏纪》中有四段在讨论“学”的功用。与《荀子》相较，笔者认为《吕氏春秋》这四段论述彼此很有组织，但内容的创造性不如《荀子》。

则对伦理价值、经典知识、人为礼仪的效果表示怀疑。尽管如此，对于“人类是否应该学习”这个议题，道家的态度难免有些矛盾。其实，《庄子》也部分默认“学”的必要；[11] 毕竟，若没有“学”的实践，道家也无法将其学说传递给后代。因此，在此意义上，道家也不能全面废除“学”的知识活动。荀子则一方面继承了早期儒、墨所提倡的“学”，另一方面也引进了道家“秘传”（esoteric）式的修养理论。荀子吸收了儒、墨两家和道家（也包括稷下思想）两条思想脉络的“学”论，进而把提倡“学”之论述提升成一套有清楚目的和具体实践方法的理论。为了厘清其在先秦“学”论发展上的意义，本文将从四个方面来探讨《荀子》中与“学”相关的论述，并且将其与先前思想家的看法进行比较。

### （一）环境影响

荀子之修身论和“学”论的第一个重要面相，是他对学习者所身处之社会环境的重视。《劝学》借由五个比喻，反复主张环境的重要：

> （1）木直中绳，輮以为轮，其曲中规，虽有槁暴，不复挺者，輮使之然也。
>
> （2）干、越、夷、貉之子，生而同声，长而异俗，教使之然也。
>
> （3）西方有木焉，名曰射干，茎长四寸，生于高山之上

---

11 在《大宗师》中，作者列举“副墨”“洛诵”等人作为达致圣人境界的范例。

而临百仞之渊，木茎非能长也，所立者然也。

（4）蓬生麻中，不扶而直。

（5）兰槐之根是为芷，其渐之滫，君子不近，庶人不服，其质非不美也，所渐者然也。

在这五条引文中，荀子的主张大概可分为两点：第一，跟从好老师学习的重要性。《劝学》曰："学莫便乎近其人。"荀子确信"礼"的实践必须在好老师带领之下，《修身》即说："礼者，所以正身也；师者，所以正礼也。"第二，学习的过程中有"同类相应"的效果。如同英文谚语"Birds of a feather flock together"所言，荀子也相信有德者会赏识与他品格相同的人。事实上，这个主张与他的"类"概念有关，我将在本章第三节第二项专论"类"概念在荀子思想中扮演的角色。

在战国时代的其他文献，特别是墨家的论述中，也可以发现强调社会条件与老师对于"学"之重要性的主张。《吕氏春秋·当染》（大部分内容与《墨子·所染》相同）举国君和贵族会被"染"为"德君"或"暴君"的例子，并在开头引墨子"染于苍则苍，染于黄则黄，所以入者变，其色亦变"这句话，来凸显他人的影响就是国君成为德君或暴君的关键。细读《吕氏春秋·当染》的用例，值得注意的是，其作者并不强调跟谁学习才能成为德君或是成名，他同时赞美了儒、墨双方的成名士人。也就是说，对《当染》的作者来说，其重要的不是在于选择儒家还是墨家为老师，而是"学"的过程本身。《吕氏春秋》的"杂家"性格或许部分说明了此立场；但更重要的是，此立场反映出：在战国中晚期的思想气氛中，学习的重要性已成为当时知识分子的共识。因此，荀子之所以会提倡学习的重要，也与当时的思想气氛息息相关。差别在于，荀子进一步将提倡“学习”之重要性的主张，提升为一套实践“学”的理论（按照当代的用语，就是“教育理论”）。也就是说，荀子提出“礼”是最实际有效之“学”方式的观点。笔者将在本书第五章继续探讨荀子的学习理论与“礼”概念之间的密切关联。[12]

## （二）积善成德

荀子“学”论中的第二个重要面相是“积”的概念。不难观察到，“连续反复”的实践位居荀子“学”论的核心。举例来说，在《劝学》的开头，荀子表示“君子曰：学不可以已”。此句后面“冰，水为之，而寒于水”一句中“冰”的比喻，也令人想起“累积”的效果。反过来说，当“学”的累积规模到非常可观的程度之后，人的才能和品德将能与天地之伟大功能相比拟。《劝学》继续说道：“故不登高山，不知天之高也；不临深溪，不知地之厚也；不闻先王之遗言，不知学问之大也。”

在先秦时代，累积的意思是由“积”字来表达的。下文将借由与先秦文献中相关论述的比较，试图更进一步证实，“积”与“学”两个概念的组合正是荀子伦理论述的特色。首先，《孟子》中只有意指“贮藏”的两个“积”字用例而已，“积”字本身并未特别呈现出伦理上的意涵。[13]孟子虽然以“信”“美”“大”“圣”直到“神”的境界说明学习的过程，却并没有说明太多学习的

---

12　请见第五章第二节第二项的相关论述。

13　《梁惠王下》对齐宣王“寡人有疾，寡人好货”的回答中，孟子引《诗经》的“乃积乃仓”一句，并曰：“故居者有积仓，行者有裹粮也。”

具体方法。[14] 虽然孟子在《尽心上》中从“教”的立场指出五种教学方式，[15] 他在《告子上》中却颇为模糊地说：“学问之道无他，求其放心而已矣。”这句话显示，孟子所谓的“学问”实不外乎是一种“心术”，应该系指《公孙丑》中所展开的“集义”与“养气”的修养功夫。如此，在孟子的论述中，“学”倾向指某一种技能或某家的学说。[16] 而且如《离娄下》所称：“博学而详说之，将以反说约也。”孟子甚至对“学”本身的效果采取了保留的态度。

《黄帝帛书》则重视治国之道中一种“累积”的效果。其作者提出两种累积：“德积者”与“殃（按‘灾害’之意）积者”，并主张维持“雌节”就是“德积”的方法。荀子的“积”概念，似乎也继承《黄帝帛书》与“德”联结的脉络。

透过《孟子》的思路，我们可以观察到荀子也阐述了学习的累积过程与不同阶段之间的关系。值得注意的是，借着引进“积”概念，荀子明确提出“圣”的境界就是学习累积而来的成果。与《黄帝帛书》“积”概念的用法相比，其相似之处在于两者均认为美德是可以累积的；差别则在于，《黄帝帛书》的作者更强调“雌节”德行本身的重要性，而荀子则凸显了累积的过程而非个别德行的实践。《劝学》如此陈述这个观点：“积土成山，风雨兴焉；积水成渊，蛟龙生焉；积善成德，而神明自得，圣

---

14 《尽心下》：“可欲之谓善，有诸己之谓信。充实之谓美，充实而有光辉之谓大，大而化之之谓圣，圣而不可知之之谓神。乐正子，二之中，四之下也。”

15 孟子曰：“君子之所以教者五：有如时雨化之者，有成德者，有达财者，有答问者，有私淑艾者。此五者，君子之所以教也。”

16 《离娄下》：“逄蒙学射于羿。”

心备焉。”[17] 为了说明“积”的功用，荀子使用了“山”与“水”的譬喻，而类似的譬喻在《管子·形势》的首段也可以看见：

> 山高而不崩，则祈羊至矣；渊深而不涸，则沉玉极矣。……蛟龙得水，而神可立也；虎豹托幽，而威可载也。

虽然引文中并未出现“积”字，但此段无疑是在强调某种“累积”的重要，“山高”到“玉极”一句或许是当时有名的谚语。不过，虽然同样以“土”与“水”之累积为喻，《荀子》和《管子》的用意似乎不太一样：《管子》用两者来比喻政治权威的来源；《荀子》则用以比喻学习的功效。换言之，荀子将“善”的累积类比于“土”和“水”的累积，认为其为达到“圣心”境界的基础。事实上，这个想法也可以与《庄子·逍遥游》的一段文字相比较：

> 且夫水之积也不厚，则其负大舟也无力。覆杯水于坳堂之上，则芥为之舟，置杯焉则胶，水浅而舟大也。风之积也不厚，则其负大翼也无力……

对于《逍遥游》的作者来说，“水”“风”的累积是“人”各种境界中最高成就之譬喻。如此，《庄子》与《荀子》同样按照“积”的过程，将接近理想人格的程度分成不同等级。《逍遥游》以“德

17　王先谦据《大戴礼记》校改“循”为“备”。见王先谦注、久保爱增、猪饲彦博补：《增补荀子集解》，《漢文大系》卷 1，页 8。可参看笔者对“神”的讨论，见本章下节的相关论述。

合一君者”、宋荣子和列子、“游无穷者”等三阶段来表示“积”的程度。[18]《荀子》则分成四个层次：庶人、士、君子以及圣人。[19]虽然对于累积的内容和各阶段的界定看法不同，两者以“积”概念描述人格不同程度的理路却是相同的。《荀子》进一步将《庄子》只是描述不同程度人格的“积”概念，转变为达成“圣”的不同阶段。借此，《荀子》之“积”，乃成为积极推动自我修身的结构，以及动态的伦理教育理论。

### （三）需要专一

为了使学习过程能具体且有效，在“积”概念之外，荀子还提出了“一”。在《荀子》与学习相关的议题中，此“一”涉及学习过程以及认知态度两项问题。在与“学习过程”相关的用例中，“一”系指“专心从事”一件事情，或不要分心之意；而在“认知态度”的用例中，“一”则通常指“统合”，并且构成荀子心术论中“虚壹而静”工夫的一部分。不过，本节的焦点将放在第一层意涵，即与“学”之实践较直接相关的“专心从事”面相，而将“统合”的面相留待本章第三节再行讨论。

为了提高学习的效果，荀子要求“学”者要实践“一”：“集中”与“专心”。在实现“积”时，“集中”与“专一”也是不可或缺的条件。荀子认为某种“德”的累积有赖于专心实践此“德”，并且人最终也能借此达到“圣”的境界。荀子运用各种比喻，论证“学”者能否保持“一”的态度，即为学习成功或

---

18 《逍遥游》也将“游无穷者”与“至人”“神人”“圣人”相比。

19 儒家思想中“士”和“君子”均系指统治者这一点，请见第二章第一节的相关论述。此外，儒家对于“士”阶层的自我形象，也请看第五章第二节的相关探讨。

失败的关键。《劝学》曰：

> 螾无爪牙之利，筋骨之强，上食埃土，下饮黄泉，用心一也。蟹六跪而二螯，非蛇蟺之穴无可寄托者，用心躁也。……故君子结于一也。

借着生动地举出蚯蚓与螃蟹的例子，荀子主张“专心”为提高学习效果的关键。此外，《解蔽》也举仓颉、后稷、夔、舜、倕、浮游、羿、奚仲和造父九人为例，主张他们之所以能成为杰出的文化英雄，正是因为他们能够专心。而在举出此九人后，荀子进一步断言：“自古及今，未尝有两而能精者也。”

为鼓励此种“专心”之“一”，荀子也主张一个人不应同时有两种不同职业。农夫应该专心在农业事务上；商人专心在商业事务上；工匠则是在制造工艺品上。[20] 在荀子思想中，与社会其他阶层的人相较，伦理以及政治上都属统治阶层的“士”，应该专心为“一”的对象，就是《劝学》所言“其数则始乎诵经，终乎读礼”的“诵经”与“读礼”的工夫。不仅如此，于《解蔽》中，荀子在列举了农夫、工匠、商人三个职业后，就主张统治者要以“道”为“一”的对象。换言之，荀子借此说明了，为何一位不擅长上述三种技巧的“君子”，能够监督以这些技巧为业之人。

回到《劝学》，荀子将“伦类”与“仁义”两者并列，认为

---

20 《解蔽》：“类不可两也。故知者择一而壹焉。农精于田，而不可以为田师；贾精于市，而不可以为市师；工精于器，而不可以为器师。”

其是学习者“壹”的对象。[21] 若将这两例中的“一”字理解为“专心”，则会与《解蔽》的用例有所龃龉。在《解蔽》的用例中，荀子要求平民专心于自己从事的特定职业，而“君子”的任务则是监督这些专职之人。如此，在荀子的知识论中，“一”理解为“统合”较为适当。

因此，在要求“士”这样的学习者实践“积善”的过程中，“一”概念意指“专心”从事于“善”或其他伦理价值的实践；而当阐述“君子”（地方行政长官以上等级的统治者）在监督人民之社会活动时，此“一”概念则系指“统合”。因此，学习总是涉及统合被分类或肯定的伦理知识。《劝学》曰：“学也者，固学一（按：‘伦类’和‘仁义’）之也。”事实上，荀子也发现“学”需要能将不同要素统合起来的“二元性”。因此，荀子在《荣辱》和《臣道》两篇中引用“不同而一”的古语。[22] 由于这点与“统”概念一样呈现了荀子思想的理论面相，故下节会再继续讨论。

### （四）人性与修身

荀子“学”论的第四个面相，则与所谓“性恶论”相关。传统知识分子和当代新儒家学者均以孟子的“性善论”为前提，猛烈攻击荀子的“性恶论”否定了人类固有的整体价值。[23] 因此，即使今日哲学研究者（较为客观地）探讨“人性”的问题，其

---

21 《劝学》：“伦类不通，仁义不一，不足谓善学。学也者，固学一之也。”

22 《荣辱》：“斩而齐，枉而顺，不同而一。夫是之谓人伦。”

23 如孔繁指出，对荀子思想的全盘否定是因其“性”概念，起于程颐（1033—1107）与苏轼（1037—1101），见孔繁：《孔子评传》（南京：南京大学出版社，1997），页285—291。

采取的进路和提出的问题，仍与理学家和当代新儒家学者相似："如果人性为恶，为何人能改善自己？"或者"如果人性为恶，礼义如何产生呢？"[24]"人性"问题和荀子的答案，毕竟永远都会是吸引哲学研究者的重要命题。[25]

过去学者诠释荀子"性论"的主要立场大概有以下三种[26]：(1)孟子与荀子各自代表不同学派的"性"概念；[27](2)荀子的人性论可以被理解为其社会政治学说之基础；[28](3)尽管他使用"恶"一字，但荀子实际主张的是"人性"为"朴(樸)"，因而其"性论"应该被称为"性朴(樸)论"。[29]尽管学者对于上述这些问题有不同看法，但也都同意荀子的"人性论"构成了其修身的理论基础。然而，我们的首要任务还不是从自身的哲学立场批评荀子的论证，而是说明他如何能够提出这样一个哲学论证。

首先要注意的是，孟子与荀子之"性"，在内容上彼此不同。孟子的"性"含有"心"，但荀子之"性"在原则上并不包含"心"。[30]从这个角度来看，将荀子的"人之性"一词直译为

---

24 如金鹏程（Paul R. Goldin）对此问题的追索，见 Goldin, *The Rituals of the Way: The Philosophy of Xunzi* (La Salle, Ill.: Open Court, 1999), p. 17。

25 有些美国学者对此题目极富兴致，从所发表的荀子研究论文题目可以看出来。见 T.C. Kline III and Philip J. Ivanhoe (ed.), *Virtue, Nature, and Moral Agency in the Xunzi* (Indianapolis: Hackett, 2000)。

26 赤塚忠：《荀子研究の二三の問題》，页 400—405。

27 赤塚忠：《荀子研究の二三の問題》，页 400—405。

28 池田知久：《〈荀子〉の性悪說：その本質と機能》(上、下)，《高知大國文》卷 2、卷 3(1971—1972)，页 9—15、16—29。亦见内山俊彦：《荀子》(东京：讲谈社，1999)，页 107—135。

29 儿玉六郎：《荀子の思想》(东京：风间书房，1993)。荀子自己提到了"性朴"，《礼论》即曰："性者，本始材朴也。"

30 徐复观：《中国人性论史》，页 163。

“human nature”恐怕不是很恰当。至少,我们需要从他们“性”字的不同内涵开始讨论。孟子的“人性”实际上强调“人”的部分:“人性”系指异于动物的“人类本质”。相形之下，荀子“人之性”中的“性”则指所有的生物(不仅动物)共有的部分。因此，将荀子的“人之性”解释为“人之本能”或许会更好。也正是在此意义上，荀子之“性”可解释为“朴(樸)”。[31] 荀子“性”概念的这种意涵,也会挑战“荀子的‘性’是‘本恶’”的理解。

荀子虽然将人类的天然属性区分为“性”与“心”，但他从未主张“人之心恶”。这可能也是荀子反复主张以“心”为主体之“心术”的理由。[32] 再者，荀子所说的“恶”并不意指人类内在的“本恶”或“原恶”本身，而系指向“乱”——即社会的紊乱——倾向。如同孟旦(Donald J. Munro)曾经注意到的，在《性恶》之外，荀子并未有“性”为“恶”的说法。[33] 只要实践礼义,人就能够“养性”或“化性”。[34] 换言之,荀子认为“人性”具备变善的潜力，而这甚至可说是他对“性”的一种乐观主义。荀子在许多地方都重申：虽然十分困难，人仍然可以化性，并将自己的“品德”提升到“圣人”的水平。[35] 借用傅佩荣的说法，我们可以说荀子的理论也始于“人性具有向善倾向”的前提。[36]

---

31 见《礼论》。

32 如“圣人知心术之患”及“凡语治而待去欲者”。

33 见 Donald J. Munro, *The Concept of Man in Early China* (CA: Stanford University Press, 1969), p.78。

34 如《礼论》首段所云。

35 《性恶》:“曰：圣可积而致，然而皆不可积，何也？”

36 傅佩荣:《儒家哲学新论》(台北：业强出版社，1993)，页81—84。傅氏似乎承认荀子

《性恶》说：

> 凡为人之欲为善者，为性恶也。夫薄愿厚，恶愿美，狭愿广，贫愿富，贱愿贵，苟无之中者，必求于外。……今人之性，固无礼义，故强学而求有之也。性不知礼义，故思虑而求知之也。

为了论证荀子“性恶论”的理论缺点，学者经常引述这段引文。但若换个角度，我们反而可以从该段中读到，荀子事实上是认为：整体意涵的“人”具有向善的倾向。引文的主旨在于，“人之所以想要为善”，正是因为“人之性恶”。换言之，尽管反复陈说“人之性恶”，但荀子一贯主张人应该且能够透过修身提升自己的人格。如此，较诸孟子，荀子之“学”含有更多检验、批判自己之意识。[37]

总结此项的探讨，我们对荀子“学”论和修身论的观察，可以整理为以下三点：

第一，荀子有关“学”的主张，基本上与当时先秦儒、墨的观点一致。透过引进战国中期思想家发展出的各种概念，如“染”“积”“一”等，荀子建构了较具系统性的学习理论。借由统合这些概念于其论述中，荀子建立了同时具有理论性和实际可行性的成圣修身理论。

---

的心概念包含“向善倾向”这一点。

37　可参赤塚忠：《荀子研究の二三の問題》，页 403—405。

第二，荀子的学习理论有两种显著的思想特色：其一，每一个人都需要借着学习经典和实践礼乐来努力成圣；其二，社会中最高地位的人需要以“统类”和“壹仁义”的工夫呈现“道”——古代圣王留下的万世不变之伦理价值。荀子学习理论的这种双重性，也呈现在“一”概念的两义性（“集中于修身之事”和“具备某种程度以上的德行之统治者可以统合在社会中扮演不同角色的百姓”）中。[38] 再者，根据伦理的成就，荀子将全部人类分成“圣人”“君子”以及“士”三类。此区分不仅对应伦理品德的成就，也对应是否具有“统类”能力的不同智力层次。

第三，荀子对“学”的诉求，与他对“人之性”的理解也密不可分。荀子认为“人”包括“心”与“性”两个部分。对他来说，“学”实为“伪”（修身的努力）。也就是说，借由不断的修身努力之“伪”，“心”只要能够控制人的生理本能——即“养欲”，“人性”就不至于让社会陷于失序状态。关于荀子由“礼”来“养欲”这一点，将在下章第二节第一项加以详论。

## 第二项　尚贤思想

随着“学”的功能愈受重视，尚贤思想也成为战国思想中的一股主要潮流。[39] 尚贤的主张，可以在当时思想家所编著的政治人物话语（包括古代圣王，以至于战国的贤人政治家等）中看到，尽管其中大多应该是虚构的。《战国策》《史记》等描

---

38　对于知识的分类及荀子的“礼”概念，可见本书第五章第二节第三项的讨论。

39　对此议题的延伸探讨，黄俊杰提出了系统的解说。见黄俊杰：《春秋战国时代尚贤政治的理论与实际》（台北：问学出版社，1977）。

述了国家兴亡的历史记录，都暗示招聘贤人与否，将直接影响一国国力之升降。《史记》也将战国霸权的兴衰和转移——即从早期的魏（文侯时期）、齐（威王和宣王时期），再到秦（昭王至嬴政时期）的历史变化——对应于贤人的聚集以及流散。战国思想家讨论国家兴亡和权力转移问题时，其思维和论述方式的转变，也对应了从“伦理论辩”至“分析论述”的转变。稷下思想活动最兴盛的时期（约前 315—约前 285）可说正是转变的分水岭。

尚贤思想的第一阶段，是在春秋末年随着儒家的崛起而展开的。早期儒家发觉当时的政权需要具备伦理价值之人，而将此种人称为“贤人”。他们进一步认为，统治者需要的是“仁”“孝”等他们提出的伦理价值。这反过来也意味着，只要是拥有这些德行的人，尽管身处民间，也有被提拔到统治阶层的资格。如此，早期儒家的伦理论辩发挥了一个作用：将过去只有世袭贵族才能拥有的权位，在某种程度上开放给新的人才。如《孟子》所示，此“贤人”实反映出早期儒家的自我形象；因此，儒家甚至认为，自己应被当时的王室与贵族尊敬为导师。墨家虽然严苛批判儒家判断“贤人”的标准，但如《墨子》包含《尚贤》上、中、下三篇论述的事实所示，他们甚至比儒家更强烈主张“尚贤”的必要。《孟子》则未对墨家的“尚贤”提出任何异议。

到了战国中期，不属于儒、墨的第三类思想家们开始怀疑“尚贤”主张的论据，尚贤论的论辩环境也因而有了转变。譬如说，《庄子·齐物论》就观察到，儒、墨双方都无法证明自己比对方还贤能。同时，稷下思想家也从更实际的政治观点提出类似的疑问。例如，慎到说：“国有贵贱之礼，无贤不肖之礼。”《庄子》提出的疑问可以整理为两个子问题：其一，“贤人”最关键的特质是什么？其二，统治者应该如何分辨谁更有能力与天分？为了解决第二个问题，稷下思想家发展出所谓“心术”与“形名”的方法。换言之，“尚贤”的关键似乎并不在于某一个人是“贤”还是“不肖”，而在于国君选“贤人”时的标准。这种与人事问题相关的“认知论”，后来在《韩非子》中得以进一步的理论化。不过，值得注意的是，在战国中期思想家的主张中，“心术”和“形名”尚未与“尚贤论”彼此冲突。如《黄帝帛书》同时包含“尚贤”[40]“心术”[41]以及“形名”[42]的学说，而作者并未意识到此三种主张之间可能存在的矛盾。在此三者中，《黄帝帛书》特别关注的是“心术”，因为这是统治者建立能够总揽国事之卓越智慧和权威的基础。而由于“形名论”的前提是“臣下之中无贤人”（若是贤人，国君就根本不需要监督他），战国末年的法家思想家事实上是以“形名论”来挑战“尚贤”。《韩非子》警告我们，若统治者把其权威分割给“贤人”，此“贤人”恐怕会反过来侵蚀国君的权力基础。

上述两阶段围绕着“尚贤”主张的论述，恰恰对应了荀子的两种推论。第一，早期儒、墨对“尚贤”毫无保留的赞许，在《荀子》中也屡次出现。正如《王制》首段以“贤能不待次而举”回答如何治理国家之疑问，荀子在构想理想的国家蓝图时，招募贤才总是最优先的措施。在荀子看来，齐桓公拜管仲为相

---

40　如《国次》“列（裂）其地土，以封贤者”及《四度》“贤不肖并立谓之乱”。

41　如《名形》，请参照本章第三节的相关探讨。

42　如《道法》“名形已定，物自为正”，《黄帝帛书》对于名形在个人行为上似乎有更宽广的意涵。

而称霸的历史事实，就证实了“尚贤”之功效。《仲尼》曰：“夫齐桓公有天下之大节焉。夫孰能亡之？倓然见管仲之能足以托国也，是天下之大知也。”其实，《荀子》中所谓的“大节”正是“尚贤”原则的实例。荀子认为商汤王及周武王，也是因为伊尹及吕尚两位“圣相”才能够统一天下。[43]《王霸》则再加上武王与召公、成王与周公两对圣君贤相组合的例子。[44]在《尧问》一则周公与其子伯禽的虚构对话中，周公说明了自己特别努力地寻找贤人；他告诉伯禽，在其努力探索下，他竟已经遇见多达三千一百四十个！无论该对话是否为荀子还是其他同时期的儒者所虚构，其立场仍与上述《荀子》诸篇中的“尚贤”主张相合。

再者，《强国》记载，荀子建议一名不具名的齐国宰相招募贤人，说：“然则胡不驱此胜人之势，赴胜人之道，求仁厚明通之君子而托王焉，与之参国政，正是非！如是，则国孰敢不为义矣！”这段引文的对话，其核心主张为“尚贤”以及伦理价值的提升，但“尚贤”的主张实际上几乎占用了一半的篇幅。这点反映了无论荀子多么重视伦理价值，在说服当时的政治人物时，他实际提出的是“尚贤”主张。事实上，若仔细观察该对话的实际意涵，我们发现荀子提出了相当吊诡的讯息。因为荀子建议宰相将政治权力分割给下面的贤人，但若真正如此做，齐相自身的地位便会受到威胁。荀子这段话，或许隐含了引导对方从宰相职位退让之意。这一点会涉及荀子的尚贤论如何应

43　见《解蔽》，又于《臣道》称其为“圣臣”。

44　荀子在后文并有解释：“为五伯长，是亦无他故焉，知一政于管仲也。”

对战国早中期的尚贤论所碰到的难题。

第二，在某种意义上，“尚贤”与提倡某种伦理价值的主张不同，而涉及更现实的问题：国君或当权者能不能放弃自己既有的政治权力，让贤才有发挥的空间呢？毕竟“尚贤”的实际履行，比以旁观者的身份提出其原则，或是针对某个人发表评论，还来得困难重重。事实上，实际政治中的“尚贤”，等于是将自己的权力让渡给选拔出的“贤人”；不愿意将权力让渡出去的国君，其口中的“尚贤”往往陷于空谈。如此，不同于早期儒、墨满足于赞扬“尚贤”的重要，荀子事实上心知肚明，“尚贤”的实践对于国君而言是极为困难的任务。在《致仕》中，他敏锐地批评国君在论及“尚贤”时，往往言不由衷：

> 人主之患，不在乎言用贤，而在乎诚必用贤。夫言用贤者，口也，却贤者，行也；口行相反，而欲贤者之至，不肖者之退也，不亦难乎！

早期儒、墨思想家可能都已发现：大多数统治者只是嘴上说说愿意招募贤人，实际上却未能付诸实践。但与此同时，这些思想家似乎也无法找到有效的方法解决这个问题。例如，当齐宣王问招募贤人的办法时，孟子指出即便是全国皆视之为贤人的人，国君仍不能马上任用之。接着，孟子小心地加上一个附带条件：“最后国君自己也一定要去检查（贤人的能力及品德）。”[45] 在这段对话中，“国人皆曰贤”被视为担任宰相的一个条件。显然，

---

45 原文为“国人皆曰贤，然后察之。见贤焉，然后用之”。见《梁惠王下》。

在实际招募人才的过程中，只说“人人都推荐”完全不切实际。而孟子这一句，也只显示出其修辞能力而已。

上述先秦儒家“尚贤论”的困境，似乎暗示早期儒、墨的伦理论辩尚未认真对待“尚贤”在理论和实践上的落差。相形之下，荀子则明确意识到此问题的存在，并且试图结合“心术”问题以系统地解决此困境。他以“统治者应该如何确保最平静且合适的状态”为切入点，与《管子》四篇和《黄帝帛书》基本上属于同样的思路。在《解蔽》开头，荀子将所谓的“蔽”分为三个种类：其一，统治者的“蔽”；其二，宰相的“蔽”；其三，思想家的“蔽”。他指出统治者之蒙蔽最严重的后果，就是会阻碍其招募贤人。统治者保持稳定宁静之心理状态的目的，就是能够分辨贤与不肖，并按照其品性才能的程度，任命臣子于适当的职位上。为了强调这点，荀子还引用了古谚语：“知贤之谓明，辅贤之谓能。”简言之，在荀子思想中，“解蔽”之人指的是能够知贤的统治者。

上述《解蔽》的论述，其实也反映出战国中期稷下学者对尚贤论的批判：因为稷下学者的“心术论”，实是为了克服伦理论辩中“尚贤论”的难题（国君如何判定谁是贤人）而提出的分析性回应。如此，荀子的尚贤论具备认知论的色彩也就是必然的趋势。换言之，借由认知论统合“尚贤”的传统论证，荀子重构了早期儒、墨伦理论辩的内容：他将原本仅仅“主张”其重要性的尚贤论述，提升成与认知论结合为一的人事理论。

如此，统治者是否能招募贤才的议题，就成为《解蔽》“心术论”的导论；不但如此，“尚贤”的理想也成为《解蔽》的实际主题。虽然《解蔽》所述荀子“心术”的工夫论与《黄帝帛书》及《管子》四篇有紧密的关系（关于这一点，请看本章第三节的探讨），但荀子的“心术论”始终是以“尚贤”之达成为目的，其中完全看不到《庄子》《韩非子》中对于分辨“贤人”之可能性的怀疑。荀子坚信儒家意义上之“贤人”的存在，并基于此信念，从“伦理论辩”的立场整合了原属“分析论述”的“心术论”。

那么，为了辨识出“贤人”，除了达成《解蔽》所称的“知道”和“虚壹而静”之境界，具体来说国君还要做什么呢？毕竟光是说自己的心合乎“虚壹而静”，仍无法指出分辨“贤人”的具体标准。此论述方式，仍只停留在稷下学者所提出的“心术论”层次而已。如《庄子》的“坐忘”“听之以气”等境界一样，“虚壹而静”的实践听起来似乎仍不太实际。此处，身为“伦理论辩”和“分析论说”之综合者的荀子，其本领正发挥在以实际可行之办法，解决“分析论述”所提出的“无法分辨贤人”之批判。换言之，荀子试图提出一个有具体方法，且融合了“伦理价值”和“心术”为一体的“尚贤论”。而此“尚贤论”中的“心术”，仍能接近或保留了“分析论述”提倡的“心”之境界。为了达成此种目的，荀子主张借由观察臣下实践“礼”的程度，国君得以衡量他们的“德行”，并能据此决定谁比较“贤”。换言之，荀子以“礼”概念，同时满足了儒、墨的“尚贤论”和稷下学者的“心术论”“形名论”这两条思路的需求。这也是荀子统合“伦理论辩”和“分析论述”之一例。关于荀子礼论和人事问题的关系，我们将在第五章第三节再继续探讨。

## 第三项　王道思想

“王道”一词为孟子大力主张之理想施政的总称，其意味着：一个国君若能够实现此理想，他就具备成为“天下之君”之资格。与此相比，荀子心目中理想施政的总称，则以《荀子》第九篇篇名“王制”之名称为人所知悉。尽管如此，荀子在《王制》和《乐论》的相关论述中，也使用过“王道”一词。因此，由于本项主要探讨的内容，为荀子与孟子等早期儒家之施政蓝图的共同成分，故暂以“王道”为标题之名。

本项所欲探讨的思想内容有：（一）“民贵”；（二）“富民”；（三）“节用”。“民贵”和“富民”（孟子称为“保民”）的主张在孟子政治思想中属同一脉络，“节用”则较少被孟子讨论。事实上，孟、荀两者之间最大的共通处是“王道即为仁政”这一点，但由于讨论这个主题需要先仔细分析两者思想中的“仁”和“仁义”概念，故暂留待下一项再专论之。

### （一）“民贵”

众所周知，孟子曾经宣扬“民为贵，社稷次之，君为轻。是故得乎丘民而为天子”（《尽心下》）之主张。人民是构成国家的骨干，是从过去到未来都会永远存在的，但统治者却随时会被更换。因而，这段话的主旨在于，国君甚至社稷若是伤害人民，则会被更换或终止祭拜。虽然因为“社稷”具有宗教上的意义，不会如此容易就被铲除，但有害的领主毫无疑问地会被更换。孟子明确地警告国君：“君有大过则谏，反复之而不听，则易位。”（《万章下》）他主张统治者应该以“土地、人民、政事”为重。

因此，他又说："宝珠玉者，殃必及身。"（《尽心下》）

即便统治者的权力似乎足以强迫人民侍奉自己，但由于统治者的地位在本质上是不稳定的，他同时需要不断以政绩赢取人民的支持。早期儒家清楚地了解齐、晋两国政权转移到田氏及三晋的最终原因，是国君早已失去了人民的支持。就这点而言，孟子事实上可算是个先觉者：因为就在他发出警告之后的数十年内——也就是战国时代结束之半个世纪前——薛、滕、宋、中山等国家就"开始"陆续被灭亡。对于荀子来说，秦国之外各国力量之日趋衰落，也让他肯定了孟子的主张。

首先，荀子从与孟子一样的角度，叙述君主及人民之间的关系。《王制》曰：

> 马骇舆，则君子不安舆；庶人骇政，则君子不安位。马骇舆，则莫若静之；庶人骇政，则莫若惠之。选贤良，举笃敬，兴孝弟，收孤寡，补贫穷。如是，则庶人安政矣。庶人安政，然后君子安位。传曰："君者，舟也；庶人者，水也。水则载舟，水则覆舟。"此之谓也。

在引文中，荀子运用了"马与舆""水与舟"两个关于统治者及其人民之关系的譬喻。这两个譬喻，应该是在荀子学派中流传的古老谚语。重要的是，荀子刻意强调船之脆弱与水之压倒性力量的对比，借此警告所有的统治者要重视百姓。与此相关，《大略》也叙述了"天""民"以及"君"三者之间的关系，说："天之生民，非为君也；天之立君，以为民也。"这段话显然也是孟子"人民为国家之本"观念的另一种说法。

## （二）“富民”

统治者如何才能维持政治权力呢？对孟子来说，答案十分清楚：推行王道政治或“仁政”，而其中的关键事项为“保民”。孟子在齐宣王面前宣称：“保民而王，莫之能御也。”（《梁惠王上》）。“保民”的观念在《论语》中较不明显，可能是受到墨家思想影响所形成的。《梁惠王下》有一段著名的论述：

> 凶年饥岁，君之民，老弱转乎沟壑，状者散而之四方者，几千人矣。而君之仓廪实，府库充，有司莫以告，是上慢而残下也。曾子曰：“戒之！戒之！出乎尔者，反乎尔者也。”夫民今而后得反之也。君无尤焉。君行仁政，斯民亲其上，死其长矣。

孟子多次批评过度的税收，以及会阻碍农业的不必要动员。他也认为，缺乏适当训练的征兵，如同是让民徒然送死。邹穆公对于被征为士兵的民众以逃离战场的方法报复其统治者感到沮丧，可见人民不会为了心中厌恶的统治者而死，这就是为何孟子会极力主张“保民”。《梁惠王上》说：

> 五亩之宅，树之以桑，五十者可以衣帛矣；鸡豚狗彘之畜，无失其时，七十者可以食肉矣；百亩之田，勿夺其时，数口之家可以无饥矣。谨庠序之教，申之以孝悌之义，颁白者不负戴于道路矣。七十者衣帛食肉，黎民不饥不寒，然而不王者，未之有也。

荀子完全同意孟子改善人民生活情况的主张。差别在于，孟子的“保民”一词似乎较像是保护人民免于暴政的消极对策，荀子的“富民”则有让民众富裕的积极意义。《王制》曰：“故王者富民，霸者富士，仅存之国富大夫，亡国富筐箧、实府库。”在孟子和荀子的主张中，我们可以看出“孟子的王者→保民”和“荀子的王者→富民”的对应关系。而且，引文中“亡国富筐箧、实府库”一句，实际上即为孟子“君之仓廪实，府库充，有司莫以告，是上慢而残下也”（《梁惠王下》）的提要。《富国》也云：“轻田野之税，平关市之征，省商贾之数，罕兴力役，无夺农时，如是则国富矣。夫是之谓以政裕民。”就政策本身而言，除了减少商人这点，荀子开出的处方与孟子想要实践的解决方法大概相同。只不过荀子以“裕民”称之。其实，荀子在使用“裕民”时，还涉及孟子不太关注的“节用”观念。接着，就让我们探讨荀子王道思想中的“节用”和“裕民”政策。

### （三）“节用”

在孟子的“王道政治”思想中，保持社会资源的适度消费应该也是重要内容，但他较少讨论关于资源浪费的问题。相比而言，墨家则以减少资源浪费为其思想的主要目标之一。众所周知，墨家主张“节用”，而且其是现本《墨子》第20篇（《节用上》）、第21篇（《节用中》）以及第22篇（《节用下》）的标题。依循同样的思路，墨家也提出“节葬”和“非乐”两项主张，认为当时的葬礼和音乐造成了自然、社会资源的严重枯竭。在“节用”“节葬”“非乐”三项主张中，“节”是最关键的概念。

荀子在猛烈攻击墨家“节葬”和“非乐”两项主张的同时，

却相当乐意将“节用”概念引进自己的政治社会理论中。《荀子》书中共有 12 个“节用”的用例，其中 5 个是在“节用裕民”套语中使用，有 3 个与“礼”字一同出现。举例来说，《富国》的用例为：“足国之道，节用裕民，而善臧其余。节用以礼，裕民以政。”值得注意的是，墨家思想中也有与此相当类似的看法。《节用上》：

> 圣人为政一国，一国可倍也。大之为政天下，天下可倍也。其倍之，非外取地也。因其国家，去其无用之费，足以倍之。圣人为政，其发令兴事，使民用财也，无不加用而为也。

比较《富国》和《节用》的内容，荀子的“节用裕民”与墨家的“节用”思想之间，事实上没有什么矛盾之处。《荀子》中的“裕民以政”与墨家的“发令兴事”“去其无用之费”之主张，彼此是可以兼容的。“节用裕民”思想渊源于墨家之“节用论”这点应该无疑，但由于多数战国晚期思想家都接受了“节用论”，荀子的节用思想或许就不是直接从墨家节用论继承而来。

那么，墨家与荀子对于“节用”的看法有何不同呢？荀子认为“礼”是达成“节用”理想之主要方法这一点，即为荀、墨差异之所在。墨家未对“节用”要求设限；甚至正如其“非乐”般，以浪费资源为由，主张音乐应该整个被废弃。相形之下，在荀子思想中，“节用”的要求并非无限上纲，而是要遵循“礼”的设限。“礼”的设限不但能够有效地控制资源的消费，此设限本身也具有正面的意义。在举办“礼”的各种场合，国君以至于人民，都被允许享有与日常相比最高程度的消费；他们得以穿着最漂亮的服饰，吃着最美味的餐点等。如此，荀子的“节用裕民”思想，是透过“礼”之形式与实践，将社会总体资源的消费保持在最适当的程度之内。

## 第四项　“仁”和“仁义”

“仁”是整体儒家思想当中最核心的概念，这样的看法在学者之间不会有异论。由于在《论语》之前的文献中，“仁”字尚未具有伦理价值，[46] 因此学者通常认为“仁”概念之伦理意涵应该是孔子所发明的。另一方面,“义”在《论语》中尚未具有“仁”那么重要的意涵，而是在墨家思想中成为核心伦理价值;《墨子》中就有专论“义”之重要性的《贵义》篇，而《尚同》《天志》诸篇也大力提倡“义”的重要。因此，从现存文献来看，尽管“义”概念并非所谓墨家“十论”的主题之一，但在墨家思想中是几乎可以取代“仁”之价值的伦理概念。

到了战国中期的孟子思想中，“仁”“义”两概念几乎具备同样的重要性。乍看之下，孟子的“仁义”直接继承自孔子开创的传统。泽田多喜男的研究却指出，孟子事实上似乎是综合了“孔”“墨”两股思想潮流，而建立起他的“仁义”思想。[47]“仁义”概念的极成，因此也就代表战国早中期“伦理论辩”之极成。在此之后，经历了来自《老子》《庄子》等的批判，重视“仁义”的思想潮流似乎有所衰退。后来的韩非

46　请参见竹内照夫:《仁の古義の研究》(东京：明治书院，1964 年)，页 104—105。

47　参见泽田多喜男:《先秦思想史研究一斑：孟子仁義説成立考》,《東洋文化研究所紀要》号 90(1982)。

子甚至主张“仁义”不过是儒家求官之口号而已。荀子身处这种强烈质疑伦理价值的思想环境中，是否也对“仁义”的价值有所保留呢？如本书绪论所述，德效骞认为“仁”和“礼”在荀子思想中无法共存。此处，与其直接反驳德效骞之看法，我们不如分析《荀子》中全部“仁”和“仁义”的用例，似乎更实际、更具说服力。

《荀子》中“仁”字出现134次，“仁义”一词则有32次。战国诸子中以提倡“仁义”闻名的《孟子》，则包含158个“仁”字的用例，略多于《荀子》。但就“仁义”而言，《孟子》中“仁义”一词仅出现27次。至少从使用次数来说，荀子对“仁义”的信念是绝不亚于孟子的。如下文所示，荀子显然将“仁”和“仁义”视为最高的伦理价值，有时也与“礼义”并列。尽管认定荀子思想具有“道家”甚至“法家”的特色，我们仍然完全不能否定荀子对“仁”和“仁义”概念的重视。有鉴于此，我们有必要厘清在荀子整体伦理学说之中，“仁”和“仁义”扮演的角色，以及其与“礼”概念的关系。笔者将荀子之“仁”和“仁义”理解为：其一，成为统治者的必备属性；其二，成为天下之君的条件。以下将先讨论这两个基本特点，接着再阐述荀子本人开拓出的“仁”和“仁义”学说。

### （一）成为统治者的必备属性

在荀子的思想中，“仁”首先系指成为统治者的必备属性。“仁”概念的这个面相，反映出了早期儒家“伦理论辩”——尤其是孟子——的思想特色。在《荀子》中，“仁人”一词出现多达 25 次，且在如“仁人在上”（位在国家最高位）[48]、“仁人之用国”（经营整个国家）[49]、“仁人之兵”（整个国家的军事统帅）[50] 等用例中，皆指向理想的统治者。事实上，“仁人在上”一语所在的段落，常出现“王天下”“合天下”等词，更显示出“仁人”统治的对象并不止于一国，而扩及全天下。其实，关于这一点，仍值得注意的是，即使不与“人”字连用，“仁”字仍有理想统治者的品德之含义。例如，《君道》说：“既知且仁，人主之宝也。”在此，“仁”被视为统治者必备的品德。《大略》也表达此意，即说：“人主仁心设焉，知其役也，礼其尽也。”

如此，仁者的施政必然会获人民的拥戴。《议兵》有一则荀子与李斯的著名对话，荀子宣称：“吾所谓仁义者，大便之便也。彼仁义者，所以修政者也；政修则民亲其上，乐其君，而轻为之死。”事实上，此对话的内容几乎是孟子思想的重现。孟子尝言：“君行仁政，斯民亲其上，死其长矣。”[51] 很显然地，荀子的立场仍站在儒家伦理论辩的思想脉络当中，差别只是孟子是就邹、鲁间战争的实例而提出，荀子则未提及具体历史典故。

荀子坚信，没有仁义的政策将不可行。值得注意的是，在如上《议兵》的用例中，荀子使用了“政修”一词。“政”和“修”可分别解释为“政策”及“恰当执行”，但“修”概念在儒家传统中，也富含可类比于“修身”的意涵。正是在这种类比联结中，

48 该词可见于《荣辱》以及《富国》。类似的短语也出现在《议兵》“仁人上下”。

49 在《富国》（2 次）以及《议兵》（2 次）。

50 在《议兵》（4 次）。

51 见《梁惠王下》。

我们看到荀子直接结合伦理价值和政策之恰当执行的理由——没有仁义的政策将不可行!

### (二) 成为"天下之君"不可少之条件

当荀子使用"仁"概念来呈现统治者的品德时，我们发现，这些统治者实为"天下"之君。其中又可分成两种情况：其一，现存的"天下之君";其二,现在不是,但未来会成为"天下之君"。

现存的"天下之君"之例，如《王制》说:"彼王者不然:仁眇天下;义眇天下;威眇天下。仁眇天下,故天下莫不亲也……故天下莫敢敌也。"在此，"仁"一词与"义""威"被视为胸怀天下的"王者"之必要特质。

此外，在荀子思想中，"仁人"是可与"圣王"互换的名词。《非十二子》曰:"仁人之事毕,圣王之迹著矣。"此处"仁人""圣王"两者并列，意味着"仁人"是能复兴古代圣王所建立之理想社会制度的人。在荀子眼中，"仁人"是"王者"具有的卓越人格特质，同时也应该是继承周朝而治理天下的统治者。此外，在荀子的思想里,"王者"作为包括"先王""后王"以及"百王"之总称，其系指能促成以"仁"这一伦理价值治理天下的卓越统治者。如此,《儒效》言:"先王之道,仁〔人〕[52]之隆也。"显然，"仁"概念与"先王之道"被联想在一起。不过，对生活在战国时代的荀子而言，再怎么谈理想的"仁人"，也只不过是假想中的君王。因此，还要提出一个"仁人"如何才能够君临天下的

---

52　该部分有两种不同的版本。谢本及钱本作"仁人隆也"，吕本作"仁之隆也"。自王念孙后，校对者都遵循后者之文本。

具体途径。

在“伦理论辩”的传统中，早期儒家一方面称颂尧、舜、禹之间的禅让故事，同时也理想化了商汤之灭夏桀、周武之克商纣。墨家虽然主张“非攻”，却也支持汤武革命。即使肯定汤武革命与反对战争的立场有所冲突，但不论是儒家（如孟子）还是墨家，都仍竭诚支持汤武诉求武力的合法性。孟子将这些革命解释为儒家仁政的扩张，墨家则解释为“义”的实践。[53] 从这个角度看，儒、墨两家思想的假设是：国君只要心中秉持仁义之道，就能将此仁义伦理的力量扩及全天下人民之身上，那么，即便他不靠法律、兵力等强制力，他的国家也不只是能够保持安定，而且其统治领域也一直能够往周边扩大。这也就是“伦理论辩”之“仁义”概念所含有的一种“动态（dynamism）”。在本书第二章中，笔者主张孟子不但提倡“仁义”之功效，且也支持齐国以“仁义”的力量兼并燕国。只是齐国攻燕的实际结果与此理想完全相反。

荀子似乎并不鼓励当时一国的君主以武力改变天下现状的局势，但在理念上他还是肯定“仁义”概念中的“动态”。譬如在《议兵》中，荀子基本上将“仁”和“仁义”与汤武一统天下的事业联想在一起。在赵孝成王御前与临武君的一则论辩中，荀子即称：“桓文之节制，不可以敌汤武之仁义；有遇之者，若以焦熬投石焉。”[54] 在此句中，称霸之齐桓公和晋文公的军力根本敌不过汤武“仁义”之军力。不但如此，就在此论辩中，荀

53 墨家在论证这一点上，见《非攻下》。

54 俞樾将最后一句“以焦熬投石”修改为“以指焦熬，以卵投石”。详见梁启雄：《荀子简释》，页199。

子提及“仁人之兵”多达四次，又引用《诗经》赞颂武王的一段诗来总结其论点。因此，“仁人之兵”的说法实与“汤武之仁义”相呼应。与此相关,陈嚣（杨倞称其为荀子弟子）在《议兵》中描述“荀子兵法”为:“先生议兵，常以仁义为本。”换言之，荀子坚信唯有体现仁义之品德者，才有资格发动造成领土变更之战争。

其实，陈嚣的评述在另外一种意义上也很重要。从陈嚣所说的“常以”两字，我们可以推断，荀子在与诸侯或他人实际论辩关于军务的议题时，时常提倡“仁义”之效用。荀子与临武君对话的重点在于,汤武体现了“仁”（以及“仁义”）的理想，而此伦理价值之推行，也是其军队能够强大到足以一统天下的基础。若是如此，在实际与当时的诸侯对话时，荀子与孟子“王亦曰仁义而已矣”(《梁惠王上》) 的态度完全没有两样。

至此，我们对“有仁义才能够一统天下”的观点所进行的检视，呈现出孟、荀思想之相同处。在一连串与魏（梁）惠王、齐宣王的对话当中，孟子是在讨论什么样的统治者能够一统天下的议题时，倡导“仁义”的重要性。在这一点上，荀子亦是忠实于孟子的。然而,若注意他们对一统天下实际可能性的看法，便能发现两人态度的差异。[55]

孟子和荀子同样面对当时的战国诸侯，与孟子看到齐宣王就觉得（他所构想的）一统天下是像“运于掌”(《梁惠王上》) 般相当容易的事相比，荀子则没有预见当时的国君会如此简单地一统天下的情形，因为其中没有任何人能够如汤武般热切渴

55　这些对话出现于《梁惠王上》与《梁惠王下》。

望实践、彰显“仁”（以及“仁义”）的伦理价值。职是之故，就一统天下的实际可能性而言，荀子不如孟子那般乐观。

这一点与当代学者所提出且被广泛接受的印象——由于荀子思想一直受到秦国“正在迈向大一统之历史趋势”的影响，因此他或多或少预见了秦国不久后将会一统天下——并不一致。也就是说，就与“仁义”相关的议题来看，荀子基本上并未受到当时大一统趋势之影响。与此对比，讽刺的是，孟子在担任齐国客卿时，如上所述曾认为齐国统一天下将会如“运于掌”般容易。更甚者，荀子对秦国国力的评价也低于孟子对齐国国力的评价。无论当时实际的历史情况如何，荀子并未预见他实际观察过的任何诸侯能在近日内一统天下的景象，但他确实预见了统一后会因为虐政而旋即瓦解的秦国之将来。换言之，荀子对秦国未来之预见，并非秦国一统天下，而是如同齐国湣王的情况一般，在短暂的霸权之后终将溃败。[56] 从荀子的立场来看，暴虐之国必将遭到覆灭乃属历史铁律。

### （三）荀子“仁”概念的理论面相

上述讨论证实了：在荀子整体价值体系中，“仁”和“仁义”几乎占了最高的地位。有趣的是，“仁”和“仁义”通常与提倡“礼”价值的论述，在不同脉络中出现。[57] 例如，《不苟》以“诚”概念为主题的一段：“致诚则无它事矣；唯仁之为守，唯义之为行。”学者通常将该段文字与《孟子》《中庸》的相关篇章比

---

56 例如，荀子在《王霸》中说明齐湣王的治世经过短暂的霸权后迅速崩溃。

57 当然也有例外。在《大略》中，有少许段落“仁”与“礼”同时出现。

较。[58] 值得注意的是，在《不苟》中，“守仁”和“行义”成为实现“诚”的具体方法。在该引文之后的段落中，“仁”以“守仁则……”的连锁推论方式与“神”相结合（“守仁”→“形”→“神”→“化”）。[59]

《解蔽》中有另一个“礼”概念完全不见于荀子“仁论”的例子：

> 圣人纵其欲，兼其情，而制焉者理矣。夫何强！何忍！何危！故仁者之行道也，无为也；圣人之行道也，无强也。仁者之思也恭；圣人之思也乐。此治心之道也。

此段的开头揭示了儒学的理想人格”——“圣人”和“仁者”，与道家所提倡的行为原则”——“无为”的关联。“圣人之思也乐”似乎意谓圣人能够使不断由自身内部涌出的所有欲望皆得到满足。该段的结语“仁者之思也恭；圣人之思也乐”一句，也令人想起《五行》中的相关文字。[60]

---

58　在下一节，笔者也将讨论荀子对“诚”的使用，以及其与《孟子》《中庸》相关论述之间的关系。

59　从“仁”和“诚”概念的关联性来看，《孟子》在《尽心上》曰：“万物皆备于我矣。反身而诚，乐莫大焉。强恕而行，求仁莫近焉。”而在《中庸》则有“诚者非自成己而已也，所以成物也。成己，仁也”一段。由此两者与《荀子》“诚”论之关系来看的话，在《孟子》中为了达成“诚”的境界需要“求仁”，而此理路，与从“守仁”开始的《荀子》“诚”论的理路比较接近。相比之下，《中庸》的“诚”几乎由“仁”一字可以替换其整体意涵，而如此理路在《荀子》和《孟子》中都看不见。

60　《五行》有如是词组：“仁之思也精”“智之思也长”及“圣之思也轻”。见庞朴：《帛书五行篇研究》（济南：齐鲁书社，1988，第二版），页47—48。关于荀子思想与《五行》的相似性，参见庞朴：前揭书，页107—108。

另外,“仁”概念在统治术中也更进一步理论化。《荣辱》即说:“今以夫先王之道,仁义之统,以相群居,以相持养,以相藩饰,以相安固耶?”如同孟子,荀子在与“先王之道”的关联中提出“仁义”这个术语。不过值得注意的是,荀子使用的是“仁义之统”一词,而如本章最后一节所示,“统”是荀子认识论中的关键概念。在此引文中,“仁义之统”分为三项功能:“群居”(组织社会,借此让人们得以生活在一起)、“持养”(维持并滋养人们的生活)、“藩饰”(使生活更具文化意涵)。此外,在《君道》中,荀子也借由使用“统”概念,列举出统治者的四种功能:“生养”(生产与滋养)、“班治”(将适当的职位分配给臣民并恰当地管理之)、“显设”(为臣民设置恰当的奖赏)以及“藩饰”(呈现其职位和社会角色所具备的美德)。荀子称之为“四统”。

若我们考虑到《礼论》“礼者,养也”一句、《荣辱》“仁义之统”的概念,与《君道》“四统”的内容是相符应的,那么也就是说,“仁义之统”和“四统”的内容,实际上也都属于“礼”的功能。若是如此,荀子如何构想“仁义”“四统(三统)”“礼”这三者之间的功能关系呢?《劝学》给了我们一条线索,荀子说:“将原先王本仁义,则礼正其经纬蹊径也。”在这句话中,“仁义”为最高的价值,而“礼”则被设想为能够具体落实“仁义”理念的实践方法。在此,最终的理想状态还是“仁”(以及“仁义”),“礼”则是一种手段(对荀子而言,几乎为最关键的手段)。“仁”在荀子思想的概念结构中占有比“礼”更高的地位,这与一般人对荀子思想的印象大不相同。

最后,就荀子“礼”论之开展而言,他对“仁”的极高评价,又具备了何种思想意义呢?荀子“礼”论的展开,常以与古代“圣王之道”相联结的“仁义”价值为基础。如此，在荀子的思想中，“仁义”实为“礼义”的基础。甚至可以说，“仁”概念即为荀子伦理学说中最终极的价值。因而，就“仁”与“礼”的关系而言，荀子先是“仁”（以及“仁义”）的提倡者，然后再基于此立足点展开其“礼”论。有鉴于此，《荣辱》“仁义之统”这段之所以不包含“礼”概念，可能是因为它仍沿用了早期儒家以“仁”指涉“礼”之内涵的思维模式。荀子虽然也关注儒家最高伦理价值的提倡，但随着“礼”论的构筑，他的理论重点也转移到如何将此价值落实于实际政策的问题中。因此，荀子的论述也逐渐以“礼”的“四统”论，取代了具体施政方案较为模糊的“仁义之统”。

总而言之，以上的讨论厘清了荀子“仁”和“仁义”概念中两种彼此不同的特色。其实，此两种特色分别继承了早期儒墨两家的“伦理论辩”和战国中晚期“分析论述”的“仁”或“仁论”。因此，前者显现出强烈的伦理意涵，而后者则较具政治社会理论意义上的客观性。

在荀子思想中，直接继承“伦理论辩”思想特色的“仁”和“仁义”概念，首先系指成为统治者必备的品德。不仅如此，若某一个国君能够充分地达成“仁”和“仁义”之德，他便具备拥有统一天下的资格。荀子回想起商汤、周武这两位能以武力来实现“仁义”的古代圣王，但这并不意味着荀子承认当时的诸侯能够改变现状，因为在荀子看来，他们皆未呈现出“仁义”。此外，如陈嚣也帮助我们“证实”，在实际游说当时的诸侯时，荀子提倡的德目常常就是“仁”。简言之，“仁”在荀子思想系统中不但是最高价值概念，可能也是他在论辩时最常提倡的价值。

荀子“仁”概念的理论层次，则呈现在与“诚”和“统”概念的结合中。荀子借由提出“四统”的施政方略，阐述具体落实“仁义”之理想的方法，并且此“四统”的施政内容合乎荀子所论述的“礼治”。重要的是，在这种“仁义”“四统”以及“礼”的结合中，“仁义”被视为某个政体应该达成的目标，而“礼”则为达到此目标的方法。因此，没有出现“礼”概念的“仁义之统”之论，可能反映出在荀子思想发展阶段中较为早期的面貌。荀子以此“仁义之统”为理论之终极目标，并借由引进“礼”概念来进一步展开可以达成此目标的“礼治论”。就理论层次而言，在荀子思想中，“仁”概念还是比“礼”高了一层。

## 第二节　荀子“心”论之“动态”与“静态”

本节将阐述含有“动态”与“静态”双面特质的荀子“心论”（也可以说“心术论”）。笔者将此部分所讨论的思想特色，放在荀子整体思想体系的第二层。20 世纪初以来，学者对荀子“心”概念或认知论的研究中，与所谓“科学认知”或“合理推论”相关的部分较感兴趣。在此学术氛围下，牟宗三曾将荀子之“心”与孟子比较，并称之为“认识的心”。[61] 陈大齐也从心理学途径解析荀子之“心”的知觉辨识过程。[62] 受此两人启发

61　牟宗三:《荀学大略》，页 24。

62　陈大齐:《荀子学说》，页 28—46。

的韦政通，则采取“认知心”一词。[63] 总之，他们视荀子的“心术论”为基于一种“合理性”认知、推论的思想内容。时至今日，此观点基本上为大部分的学者所接受。然而，荀子重视“合理性”的认知论是从何而来？荀子“心术论”在思想史上的特色，是否只能从“合理性”或“科学思维”的观点才能理解呢？

第一个问题引领我们回到荀子的“心”概念本身曾受先秦道家思想的影响这一点上。在过去的研究中，不乏学者关注道家思想对荀子“心术论”的影响。事实上，在1973年之前《黄帝帛书》尚未出土而可靠的先秦道家文献稀少的状况下，学者无其他选择而只能将《老子》及《庄子》视为荀子认知论的主要思想来源。在《黄帝帛书》出土后，除了其内容本身，也连带使与《黄帝帛书》有类似思想内容的《管子》四篇、稷下思想家的相关论述等，逐步受到学者的注目。有鉴于此，本文的探讨除了参考《老子》及《庄子》，也试图充分利用《黄帝帛书》与《管子》四篇相关部分的论述，来阐明荀子认知论中的所谓道家特色。

至于上述提出的第二个问题——荀子“心术论”的特质，是否只能从“合理性”或“认知论”来理解——的妥当性，迄今似乎尚未经过综合性的检验。换言之，当代学者在探讨荀子的认知论时，多半只重视《解蔽》《正名》以及《正论》三篇，而较为忽略《荀子》其他篇章的内容。譬如说，《不苟》提倡“诚”概念的段落，明显就触及荀子“心术论”中无法只由“认知心”的“合理推论”来解释的面相。不仅如此，荀子在《修身》中，

---

63　韦政通：《荀子与古代哲学》，页125—127。

还提倡以“礼”来“思索”之必要。从当代认知论的立场，又该如何解释“由礼思索”的含义呢？不过，本章先要全面探讨的是荀子的“诚”概念。《不苟》显然提出“诚”在“养心”工夫中的重要性，而过去的研究一直没有给予荀子思想这个层面足够的关注，而只重视荀子之“合理思维”的面相。

“诚”概念出现于《孟子》和《礼记·中庸》中。在《中庸》中，“诚”不但是后半部分的主题，亦是整篇的中心价值。假设我们要强调《孟子》《中庸》和《荀子》思想之间的冲突与对立，三者在“诚”概念上的类似性，则不得不是个例外吗？换个角度的话，《荀子》中出现“诚”概念的事实代表荀子思想中的一个例外？若是如此，难道荀子（或其弟子）未察觉到“诚”与其他思想的矛盾、对立，而不经意地将与“诚”相关的论述“插入”了《不苟》的论述吗？此种可能性应该并不高：只要通观《荀子》书中“诚”字的用例，就能发现荀子至少在十五段文字中使用了相当概念化而具重要性的“诚”字。也就是说，从“诚”概念来观察其思想关系，《荀子》的“诚论”绝不会与《孟子》和《中庸》的“诚论”相冲突。相反地，我们或许可以将荀子的“诚”概念视为孟子思想的某种发展，而可能是《中庸》“诚论”之主要来源（当然我们也并不否定荀子“诚论”渊源于《中庸》的可能）。总之，“诚”概念可代表荀子“心术论”中无法为“合理推论”的认知论范畴所涵盖的思想面相。

有鉴于此，笔者在本节中所欲阐明的是：荀子的“心术论”中实具备两套不同的理论。笔者分别将“诚”的部分称为“动态的心”，其理论目标是“把自己的心理推向合乎伦理原则的实践”；另一种合理认知的部分则可称为“静态的心”，而其目标是“正确地掌握外界现象”。事实上，此两种心术论大致上也分别符合“伦理论辩”和“分析论述”的思想脉络。如此，荀子使两种分属不同脉络的心术学说各自发展。不但如此，他同时也试图在“心术论”的层次上，综合先前两条思想潮流。借此综合，荀子乃提出兼备“道德力量”和“合理推想（或判断）能力”的理想统治者之形象。

## 第一项　“心”的统领角色

对于战国中后期“分析论述”的思想家来说，“如何把‘心’保持于最合适的状态”是个相当重要的议题。此议题早在《孟子》中也能见到。众所周知，在与公孙丑的问答中，孟子虽然提出“不动心”的心理境界，但同时也承认，若要正确说明此境界的话，则“难言也”。[64] 应当注意的是，虽然孟子提及“心”及“气”之间的功能关系，但他对“心”本身如何保持合适的状态这一点，似乎无法提出详细的论说。与此相比，《管子》四篇中的几段论述，则提供了关于“心”的功能此议题较系统的论述。此外，《庄子》也提及将“心”保持在合适状态的一些工夫论，如“心斋”。赤塚忠曾经指出，《庄子》的“心斋”概念受到《管子》四篇的影响。[65]

荀子将这两部文献的“心”概念与相关探讨吸收进自己的论述之中，并将之融入认知论。在荀子思想中，“心”具备三种

64　详见《公孙丑上》。

65　赤塚忠：《中国古代思想史研究》，页 245—246 及页 272。

主要角色：（一）对其他身体部位的绝对支配者；（二）“神明”（神秘变化和精明的认知能力）所发生之处；（三）人身体中唯一能认知“道”的主体。

### （一）对其他身体部位的绝对支配者之“心”

如第二章第三节所述，在与当时稷下学术密切相关的《管子》四篇以及道家《庄子》所提出之“分析论述”的架构中，“心”在人体的各个部位中占有一个至高的地位。而且此种心、身之间的关系，也被类比成君、臣之间的社会关系。身为稷下思想的继承者，荀子也以类似的方式阐述了“心”相对于其他身体部位的领导地位。众所周知，《解蔽》说：“心者，形之君也，而神明之主也；出令而无所受令。”《管子》四篇与荀子皆赋予了“心”在人体所有器官当中最高的地位。荀子说心“出令而无所受令”，在此论述中，“心”的优越性不仅在于对人体其他部位的物理强制力，也在于对心里各种念头和情绪的控制力。如此，“心”控制“情”“欲”等心理作用，并且决定个人行为的方向。“心”的这一面相展现在《正名》中。在该篇中，荀子定义了“性”“情”“虑”“伪”四个语词。《正名》曰：“情然而心为之择谓之虑。心虑而能为之动谓之伪；虑积焉，能习焉，而后成谓之伪。”荀子将“心”对“情”的选择作用称为“虑”，并且将让“虑”发挥审慎思虑的功能叫作“伪”。此定义之重要性在于，荀子主张“伪”起而生“礼义”。[66] 这里，我们可以看到荀子人性论中“心”与“性”的二元结构。当然，荀子所重

---

66 参见《性恶》：“伪起而生礼义。”

视的是前者，因为“心”可疏导“性”实际呈现或发展的方向。《正名》说：

> 故欲过之而动不及，心止之也，心之所可中理，则欲虽多，奚伤于治！欲不及而动过之，心使之也，心之所可失理，则欲虽寡，奚止于乱！故治乱在于心之所可，亡于情之所欲。

引文中，“心”具备完全控制“欲”的绝对权威，甚至可决定整体形躯的生死。《正名》亦论及“心”具备支配个人言语行为的权威。荀子强调，恰当的言论只出于“心合于道，说合于心”的状态。

总之，“心”处于至高的地位，而有此地位的“心”管理形躯器官的运作、控制个人情绪与行为，并且决定是否言说以及言说的内容。于是，对荀子来说，人将朝向君子还是小人的方向，完全依赖于“心”的引导。

### （二）“神明”（神秘变化和精明的认知能力）所发生之处

荀子思想中的“心”被认为是“神明”（神秘变化和精明的认知能力）发生的地方。[67] 这点引发两个提问：何谓“神明”？荀子的心术理论中，“化”概念的功能是什么？《庄子·齐物论》中的“神明”系指某种心理活动，[68] 而《管子》四篇的用例则可能提供了荀子“神明”概念的思想来源。《管子·内业》称：“神”

---

67　参见《解蔽》：“心者形之君也，而神明之主也。”

68　有“劳神明为一”这样的词句。

能够“一物能化”。这里,“神”与“一”两个概念一起出现,我们于下节再探讨荀子的“一”概念。值得注意的是,在《管子》四篇里,“神”被视为具有能让“万物自化”的特质。如此,“万物”与“心”在类比思维架构中结合起来,并且借由“神”的作用,皆能融入“道”促成的永恒自然规律中。

在《内业》中,“神”概念有着另一个重要的因素,即与“仁”“义”“德”等道德价值的关系。这些概念所出现的用例中,“仁”被视为一种“天德”;而“义”则是“地德”。如此,道德性质便投射于自然理律之中。借由“心”和“自然”的互动,“心”得以获得融入“神明之极”之境界的能力。《内业》的作者以“正形”一语,来叙述“心”的这种转化过程。如同第二章第三节所讨论过的,在《黄帝帛书》和《管子》四篇中,“正”系让统治者能“参于天地”的要素。循此观点,我们发现上述《荀子·解蔽》“心者形之君也,而神明之主也”一句的另一种意义:如《管子》四篇所陈述的,《解蔽》的“心”也借由“神”的功能而得以呈现其道德属性。

上述讨论显示,《荀子》中关于“心”之“神明”功能的论述,似乎曾受到《管子》四篇之“心术论”的影响,或至少是在与其互动之中形成的。另外,与此相关,《不苟》的“养心”论述之所以只简单提及“形”概念,[69] 部分原因可能是因为“形”在战国晚期相当盛行,而荀子已完全将之吸收内化,所以不需要再另外详说其内容。

69 参见《不苟》:“诚心守仁则形,形则神,神则能化矣。”

### （三）人身体中唯一能认知“道”的主体

从《孟子》《管子》到《庄子》，在关于“心”的论述中反复出现的主题，是透过实践“专心”“精气”等以保持“心”之最理想状态。《孟子》试图借由“浩然之气”达成“不动心”之境界。在《管子·内业》中则大量出现“气”的用例，若说该篇的主题几乎为“气”与“心”也不为过，这个特点在“凡道无所，善心安爱（薆），[70] 心静气理，道乃可止”一句中呈现出来。此处，《内业》作者主张在“气”恰当流动时，“心”能够触及“道”。《庄子》论及“心斋”时，也提出类似的论述。《人间世》即曰：

> 回曰：“敢问心斋？”仲尼曰：“若一志，无听之以耳，而听之以心；无听之以心，而听之以气。听（耳）止于耳（听），心止于府。气也者，虚而待物者也。惟道集虚。虚者，心斋也。”

在此寓言对话中，“气”概念成为“心论”的主题。通观《孟子》、《黄帝帛书》、[71]《管子》四篇、《庄子》及《荀子》中“心论”相关的论述，我们看到一些共通的思想特色：其一，以“心”和“志”的专注为主题；其二，强调将“心”融入“道”的必要；其三，以“虚”字界定“心”融入“道”的境界。仔细观察之，这一系列思想文献中的“心术论”，其实皆为一种“气论”。《管子》四篇和《庄子》则进一步主张要净化无形的“气”，而且将净化

---

70　汤孝纯将“爱”修订为“薆”，指的是“隐蔽；留处”。参见汤孝纯：《新译管子读本》（台北：三民书局，1995），页 821。

71　《行守》包含这个段落：“言者心之符〔也〕，色者心之华也，气者心之浮也。”

的状态与“虚”概念联系起来。

荀子也将这三个要素——“心”“气”以及“虚”——都融进了自己的心术论中。然而，他较不关注“气”之于维持“心”之平衡的重要，而较重视“心”能否认识“道”，以及能否引导人的行为（包括举止、情绪、言行等三要素）这两点。

这个观点值得我们进一步探讨。从《孟子》、《管子》四篇、到《庄子》，其“心论”的主要特点是：提倡将“心”融入“道”。如上所述，在此思维模式中，“心”也属于自然界的一种物体，因此透过其神妙的功能，最终将融入“气”的律动之中。如此，此种论述乃构成“无为”本体论的心理基础。然而，强调“心”融入“气”的论述，却可能会让思想家们忽略了思想活动——即“人的思考”——本身的意义。

荀子应该并不满足于当时这种忽略人之意志的心术论。特别是此思想风气中，“心”的存在意义往往被寄托在与自然现象的类比，或是在“道”或“一”等本体原理的作用中；与此相应，个人拥有的意志或主体性，也往往因此丧失。对荀子来说，“心”的思想活动一旦融入“气”中，就不再能够成为社会行动者的主体。正是在这个问题意识下，荀子拥护作为思想活动之主体——即做出思虑和判断——的“心”的功能。于是，他更关切于“心”是否能够独立理解是非，以及“心”所应当遵循的“道”为何等问题。《解蔽》曰：

故心不可以不知道；心不知道，则不可道而可非道。人孰欲得恣而守其所不可，以禁其所可？以其不可道之心取人，则必合于不道人，而不知合于道人。以其不可道之心，与不道人论道人，乱之本也。

乍看之下,引文的观点与上列文献重视平衡心的论述类似。然而,荀子论述的特色在于,主张必须反求于“心”本身才能解决与“心”相关的问题。《解蔽》曰:“治之要在于知道。”因为“心不知道,则不可道而可非道”。此处,“心”与“道”的接触,不是要将“心”的主体性融入“气”中。反之,荀子认为人心要在认知“道”的无谬误性之后,才能够达成下一步“治”的境界。如此,也解决了《荣辱》所说“凡斗者必自以为是而以人为非”的问题。荀子借由将“气论”架构中的心术论“拉回”以“心”的“意志”为主体的架构,为心术论开拓出新的面相。

## 第二项　动态:“诚”和“神”概念

荀子主张一个人若想要接近“道”的规律性和无谬误性,他应该建立正确适当的“心”的认知功能。相对于先前思想家的主张,在荀子的心术论中,“气”角色的重要性大幅缩减。然而,即使其重要性有所缩减,如同《修身》的例子所示,荀子毕竟还是探讨过“气”,并将之引入自己的心术论中。[72] 在重新建构其心术论时,荀子也引进了思孟学派的相关论述:思孟学派探讨了如何将“心”转向道德,并借此鼓舞人实践伦理价值。就这个部分而言,思孟学派对荀子的影响大概分成如下两点:

第一,伦理价值的“扩张”。如“浩然之气”的说法所示,

---

72　参见《修身》的“扁善之度,以治气养生”的论述、“治气养心之术”等。

在孟子思想中,“仁”“义”等伦理价值可借由“气”而得以“形”塑，进而扩张。《五行》也提示我们，重视“伦理价值之扩张”的思潮，在当时应该相当流行。如开头一段所言之“仁形于内，谓之德之形”,《五行》的作者常常使用“形”字。此外，他也反复使用如“A 则 B，B 则 C……”的连锁推论，阐述伦理价值的转变与呈现的心理作用。

第二,荀子也从思孟学派继承了“诚”概念。赤塚忠曾经指出，荀子采纳了孟子思想中的“诚”概念，因而对《中庸》思想的形成有所贡献。[73] 本节试图厘清“诚”在荀子思想中具备的独特思想意义,尤其是他如何将其提升至哲学概念的层次。《中庸》的作者则以荀子之诚论为基础，进一步展开了“诚”概念在形上层面之意义。

### (一) 扩张且动态之道德概念——“诚”

在《孟子》里，我们可以观察出两种“诚”字的用法。其一是将其作为副词使用,指“真正地”或“真实地”之意。[74]《孟子》中绝大多数的用例皆属此义。另一种用法,则可见于下引《离娄上》的段落中:

> 诚身有道:不明乎善,不诚其身矣。是故诚者,天之道也;思诚者，人之道也。至诚而不动者，未之有也。不诚，未有能动者也。

73 笔者同意赤塚忠将荀子的“诚论”放在由《孟子》至《中庸》的“伦理论辩”之发展这条脉络上。参见赤塚忠:《儒家思想研究》，页 471—497。

74 例如，在《滕文公上》的“然，是诚在我”“滕君则诚贤君也”等用例。

仔细看“诚”在引文中的用法，孟子思想中“诚”概念的特色可以区分为以下四个面相。第一，“诚”被用于如何得到人的信任的脉络中，因而含有“信赖”的意涵。第二，对孟子来说，“诚”与“仁”“义”不同，并非从人性中自然涌出，而是要经过思考、反思（即“思”）的过程方能得到的一种道德境界。第三，“诚”的境界，要由“明乎善”来达成。第四，孟子认为“诚”是“天”的属性。在上述这段引文中，对于“善”之强调，以及人道与天道的殊途，与《五行》首章“善，人道也；德，天道也”一句，实有共鸣之处。

综合上述观察，我们可以理解，“诚”概念与“仁”“义”等伦理价值，实分属于不同的范畴。然而遗憾的是，由于《五行》中并未包含“诚”，我们便无法进一步探讨“思孟”学派之“诚”观的思想特色。

以上述对于《孟子》“诚”概念之分析为基础，我们进一步要考察的是，荀子如何将具备“扩张（ever-growing）”特色之伦理概念的“诚”，引进自己的“心术论”中。事实上，“诚”概念的“扩张”特质在《孟子》中还没有完全呈现出来；将“诚”转换成具备“扩大动态”意义之概念的思想家，恐怕非荀子莫属。荀子在《不苟》中阐述了“诚”的作用和意义，笔者则将此段落分为四个部分：

（A）君子养心莫善于诚，致诚则无它事矣；唯仁之为守，唯义之为行。诚心守仁则形，形则神，神则能化矣。诚心行义则理，理则明，明则能变矣。变化代兴，谓之天德。

（B）天不言而人推高焉，地不言而人推厚焉，四时不言而百姓期焉，夫此有常以至其诚者也。君子至德，嘿然而喻，未施而亲，不怒而威，夫此顺命[75]，以慎其独者也。

（C）善之为道者，不诚则不独，不独则不形，不形则虽作于心，见于色，出于言，民犹若未从也。虽从必疑。天地为大矣，不诚则不能化万物；圣人为知矣，不诚则不能化万民；父子为亲矣，不诚则疏；君上为尊矣，不诚则卑。

（D）夫诚者，君子之所守也，而政事之本也；唯所居以其类至。操之则得之，舍之则失之。[76] 操而得之则轻，轻则独行，独行而不舍，则济矣。济而材尽，长迁而不反其初，则化矣。

引文呈现出荀子将先前思想家之概念及论证引进自己心术论之尝试。借由将此段“诚论”分成四个部分，加以理解各自的主张内容，我们便可以观察出荀子“诚论”的综合特质。首先，此段落的整个论旨是在主张：“诚”之德的呈现与否，即为统治者能否让人民自愿受其统治之关键。[77] 就其思想来源而言，在现存的先秦文献中，《孟子》《五行》《庄子》三部文献与其特别相关。

1.《孟子》的伦理思想。

上列引文（A）出现的“仁”“义”两个主要伦理价值，对

75 杨倞似乎将这个段落的“命”理解为广义的命运。不过，郝懿行认为，“顺命”意指观察到“天、地、四时的规律运转”。郝懿行的解释跟我们对“诚”的解释相符应，都有着两个面相的自我转化，即人类社会以及自然界。

76 在《五行》中有几个句子包含了“轻”这个词。特别是在马王堆帛书本的注解中有“轻者，尚矣”一句。参见庞朴：《帛书五行篇研究》（济南：齐鲁书社，1988），页48。

77 考虑到荀子的“君子”概念指涉到的是统治者这样的观点，参见第五章第二节相关的论述。

应了荀子“诚论”中的孟学要素。且如引文（C）所言之“善之为道者”，若比照引文（A）来看，“善”概念在荀子的“诚论”中也发挥了重要的角色。《孟子》亦云：“诚身有道：不明乎善。”在《尽心下》描述乐正子的一段中，“可欲之谓”的“善”概念与“化”“神”概念联结，而呈现了“(扩)大”的伦理价值。[78]然而，无论是《离娄上》中“诚”的用例，还是《尽心下》中“善”的用例，作为“呈现”或“形塑”意涵的“形”概念都并未出现。

2.《五行》的“形”与“独”。

《五行》是一篇难以掌握正确意涵的文献，而若要了解其中一些概念的含义，《荀子·不苟》的用例就相当具有参考价值。从《五行》和《不苟》之间可能存在的思想关系，可以观察到以下三种情形。

第一，如《不苟》引文所示，荀子可能试图将从《五行》借来的三个概念——“形”、“独”(特别是“慎独”一词)以及“轻”——融入自己的“诚”论中。“形”乃是理解《五行》思维模式的关键词之一。比如说，在第一章开头的段落里，《五行》的作者就用“形”来阐述四个伦理价值——“仁”“义”“礼”“智”——的形成，并且认为这种“形塑”在一个人的心灵和行为中会呈现出来。[79]再者，如在“圣之思也轻，轻则形，形则不忘”一句的连锁推论中，“形”字也界定了一种合乎伦理原则的心理境界。[80]同样地，在《不苟》中，“形”字也是在第一段落（“守仁则形，形则神”）和第三段落（“不独则不形”）的连锁推论中出现。

---

78　参见《尽心下》：“可欲之谓善……充实而有光辉之谓大，大而化之之谓圣。”

79　如开头的段落所述：“仁形于内，谓之德之行，不形于内，谓之行。”（《五行》“经”第一章）

80　参见马王堆《五行》“经”第六章。庞朴：《帛书五行篇研究》，页48。

第二，关于《不苟》之“独”以及“慎独”，《五行》的用例也提供了线索。《五行》第七章曰：“能为一然后能为君子。君子慎其独也。”马王堆本“说”的部分，则解释道：“慎其独也者，言舍（捨）夫五而慎其心之谓也。”庞朴将“独”诠释为“内心专注”。[81] 浅野裕一则关注“独”概念的理念侧面，认为“慎独”意味着把心分离于身体，并将之集中于道德修养。[82] 池田知久基本上也同意浅野提出的观点，只是他同时注意到“独”在《庄子》中也出现过，而系指一个人对更高层次之自然天命的融入或合一。[83] 就“独”概念而言，强调“专注”或“专一”的意涵是关键，因为如上所述，荀子也强调专心（专一）在学习过程中的必要性。由于荀子“诚论”中的“独”概念，似乎与《庄子》相关的论述有更密切的思想关系，故留待下文再行讨论。

第三，《五行》并未对于使人民具有道德、君子之“德”对人民的影响力等主题表现出兴趣。换句话说，虽然《五行》的作者使用了“形塑”意涵的“形”概念，但只限制在个人心理中道德意识之“转变”而已。如此，《五行》通篇的焦点都集中在个人（或许是统治者）心理伦理境界的问题。如同《不苟》第一段落开头已显示的，荀子的“形”概念，作为连锁推论中的一个媒介，构成了“道德价值（仁）最终能导致一个人的道德转变（化）和对人民的教化”的论述。而且在整段论述中，“人”如此的道德转变，与自然万物孕育的过程，也形成一种类比。从这个角度看，荀子似乎也将《五行》“形塑”意涵的“形”

81 庞朴：《帛书五行篇研究》，页 52。

82 浅野裕一：《黄老道の成立と展開》，页 594。

83 池田知久：《馬王堆漢墓帛書五行篇研究》（东京：汲古书院，1993），页 146—148。

概念，融进其“诚论”之中。

3.《庄子》的“独”概念。

讨论至此，我们需要比较《不苟》与《庄子》的“独”概念。池田知久曾经指出:《庄子》的“独”概念与《五行》的“独”概念相类似。不过《庄子》中的“独”意味着一个与自然造化过程同化的最高境界；在《五行》的“独”概念中，此含义则并不明显。[84] 虽然如此，在了解荀子的“诚论”时，此意涵却相当重要,因为荀子的“诚”也含有此自然造化之意。不仅如此，此意涵又是荀子与《中庸》“诚”概念的共同特质。同样值得注意的是,《庄子》中的“独”可以说是从“天”而来的属性。如《养生主》曰:“天也,非人也。天之生是使独也,人之貌有与也。”《德充符》的作者在描述闉跂支离无脤的圣人特质时，则曰:“謷乎大哉,独成其天！”[85] 在《不苟》第一段的结论中,荀子也将“诚”的特质，视为“变化代兴”之“天德”。

那么,“独”除了是“天”之属性，其实际内涵为何呢？让我们先检视《庄子》的例子。《应帝王》描述列子的修养功夫为“雕琢复朴，块然独以其形立。纷而封哉，一以是终”。[86] 如此，《庄子》似乎借着使用“独”概念来主张回复“天性”。事实上，

---

84 池田知久:《馬王堆漢墓帛書五行篇研究》，页 146—148。池田所引用的句子，有如“朝彻，而后能见独”(《大宗师》)，“人其尽死，而我独存乎”(《在宥》) 等。

85 在《天下》中，其作者评论庄子的思想说:“独与天地精神往来而不敖倪于万物。”

86 《管子 · 心术下》中有:“世人之所职者精也，去欲则宣，宣则静矣，静则精，精则独立矣。独则明，明则神矣。神者至贵也，故馆不辟除，则贵人不舍焉，故曰不洁则神不处。”此处推论之方式与《荀子 · 不苟》的“诚心守仁则形，形则神，神则能化矣。诚心行义则理，理则明，明则能变矣”一段颇有类似。而且，在这里,“独”字与“精”字和“神”字一起出现。

这与《渔夫》所言“真者，精诚之至也”中之“诚”概念的意涵（提倡天然真实之状态）相当一致。由是观之，在《庄子》中，“诚”概念内实具有“独”等于“天地真实状态”等于“天德”的结构。[87]只是《庄子》中，无论是“诚”“独”“真”还是“天德”概念，其尽量排斥人为因素的企图非常浓厚。

反观《不苟》的“诚”，一方面含有浓厚的“天地”“四时”的非语言特质；另一方面则将“操之则得之”，换言之，个人“守仁”和“行义”的修身过程视为“独行”之必要条件。因此，虽然从结果而言，《庄子》和《不苟》的“诚”均可视为“天德”的境界。但就实践程序而言，《庄子》的“诚”似乎强调“雕琢复朴”、回归于“真”的“复归自然”的过程，《不苟》的“诚”则要求“仁”“义”“善”之躬身实践。也就是说，荀子的“诚”借由“守”“行”“操”之意志行为，来扩张这些道德价值。因此，就《不苟》而言，其所谓的“天地真实状态”，实为道德价值，即“善”之持续扩大的动态。下面我们将再回到这一点。

4.“诚”概念之“扩张动态”（dynamism of the growing）的双重意涵。

《不苟》的“诚论”除了上承《孟子》《五行》《庄子》的各种概念和论述之外，还呈现出一些独特的思想特色。其中特别值得注意的是“变”“化”“变化”等概念。这是因为荀子之“诚”概念的特殊之处，正是在与此三文献之思想特色和“变化”概念之结合中，发挥了价值概念之功能。首先，《不苟》引文（A）

---

87 《庄子》中“天德”一词出现四次，但尚未有与“诚”字一起出现的例子。盖《天地》“君原于德而成于天，故曰：玄古之君天下，无为也，天德而已矣”的例子与本文中的意涵比较接近。

出现的“守仁”“行义”等德目转换成“变化”,荀子则将之称为“天德”。相对地,《五行》关于“仁”“义”等道德价值的讨论,虽然暗示“统治者的德行会影响民德的涵养”,但“变”“化”等概念并未出现。《五行》或许以“形”概念表述了某种意义上的“变化”意涵,但其范围仍限于个人内在的修身层面。相形之下,荀子的“形”概念,在“形→神→化”的理路中,发挥其在展现“仁”心与教化人民之间的媒介功能。

其次,如《不苟》引文(C)“不诚则不能化万物”一句所示,引文(A)中“变化代兴”的“变化”一词,可以与自然世界万物孕育的过程相比拟。因此,荀子的“诚”概念基本上涵盖了双重意涵:其一,《五行》之“形”所指的“仁”“义”等伦理价值的呈现;其二,可能由《庄子》所提出的,自然世界中万物孕育之顺利运行。也借由此双重功能,“诚”能够同时引发人类社会之“德化”和自然世界之“万物孕育”。此“诚”与《徐无鬼》“乘天地之诚”“大人之诚”的“诚”可互相符应。

然而,我们也要注意,《庄子》中“诚”“独”概念的重点在于“将人性同化于天地自然的真实状态”,而并未进一步阐述是否要展现出此“真实状态”。相形之下,《不苟》将“天德”看成一种“万物孕育”之动态,因而呈现出要“如同天地之动态一般展现出人类伦理价值”的思想立场。换言之,就自然和人的关系而言,《庄子》和《荀子》同样以“诚”“独”两概念,表达自然世界的一种“真实状态”;但与《庄子》主张“人同化于自然真实状态”相比,荀子则认为,对人类的生存而言,没有合乎伦理状态之“真实状态”不具有任何意义。因此,荀子的“诚”至少在人的层次上需要从道德价值的实践出发。就这样,荀子的“诚论”一方面整合了上述各种概念思想的特色，另一方面也被界定为“扩张的道德力量”,并在人类心中道德之形成，以及自然界造化万物的过程中,发挥了神秘的力量。“诚”的“扩张性”,也呈现在与“转化之力量”相关的“形”“变”以及“化”等概念的联结之中。笔者将荀子“诚”概念的双重特色整理成下表：[56]

【表4–1】“诚”在自然世界与人类世界间的类比关系

| 呈现范围 | 主体以及对象 | 属性一 | 属性二 | 可能的英译 |
|---|---|---|---|---|
| 人类世界的“诚” | 人类 | 变化 | 嘿焉<br>未施<br>不怒 | sincerity<br>truthfulness |
| 自然世界的“诚” | 自然（天体、地球、四季） | 化 | 不言 | providence |

荀子借由让“诚”概念发挥的领域横跨自然和人类两界，将早期儒家思想中原为伦理概念的“诚”，以类比方式放入与自然世界法则同等的层次，并且试图借此论证为何“诚”能具有呈现人心中伦理质素的功能。借由类比于统摄自然界之“诚”，人类世界的“诚”也具备了“扩张”的道德力量；如同内在于自然界繁衍生育的力量，道德力量也内在于人心之中。人类社会中能够拥有、展示此道德力量的人，也成为荀子心目中真正的统治阶层：圣人及君王。

“诚”概念之“扩张”的特质，在与“形”“神”“变”“化”这些词相联结时被进一步强化，因为这些词或多或少都包含了“转化之力量”的意义。在此概念架构中，荀子要提出的观点是，其一，道德从统治者的心中开始扩张，并且最终也造成人民心中道德价值的转变；其二，就如同天体不停运转般，此过程没有止息，且万物皆由此而生。

如同表 4-1 所示，当“诚”概念在动态意义中使用时，它指的是在人类一步步通往圣人境界的过程中道德品质的展现。换句话说，根据荀子，道德价值有一种本质的内在转变动力，透过它，一般的人能够成为君子，如同自然界中毛毛虫转变为蝴蝶。安乐哲（Roger Ames）的解释符合荀子思想；安乐哲将《中庸》的“诚”概念翻译为“co-creativity”。[88] 的确,《中庸》和《荀子》的“诚”概念似乎从共同的思想来源发展出来。再者,《中庸》的作者借由关注“诚”和“性”的可互换性来建构出含有“万物孕育”思想功能的，也可以说是《中庸》独特的“性”概念。[89]

### （二）道德价值的神秘扩张——“神”

那么，荀子的“诚”概念为何具有如此的动态意涵呢？可能的原因有两个。首先，如上所述，于思孟学派的思想脉络中，道德价值原来就包含了“扩张”的特性。孟子之所以会将道德

---

88 Roger Ames（安乐哲）, "*Li* and the A-theistic Religiousness of Classical Confucianism," "Ritual and Philosophy in China" 国际学术研讨会会议论文（1999 年 5 月 27—28 日，荷兰:莱顿大学）,页 4—6。事实上,如同 Knoblock 也在他的英译《荀子》导言中所述,“诚”这个面相所指的远超过英文的“sincerity”一词。特别是，如同在《黄帝帛书》几个值得注意的相关论述中,天运行的“规律力”以及地的能产过程,相较于翻译为“sincerity”,更适当的翻译应该为“truthfulness”。请参阅 Knoblock: *Xunzi*, vol.1, pp. 166-168。然而，无论是翻译为“sincerity”还是翻译为“truthfulness”，都无法表达“诚”这个词之“扩大”的动态过程，并且这能够类比地同时运作于自然世界以及人类世界。

89 关于荀子与《中庸》之间的思想关系，参见佐藤将之:《〈荀子〉与〈中庸〉》,“纪念朱子逝世八百周年朱子学会议”会议论文（中国，武夷山，2000 年 10 月 12—14 日），页 8—10。

价值归诸“人性”之中，部分原因是他认为道德价值如“义”，是与“气”一样从自我内部涌现出来，并与其一起扩张的。荀子从孟子以及《五行》中所学到的是，“形”能够呈现道德价值的“扩张”过程。荀子将“形”这种转化功能，归诸“诚”的含义中。此外，身为稷下最后一代的思想家，借由将个体、社会以及自然界三个领域以类比方式相互联结，荀子很可能将“诚”概念提升为具备此三个层次的“动态”或其“动态”的来源。借由此“诚”的动态，不仅统治者呈现出心中的伦理意识且教化了人民，自然界的规律也呈现于其孕育万物的摄理中。

其次，荀子“诚”概念能“扩张”的第二个因素，是它也具备“神”的功能。借引进“神”概念，荀子的道德概念就更能够以类比的方式，与自然领域的作用相结合。一般而言，先秦文献中的“神”字含有三种意涵。第一是“鬼神”或“神灵”，以及此两者所具备的“神圣性”。第二是“精神”，即“人类的智性”，特别如“神明”一词所示。第三则是由“天”“地”以及“道”所引发的一种“神奇效应”（miraculous effects）。[90] 事实上，“神”字会被用来构成“精神”或“神明”等词的理由，正是因为它含有“神奇效应”的意涵。“神”概念的这个特点，使得荀子能够在与自然界的类比结构中阐述其心术论。但在进入《荀子》的用例之前，我们先从《孟子 · 尽心下》的例子开始谈起。孟子说：

---

90 陈鼓应将第三意涵视为该词本义。参见陈鼓应：《黄帝四经今注今译》，页 233—234。然而笔者则倾向于按照宗教转向哲学之思维模式的发展架构，第一意涵应该是原初义，而第二和第三意涵是衍生出来的。也就是说，两种义之衍生应该是与战国中后期之稷下思想和道家的崛起相关。

> 可欲之谓善，有诸己之谓信，充实之谓美，充实而有光辉之谓大，大而化之之谓圣，圣而不可知之之谓神。

在引文中，孟子试图阐明道德价值之显现，需要经过由“善”而“神”的六个阶段。“善”为出发点，另外五个词则是“善”从个体心中扩张出去的程度。其中，有三个论点值得注意。

第一，如同孟子所言，“善”可经过六个阶段的变迁。而此论述结构正暗示了“善”德具备的一种“扩张”特性。“充实”“大”“化”等语词，也非常典型地象征了扩大的动力。在此动态中，“神”特别指涉从一般境界转化、提升到道德境界的最后阶段。如此，“神”概念的核心意涵就是“变化”。

第二，孟子描述人类世界中“善”之扩张的过程，并且在被称为“圣”以及“神”的最后两个阶段中，将全天下包含了进来。此处，我们最好不要马上以“神”或“神性”等宗教语词来理解此段的含义。这是因为虽然孟子使用的“神”字表面上具有宗教性，但实际上提倡的只是要以“善”德来教化人民。

第三，虽然引文并未使用“诚”字，但是“善”和“信”的用法与《尽心下》中主张“诚”的意涵相当一致。

《黄帝帛书》的“神”字，包含如上所列举的三种意涵。难以用现代词汇解释，意指“神奇效应”的“神”概念，可见于“无所逃其神”“亡而复存，孰知其神”[91]以及“精则神，至神之极”[92]等例子。“孰知其神”的“神”系指能复活已灭亡的国家之神奇

91　见《道法》。

92　见《论》。

效果。由于“复国”一事需要某种“建立”，此处的“神”也暗示了某种“成长”，也会涉及“扩张”的特点。

另外，“神明”一词也出现于《名理》的开头，即曰：“道者，神明之原也。”此处的“神明”，系指一种具有“神奇变化”和“精明认知能力”的精神。我们应该注意到，“神明”是被用来描述统治者而非一般人民的认知能力。“神明”的此种含义，也被引进《荀子》。

《管子》也提供了丰富的“神”概念用例。当然，也包括如上三种含义。在《内业》的用例中，“神奇效应”的含义相当显著。此《内业》的“神”字用例可以促进我们对《荀子》“神”概念的理解。《内业》曰：“一物能化谓之神，一事能变谓之智。”此段文字的作者将“神”定义为能够整合与改变事物的能力。如同前述《孟子·尽心下》之例，“化”字在此处也出现了。此外，“神”概念也指一种能够保存事物的力量，如《内业》所说：“抟气如神，万物备存。”此“神”所展现的神奇效能也能在《管子》其他篇章中看到。举例来说，《水地》提到水的神奇功能，并称之为“神”。[93] 而“神”被与“变化”概念相联结，以叙述海龟与龙的神奇力量。[94] 至于复合词“神明”一词的意义，根据《内业》所言：“……则淫然而自至神明之极。”“神”字代表统治者的智慧。

以上述对各战国文本的分析为基础，我们可以开始讨论《荀子》中“神”字的用例。首先，整体而言，荀子似乎整合了上述“神”

93 见《水地》：“集于天地，而藏于万物，产于金石，集于诸生，故曰水神。”

94 见《水地》：“变化无日，上下无时，谓之神。”

概念的两个面相——统治者的“高度智慧”以及把“心”转化为道德的催化剂，并且荀子将之融入自己所提出的“诚”概念之思想功能中。最明显的例子是《不苟》的“诚论”和“诚信生神”,以及《致士》的“诚信如神”,其中荀子将“诚信”与“神”相联结。此处有两点值得注意。第一，在这两个段落中,“诚信”为“夸诞”的反义词。对比于“夸诞”之生惑，“诚信”可以生“神”。[95] 第二，这两个段落皆指出，“神”是统治者做出正确判断必备的特质。在“诚信生神”的段落里,“神”与“明”并列，且“明”能由“公”产生（“公生明”)。“诚信如神”一句，因此也实为这段“尚贤”主题的导论。如此，荀子以“神”来达成心理平衡状态的主张，实是在提供统治者针对人事等问题的处理上能做出正确判断的论述。

另外值得注意的一点是，荀子在同时使用“神”“化”这两个概念时，其意涵几乎与“诚”概念一样。至此，让我们再次引述《不苟》一段的相关部分:“诚心守仁则形，形则神，神则能化矣。”也就是说,若“心”能以“诚”来“守仁”,则能够“神”,最终也能使其百姓“化”(即迁善)。上述《尽心下》的用例，大致上也肯定“神”概念与此使民德“迁善”的神奇功能有关：因为孟子也将“善”之“不可知”的特质称为“神”。其实,《劝学》也曰:“积善成德，而神明自得，圣心备焉。”在这里，“‘善’的累积→‘神’具备于心中”的说法，只是把孟子“‘善’的扩大→就是‘神’属性之极致展现”的推理倒过来而已。换言之，在孟子思想中,“神”本身就是“善”之扩张的“不可知”效能；

95　见《不苟》“夸诞生惑”以及《致士》“夸诞逐魂”。

在荀子这里，则只有经过“积善”工夫的人才能具备“神”。

荀子思想中“神”与“诚”概念的亲近性，也呈现在“德化人类社会之君王”和“孕育万物的天地”之间的类比中。《王制》即曰：“故天之所覆，地之所载，莫不尽其美致其用，上以饰贤良，下以养百姓而安乐之。夫是之谓大神。”在此引文中，天地承载万物之美，并致其所用，以利百姓之福。而君王的功用（虽然此段缺少主词，但由文脉明显可见主词是君王）则是要招徕贤良入百官，以使百姓安居乐业。如此，在荀子思想中，“化”和“神”结合的功效非常大。《劝学》曰：“神莫大于化道。”而正如高亨（1900—1986）指出，此处的“善”和前述孟子所言之“大化……之谓之神”意思一致。[96] 也就是说，借由“神”“道”概念之结合，自然界之化（孕育万物）和人类之化（迁善），就得以在同一类比的理论架构下阐述。

以上，笔者检视了荀子以“神”叙述“诚”所具有之“道德价值的扩张”的含义，以及“借此扩大以化善民众”的论述功能。不过，这样的功能，基本上属于孟子“诚”论或“神”论的“伦理论辩”的理路。而荀子的“神”概念，除了孟子“扩张”的道德含义之外，似乎还发展出“分析论述”的思想内容。关于这点，《儒效》有一段论述：

> 曷谓一？曰：执神而固。曷谓神？曰：尽善挟治之谓神。万物莫足以倾之之谓固。神固之谓圣人。

---

96　参见梁启雄：《荀子简释》，页 2。

引文中值得注意的是，荀子认为“善”需要与“治”相联结，并且扩大到全世界。“善”与“治”的联结，让我们得以再次理解，荀子作为一位“伦理论辩”与“分析论述”之综合者的身份。或许，“全天下之迁善”为孟子伦理论辩的最终目标。相对地，如我将在本章的最后一个部分讨论的，“治”的达成则是荀子社会—政治学说的最终目标。在引文的短短一句中，分属于“伦理论辩”和“分析论述”的两个终极价值，以相联结的方式被提出来了。

本项探讨了荀子三种“心论”或“心术论”中的第一种。此心术论呈现出与孟子和《五行》之亲近性，因而很有可能是荀子继承思孟学派之心术论的部分。[97] 然而，就荀子的整体心术论而言，这只占三分之一而已。在本项探讨的内容外，荀子还建立了两种不同的心术论：直接继承稷下“分析论述”之主要概念而发展出的心术论，以及荀子在儒学传统脉络中自己开创出的“礼”之心术论。在下个项目中，笔者将先探讨荀子继承稷下分析论述所发展出来的“心术论”。“礼”的心术论，则留待第五章第二节再详论之。

97　在马王堆汉墓刚出土时，《五行》被广泛认为是孟子学派的著作。不过浅野裕一对其观点提出疑问：“如果真是孟子弟子所著，为何一点也没有提到老师的名字呢？”1998 年公布的郭店楚简《五行》有一段描述子思与鲁穆公的对话，即《鲁穆公问子思》一篇，使我们去假设《五行》“经”部分乃是如浅野所推想，可能没有经过孟子之手，而完成于属子思学派的人。参见浅野裕一：《黄老道の成立と展開》，页 625—630。

## 第三项　静态："虚壹而静"和"大清明"的观念

在荀子"心术论"或有关"心"的功能之探讨中，笔者称之为"静态"的思想特点，在孔子的时候应该尚未形成，而是在战国中期"分析论述"的影响下才建立的。1980年代的学者，曾高度关注、重视此议题。例如，Lee H. Yearley 便在比较研究荀子和《庄子》认知论时，指出荀子接受了《庄子》"冷淡心"（detached mind）的观点。[98] 从1990年代开始，不少学者将所谓"黄老思想"的研究往前推进。李德永曾经分析相关文献中的修辞，探讨了战国道家对荀子哲学的影响；[99] 胡家聪则认为荀子思想中"虚""壹""静"以及"大清明"四个主要观念都起源于黄老思想。[100] 这两位学者都特别留意到，荀子心术论中充满了道家思想所谈的"虚""静"术语。然而，我们其实还很难确定，荀子思想中这个层面是要归类于"黄老思想"，还是"稷下道家思想"。虽然金鹏程注意到"心术论"在荀子整体思想结构中的意义，但其论点仍然局限于对比道家、荀子在这些概念之使用上的异同。[101] 相形之下，笔者则

98　Lee H. Yearley, "Hsün Tzu on the Mind: His Attempted Synthesis of Confucianism and Taoism," *Journal of Asian Studies*, vol. 39-3 (1980)。十年后，David S. Nivison 试图再阐述这个主题。参见 Nivison, "Hsün Tzu and Chuang Tzu," H. Rosemont (ed.), *Chinese Texts and Philosophical Contexts: Essays Dedicated to Angus C. Graham* (La Salle, Ill.: Open Court, 1991), pp. 129-142。

99　见李德永：《道家理论思维对荀子哲学体系的影响》，《道家文化研究》辑1，页249—264。

100　见胡家聪：《论儒家荀况思想与道家哲学的关系》，《道家文化研究》辑6，页108—182。

101　见 Paul R. Goldin, *The Rituals of the Way*, pp. 23-31。

欲阐明道家、稷下学者以至于荀子心术论的演变过程，以及荀子如何将相关的概念和论述整合进所谓的“静态”心术论中。

荀子将此“静态”之“心”称为“大清明”，而此“大清明”的境界是由“虚”“壹”“静”三方面的工夫来达成。众所周知，这四个概念都出现在《解蔽》中。在《解蔽》开头的导论中，荀子主张一个人（统治者）在判断时需要“中县衡”，且为了理解保持心理平衡的标准，他也需要“知道”。一位君王之“知道”（理解以何为标准）与否，也会直接影响其国家是否能治理。因此，荀子称其为“治之要”；若无法遵循，则谓之“乱之本”。如此，在探讨心术问题时，荀子关注的实为一国治乱的问题。其实，《黄帝帛书》也是在“尚贤”议题的脉络中，讨论“心”和“道”之间的关系。《前道》即曰：“君子卑身以从道，知（智）以辩（辨）之。”此处，道由心辨。相对地，《管子·心术上》则由不同的观点提出“心”—“道”关系，说：“心处其道，九窍循理。”《心术上》的作者着重的是“心”能否融入“道”的境界，而非在“心”的合理推论上，设立“心”对于“道”的正确认识关系。

接着，我们来看《解蔽》的相关论述。在提倡“知道”的重要性之后，荀子开始说明如何才能达成此境界，于是提出了“虚”“壹”“静”三种方法，并且将达道后的心理境界总称为“大清明”。《解蔽》曰：

（1）故治而要在于知道，人何以知道？曰：心。心何以知？曰：虚壹而静。心未尝不臧也，然而有所谓虚；心未尝不满（两）[102]也，然而有所谓壹；心未尝不动也，然而有所谓静。

（2.A）人生而有知，知而有志。志也者，藏也；然而有所谓虚；不以所已藏害所将受，谓之虚。

（2.B）心生而有知，知而有异。异也者，同时兼知之；同时兼知之，两也；然而有所谓一，不以夫一害此一谓之壹。

（2.C）心卧则梦，偷则自行，使之则谋；故心未尝不动也，然而有所谓静；不以梦剧乱知谓之静。

（3）未得道而求道者，（谓之）虚壹而静，[103]作之则。将须道者（之），虚则人（入）；[104]将事道者（之），壹则尽；将思道者，静则察。[105]知道察，知道行，体道者也。[106]虚壹而静，谓之大清明。（万物莫形而不见，莫见而不论，莫论而失位。）[107]

（4）坐于室而见四海，处于今而论久远，疏观万物而知

102 杨倞将“满”修改为“两”。

103 杨倞怀疑此处有文本讹误。古屋鬲认为“谓之”是窜改。见《增补荀子集解》卷15，页13。

104 久保爱将“人”改为“入”。见《增补荀子集解》卷15，页13。

105 久保爱认为“者”之后的两个“之”都是窜改。胡适试着对整段文字做更直接的修改，而梁启雄引用之。修改的文句为：“将须道者，虚之，虚则入；将事道者，壹之，壹则尽；将思道者，静之，静则察。”见梁启雄：《荀子简释》，页298。在此，虽然胡的修改颇有吸引力，但我采用久保氏以最小量的修改来翻译。

106 梁启超以及梁启雄将这段文句的首两个字使用为标题。（见梁启雄：《荀子简释》，页298）如此安排是可被接受的，因为如木村英一对文本的观察，通常的情况是一个段落的前几个字会构成该段标题或结论的内容。见木村英一：《荀子三十二篇の構成について》，《支那学》卷8期1（1935），页27—29。我基于梁启超的解释来翻译这段。

107 这段独立于之前以及之后的文句。我怀疑这个部分乃经过窜改。

其情，[108] 参稽治乱而通其度，经纬天地，而材官万物，[109] 制割大理，而宇宙裹矣。[110] 恢恢广广，孰知其极！睪睪广广，孰知其德！涫涫纷纷，孰知其形！明参日月，大满八极，夫是之谓大人。夫恶有蔽矣哉！

以下，我们将从与《黄帝帛书》和《管子》四篇相关论述的比较中，检视荀子“静态”心术论之内容。首先，在段落（1）中，荀子提出“虚壹而静”，并以此作为“心”通达至“道”的关键。在下段之中，荀子由于提出“虚”“壹”“静”等看似吊诡的用词，让读者不免感到疑惑。然而，他接着分别在（2.A）（2.B）以及（2.C）中解释这三个术语的使用不会产生“矛盾”的道理。这三个概念的议题化，应该都源自稷下学的分析论述，如《黄帝帛书》、《管子》四篇，以及道家著作如《老子》和《庄子》。荀子应该曾经广泛地参考过这些（其原型）文献中的相关论述，将之融合进自己的论述中。譬如说，荀子所提及心中之“静”的悖论和达成宁静境界的必要，都可在《黄帝帛书》、《管子》四篇以及《庄子》中看到；悖论的使用，则应该参考过《老子》和《庄子》。

在引文（3）中，荀子继续解释如何才能“虚壹而静”，进而使心接触到“道”。此处，荀子分别分配了以下三个词的角色：“须道”“事道”“思道”。此三种接近“道”之方法的提出，反映了前面所阐述的“虚壹而静”之工夫，实是在“如何于人心

108　杨倞将“疏”解为“通”。见《增补荀子集解》卷 15，页 14。

109　久保爱将“材”解为“裁”。见《增补荀子集解》卷 15，页 14。

110　久保爱将“里”解为“裹”。见《增补荀子集解》卷 15，页 14—15。

中呈现‘道’”这个理路中被提出的。

引文（4）为《解蔽》前半部的总结。其中又可分为两部分：第一，借用悖论的修辞，荀子再次论述卓越的认知力如何达到“大清明”的境界；第二，他以日月的类比，来赞许达到“大清明”层次的统治者。值得注意的是，在（4）的结尾，荀子认为达到“大清明”境界的人亦能“参日月”。虽然“参”（或“三”）概念并未出现，但此种思维方式，其实类似于上述《不苟》“诚”论引文（3）中“天地”和“人”（“圣人”“父”以及“君上”）的类比。差别只在于，《不苟》所要求的心理状态是“诚”，《解蔽》则是“大清明”。

接着，让我们进一步探索荀子“静态心论”的主要术语，即“虚”“壹”“静”“清明”等在其他文献中的用例。由于这些词语可见于《管子》四篇、《老子》和《庄子》之中，学者多认为荀子是受稷下学者和道家之影响才使用这些术语。例如，胡家聪指出，今本《老子》第十六章“致虚极，守静笃”一句，可能即为荀子“虚壹而静”概念的来源。[111] 然而，由于郭店楚简《老子甲》的“守静笃”作“守中（冲）笃”，如此，荀子“虚壹而静”可能就不见得是直接受到该句的影响。

相较于《老子》，《黄帝帛书》中的相关论述，似乎更可能是荀子“虚壹而静”的思想来源。[112] 陈鼓应指出，《管子》四篇

---

111　胡家聪：《论儒家荀况思想与道家哲学的关系》，页 181。

112　余明光强调荀子思想受《黄帝帛书》的思想之影响，不过余氏的关注在其社会及政治问题的论述。见余明光：《荀子思想与黄老之学》，《道家文化研究》辑 6（1995），页 160—174。

的相关论述也受到《黄帝帛书》之影响。[113] 的确,《黄帝帛书·名形》中有一段论述,就包含了与“虚壹而静”相关的三种概念(只是“虚”字由“不藏”来替代),并且以“知得失”为其论述主题。《名形》探讨了在面对“得失”问题时，做出正确判断所需要的心理工夫。原文如下：

> 欲知得失，请必审名察刑(形)。刑(形)恒自定，是我俞(愈)静。事恒自施，是我无为。静翳(壹)不动，[114] 来自至，去自往。能一乎？能止(静)乎？[115] 能毋有已，能自择而尊理乎？纾(褓)也，[116] 毛(屯)也，[117] 其如莫存。万物群至,我无不能应。我不臧(藏)故。不挟陈(新)。[118] 乡(向)者已去，至者乃新。新故不翏，我有所周。

上述引文画线部分的概念及语句，亦见于《荀子·解蔽》中。如画线部分所示,《名形》的文字和荀子论及“虚壹而静”的段落之间存在显著的相似性。

《名形》直接使用“静”与“一”字，而在相当于《荀子》使用“虚”的地方,《名形》则使用“不藏”一词。在(2.A)中，

113　陈鼓应论《黄帝四经》即一贯主张此观点。见陈鼓应:《黄帝四经今注今译》，页37—38。

114　陈鼓应以“翳”当释为“壹”，见陈鼓应:《黄帝四经今注今译》，页404。

115　陈鼓应以“止”当释为“静”，见陈鼓应:《黄帝四经今注今译》，页404。

116　陈鼓应以“纾”当为“褓”或“葆”，见陈鼓应:《黄帝四经今注今译》，页406。

117　李学勤以“毛”当为“屯”。此说法得到陈鼓应之支持。见李学勤:《马王堆帛书〈经法·大分〉及其他》,《道家文化研究》辑3(1993)，页281；陈鼓应:《黄帝四经今注今译》，页406。

118　陈鼓应以“陈”当释为“新”，见陈鼓应:《黄帝四经今注今译》，页407。

荀子也使用“藏”,而这显然是“虚”的反义词。[119] 由于《名形》引文最后一句的意思尚不明确，我们只能理解此部分是在解释“不藏”的内容,却无法据以判断此处的“不藏”,是否即为《解蔽》(2.A)“虚”概念的直接来源。可以确定的是，如陈丽桂所指出的,《黄帝帛书》的作者（们）似乎认为“静”及“虚”，是使心维持在最佳状态的基本途径。[120]

除了“一（壹）”和“静”在使用上的一致性,《解蔽》和《名形》还有以下三点相似之处。第一，如陈丽桂所说,《名形》的基本旨趣，在于建立心理之适宜状态，而《解蔽》亦同。此外，两者皆使用“知”字指涉此认知的过程。第二，两份文献皆使用“理”字，并且将之作为建立“心”之合适状态的重要元素。《名形》的作者强调“尊理”的重要;荀子也主张达成“虚壹而静”者能够“制割大理”。第三，在心术工夫的论述中，两者都叙述其实践者(即统治者)会同化于自然规律。《名形》将之称为“所周”,《解蔽》的第（4）段,则以“经纬天地”“参日月”等用词，赞美统治者同化于此规律的境界。如此，荀子暗示：天地及日月般的永恒运行，即为统治者所应效法的对象。

显然，荀子的论述比《名形》更具逻辑和条理。因此我们可以推测，荀子“虚壹而静”的说法，应该是以《名形》所阐述的思想内容为基础而建立的。反之,《名形》的“静一不藏论”以《解蔽》的“虚壹而静论”为基础的可能性则很低。当然，荀子“虚壹而静论”的思想来源,应该并不限于《名形》。《管子》

---

119 其实,《道原》中有“知虚之实”一句。而此“虚”—“实”的对比关系，可以说相当于上引《解蔽》(2.A)中的“虚”—“藏”关系。

120 陈丽桂:《战国时期的黄老思想》(台北：联经出版公司，1991)，页 100—104。

四篇的相关论述——《心术下》第一段及《白心》最后一段——也应该是荀子在构想“虚壹而静论”时重要的思想来源。

那么，就这三个概念而言，荀子有何创新之处？在分析《管子》四篇及《荀子·解蔽》的相关论述之后，李德永认为荀子对这三个词语的使用，达到了辩证法上“合”的水平，“扬弃”了如“藏虚”“一贰”和“动静”的二元对立关系。的确，在《管子》四篇中，这三组概念仍被视为彼此不兼容的属性，如“虚者毋藏”“一以无贰”“动则失位”等句子。[121] 相形之下，荀子思想中则有条理地“扬弃”了这些对立关系，并且将之转化为“手段—目的”的关系。

与此相关，荀子似乎也从《老子》处学到了“手段与目的之矛盾关系”。《老子》曰“欲先民，必以身后之”（第 66 章）、“哀者胜”（第 69 章）、“柔弱者，生之徒”（第 76 章）等。[122] 这些句子的核心主张是：以看似消极的方式，最后反而可以达到目标。若把此逻辑运用到“虚”与“藏”的论述中，荀子的“虚”概念，便转变成能获得更大容量之“藏”的必要手段。

除了《老子》，正如赤塚忠曾经指出的，荀子也从《庄子》思想中学习到“辩证法”的推论方法。[123] 这点可见于其“一”与“贰”之概念。荀子在（2.B）中云：“不以夫一害此一。”此论点之前提，是认为两个同时认知到的事物或言辞，可能会相互抵触。该段议论的框架与《庄子》一致，《庄子》主张：唯有

121　李德永：《道家理论思维对荀子哲学体系的影响》，《道家文化研究》辑 1（1992），页 249。

122　第 50 章也有“出生入死。生之徒”一句。

123　赤塚忠：《荀子研究の二三の問題》，页 39。

经由“明”来调和认知对象间彼此对立的关系，才能对事物及价值做出妥善评断。[124] 从这个角度看，如同《庄子》以“明”的知觉融入“道”的思路，荀子“壹”（较“一”还具备全体性）的概念也应当解释为一种“辩证融合”。也就是说，若《庄子》的“明”是将两项互为矛盾的认知对象提升到更高层次的境界来理解，荀子则将思想成分引进到自己“大清明”之“明”的含义中。顺此，我们进一步检视荀子“大清明”概念的内容。

首先，在《黄帝帛书》之中，我们无法找到《荀子》“大清明”概念的直接渊源。但在《管子》四篇中则可以找出一些相关句子，如《心术下》曰：“人能正静者，筋肋而骨强。能戴大圆者，体乎大方；镜大清者，视乎大明。”[125] 此句中的“大清”和“大明”两词，似乎与荀子“大清明”有关。《心术下》的“明”系指视觉的清晰度，并且以镜子能够清楚反映物体形象之比喻，指出人心也应要保持清晰的认识能力。

相似的比喻亦见于《庄子》。在《德充符》的一则寓言中，孔子云：“人莫鉴于流水而鉴于止水。”[126] 孔子之语，乃教导读者如何保持平常心。另一方面，《应帝王》云“至人之用心若镜”，而《庄子》哲学中的“至人”意指比圣人还接近理想境界的人格。[127] 事实上，《黄帝帛书》“不将不迎，应而不藏”一句，在某种意义上，

124 《庄子 · 齐物论》中有以下两段：“莫若以明”与“此之谓以明”。为了表达此超乎相对性判断的局限之境界，该篇作者也使用“天倪”一词。此语还见于《寓言》中。

125 《内业》将“镜”作“鉴”。

126 《庄子 · 德充符》亦包含以下语句：“平者，水停之盛者也。”

127 荀子也在《天论》和《解蔽》中将一些理想人格称为“至人”。其句子分别为“故明于天人之分，则可谓至人矣”“夫微者，至人也”。

也含有“用心若镜”的心理工夫。[128]然而，更贴近《荀子》“大清明”的句子，是出现在《庄子 · 天道》中，其曰：“水静犹明，而况精神！圣人之心静乎，天地之鉴也，万物之镜也。”其中，“明”概念与镜子的隐喻，整合在“静”之中。此外，正如上文所指出的，《庄子》思想中的“明”意指“扬弃”认知及价值判断上的对立和矛盾，以直觉事物背后的“真”实状态。[129]如此，《庄子》之“明”，就从原本“照明清晰”之认知意涵，转变为其理想人格所进入的一种“智慧”境界。

相对而言，荀子的“清明”概念，则似乎包含两种不同的含义：一，如静水与镜子般反映出真相的效果；二，常人智力所不能及的认知、判断能力。更确切地说，荀子意图综合“清”和“明”的两种含义，并且将其统合成一体的卓越认知能力。在“清明”之前添加“大”字，也强调了这两种含义之统合。

讨论至此，我们要注意的是，在统合的同时，荀子也调整或修正了道家“静”和“明”的内涵。在《庄子》中，这些概念意指一种直觉的感知过程；在此过程中，人的意志需要停止，甚至被排除。相形之下，荀子的论述虽然充满道家语言，但无论是“虚壹而静”还是“大清明”，其目标都在于使人在具有清晰意识的状态中，做出合理的判断。换言之，荀子的认知论显示出他的目标并非对“道”的直观，或是将自我意识消融于“道”中；而是在于借此达成人心中的合理思维与判断，将“心”提升至能“知道”的境界。荀子非常了解：人类在实际上毕竟无

128 《名形》包含如下语句：“我无不能应。我不臧（藏）故。”陈鼓应指出此思想与《庄子》有密切关系。见陈鼓应：《黄帝四经今注今译》，页 404—407。

129 如此，《庄子》在多处赞许“真”的境界和“真人”。

法达到《庄子》所提倡之“无知无觉”的认知境界——这已经是“超人类”；人只肯去做已“心”所认定为合理的行为。

总而言之，笔者在本项中检视了荀子心术论的“静态心”层面，包括其概念和理论之特质，以及其可能的思想来源。荀子“静态心”的关键为“虚”“壹”及“静”,他将此境界称为“大清明”。对荀子和相关文献的比较分析，显示出以下四点：第一，“虚”“壹”“静”三种概念的基本组合，可以上溯到《黄帝帛书》的相关论述中。在《黄帝帛书》中，此境界之获得，可与自然界的“周行”规律相比。第二，荀子的“清”“明”概念作为心之最清晰状态，似乎来自《管子》四篇及《庄子》中明镜与静水之意象。第三，荀子也引进了《老子》和《庄子》的悖论修辞方式,使其得以用扬弃矛盾的如辩证般的推论手法。第四，尽管如此，不同于《庄子》欲将心消融入“道”的规律或“天”的领域，人心合理且自觉的认知行为，仍为荀子心术论的基础。

荀子综合稷下、道家之概念和论述的尝试，不只在于结合“清”“明”两个观念。借由加上“大”字而造出“大清明”这样的复合词，他也展现出超越之前论述的企图。如陈丽桂所指出的，荀子从奥秘难解的概念中，创造出一套自己的简洁明了的话语；而他之所以要整合这些概念，目的在于提供一般人也能够实践的心术方法。[130] 此外，荀子借由同时引进稷下和道家心术论，提升了先秦儒学的哲学层次。假如没有荀子的整合，整个先秦儒家的思想系统，可能无法离开只是主张“仁义”等道德价值和“礼”之重要性的“原始”阶段。反过来说,《荀子》

130 陈丽桂:《战国时期的黄老思想》，页 148。

将原来无法对抗道家和稷下思想家的具有理论性和哲学深度的论述方式，放入自己的论述方法里面。

最后，还有一个我们不该忽略的思想意义：荀子吸收稷下及道家之“静态”心术论的同时，也引进了思孟学派“扩张”伦理价值之“动态”心术论。不仅如此，“动态”与“静态”两种“心术论”之“重构”，仍绝非荀子心术论的终极目标。以此为基础，荀子还更进一步开展了第三种心术论：通过“礼”的实践来控制“心”的各种作用，以期达成其最合适的状态。在荀子看来，缺乏人人都能实践的具体方法之心术论是没有意义的。在这个意义上，心术论势必也整合于他的“礼”论之中。关于荀子“礼”的心术论，我们将于第五章第二节继续详论。

## 第三节　荀子的“统合”世界观

本章第一节阐述了荀子思想中的“伦理论辩”特色，第二节则探讨了荀子心术论中“动态与静态”的双重特点。本节则试图厘清同样构成荀子思想之特质的“统合的论述方式”。荀子在他自己的思考系统中，将物理界、自然界及历史中能想象到的一切事物整合，并且融入自己生活时代的相关问题。而且如第二章所述，稷下学者关切社会机制和自然世界的运行，以及它们之所以能顺利运作的原理。在稷下和道家说明宇宙与天人关系的解释框架中，荀子将原本一个个看似单独存在的事物、事实、现象，整合进一贯而系统性的论述中，而使其成为彼此相关联的整体。

荀子同时也关注统治者是否具备此种“统合”的认知能力。荀子认为，除了道德品质之外，一个人的社会地位也应该反映其统合能力之高低。换言之，荀子心目中的“圣人”（也是世界的统治者），同时也要具备能够系统说明零星事实和难以理解之现象的能力。

有鉴于此，下面将分别讨论荀子“统合”世界观的三个面相。首先，荀子的第一种整合面相，可见于其对物理、自然和社会的类比整合（analogical integration）中。借由此类比整合，荀子将实存世界之物，纳进齐一而整体的概念框架。尽管现代学者的主流意见，是认为荀子将人类世界的事物，从自然世界法则所支配的领域分离出来。[131] 如下所述，荀子思想中自然和社会世界的类比联系，仍然相当地显著。如本书第二章所考察的，荀子这种思维方式，应该是在稷下和道家思想的影响之下所形成。

荀子整合的第二种面相，是时间、空间与万事万物的整合。荀子的历史观念即是由这种整合所构成。为了统合所有感知、事物、事实及现象，荀子发展了“壹”“统”“类”等理论用语。与第一个面相相比，这种“整合”特别与“类”概念的阐释和应用有关，且应该是荀子自己开展出的哲学主张。此外，荀子以“天”“道”“理”等概念，来界定控制事物之功能及现象因果关系的规范因素。只是荀子仍确信，社会机制中的规范性——尤其是道德伦理——的重要性，自人类有史以来从未改变过。

荀子的第三种整合面相，是他对“治乱”问题之关注。对

131 请参见本书导论对于相关见解的评论。

荀子来说，类比自然世界和人类世界的意义，事实上在于呈现出“秩序”；只是当时的人类社会尚未能达成之。因此，如下所述，“秩序”的呈现成为荀子整个政治社会理论的终极目标：要将“天地”或“人体生理系统”般的秩序，实现于人类社会之中。在此意义上，荀子哲学中“治”甚至比“道”或其他本体概念更具实际的重要性。

## 第一项　身体、自然世界以及社会的推类整合

笔者在第二章第三节中，已阐述了稷下思想家如何以类比关系的框架理解自然世界与社会之间，以及人体和社会之间的关系。在此类比架构下所呈现的思想特色可以整理为如下两点。

第一，战国中晚期的稷下及道家思想家，着迷于人体生理系统自然保持的平衡秩序状态。在人体中，手脚、耳目等感觉器官以及内脏等本身就组成了完美平衡的生理系统，而这样一种完美的秩序状态，与人类社会之混乱就形成明显的对比。同时，稷下及道家思想家也关注“心”对其他人体部位的统治功能；在此类比上，“心术论”的重要性便也得以建立。借由此种思考框架，思想家们不断主张，人类社会中的“君—民”关系，需要仿效“心—其他身体部位”所呈现的平衡和秩序。基于此，荀子也将“心”放在人体最高的位子上，并且称其统治功能为“天君”。[132]

第二，另一个吸引稷下及道家思想家的比喻是，“天”

132 《天论》：“心居中虚，以治五官，夫是之谓天君。”

之运行和“地”之生物的规律性。他们使用如“自然”“恒”“常”“正”“静”“神”“诚”“性”等术语,界定此规范性的特质。在终极意义上,这些术语与“道”连接。在此架构下,人的欲望、情绪以及“心”的伦理角色,与世上无数事物的生灭兴衰联想在一起。而思想家对事物生灭兴衰过程的观察,又有以下两种不同的论述方式。

第一种论述方式以思孟学派为代表。他们关注“心”中道德价值的不断扩大或“生长”。对孟子来说,道德素质在“心”中产生且会持续扩大。如前节所述,孟子称此道德素质扩大的过程为“诚”。荀子则将此一过程,联结到自然世界之孕育万物——即“天德”,并且认为在思想和行为中能掌握此“心”之道德要素的人,最终可以“参于天地”。《中庸》的作者则将此“三才”结构纳入“性”的概念之内。

第二种论述方式是由《黄帝帛书》《庄子》及《老子》的作者所阐述。他们假设人类的本能及情绪,是会破坏适当心灵状态的负面因素。因此,他们尝试借由仿效天地、自然世界完美平衡的原理,来维持人心认知过程的平衡。他们以“自然”“正”“静”等名称,描述此种平衡的极致。换言之,人“心”也要达成如天地般的“正”“静”状态。

荀子在整合上述两种理解世界方式的努力中,也把“心”的理想状态与“天地”——更具体地说,自然世界的生育力量——相联结。荀子认为一个儒学的圣王就是能“参于天地”的人。在此方面,荀子引进了思孟学派的论述结构:道德质素会不断扩张。自然而然地,荀子也以“诚”概念说明,道德心如何如万物繁衍般发挥其扩张的功能。

从“参”概念的内容和思想角色，我们可以观察到荀子对于稷下思想的吸收。因此，下文从《黄帝帛书》之“参”概念的检视开始，探讨其影响荀子“参于天地”之论述架构的可能性。以此为基础，笔者将进一步探讨，荀子以“参”之论述架构，重新建构儒家伦理论辩的哲学努力。

在《黄帝帛书》的思想中，“参”概念系指“天”“地”及“人类世界”的秩序。《四度》说：“君臣当位谓之静，贤不肖当位谓之正，动静参于天地谓之文。”“参”或多或少涉及“秩序”的意涵这一点，也显著于荀子的“参”概念。譬如说，《天论》言：“天有其时，地有其财，人有其治，夫是之谓能参。”其中，一个统治者能否成功建立天下的政治、社会秩序——“治”，也就是能否“参”于“天地”领域的关键。在此“天—地—人”的类比关系中，“参”之主语无疑为“人类的统治者”。《荀子·王制》曰：“君子者，天地之参也，万物之揔也，民之父母也。”此处的“君子”指的是一位（理想的）统治者。在《黄帝帛书》中，如《四度》“君臣当位谓之静”一句也没有主语，但同篇“参于天地，合于民心”一句的主语，无疑指的也是统治者。因此，“动静参于天地”的人应该也是一个理想的统治者。这一点在同样属于稷下的《慎子》中也能看到，《威德》即曰能参于天地者为圣。“圣”的境界应该也非普通人所能达成的境界。

接着，在《黄帝帛书》中，“恒道”的展现也是统治者可以“参”，可以与“天地”构成类比关系的功能之一。《论约》说：“……存亡兴坏有处。然后参之于天地之恒道。”其中，统治者实践“参”时，需要体会“恒道”的诀窍。而若将“恒”字改为“常”字，几乎就是荀子所提倡的境界，如《天论》即说：“天有常道矣；地有常数矣；君子常体矣。君子道其常；而小人计其功。”如此，《黄帝帛书》和荀子都关切秩序的恒常性，并思考如何将其实现于人类社会中。基于此，荀子认为，统治者需要体会“天”与“地”的恒常律则，他宣称“天地生君子，君子理天地”。在荀子思想中，借由内化“天”与“地”的“常体”，身体器官与欲望、情绪之间的互动，也可与“天”的功能相类比。《天论》云：

> 天有其时，地有其财，人有其治，夫是之谓能参。……万物各得其和以生，各得其养以成，不见其事而见其功，夫是之谓神。皆知其所以成；莫知其无形，夫是之谓天（功）。……天职既立，天功既成，形具而神生。好恶喜怒哀乐臧焉，夫是之谓天情。耳目鼻口形能各有接而不相能也。夫是之谓天官。心居中虚，以治五官，夫是之谓天君。

在引文中，我们观察到在“天”与“人”之间的类比关系上，荀子整合了各种不同的概念及论证。值得注意的有以下三点：第一，虽然荀子主张“君子常体”的重要性，但却将此“天地”之“常”视为一种奥秘、难以理解的对象。此处，荀子以“神”字来描述“天”的这种奥秘性。第二，荀子将“天”和孕育万物的神秘关系，投射于“心—情”关系上。在此架构中，“天”（自然领域）与“天君”（人类领域）之间、“天职”（自然领域）与“天情”（人类领域）之间，就呈现了类比关系。在此类比中，“天”是“常”的代名词，而且为“道”的呈现。第三，在“天”及“人”之间的对称架构（symmetrical setting）中，荀子构想的人类理想状态，即社会达成“治”的状态。[133] 在“天地”秩序已经达成的前提下，荀子尝试将“治”的理论重点，转向其在人类社会的实现。换言之，若社会达成治理，此秩序的成就将可类比为于自然领域已达成的永续秩序。此处，荀子统合了两种心术论（“心”的“动态”及“静态”），并且为了实现“心治”状态的论述，将其统合入能达成人类社会秩序的、更广泛的理论架构中。如此，在荀子之“参”中，统治者不仅能呈现“天地”的秩序，而且也应仿效“天地”对地上万物的抚养功能。《王制》言君子为“万物之摠也，民之父母也”的意义也正在于此。这层意涵在《黄帝帛书》中则并不明显。

此外，还要注意的一点是，与《黄帝帛书》相较，荀子之“参”与伦理价值的实践具有不可分割的关联。换句话说，对荀子而言，无论是子思—孟子脉络（动态），还是道家—稷下脉络（静态）的心术论，建立合乎道德的“心治”状态是“参于天地”的第一步。且为了达成此境界，荀子要求人不断地修身。人只有在充分实践伦理价值后，才能进入“参于天地”的境界。此处，我们可以观察到，荀子将原本稷下较“静态”的、以“秩序”意涵为主的“参”架构，借由儒家修身论，转变成具备“动态”的“参”概念。荀子综合此两种论述的极成，出现在如下《性恶》的引文中：“今使涂之人伏术为学，专心一志，思索孰察，加日县久，积善而不息，则通于神明，参于天地矣。”《儒效》也云：“并一而不

133　艾文贺（Philip J. Ivanhoe）试图以“symmetry”一词来阐述荀子思想中“天地”和“人类”之间的类比关系之思想特色。请参阅 Philip J. Ivanhoe, “A Happy Symmetry: Xunzi’ s Ethical Thought,” *Journal of American Academy of Religion*, vol.59-2 (1991), pp.309-322。

二，所以成积也。习俗移志安久移质。并一而不二，则通于神明，参于天地矣。”在这两段中，荀子主张专一的学习以及“善”的累积，就是“参于天地”的前提。如此，“伦理论辩”所提倡的伦理价值，在“分析论述”所提出的“天—地—人”整体架构中再次得到肯定。换言之，在主张实践儒家伦理就是“参于天地”的关键元素时，“仁”“义”等儒家的伦理价值，重获了生命力。其实，不仅在架构层面上，荀子综合儒家“伦理论辩”与稷下“分析论述”的思想意义，也呈现在统治者“参于天地”的实践方法层面上。稷下及道家之分析论述的问题在于，“参于天地”的统治者似乎拥有超出常人的能力。对此，荀子则借由引进“只要不断实践伦理，总有一天会达成这样的境界”的论点，使“参于天地”成为常人也能达成的境界。更具体言之，在荀子思想中，能使人“参于天地”的正是“礼”。笔者将在第五章第二节进一步阐述“礼”之于这方面的功能和思想意义。

### 第二项　时间、空间、万物以及人类的统合：“一（壹）”与“统类”

在《荀子》《庄子·天下》《吕氏春秋》[134] 等先秦晚期文献中，我们可以观察出当时的思想家对战国思想之分类、综合（或统合）以及总结。不过，没有人比荀子更进一步地从方法论层次，深入探讨如何统合过去思想的问题。荀子尝试将事物、事实及现

---

134　譬如，《审分览·不二》曰：“听群众议以治国，国危无日矣。何以知其然也？老耽贵柔，孔子贵仁，墨翟贵廉，关尹贵清，子列子贵虚，陈骈贵齐，阳生贵己，孙膑贵势，王廖贵先，儿良贵后。”

象整合进一贯的理论架构中，并且努力以合理的步骤达成战国诸子思想之统合。不仅如此，为了达成此目标，他使用了“一”“统”以及“类”等专门的术语。这些概念，几乎都未见于战国早中期的“伦理论辩”。关于“一”，荀子使用“古今一也”一句多达五次，借此表达人类历史中存在着永恒不变的准则。不过，正如《吕氏春秋》的《执一》《不二》等篇名所示，重视“一”概念之整合功能，是战国晚期思想中的普遍现象。因此，我们的重点，应该是要探讨在荀子的思想系统中，“一”概念发挥了何种特别的作用。相较于“一”，“统”则似乎是荀子专用的术语。荀子在《非十二子》中批评子思、孟子为“不知其统”及“无类”，可见他对“统”概念的重视。换言之，荀子批评的重点并非在于子思、孟子的思想内容，而在于他们的思想缺乏统合性或一贯性。下文我们先阐述“一（壹）”概念在荀子思想中的特色，接着厘清“统”概念的意涵。

### （一）“一（壹）”：借由伦理价值接近于“道”之统合

在中国哲学概念中，“一”虽然在形状上最为简单，但从其衍生出之哲学含义却是格外的复杂。“一”形状之简单与衍生义之复杂的对比，在荀子思想中特别引人注目。在本章第一节，笔者已经讨论过荀子思想中，“一”与“学”之关联的两个面相。该节指出了以下两点。其一，“一”表示“专注”和“专心”，此用例在孟子思想中已有。其二，在荀子的用法中，此种意义的“一”与“学”“积”等概念联结起来，代表人为了通往“圣人”境界所付出的不懈努力。

此处所要检视的，则是不同于“专一”的另一种“一”字用法：

与“二”（分裂）相反的“统一”之意。“一”在荀子的使用中，意谓各种不同领域的统合。例如，在空间领域中有“一天下”(《非十二子》等十三例)、“一四海”(《王霸》《赋》)等句子。在时间关系中，也可看到如“古今一也”(《非相》等五例)的句子。时间及空间，甚至被统合在“古者百王之一天下臣诸侯也”(《强国》)这句中。从字面上来看，这表示历史上曾完成一百次世界之统合。无论是抽象还是具体的事物，都可以为“一”概念所统合(在《君道》等有五例的“一物”)。如同“以一知万”(《非相》)一句所示，“一”蕴含作为理解“所有事物”之标准的意涵。此外，正如“不同而一”(《荣辱》)的谚语所示，“统一”之意的“一”概念，还包含着“原来可能彼此矛盾之两个或以上的成分”的一种辩证法之色彩。在《解蔽》中，“一”表示知觉过程中两种不一致之事物的组合。

荀子的“一”概念也涵盖了社会及政治领域。正如《富国》中“一民”的例子，人民可以在社会政治领域中被统合起来。《君道》的“调壹上下”一句，则表示分属不同阶层的统治者和人民也可以被统合。如此，“一”必然也包含政治上的含义。正如“一政”(《王霸》)、“一制度”(三例在《儒效》)、“一法”(《王霸》)、“一俗”(《君道》)等例，“一”确实出现在叙述治国之道的不同脉络中。

在上述用法中，“政”“法”等与法家思想相关的词也一起出现，让我们感觉到“一”之统合，似乎只指向专制政治而忽略了伦理问题。然而，就荀子整体思想而言，道德价值的提倡实为核心的内容。因此，他的意图当然不仅是提倡“一”对实际政治的功效。《王制》的例子值得我们重视：“故义以分则和，和则一,一则多力,多力则强,强则胜物。”首先,在该段中,“一”字系指社会力量之整合，而透过此整合，人类就能够利用自然资源优势，获得胜过其他生物的力量。由于引文前半部分强调了“分”概念,这里的“一”也许可解释为(社会力量之)“集中”。到此会想到这是法家的思路：此“一”概念应该是朝向国家力量之集中的方向而展开。与此相反，荀子的出发点及目标，都是提倡道德价值。荀子在这里所说的“统合”，是原属不同社会阶层和职业之社会成员，而非同性质社会——如法家所构想的农民——之力量的整合。荀子坚信，人类之所以能对自然世界有优势，是因为人能借着伦理道德（“义”）的力量，将不同阶层之人民统合起来。换言之，荀子清楚认识到，在没有伦理道德素质的地方，人类社会的力量将无法统合。由是观之，就社会统合的观点而言，荀子对道德价值的重视，实大异于韩非——韩非认为，统治者应以刑赏法术的手段，将盲目于己利的人民统合进国家秩序之中；在此，道德价值无法发挥任何正面作用。

让我们进一步检验荀子的“一”与伦理价值密切关联这点。《礼论》曰:“故人一之于礼义则两得之矣。”荀子主张，人只有在“礼义”的社会道德中，才能得到合宜及舒适的生活。就治国的方法而言,荀子主张透过“礼义”统合人民的必要。《富国》即说:“诛赏而不类，则下疑俗俭，而百姓不一。故先王明礼义以一之。”此处，荀子认为，为了统合（即“一”）人民，务必要透过礼义的实践改善人民的道德素质。同样地,《劝学》曰:“伦类不通,仁义不一,不足谓善学。”在这段话中,“一”字直接跟“仁义”相结合。如此，荀子就结合了“一”与“礼义”“仁义”等核心伦理价值。此外，“一”和“礼”也一起出现。荀子在“终始一也"(《礼论》)及"终始如一"(《议兵》)的用例中,主张"礼"可以将从生到死之间,人所发生的一切事件统贯起来。

另外,如《正名》"一实"之例,荀子知识论中的"一"概念系指"相同"之意。然而如毛毛虫变成蝴蝶的例子中,幼虫和成虫实为不同形状,我们需要留意的是,在"相同"意涵的"一"概念中,仍有统合不同形态之面相。在此意义上,《议兵》"大化至一"的"一",也意指人类之伦理化前后的蜕变过程。

由于万物之转变也是"道"之一种展现,"一"概念也与"道"统合起来。《解蔽》曰:"壹于道,则正;以赞稽物,则察;以正志行察论,则万物官矣。""正""赞稽""察"等概念,让我们再次想到荀子与稷下及道家,特别是《黄帝帛书》的思想关系。类似的论述也见于《管子·心术下》,即说:"执一而不失,能君万物。""执一不失"一句也出现在《荀子·正名》中。在这些论述中,假如荀子没有提到"正志",我们便无法理解此"一"概念是有着浓厚伦理意涵的术语:我们很容易就会以为此句为《黄帝帛书·道原》的总结部分。因为《黄帝帛书》及《管子》中的"道"都意指"天"之周期运动及"地"之孕育万物功能的"规律性",而此脉络中的"一"似乎并无具体的伦理意涵。相对来说,这些文献所强调的,是同化于"道"之孕育万物功能的必要性。《解蔽》"壹于道"的用例中,荀子似乎也同意此必要性。

然而,如上所述,荀子的论述毕竟强调了"正志"的必要,并且要求人据此实践"仁义""礼义"等伦理价值。以这些德目之实践为基础,他坚信君子总有一天能获得与"道"般统宰万物的能力。

因此,荀子之"一",在通往"道"之形上层次之外,同时也具备通往伦理德目之实践的实际层次。《王制》有段文句，就呈现了“一”概念的这种双重性：

> 以类行杂，以一行万；始则终，终则始，若环之无端也。舍是而天下以衰矣。天地者，生之始也；礼义者，治之始也；君子者，礼义之始也。

引文中，“一”是借之而能理解万物的一种形上法则。此法则呈现在“天地”之周期运动和万物孕育之中。引文“天下以衰矣”一句甚至暗示，“天地”孕育万物的过程也有赖于此种法则。然而，在后半的段落中，荀子还提出“参于天地”的“君子”。在荀子学说中，君子透过“礼义”达成人类世界的有序与和谐。如此，在相对于“天地”的人类之领域中，“道”的确是要达成的目标。但对荀子来说，并非要同化于“道”，而是要以类比的方式仿效“道”的秩序性。因此，要呈现于人身上的亦非“道”本身，而是“礼义之德”。[135]

总结来说，与其字形的简单相比，“一”字的意涵相当广泛、丰富。它不仅指空间及（或）时间的统合，而且代表空间及（或）时间的统合中呈现出的一种“辩证式”且“变化”之含义。我们也观察到，“一”在政治社会脉络中的“统合性”功能。不过荀子的重点在于，道德价值之实践与否，即为一个社会能否实

---

135　关于荀子形上论的极终目标并不在于“道”本身，而是其秩序性，也可以参见《天论》的如下观点：“天有常道矣，地有常数矣，君子有常体矣。君子道其常，而小人计其功。”

际统合社会力量的成败关键。“一”的这项伦理性特色，也引导我们去注意它的下一个面相：对荀子来说，“一”就像是“道”之能持续孕育万物；而一位君子透过实践“仁义”和“礼义”，也能使自己“心”中的道德价值维持持续扩张之动态。也就是说，荀子之“一”并不指向与“道”的同化，而是要借其达成人类世界的有序与和谐。

### （二）王者对人类世界的分类与统合："统类"

在荀子思想中，另一个能表示“整合”或“统合”意涵的是“统”概念。学界同意“统类”一词代表了荀子思想的特色。事实上，“统”概念在《荀子》之前或同时的文献中几乎都没有出现。根据笔者的检索，在《荀子》之外竟只有4例而已：《孟子·梁惠王下》“君子创业垂统”;《礼记·乐记》“乐统同，礼辨异”;[136]《春秋公羊传》“隐公元年”开头一句的传文“何言乎王正月？大一统也”;《吕氏春秋·十二纪·简选》“统率士民”一句。此外，《礼记》中虽有《祭统》篇，但“统”字未出现在内文之中。与此对比，“统”在《荀子》书中就出现多达25次。其中“统类”就有6例，“仁义之统”2例，“四统”2例，“礼义之统”和“礼乐之统”则各有1例（后详述）。显然，荀子将“统”视为其理论中非常关键的术语。如上所述，他在《非十二子》中批评子思、孟子的主要理由也是他们“不知其统”。由于《公羊传》“大一统”的用法，以“大”和“一”两词修饰“统”，不禁令人怀疑

136 《荀子·乐论》中有与其意旨相同的“乐合同，礼别异”一句。虽然，我们还是需要对《乐记》此句的思想年代比较早这一观点采取保留态度。但若荀子抄这一句，便难以想象重视“统”概念的荀子把原来的“统同”一词改为“合同”。

是秦汉时期的口吻。[137] 无论如何，在《荀子》之外的其他现存战国诸子文献中完全没有“统”字的用例这点，就暗示为了界定所要提倡的某种“整合”或“统合”，荀子或是创造性地使用了“统”字,或是将之前可能只有“合起来”意涵的“统”概念，提升成具有“统合”的理论意义。

如此，我们首先要思考的问题是：若在荀子思想中，“统”概念可以解释为“统合”，其意义与以上讨论“一”概念之“统合”又有何不同呢？如上所述，在荀子思想中，以“一”来表达的“统合”,通常系指对“道”等最高境界的仿效。相对来说，“统”概念的显著特色,是它在六个地方构成“统类”这个复合词。而若以“统类”的用例来理解“统”之“统合”意,相较于“一”，其“统合”则更涉及方法论的面相。

至此,我们有必要先厘清荀子思想中的“类”概念。一般而言，“类”有“相似”“范畴”或是“类比推论之标准”等意思。陈大齐与韦政通均相当重视荀子思想中的“类”概念之角色，他们认为透过分析“类”概念，我们可以观察出荀子思想的特点。以下先按照陈大齐与韦政通的分析理路，整理出理解“类”概念特点之问题。

首先，陈大齐先注意到的情况是《荀子》中“类”与“法”一起出现这点。譬如说,《劝学》言“礼者，法之大分；类之纲纪也”,《不苟》“知则明通而类，愚则端悫而法”,《非十二子》“故多言而类圣人也,少言而法君子也”等。虽然在《劝学》

137 董仲舒在其《春秋繁露 · 三代改制质文》中引述《公羊传》“一统于天下”一句，而他自己也在《符瑞》中将此本旨释为“一统乎天子”。

的用例中，荀子并未明确解释“类”及“法”，但透过上引《不苟》和《非十二子》两例，我们可以看到，荀子事实上认为这两个概念互为对比：前者是智力、言论能力都非常卓越之“圣人”的属性；后者则是“君子”的层次，虽然没有前者的卓越能力，但仍具有相当高的德性。毋庸赘言，荀子对人的分类中，“圣人”比“君子”的层次更高。《不苟》和《非十二子》的用例表明：与“类”相关的事务，只有“圣人”才能胜任；相对地，“法”（效法）的履行，则是稍低层次之“君子”的任务。根据此对比，陈大齐认为，就如同自然法是实定法的基础，“类”概念应该相当于现代社会中所谓的“法源”。《王制》“无法者以类举”一句中的“类”字，便似乎可以由此方向来解释。

那么，荀子之“类”概念含有何种规范或法则呢？除了“类”概念与“法”概念可以对比这一点，陈大齐注意到“义”字也出现在相关脉络中的事实。例如《修身》说：“有法而无志其义，则渠渠然；依乎法而又深其类，然后温温然。”根据这段话，“类”可与“义”互换。如此，陈大齐视“类”为“法之义”，且认为此处的“类”含有“道理”及“目的”之意涵。与此相关，他进一步主张“礼义生而制法度”之中的“礼义”和“法度”，也构成“根源—衍生”的关系。据此观察，他主张“礼义”与“类”均为“道”的呈现。[138]

韦政通则发展了陈大齐的这个论点。[139] 韦政通认为“统”概念与“类”概念有着三个相同的面相：齐一、秩序，以及条理。

138 见陈大齐：《荀子学说》，页 76。

139 见韦政通：《荀子与古代哲学》，页 21。

李哲贤也提出了相似的观察,认为“类”字系“共相”或“共理”,表示某些不同事物或事情实属同一范畴的情境。[140]

然而,上述的推论会碰到一个困难,即我们又该如何说明“统类”一词独特的“统合”意义呢?这是因为,此“统合”的形上意义与“一”概念事实上相互重叠。简言之,荀子为何不用“一”概念来表达“统合”之意,而还需要多一个“类”字来表达呢?陈大齐、韦政通以及李贤哲都没有进一步思考为什么荀子需要界定两种“统合”。特别是当我们发现,荀子还把“壹”和“统类”概念结合成“壹统类”一语时,回答上述的疑问就显得更为迫切。下面让我们来探讨这个问题。

首先,如上所述,荀子主张掌握“统类”是成为“圣人”(整体人类世界的统治者)的必要条件。在“类”与“法”的对比中,荀子认为具有“类”之智力及言论能力的人可称得上是“圣人”。他并且将此“圣人”放在自己构想出的实际社会阶层中,于是“圣人”就相当于国君甚至是“天下之君”。《王制》曰:“王者之人,饰动以礼义,听断以类。”此处,“类”与“王者”一起出现,因此“王者”与“圣人”在荀子思想中,无疑可以彼此互换。此外,如《解蔽》所言:“圣王:圣也者,尽伦者也;王也者,尽制者也;两尽者,足以为天下极矣。”称得上“天下极”的“王”也非统治天下之君莫属。因此,“王者 / 圣人”行使“类”的说法,则意味着实际上只有统治天下的君王才有资格发挥“类”的功能。荀子主张:在某个政策的决定上,若是没有既定的法规,统治者应该根据“类”之基础进行判断。“王者”通常应该按照常规

140　见李哲贤:《荀子之核心思想》(台北:文津出版社,1992),页 91。

来决策，但如果没有适当的法规，他应该能根据“类”的标准进行判断。

“王者听断以类”的用例还有一点值得注意，即荀子思想中的“王者”事实上是超乎法规之上的统治者。换句话说，异于慎到和《黄帝帛书》，荀子认为在决策时统治者始终依赖于法规的态度是不可行的。由于统治者位居人类社会金字塔之顶点，且是代表人类而能“参于天地”的人，他基本上并非“法”所施加的对象；相反地，他应该能够“生法”。

从不怀疑伦理价值这点在荀子思想中是从政的必备基础，而且他认为没有实定法可以取代伦理的优越地位。在此前提下，我们可以进一步探问：荀子心目中只有整体人类世界的统治者才能胜任的角色为何？我们不难发现，荀子之“统”与“类”的功能，实与统治者在人事方面的角色相关。例如，《君道》曰：

> 君者何也？曰：能群也。能群也者何也？曰：善生养人者也；善班治人者也；善显设人者也；善藩饰人者也。……四统者俱，而天下归之。夫是之谓能群。

在引文中，“统”所指涉的统治者角色，是将某个管理职位和社会身份授予其臣民，以使社会中所有成员都能享受适当的“养”与“饰”。而且，由于“养”与“饰”在荀子思想中是“礼”的主要功能，这里的“四统”——四种人事上的功能——事实上就非“礼义”莫属。差别只在于，此处荀子不用“礼”而用“统”字来表示此意涵。换言之，“四统”应该意指借由仪礼之履行、社会规范之实践及道德之推广，所达成的社会统合。于是，我们也就可以开始理解，为什么荀子要组合“统”字与“礼义”，并且提出“礼义之统”的说法。

接着，让我们继续探讨由“类”概念所达成的社会统合。《正论》曰：

> 凡爵列官职赏庆刑罚，皆报也，以类相从者也。一物失称，乱之端也。夫德不称位，能不称官，赏不当功，罚不当罪，不祥莫大焉。

引文中，荀子界定了统治者需要正确判断的四项事务：其一，某一个人的德是否配得上其爵位；其二，某一个人的能力是否合适于其官位；其三，某一个人所获得的奖赏是否与其功劳相称；其四，某一个人所遭受的刑罚是否符合其犯的罪行。这四项为国君的主要任务，而相当于如上《君道》“四统”中的“善显设人”和“善藩饰人”两者。由于这四项任务，基本上也都属于“礼义”所要实现之政策目标。因此，荀子在这里也使用“类”。此外。在《儒效》中，荀子也主张“大儒”（在一个国家可当相国级的人物）的言行必合乎“类”及“礼”的标准。

荀子还主张：这四种方法于“以类相从”中呈现。也就是说，人的地位和社会角色与其“德”之程度相对应。因而，“类”即为国君在评估一个人才应该获得之政治、社会地位时，所依循的方法或标准。事实上，荀子认为“以类相从”作为授予爵位和职位的依据，其权限超出了“法”的范围；因此，唯按照“礼”的准则才能决定“类”（即决定某一个人的道德水平是否符合他的官爵）。那么，具体来说，“礼”又是如何能够发挥“以类相从”

的功能？其与“法”的功能又有何种不同？《君道》即说明此两者之间的区别：

> 其取人有道，其用人有法。取人之道，参之以礼。用人之法，禁之以等。行义动静，度之以礼。

当统治者在决定任用人才时，他需要评估相关人士的能力及品德。如同引文最后一段的建议，统治必须根据某个人实践“礼”的情形，来观察其“行义动静”。这正是荀子所言“取人之道，参之以礼”的用意。荀子之所以以“类”概念区分人的素质，是因为统治者需要根据人的品德来聘用相国及朝廷高官。从这个角度来看，招聘相国及朝廷高官的基础，是先彻底观察他们在实践礼义时展现出来的品德。荀子坚信：只要调查实践“礼义”的程度，统治者便能将人才分类（“以类相从”）。他将分类人民伦理德行等级的作业称为“类”;《劝学》中的“伦类”一词，正意指此种分类。荀子认为由于“类”概念具备此种功能，其重要性比“法”的功能更高一层。国君可以透过“法”来赏罚人民，但爵位和官位的授予由于涉及人才之品德，因而就超过“法”所能执行的范围。

笔者相信，上述讨论阐明了“统”和“一”两概念之不同。两者都意指“统合”,但“一”表现的“统合”含有形上的意涵，并指向“道”的方向。相对来说，“统类”的“统合”，则表现在统治者对人事问题的处理上。统治者评估人才的品德，以便授予适当的爵位，以及分配适当的官位和俸禄（并借此达成资源的公正分配）。这也就是荀子所主张“礼义之统”（以“礼义”

达成的社会统合）的实质内容。由此观之，由于“类”与“礼义”相辅而成而具有社会统合的意义，与具备赏罚人民之功能的“法”相比，自然有更高一层的重要性。

## 第三项　荀子“统合”思想的实际目标：“治”

在先秦思想中，通常是透过“道”来探讨形上或本体论的相关议题。在这样的理解框架下，学者通常认为：在道家思想的影响下，荀子将作为“本体”义的“天”概念转换成“自然”义的“天”概念，并且用“道”来取代原本在“天”概念中的本体意义。不过，当我们换个角度，从司马迁叙述的稷下思想家的影响来思考此一问题，便可发现稷下思想和荀子思想皆以“治”的达成作为其理论的共同目标。如同在第二章第三节阐述的，像是慎到等稷下学者为了论述一个国家的“治”，分析了国家及社会的运作机构。由于缺乏相关资料，我们不能贸然推测稷下思想家重视的概念是“治”还是“道”，但下文将说明，荀子不遗余力来阐述的对象是“治”而不是“道”。本章最后也将试图论证荀子政治社会哲学是以人间的“治乱”议题为终极关怀。他试图解决人间的失序或防止社会混乱（“乱”），并且恢复秩序（“治”）。在和“道”概念的关联上，“知道”确实是荀子知识论的重要目标。从其“手段—目标”的角度来看，“知道”属于手段，而“治”代表荀子思想追求的终极价值。以下，我们将检视荀子以“治”作为各种论述之主题的段落。

首先，我们来检视《天论》中“天人之分”这项被认为可代表荀子思想的论述。从目标的层次来看，荀子关注的是国家治乱的问题，对于“天”的关注似乎不像本身就对“天”有所认同或感兴趣的《庄子》。对于“天”是否会影响人事，荀子开头就问：“治乱天耶？”对荀子而言，凡是无关于人类社会政治秩序的问题都是次要的。

那么，在《荀子》中“道”和“治乱”问题的关系为何？《正论》曰：“道也者，治之经理也。”表面上，“道”作为“治”之“经理”，看似主张“道”为“治”的形上基础。其实，荀子认为“道”是为了实现“治”的境界之方法或原理。这样的思考与他在《解蔽》所主张之“知道”实为解决人事问题属于同一轨道。如此，若考量荀子的问题意识，可知他并未如道家般，意图将“治”的实现看成是为了接近“道”的超越性或根本性。也就是说，道家的思路是，若要解决“治乱”问题，就一定要掌握或跟从“道”；而荀子的思路则是，“道”的必要性正在于帮助解决“治乱”问题。反言之，假如其无关于“治”，荀子恐怕就没有必要特别提出“道”概念。

基于同样的理由，荀子在《非十二子》中就批判当时著名思想家的学说是“不知是非治乱之所存”。荀子不遗余力地说服当时的统治者承认秩序的重要性。《王霸》曰：

> 故百乐者，生于治国者也；忧患者，生于乱国者也。急逐乐而缓治国者，非知乐者也。故明君者，必将先治其国然后百乐得其中。

“治”是荀子观察当时战国的实际情况，用来评估其国政善恶的主要标准，在《强国》中荀子就以“治”来描述秦国的社会状态："佚而治，约而详，不烦而功，治之至也。秦之类矣。"讽刺的是，国中几乎没有重要官员在推动儒学，"其殆无儒"（《强国》）的秦国反而有良好的社会秩序。假如按照慎到"分析论述"的理论框架，这样安定的国制，只要能扩大此国制和"治"好的领土的话，即是天下统一。

荀子承认，秦国社会政治秩序本身具备着会压倒其他国家的可能性：因为战国当时其他的国家都已陷于混乱当中，司马迁就称他们是"亡国乱君相属"（《孟子荀卿列传》）。荀子领会到秦国的军力优势来自良好的社会秩序。然而我们要注意的是，荀子还宣称，即使当时的秦国"四世有胜"，仍然处于"諰諰然常恐天下之一合而轧己"的困境，因此其军事力量也只不过是"末世之兵"（《议兵》）。在荀子的思想中，"末世"一词意谓秦国的整个国势只是代表它面对的是混乱时期的尾声，荀子在这种"优势"中看不出统一天下的前景。他的理由是，除了"其殆无儒"（《强国》）这一个具体情况之外，秦国的"治之至"和荀子构想的"治"的内涵之间还存在着巨大的差距。这点可以由以下三个荀子"治论"的思想特质来说明。

第一，荀子的"治"概念与其"天—地—人"三才架构有密切的关系。在此架构中，"治"是显现人类世界的"道"的境界。《天论》曰："天有其时，地有其财，人有其治，夫是之谓能参。"在这句话中，荀子并列了四季（时）、自然资源（财）及秩序（治）。此处，"天"代表天体循环的规律性，同时也代表"道"的展现。"财"是"地"的生产物，也就是自然资源。荀子主张，正如"天"保持恒常秩序、"地"永恒生产万物一样，人类需要达成"治"，也就是和谐的社会。不过我们应该注意的是，在这种三才的关系中，与“天”“地”的恒常规律性相比，只有人类世界的社会秩序还处在无法达成的状态。这也带我们进入第二点的探讨。

第二，荀子确信，为了实现人类世界的和谐秩序，需要有能够“参于天地”的“君子”（这个“君子”大概与荀子赞许的“大儒”相符）。前面已阐述过“参”的概念，这里要指出的是，“君子”是能够将类比自“天地”的永恒秩序带到人类社会的统治者。荀子在《致士》中是这样赞扬君子的：

> 君子也者，道法之摠要也。不可少顷旷也。得之则治，失之则乱；得之则安，失之则危；得之则存，失之则亡。故有良法而乱者有之矣；有君子而乱者，自古及今未尝闻也。传曰：“治生乎君子；乱生乎小人。”此之谓也。

这段引文说明了荀子如何构想“君子”“治”及“道”三者之间的关系。荀子说“君子”是“道法之摠要”，再从谚语对“君子”和“小人”的比较，我们也知道荀子会根据道德素质来划分人民的等级（荀子称为“人伦”）。在其分类中，“君子”及“小人”分别对应到“治”与“乱”的成因。没有“君子”，就无法达成“治”。因此《君道》云：“械数者，治之流也，非治之原也。君子者，治之原也。”《礼论》重申这一点：“君师者，治之本也。”在《致士》中，荀子还提及“良法”，在一定程度上肯定了“法”概念作为实定法或政府法规的角色。只是“法”绝非一个国家社会秩序之“原”亦非“本”。

在《致士》的“君子也者，道法之摠要”中，如果我们将荀子的“君子”解读成只实行“道”或“法”的理想人类，他的说法将与《黄帝帛书》描述的“道生法”(《道法》)之圣人相去无几。其实，荀子在“君子”—“道法”关系论上的思想特色在于他提出了“礼义”的概念。也就是说,形上原则的“道法”也好，实践主体的“君子”也好，荀子认为没有“礼义”这样根本且实际可行的方法，“治”就无法达成。这一点引导我们思考荀子“治”论中的第三点特质。

第三，在荀子的政治哲学中，“礼义”是将形上原则的“道法”与人类世界的“治”论结合起来的必要环节。从上面的引文可以发现，荀子主张不论是“道”也好，“治”也好，透过这些分析性术语呈现的社会秩序，唯有搭配富有伦理意涵的“君子”来进行实际的统治时才会实现。而统治者必须先以“礼义”修身才能成为“君子”，而在此之后才能实现理想中的和谐社会秩序。我们也可以发现，“礼义”一词成为联结“道（法）”和“治”的环节。从理论层次可以看出荀子提出了两个观点：其一，形上原则(“道”)在实际人类世界的秩序与和谐(“治”)之实现，一定要经过专为人类设计的实践规范,其实践规范就是“礼义”。其二,稷下以来的“分析论述”若要达成人类社会“治”的目标，必须靠伦理规范，也就是“礼义”。简言之，荀子在论述人类世界“治”之实现时，将“伦理价值”加入了“分析论述”的论述架构。

我们可以从另一个例子来看这点。《性恶》说：“故必将有师法之化，礼义之道，然后出于辞让，合于文理，而归于治。”这段话让我们想起前章引述的《管子 · 枢言》:“治、礼，道也。万物待治、礼而后定。”比较这两句话，就可以理解荀子如何重组稷下思想家所提出的“道”“治”及“礼”(在《性恶》中为“礼义”）之诸概念。在《管子》的论述中，如“法出于礼，礼出于治”一句所示，“法”“礼”及“治”之间的关系主要是一种“发生论”式（A出于B，B出于C……的推论方式）的联结，这样的推论架构与《黄帝帛书》开头的“道生法”一句属于同一条思路。只不过，这种“发生论”式的推论，以及看起来像是谚语的三种概念组合中，读者恐怕无法清楚掌握将《枢言》所称的“道”“治”以及“礼”三个概念实际落实于社会秩序的实践方法。相较于《枢言》的模糊性，荀子明确提出“归于治”的境界一定要经过具体的“师法”和“礼义”，而且“道”要成为“礼义之道”的“道”才有助于“治”的达成。这样的论述比起《管子》或《黄帝帛书》那样“发生式”的论述更为清楚，且更为可行。

荀子在建构“治论”时，应该对稷下及道家的“治论”以及“道论”有充分的吸收，在这点上，荀子确实是忠实于稷下“分析论述”的学者。不过，他仍然坚持儒家伦理学说的传统：关注着完成社会秩序的实际具体方法。对荀子而言，唯有透过“礼义”的伦理价值，一个社会才能达成“治”的理想。因此，缺乏儒者、君子这样通过实现“礼义”来达成“治”之角色的秦国，当然没有统一天下的资格。比起其他的乱国，秦国最多是在“末世”中享受相对优势的地位而已。

## 小结

本章以荀子综合了儒墨的“伦理论辩”及稷下和道家的“分析论述”为前提，将其思想构成分为：一、继承早期儒、墨“伦理论述”之部分；二、引进战国中晚期稷下及道家“分析论述”之部分;三、荀子自己开创的部分。第三个部分再分成有关于“统合”,以及有关于“礼”两部分。其中,本章讨论了荀子关于“统合”的论述，而意涵复杂、需要更多讨论篇幅的“礼”概念相关部分留待下一章再详尽探讨。本章的见解可以总结为以下三点：

第一,荀子哲学的最终目的为恢复人类社会的秩序（“治”),并除去混乱（“乱”)。在此论述架构中，“道”概念的重要性在于它是“治”的展现。除此之外，“天地”“参”“一”“统类”等理论性术语的重要性，也在不同面相之秩序中呈现。荀子设想人类社会的秩序与“天地”秩序的呈现之间有类比上的关联。换言之，“天地”的秩序是既定的事实，并且是人应该效法的对象。而荀子思想的重点，则在人们应该关注于恢复及维持人类社会的秩序。

第二，本章试图阐明荀子心术论的两个面相，分别渊源于思孟学派的“动态心”，以及稷下、道家思想的“静态心”。在其“动态心”中，荀子提出了一种“扩张（ever-growing)”的伦理观念。如《不苟》所述，“守仁”“行义”之“心”通过合乎道德的言行将会不断扩张，最终将世界上所有人德化。荀子将此种“扩张”的伦理观念称为“诚”，而将教化人民的神奇功能称为“神”。此教化的过程则被称为“天德”，并且与“天地”之常道及其孕育万物的过程联想在一起。如此，在人类世界实现此伦理价值“扩张”的统治者，是“参于天地”——即在整体人类之中拥有最高品德者。

荀子的“静态心”则渊源于稷下及道家的思想家，也受《黄帝帛书》的部分影响。“静态”心术论的目的，在于帮助统治者进行判断时，建立清晰及坚定的心理状态。差别在于，《黄帝帛书》的心术论专注“心”是否导向于其对象（通常为“道”）的问题；而在《管子》和《庄子》中，“静态心”要在“精气”的凝结工夫中才能达成。由于此三者的心术论在实践上，都要求人舍弃自我意识，一般人大概都难以理解该如何入手。相形之下，荀子则将不实际的工夫论，转变成较为合理并能依靠实践者之意志来学习、进行的心术论。

第三，至于荀子的“统”概念，其“整合”功能主要是在统治者对人民授予适当爵位和官职，以达成社会资源之公正分配的任务上发挥的。此处，统治者在实践“统类”的过程当中，“仁义”是其本人必须保持的道德基础。因此，在社会中实现“仁义”应为统治者的优先任务，统治者本人也该亲自躬行此德。相对地，“礼义”则提供实现此理想——招聘及任命贤人的重大任务——时，实际且可行的准则。

荀子确信统治者最关键的任务为招聘贤人。对此，荀子提出了“伦类”概念。虽然尊重作为“实定法”或“官府规定”之“法”的功能，但荀子仍然认为“实定法”和“官府规定”均无法成为选择贤人的“标准”或“依据”。因此，他提出“伦类”的理论框架，希望统治者得以借由观察某个人的“礼”之表现，分辨出他们的道德素质。

第五章

# 荀子礼治论的建立及理想国家社会的实现

## 引言

第三章提出，“礼”概念具有悠久的演变过程，且在荀子之前已经有了多种层面的含义。此外，在《晏子春秋》《庄子》《管子》等战国中晚期的思想文献中，也能够找出颇具形上意义的“礼”概念。若是如此，即使《荀子》比起上述三部著作有更多与“礼”相关的内容，荀子之于“礼”概念的发展，是否只是传承或整理战国“礼”论的角色而已呢？如果我们在意的是概念由谁发明这点，那荀子确实不是“礼”概念的发明者。

然而，《荀子》的主要特色应该并不在于发明某种新的概念，而是借由综合在他之前的各种概念与主张——尤其是“伦理论辩”和“分析论述”的两条思想潮流——提出一套具备高度系统性的政治、伦理哲学。具体而言，如在前一章所述，荀子统整了两种关于“心”的论辩：道德心的扩展，以及保持内心平衡的方法;他称前者为“诚”,后者则为“大清明”。荀子的“诚”观念说明了其综合所谓“思孟思想”之伦理论辩的努力；而荀子“虚壹而静”之“心”则意味他也接受了稷下、道家思想脉络之分析论述。如此，借着消化和统整他之前的概念和主张，荀子将神秘的观念以及难以捉摸的论证，转化成易解并且具备一贯系统的论述。值得注意的是，荀子的论证不只是之前思想的拼凑或混合，而是他在批判性地接受各种概念和论辩之后所得到的综合以及统合。在荀子论理的脉络中，“一”和“统”概念便在此方面扮演着主要角色。

顺着此理路来推论，就荀子思想的整体性特色而言，在他提出的各种含有综合或统合意涵的概念中，发挥最大的统合功能者,应该非“礼”概念莫属。在整本《荀子》中有342个“礼”字的用例，几乎涵盖了书中的全部论述。而且，其他概念和主张在与“礼”和“礼义”一起出现时，基本上发挥的只是整段论述中部分或次要的角色。换言之，在《荀子》思想系统中，所有的概念和主张，只有在以“礼”为核心的概念网中，方能获得其论述上的功能和其在整体思想中的价值。

这一点值得我们进一步展开观察。尽管荀子对他之前的思想之综合在中国思想史上具有意义与重要性，但此综合并非荀子哲学工作的终点。笔者认为，最容易看出荀子思想的独特意义之处是：他更进一步将几组重要的论证，整合进比这些议题内容更重要的阐述“礼”的论述中。以如上两种“心术”的整合为例，荀子主张“礼”就是获致“伦理心”和“平衡心”这两种状态之最好的，也是不可或缺的方法。接下来将说明，在荀子的思想中，这个以“礼”培养“心术”的例子，只是“礼”

在帮助理想社会之实现时，所发挥的多种功能之一而已。事实上，对荀子而言，“礼”就是个万灵丹，“礼”能够同时解决各种社会问题，也能终结其他同时代思想家所提出的那些无聊、无用甚至有害的论辩。正是在“礼”之中，荀子看到各种伦理、社会、政治问题的解答：人类欲望的控制、高阶政府官员（特别是相国）的任命、社会资源的分配，以及社会秩序的建立。如此，其涉及范围的广阔性，甚至于全面性，也是荀子“礼”概念的一大特色。

在此问题意识之下，本章的探讨将不止于列举出荀子与其他思想家之“礼”概念的异同之处，也并不意图以当代（这同时在某种意义上代表着当代人的思想立场）科学或哲学框架中的术语来重述荀子“礼”的内容和意义。本章的主要目标是，以第三章讨论所获得的，对于战国“礼”论和《荀子》文本之间的脉络性理解为基础，阐明荀子是如何借由他的“礼”概念综合他之前的各种观念和论述。

其次，在厘清这点之后，笔者将会把荀子关于“礼”的论辩放在当时整个社会政治论述的脉络之中。如同在上一章首节已讨论的，荀子针对现实社会政治问题提出的处方，如“尚贤”“仁政”“节用”等，虽然就术语本身而言，与早期儒墨两家没有两样，但其内容事实上还颇有“分析”性的内涵。同样地，荀子的“礼”概念本身也富有早期儒家所提倡的伦理意涵，不过荀子的礼论同时也将早期儒家以伦理关注为出发点的“礼”概念，转换成一套坚实、具分析基础之系统性论证，并借此使与“礼”相关的论述变得更为清晰、更具说服力。职是之故，虽然荀子与早期儒家所高举的各种口号在表面上看来非常相似，但两者思想的实际内容，在其发展过程中实属不同层次。

另外，本章还有一个目标，即反驳学者们长期以来普遍接受的一个看法：认为荀子的政治社会理论开启了法家思想发展之门，因而是儒家与法家之间的媒介。与此相反，根据笔者的理解，荀子“礼—法”关系论的思想意义在于：身处“分析论述”日渐占据优势，且弥漫着一种“现实主义”的战国后期思想环境中，荀子需要借着更具备高度分析性内涵的“礼”，作为合乎“伦理”政治的必要概念。换言之，荀子面对战国中期之后“伦理论辩”遭到“分析论述”对伦理价值提出严厉批判的危机，在关于国家社会机制之分析（这就是“分析论述”的成果）的论述中，重组并再次展开了提倡伦理价值的论述。在荀子如此理论工夫中发挥关键角色的，正是“礼”概念。譬如说，随着“分析论述”的流行，原来被称为“尚贤论”和“人事问题”的论述几乎都变成了“形名论”，于是思想家的关注就集中在如何提高统治者的观察力这一点。相形之下，荀子则提出观察一个人品德的方法之“礼”，就是统治者实践“尚贤”——即选拔贤人为大臣——之最有效标准的看法。如此，儒家（和墨家）的“伦理论辩”重新获得了思想上的生命。毕竟，对于荀子而言，“法术”等现实政治技术的重要性，根本无法与伦理德行相提并论。

有鉴于此，笔者在本章要提出三项论点：第一，笔者试图阐明“礼”与分别代表“伦理论辩”和“分析论述”之各种概念（如代表前者的“义”、后者的“分”）之间的关系。荀子思想的第一个特色与意义，在于以“礼”概念吸收并重组其他概念，由此发展出一种指向伦理目标，且具有高度客观性的、理论妥适性的政治哲学。第二，阐明在当时包括“心术论”“欲论”“资源分配论”“政府管理论”等议题的相关论辩脉络中，荀子提出了如何透过“礼”来解决各种论辩的终极方案。换句话说，荀子主张只要充分实践“礼”，就能够解决上述论辩脉络中被提出来的各种问题。第三，如上所述，在当时的各种论辩议题中，荀子的政治社会理论最关注的是“治乱”，而“礼”概念又是如何处理此议题的呢？本章将说明，对荀子而言，礼论的优势并不只在理论的完整性，也在其实际可行性。

总之，实践“礼”将可终止荀子之前争论不休的各项论辩，也能够达成基于伦理原则（“义”）的有序社会。在此意义上，荀子所提倡的“礼”就会是治疗当时所有问题的“万灵丹”。

## 第一节　荀子礼治论之建立与其概念构造

### 第一项　《荀子》中“礼”字用例概观

《荀子》之中总共有342个“礼”字的用例，其中超过一半是作为单字来使用的。在剩下的例子中，则与另一个字组成复合词，其中包括被用来指称特定仪式或社会习俗之名的那些例子，如“六礼”（1次）、“客礼”（1次）、“丧礼”（3次）和“聘礼”（1次）。还有含有荀子思想特色的用例，包括“礼义”（115次）、“礼乐”（19次）、“礼节”（10次）等。另外，有些字虽然并不与“礼”直接组合在一起，却也常出现在包含“礼”字的句子之中，如“节”

（6 次）、“分”（7 次）、“正”（2 次）等。[1]

在这些字眼之中，有些成为荀子“礼”概念的基础，“义”“分”“乐”即为此类。笔者将这些概念称为“礼”概念的“基础性术语”（substantial terms）。值得注意的是，“义”和“分”之间有个显著的对比：“义”代表了早期儒、墨两家均珍视的道德价值；另一方面，如同在慎到之政治社会理论中可见的，“分”则是稷下学者讨论社会机制之“分析论述”的产物。在这里，借由结合“分”“义”这两个字，荀子将分别属于早期儒墨之“伦理论辩”和稷下之“分析论述”的两个主要概念，整合进了自己与“礼”概念相关的论述之中。

“礼”与“乐”的结合，则显示出荀子哲学的终极目的——秩序于人类社会之中的展现。在《乐论》中，“乐”概念代表“和”（和谐）的状态。这样的境界就是秩序展现之最高境界。由是观之，荀子思想中“礼”和“乐”的结合，也给予了荀子社会思想一个美学上的基础。

另外，还有被用来呈现“礼”的某些特定作用的一组字；也就是说，“礼”与这些字的组合，可以解释荀子之“礼”是如何实际运作的。“养”“节”“法”即属于具备此种功能的概念。笔者把这类词汇称为“工具性术语”（instrumental terms）。

此外，整部《荀子》文本之中，主张“礼”的重要性的例子不胜枚举。在这些段落中，“礼”字通常与测量工具相联系。

---

1 关于这三个词在发展上的变化，参见 Masayuki Sato（佐藤将之），“The Development of pre-Qin Conceptual Terms and Their Incorporation into Xunzi’s Thought,” pp. 18-40。关于“分”观念，也参见菅本大二:《“分”の思想：初期法家を中心に》，《漢文學會會報》卷 50（1992），页 17—29。

在本章的最后一部分，笔者将讨论荀子为何要借用测量工具之名，以隐喻的方式指出“礼”的特性。在与此测量工具比喻相关的议题上，学者通常注意到“礼”与“法”概念的可能关联，[2]也因此倾向强调荀子思想中的法家因素。相较而言，笔者则认为荀子思想的一贯立场是：“礼”的实践就是为推行“法”的基础，而此关系不可颠倒。

另一方面，荀子对于“乐”之讨论的重要性，往往在与《礼记·乐记》相关论述的比较中被淡化。本书虽然并不专论《荀子·乐论》和《礼记·乐记》音乐论之间的思想影响问题，但至少将阐述这样一个看法：荀子的音乐论实与“礼”概念密切相关，并与礼论组成具备一贯、系统的“秩序论”。而“秩序论”这样的综合面相可代表荀子思想固有之创造性；这也是在《礼记》和《吕氏春秋》的音乐论中比较不显明的地方。

## 第二项　荀子“礼”理论的确立

### (一)“义”:“礼”概念的基础之其一

在探讨荀子思想相关的议题中，相较于“性论”和“天论”等被看作是荀子独特的概念和主张，荀子对于“义”的看法尚未吸引太多学者的注意。事实上，荀子对于“义”之重要性的提倡，并不亚于孟子和墨家。这一观察可以被“礼义”占了《荀子》全部“礼”字用例之三分之一以上的事实，以及荀子主张“义”本身是独立出现的“自足”概念这两点来证明。所谓“自

---

2　譬如，菅本大二：《荀子における法家思想の受容》。

足”（complete in itself），笔者的意思是，在荀子的论述之中，“义”并不附属于任何其他的道德价值（如“仁”）。也就是说，荀子通常会把“义”看成是一个独立,而且具备固有价值的概念,因而也应该不需要与“礼”搭配。如此,韦政通注意到荀子的“义”概念含有固有自足的含义。基于《大略》的“义，礼也，故行”一句，[3] 韦政通主张“义”在许多地方可以为“礼”所取代。韦政通举了如“义立而王”“以国其义”“义及国而政明”等七条句子,来主张荀子把“义”和“礼”看作是可以互换的最高价值。[4]

在荀子的思想中，就作为借此能达成社会秩序之核心价值这点而言，“礼”的意义在某种程度上确实与“义”的内容有所重叠。若是如此，荀子为何仍然要保留“义”，而不干脆直接用“礼”字取代之呢？为了解释此意义上的重叠，韦政通尝试将“义”重新定义成“客观精神”的展现。然而，这只不过是种揣测,缺乏任何文本证据的支持。[5] 分辨“义”是“主观”或是“客观”，对于我们理解在《荀子》文本中“义”字的意义，并不会有太多帮助。

对于我们的疑问来说，比较值得进一步探讨的是，“义”一词能被诠释为“道德”或“道德责任”之意，有时候也可以翻成英文的“justice”。由于“义”作为道德行为之基础，在此意涵上可以取代“礼”。如同韦政通，我们也肯定“义”在荀子思想的价值系统中扮演了关键性的角色。这一点引领我们去推测：

---

3 然而，在《大略》中，并不见如韦政通所引用的句子；他似乎是将原本为“义，理也，故行”一句中的“理”字，轻率地改成了“礼”。

4 韦政通：《荀子与古代哲学》，页 6—7。

5 韦政通：《荀子与古代哲学》，页 7。

其实，与一般的印象不同，荀子从未忽视在实践道德价值时人的意志之主导作用。[6] 譬如《荣辱》曰："义之所在，不倾于权，不顾其利，举国而与之不为改视，重死持义而不桡，是士君子之勇也。"这里，荀子预设能实现道德价值的，就是"勇"字所代表的人之意志。因此，如《强国》论称："凡奸人之所以起者，以上之不贵义，不敬义也。"邪恶的人跋扈横行，就是因为统治者不尊敬"义"。荀子对"义"的重视不仅如此，他甚至设想了一个只用"义遍"一词就可以表达的理想社会。《君道》曰：

> 故天子诸侯无靡费之用，士大夫无流淫之行，百吏官人无怠慢之事，众庶百姓无奸怪之俗，无盗贼之罪，其能以称义遍矣。

如《王制》所言"禽兽有知而无义"，荀子认为"有义"是人类相对于动物的一个显著特征，由于这句话还含有"分"概念的讨论，本节后文将详论其思想意义。这里则只指出两点：第一，荀子在上面的引文中选择使用"义"而非"礼"或"仁"；第二，他高度欣赏"义"，认为"义"是无须其他道德价值支持的一个自足价值。毫无疑问，荀子相信，若要达到适当的社会秩序，对于从天子到百姓等所有社会成员而言，"义"都是不可或缺的道德价值。认识到这一点后，我们得以进一步重新诠释"礼义"这一复合词之含义。

---

6　荀子对于人类实践道德价值之意愿的欣赏，也可在其用"善"字的例子中看到。我将在下节讨论这个层面。

“礼义”一词是荀子思想中重要的复合词之一，其解释必然会涉及对荀子核心思想的理解。一般而言，东亚地区的学者对于用当代术语解释“礼义”比较保守，而让“礼义”——即“礼”和“义”两个概念的关系——保留在“未翻译”的状态。然而，我们至少应该思考这个问题：荀子的“礼义”究竟指的是“礼之义”还是“礼与义”？相对于东亚学者，西方学者自始即敏锐地察觉到此一问题。德效骞将“礼义”翻译成“合宜的行为规则和正义”（rules of proper conduct and justice）。[7] 此翻译显然认为“礼”“义”的关系，为两个道德价值的并列，也就是说把“礼义”解释为“礼与义”。Watson 则将“礼义”翻译为“礼仪的原则”（ritual principle），这个翻译主要则是基于“礼之义”，而其中只有“礼”为道德价值，“义”则只代表“原则”。Knoblock 采用 Watson“礼仪的原则”的译法，但他将之用在“礼”而非“礼义”上，因为他也意识到在荀子的思想中，“义”还是一个自足的观念。他小心地将“礼义”翻译成“礼仪原则与道德责任”（ritual principle and moral duty）。[8]

在许多地方，“义”是被与“礼”一起使用的，但“义”仍能被理解成一个自足的道德价值。举例来说，《议兵》所言“隆礼贵义者，其国治”这句话，就展现了荀子认为“礼”“义”皆为自足的道德价值。在《礼论》中，荀子定义“礼”为“行义之美者也”。而在《致士》一段解释“礼义”之意义的文句中，荀子分别主张“礼及身而行修”以及“义及国而政明”。因此，

7 举例来说，Homer H. Dubs, *The Works of Hsüntze*, p. 47。

8 参见如 Watson, *Hsün Tzu*, p. 27，以及 Knoblock, *Xunzi* (vol. 1), p. 154。

即使荀子将“义”和“礼”连同使用，“义”仍为一个自足的道德价值，而非附属于“礼”的概念。这些用例可证实：“礼义”这一复合词，可被诠释为“礼与义”，而非“礼之义”。

在本项的最后，笔者将检视作为一个具有自足价值的“义”，其概念上的根源为何。仔细检视荀子“义”的起源，将帮助我们找到其与墨家论述的紧密关系。举例来说，“公义”一词在《荀子》和《墨子》之中均可看到。[9] 在《强国》中，荀子主张“贵义”的效用，而“贵义”正是《墨子》第四十七篇的标题；荀子使用“正义”一词，而《墨子·天志下》则说“义者正也”；更甚者，“兴天下之利”“除天下之害”等在《墨子》中常出现的句子，也为荀子所纳入。[10] 更重要的是，墨家思想认为，“义”就是为了达成社会秩序的基础。举例来说，《天志中》宣称：“天下有义则治，无义则乱。”渡边卓论称，社会秩序之维持（或恢复），正是墨家学说最重要的目标。[11] 在《墨子》的论述之中，的确几乎到处可见对于社会秩序的追求。[12] 也就是说，就现本《墨子》的秩序观而言，实践伦理道德就会达成社会秩序。这让我们联想到前一章的观察，达成有序的社会也是荀子政治社会理论的最高目标。其实，由于如何实现有序社会也是稷下思想家的主要哲学课题，因而我们无法确定荀子的社会秩序论是否直接从墨家引进；但公平地说，认识到墨者主张“义”为达成社

9 《尚贤上》：“举公义，辟私怨。”

10 见于《王霸》：“兴天下同利，除天下同害，天下归之。”

11 见渡边卓：《墨家思想》，收入宇野精一编《講座東洋思想》卷4（东京：东京大学出版会，1967），页23—24。

12 举例来说，“治”字在《墨子》中出现了超过250次。而在《孟子》之中，则只有42次。即使是在《荀子》之中，其出现次数约为240次。

会秩序之重要手段，我们就应该更加注意墨家思想中有关于“义”的论述，有影响过荀子“义”论的可能性。[13]

在认识墨家之于荀子思想之影响的同时，我们也能观察到其限制。墨家将“义”视为维持社会秩序之处方，这一看法比起孟子的伦理论辩似乎更具分析性和可行性。但实际上，墨家并未着手分析治乱的客观机制，反而只是重复宣称道德的重要，而这样的态度基本上与孟子无异。墨家“天欲义”的主张，也完全不能避免此情形。

虽然看似接受墨家将“义”视为维持社会秩序之必要价值的看法，同时三次身为“稷下祭酒”的荀子，并不满足于只是把“义”视为一项道德价值。他不满意“义”的社会作用停留在未经分析的状态，因为若缺乏分析的基础，就无法作为提倡道德价值之可行方法。换句话说，荀子同时站在稷下思想家分析论述之立场，明确意识到：应该提出具有说服力的说明，来论述“义”对于维持社会秩序的重要性。也正是为了这个目的，荀子将“分”整合进对“义”的论述。借由结合作为道德价值的“义”，以及作为联系各种不同社会关系中的人之具体方法的“礼”，荀子提出了一个维持社会秩序和人类世界和平的可行处方。下项将讨论这些概念结合的情形。

13 若我们比较《墨子》与《孟子》的“义”概念，特别是那些提倡“义”的段落，这点则将会更为清楚。在《孟子》的例子中，虽然“义”与“仁”为最重要的两个道德价值，但“义”之提倡，仍只是关注“义”概念中的伦理价值而已。如同在其与齐宣王的对话中可见，孟子论称“仁”和“义”的提倡，将会直接使天下一统。此处，孟子并未意识到社会秩序的稳定为国力的最终来源，而国力的累积则能让一国统一天下。相对地，《墨子》对于“义”之提倡和达到社会秩序之间的关系，则有相对清楚的认识。

### (二)“分”:“礼”概念的基础之其二

如同第二章第三节的讨论,“分”概念在慎到等稷下学者的思想中发展,且借此概念,社会的各种机制得以被深入、客观、有系统地分析和检视。有鉴于此,本节将呈现原为稷下分析论述之重要术语的“分”,是如何被引进荀子“礼义”之伦理—政治理论之中,并且在其中发挥关键的作用。笔者将阐明如下三点:第一,“分”概念在荀子思想中发挥的功能是全面性的,而此概念应是渊源于稷下思想,特别是《管子》;第二,在荀子思想中,“义”概念为“分”概念的基础;第三,在荀子思想中,“分”概念的道理需要借由“礼”的施行,才能够发挥其在政治、社会以及伦理上的功能。首先,我们来探讨荀子“分”概念的内容。

虽然笔者指出“分”一词很可能是被战国中期属于“分析论述”之思想家理论化的,但这并不意味着“伦理论辩”阶段没有出现“分”概念。相反地,在“伦理论辩”中其实也有许多“分”的范例。其中较具代表性的,是由隐喻来阐述合不合乎伦理原则的区分。举例来说,《孟子》时常以“分”概念,对比舜及盗跖两者之于伦理原则的合与不合。如下所列举,《荀子》之中也有许多这种用法:

(1)是君子小人之分

(2)禹桀所以分

(3)荣辱之分

(4)儒墨之分

(5)是善恶之分

基本上，这种用法可以视为是《孟子》或“伦理论辩”脉络用法的延伸。

相较而言，在慎到以及《管子》思想中的“分”概念则富有分析性和综合性，而荀子之“分”亦继承了此方面的含义。这种稷下学者的分析性含义，赋予了荀子“分”概念一种广阔性和综合性。荀子在使用“分”概念时，其所意指的六种基本社会区隔为：

（1）夫妇之分
（2）知愚分
（3）贵贱不分
（4）圣人士君子之分
（5）分职
（6）亲疏有分

下表为“分”概念在《荀子》和《管子》中的使用情况：

【表 5–1】“分”概念在《荀子》和《管子》中的使用情况

| | （a） | （b） | （c） | （d） | （e） | （f） | （g） | （h） |
|---|---|---|---|---|---|---|---|---|
| 《管子》 | 长幼 | | 贤不肖 | 贵贱 | 上下 | 君臣 | 分职 | |
| 《荀子》 | 序长幼 | 夫妇 | 知愚 | 贵贱 | 圣人士君子 | | 分职 | 亲疏 |

如表 5–1 所示，在《荀子》的七个范例中，其与《管子》相一致的用例就高达五项。具体而言，（d）栏及（g）栏连使用的词汇也完全一致。既然（c）栏中的“不肖”及“愚”指的是“愚

人”，此处的“知”除了“知识 / 了解”，亦有“智者”（字面上而言就是有“智慧”之人）之意。(a）栏中《管子》的例子又与“序长幼”相似。虽然《管子》未有（b）栏而《荀子》缺少（f）栏，不过与“夫妇”“君臣”间之规范相关的词汇，在先秦社会论述中最为常见,因此难以想象在两书中会缺乏关于“夫妇之分”和“君臣之分”问题的思考。事实上,我们可以将栏（a)（b)（e）及（f）视为附属于（d）栏的次级分类，或是其特殊形式。举例来说,栏（f）中的“君臣”,即为“贵贱”的一个具体社会形式。若是如此，则（a）至（g）栏中的所有例子，事实上都是同一种“分”词的用法，指的是各种不同的社会关系。那么《荀子》中的（h）栏又如何呢？“亲疏”的概念可能发展自血缘关系扮演极重要角色的儒家传统，但由于在其他现本先秦儒家文献中，尚未见到“亲疏”意涵与“分”概念的结合，此种结合很可能在战国早中期的儒学传统中已经存在，也或许是荀子自己所提出的。

讨论至此，到底荀子在使用“分”时，有哪些部分可能会是他自己的原创呢？这个问题可从两个角度切入。首先，荀子使用“分”一词，将人类世界与自然世界（所谓“天人之分”）区别开来。这个层面过去常被提及，笔者在此处只想指出：因为荀子的主要论述着意于如何恢复人类世界的秩序，而此秩序之达成又与“天”之规律运作及“地”孕育万物之常规性有关，因而不可简单地以为荀子是将人类世界与自然世界截然划分开来。[14]

---

14 与此相关，松田弘的说法颇值得参考。参见松田弘:《荀子における儒家的理念と天の

其次，“分”被视为避免社会落入冲突——即“乱”之产生——必备的社会美德。事实上,“分”在这个层面的意涵在《慎子》及《管子》中也能看到，而荀子则加以充分探索。荀子的努力，不仅反映在他多次讨论“分”之重要性，也反映在他以“分”来阐述自己的社会理论这点上。举例来说,《王制》曰:“人何以能群？曰：分。分何以能行？曰：义。”荀子以反面形式，论及了与此同样的内容，即说:“群而无分则争。”(《王制》《富国》）简言之,“分”理念之失落,将为人类社会带来灾难。因此,《富国》说:“故无分者，人之大害也。”在此，荀子还宣言“兼足天下之道在明分”。至少从如上引言所看，荀子可以说是稷下学者——特别是慎到——“分论”的接班人。

包含上述引文的段落，关注的是社会秩序的维持。在此论述框架之中，“分”一词占据了每个论述中的关键地位。当荀子论述分配的公正性以及养天下人民的想法时，他并不使用“仁”或“礼”,而大力提倡高度理念化的“分”概念之重要。众所周知，在讨论“礼”之起源的《礼论》开头段落,荀子就用了两次“分”概念，而当他主张“故制礼义以分之”时，“礼义”的重要性确实借由“分”之完成而得到保证。如此，在荀子检验社会治乱的论述之中，“分”就成为荀子政治社会理论的核心术语之一。

在先秦社会理论中，这样高度理念化的“分”概念，曾出现在慎到的“兔子之喻”中。然而，若进一步比较慎到和荀子

---

思想的位置》,《筑波大學哲學 · 思想學系論集》卷 1（1975），页 89。此外，三浦吉明则将荀子“天人之分”的说法解释为“天人之间的角色之合宜区分”。参见三浦吉明:《荀子における對天の思想》,《日本中國學會報》集 35（1983），页 51—52。两篇文章都包含了关于研究荀子“天”思想的简要评述。

两者的“分”，我们能看出荀子之“分”是以慎到及其他稷下思想家的理论为基础发展出来的；且从“综合”性而言，其比慎到的“分”还更为成熟。荀子之“分”的理论性特质，在如下两种层面上可以看出：第一，稷下思想家的思想论述，是从分析国家社会机构的角度检视“分”的重要性；荀子则在未减损“分”在此分析层面上之重要性的同时，借着结合“分”与“义”，将“分”整合进自己强调道德之必要性的社会理论中。第二，不仅仅止于提倡“分”的重要性，荀子还提出把此“分”落实于现实社会脉络中的可行方法，而“礼”概念也就是在此进一步理论化作业中扮演了重要角色。事实上，“分”概念在道德价值如何能实现于现实社会的论述中，也扮演了重要的中介角色，下面我们将继续讨论这点。

接着，我们来看荀子思想中“分”与“义”之间具有何种论证关系的问题。首先，笔者在前面提及墨家“义”论的限制：墨者的“义”论主要依赖于对“义”之重要性的提倡，并且在这一套理论中，缺乏对人们时常会背离道德规范的理由进行分析。对此问题，墨家的主张是，一位统治者需要的不过就是（如同“天”般）“欲义”而已。在理论上，只要统治者“欲义”，其臣属也就会纷纷“行义”。墨家同时主张，为了达成此目标，统治者还要赏赐行义的人。恐怕这样的主张，还是依靠于墨家对“天欲义”的信念，也就是说：墨家以“就像人类信仰‘天’，人民也会服从统治者”的预设为前提，以类比的方式提出“就像天欲义，人类就跟从祂；国君只要也同样欲义，人民也必会跟从他”的乐观主张。然而，由于这种“推理”缺乏对人类本能（趋利避害）的考量，以及基于此观察而来的对于国家运作方策之分析，其推论结果则变成，墨家建议统治者以赏罚手段来推动百姓行义。问题是，一个原本就“欲义”的人，哪怕没有人给他赏罚的激励，在某种意义上也会“行义”的，而墨家却想借由与道德无关的赏罚手段来促进道德，将不免陷入矛盾之中。

相对地，在将分析观点整合进自己的论述时，荀子则非常有技巧地避免落入墨家理论的限制；他只提倡“义”的必要性，或是陈述“以无关道德之动机来提倡道德”之矛盾。此外，由于整合了分析论述，荀子也就得以主张“分”——即社会关系之适切区别和社会资源之适当分配——的缺乏，即为社会混乱的直接原因；而此主张似乎是在慎到思想的影响之下逐渐成形的。然而，在探询如何以及为何人类社会能够达到此“分”之际，荀子同时也找回了道德和社会正义的重要性，并且因此采取了另外一种理论途径。我们在荀子所提之“分义”一词中，可以见到墨家伦理论辩和稷下分析论述的综合。《王制》即曰：

> 水火有气而无生，草木有生而无知，禽兽有知而无义；人有气有生有知亦且有义，故最为天下贵也。力不若牛，走不若马，而牛马为用，何也？曰：人能群，彼不能群也。人何以能群？曰：分。分何以能行？曰：义。……不可少顷舍礼义之谓也。

此处有两点值得注意。首先，在这段引文中，荀子认为“分”是人类得以建构社会最基础的要素。在某种意义上，“群”与“分”是种辩证的结合。荀子敏锐地意识到一个社会之所以能组成，靠的并非众多性质一致之成员的聚集，而是诸多不同性质、能够组成阶级结构之成员的整合。

其次，与“群”“分”之辩证结合同样重要的，是荀子认为道德（“义”）为“分”的基础。他主张，要是缺乏道德与正义，以社会地位之划分为基础所进行的资源分配，终将是无法实现的梦想。因此,《大略》称:“有夫分义，则容天下而治。无分义，则一妻一妾而乱。”荀子巧妙地以家庭之混乱对比世界之有序，并借此主张“分”（社会角色之区别），以及道德与社会正义之结合的重要性。与此相关且值得注意的是，荀子社会理论对道德价值的强调，并不亚于孟子及墨家。事实上，若我们考量到，无论当时的统治者是否愿意接受其为一种可能的政策方向，战国早中期（即孟子与早期墨者的时代）提倡道德的主张都尚未受到其他思想家的严峻挑战，我们甚至可以说荀子比孟子及墨家更为强调道德。换言之，与战国早中期较为单纯的思想环境相较，战国中晚期经历了分析论述的快速发展。在此时期之中，对于思想家的期待，是要能够提供给统治者关于国家社会机制最有洞见之分析。在此思想环境下，如同现本《老子》、《庄子》的例子所示，伦理论辩的效力开始遭遇了彻底的批评。而正是在这种思想氛围之中，荀子在回应稷下和道家思想家对“伦理论辩”严厉批判的同时，也主张道德与社会正义对维持社会秩序的关键角色。

在上引《王制》的论述中,荀子以“不可少顷舍礼义之谓也”总结了其关于“分义”的论辩。在这里，关于“分义”效力的论述，转变成了对于“礼义”（“分”→“礼”）的提倡。这点再次显示出荀子所言之“义”并不只是“礼之义”，而是与“礼”

具有同等重要性的核心道德价值。“义”的重要性，来自其能够使“分”——即社会关系之适切区别和社会资源之适当分配——得以发生。

其实，荀子思想中“分”概念的重要性，亦能在其与“礼”概念的关系中看出。[15]《荣辱》宣称:“分”的思想无法被“小人”，也就是被统治者所理解。这暗示荀子是结合了统治者的角色来理解“分”和“礼”的功能的。在《君道》，当被问到国君在一国之内扮演何种角色时，荀子回答“以礼分施”。基于此处“分”与“施”的结合，我们似乎可以将“分”诠释为，将一国的社会与自然资源“分配”给其属民。

事实上，“以礼分施”一语，表达了“分义”概念的实际可行性之面相。从“分义”的角度来看，社会成员之间妥善的角色区分，以及根据此区分而有的资源分配，应该依循道德和社会正义。然而，当实际上把社会资源确实分配给他们时，个别的社会成员要如何了解此分配背后的道德及社会正义原则呢？荀子认为，“礼”就是在个人层次上的社会规范，以及整体社会层次上的正义之展现。这点使我们认识到，荀子的“礼义”理论构成“分义”的实质内涵——分配需要根据道德原则的主张。而以道德原则为基础的资源分配，也要顾及“以礼分施”的可行性，亦即需要合适的实践方法。这也让我们理解到，在“礼”“义”的结合之中，“分”扮演了关键的中介角色。

荀子的分析不仅止于此，他也注意到之所以能够辨识此“分”

---

15 另一个重要的例子为“礼者，法之大分，类之纲纪也。故学至乎礼而止矣。夫是之谓道德之极”。由于在这段文句中，荀子提出他对于“礼”“法”关系的看法，我将在下节讨论这个段落。

的认知层面。《非相》即曰：

> 人之所以为人者何已也？[16]曰：以其有辨也。……故人之所以为人者，非特以其二足而无毛也，以其有辨也。夫禽兽有父子而无父子之亲，有牝牡而无男女之别。故人道莫不有辨，辨莫大于分，分莫大于礼，礼莫大于圣王。

本段落的关键词为“辨”。乍看之下，“分”和“辨”的差异比较模糊。“辨”指的是什么呢？一般而言，如在“辨异”的用例中所见，“辨”字能诠释为“区分”，且被用在形容感官功能的句子之中，如“目辨白黑美恶”。相对地，“分”则较少用来描述感官的功能。

在上述的引文中，“辨”概念系指人类认知上的独特能力。在这里，“辨”的概念被用来指涉一种能够辨认出人类社会中各种不同人际关系的意义之能力，包括“父子之亲”“男女之别”等。诚然，这些关系组成了“人道”的基础。如同《大略》所言：“贵贵，尊尊，贤贤，老老，长长，义之伦也。”维持适当社会阶级的行为，能被称为“义”。因此，“人道”在此借由“义之伦”，也就是说“义”在社会各种关系的实践中而被呈现了出来。

同样值得注意的是，上面引文中的论述与稍早引用《王制》的“禽兽有知而无义；人有气有生有知亦且有义”，两段论述在结构上几乎相同。在此段文句中，人类的独特能力在于有

---

16　杨倞将“已”诠释为“以”。久保爱认为近于“其”。见《增补荀子集解》卷 3，页 8。无论谁是对的，这段文句的脉络已经够清楚了。

“义”——即道德感和正义感。若把此段“义”所针对的对象，视为上引《非相》所指人际之枢纽的“父子之亲”和“男女之别”，则“义”即系指能构成此关系的伦理规范本身。如此,此处的“辨”便指的是能够辨认以及欣赏各种社会事务之间的伦理意义之能力。与“分”词不同，此处的“辨”并没有“分配”的意涵。

在分别认识到荀子思想中的“义”“分”以及“辨”三个概念的意涵后，我们便可以进一步诠释“人之所以”一段的后半，从“辨莫大于分”一句开始的一段之思想意义。在此段，荀子透过“若A是B，则B是C；若B是C，则C是D……”的连锁推论（sorites），阐述了“辨”“分”“礼”和“圣王”四个词之间的功能关系。荀子采用这样的连锁推论本身，就表示此四种概念在他的理论中就具备彼此密切的关联。

首先，“人道莫不有辨”一句，代表荀子认为“辨”就是人类固有的能力。第二句“辨莫大于分”,似乎主张人类固有的“辨”能力,应该落实于人类社会发挥的“分”之效能上。第三句“分莫大于礼”，乃代表《君道》所称的“以礼分施”一句的含义；也就是说，一个国家的统治者，从其属民所拥有的礼仪位阶，来分配他们能够获得的政府职位，如此，自然和社会资源也能得以适当的分配。此段连锁推论的最后一句“礼莫大于圣王”，意谓社会资源的公正分配一定要经过圣王之手。在此，若我们注意“辨”和“分”之间的“分开”（to divide / distinguish）义的差异，则在此段主张中，“辨”指的是分辨与道德相关之事务的认知功能，而“分”则系指将此认识落实于具体实际社会关系的方法。

荀子认为人类能够君临地球上其他生物的原因，在于组织社会来集中其集团的整体力量。然而，集体力量是否能组成，还取决于人类社会是否能够落实伦理规范与否；借由此伦理规范（“义”）的推行，统治者才能根据社会成员的地位角色（“礼”），将社会资源分配给他们（“分”）。荀子以“辨”字代表人类能够发动此道德认识的功能。此处，荀子为自己的社会理论，提供了一个认知论上的基础。以此认知功能为基础，一个统治者便能认识到，能够作为适当区分社会角色以及分配资源之基础的伦理道德。

### （三）“乐”：“礼”概念的基础之其三

接着要阐述“礼”和“乐”之间的关系，而在这里试图要具体论证的是如下两点：第一，由于音乐是和谐的展现，其与荀子思想的终极目标不可分割地结合在一起。第二，就这个层面而言，“乐”为“礼”的互补概念。“乐”在荀子思想中非常地重要，他赋予了“乐”与“礼”同等重大的意义。荀子对音乐热衷支持的态度和孟子相对冷淡的态度形成了尖锐的对比；在孟子思想中，相较于“仁义礼智”四个道德价值，“乐”本身则属比较次要的概念。

《荀子》一书中论及“乐”的部分并不少，而其中最有系统的论述可以在《乐论》中看到。除了最后两个与“乐”无关的段落，该章的其他论证都建立在荀子一贯的哲学立场——即人类社会的“治”之追求——之上。

《乐论》的论述最显眼的两个特点是：其一，其多数段落都包含了反对墨家“非乐”的论述；其二，荀子将“乐”之重要性与“治”“和”状态之达成，联结在一起讨论。荀子一贯地提出下列观点：社会失序（即“乱”）可归咎于音乐之缺乏或误用。以下笔者列出了使用这三个词的文句（见【表 5-2】)。

【表 5-2】《乐论》中“治”“和”“乱”的用例

| 段落 | “治”与“和” | “乱” |
|---|---|---|
| （1） | | 先王恶其乱也 |
| （2） | 足以率一道，足以治万变 | |
| （3） | 故乐者……中和之纪也 | |
| （4） | 是故喜而天下和之 | （4b）怒而暴乱畏之 |
| （5） | 乐中平则民和而不流 | （5b）乐肃庄则民齐而不乱 |
| （6） | 故先王导之以礼乐而民和睦 | |
| （7） | | 民有好恶之情而无喜怒之应则乱 |
| （8） | 顺气成象而治生焉 | （8b）逆气成象而乱生焉 |
| （9） | 故乐也者，治人之盛者也 | |
| （10） | 乐也者，和之不可变者也 | |
| （11） | 然而治俯仰 | |

【表 5-2】中段落（1）的“先王恶其乱也”一句，也出现在《礼论》之中。显然，在荀子思想中，“礼”“乐”两者皆是为了防止社会崩解、失序而被制定出来的。荀子对于失序的厌恶，呈现在表中的（5b）（7）（8b）等段落之中。我们在其中能观察到他对于社会为何会失序的一组解释，而这组解释还能补充《礼论》篇知名开头段落的说法。在《礼论》中，社会失序的原因被说成是“人生而有欲，欲而不得……”；而在《乐论》中，荀子提供的则是稍微不同的理由。在表段落（7）中，他写道“民有

好恶之情”，而这些情感也是喜、怒的来源。荀子认为喜、怒的表达，应该与喜、怒的情绪本身相呼应（喜怒之应）。在段落（8b）中，他则用一个更理论化的语句“逆气成象”，阐述了这层意思。

这些事实告诉我们，荀子认为社会失序之所以会发生，有下面两个基本原因：其一，人类有欲望（无论是物质性的，还是如阶级、头衔等社会资源）。其二，人类产生不恰当内容的情感，或以不合适的方式发出。在荀子理论之中，“礼”和“乐”分别是舒缓人类的欲望以及情感之表达。不过，在荀子思想中的“乐”，除了音乐本身的功能之外，在与“礼”概念的比较下，也会呈现出两个重要的社会功能。

第一，荀子的“乐论”几乎可以被称为“治民论”。如同在段落（5b）（6）（7）等包含“民”字（指被统治的群众）的例子中可见，“乐”有助于民间的秩序（或防止其失序）。“乐”的这层意思，在如“莫不从服”“民和齐”“民乡方”等句子中也能看到。[17]“乐”之所以会被用作社会控制的一种手段，或许是因为它不像“礼”一般需要练习：即使一个人不具有习礼的能力，只要听到适当的音乐，他的情感就能得到安抚。“礼”必须“读”（《劝学》）或“履”（《大略》）。由于这些“礼”应该是已具成册的“礼经”，未具识字能力的“士”阶层之下的人应该无法阅读。毕竟能“读”的这些“礼”，应该属于当时社会上层所遵循的仪节。相比之下，音乐则并不要求人透过教育并以较为严谨的自我管束方式控制其欲望及情绪，“乐”便成为控制人民之情绪的重要

17　梁启雄引用《礼记・乐记》的注解：“方，犹道也。”参见梁启雄：《荀子简释》，页286。既然对于荀子来说，“治”为“道”的同义词，此文脉中“方”就几乎与“和谐与秩序”同义。

方法。

第二，就达成整体社会的“秩序”这个目标而言，“乐”的功能甚至比“礼”还巨大；因为“乐”不只能重建社会之“治”，也能重建其“和”。此处，“礼”和“乐”之间有如下的关联：

【表 5–3】“礼”和“乐”不同的角色

| | |
|---|---|
| （1） | 礼 = 统治阶级（需主动反复实践）→ 治（秩序） |
| （2） | 乐 = 被统治的人民（只需被动听取）→ 和（和谐） |

如同这些“礼”“乐”之间的关联所示，荀子清楚地界定了“礼”和“乐”的角色范围和效果，且彼此之间基本上没有重叠。

讨论到此，值得注意的是，除了实际层面上的互补关系，荀子也在更为形上的层次思考统治者、人民两者所发挥的角色之不同。在第（10）和（11）段中，我们能看到“乐”的形上层面，以及其与“礼”的形上意象联想的情形。先从第（10）段来看：

> 且乐也者，和之不可变者也；礼也者，理之不可易者也。乐合同，礼别异。礼乐之统，管乎人心矣。

在这个段落中，“礼”“乐”的功能较为抽象。荀子在此处试图以“和”“理”两词，来界定“礼”“乐”的意义。并且为了清楚说明两者功能之不同，他使用了“异”“同”两个概念，并将其与“礼”“乐”分别联想起来。这个组合强调了后文所呈现的“礼”“乐”在功能上的对比：“乐合同，礼别异。”而在紧接着的论述中，荀子还用“统”这个词来表达“礼”和“乐”的组合在心理上的作用："礼乐之统，管乎人心矣。"

如果"乐"之内涵能以"和""同"等词来界定，为何荀子在这里仍需要"统"字呢？"统"与"同""异"又如何能整合在一起呢？这段文句并未直接回答这些问题，我们只能根据对文本脉络的理解来进行推测：荀子这么做的原因，或许是他意识到对于所有听众而言，聆听音乐是种一群人都能够体认到的经验。举例来说，哀伤的音乐能让听者同时感到难过。而这点与"礼"形成对比，因为在"礼"中，所有的参与者被要求扮演不同的角色。借由提点出"礼""乐"之间的对比，荀子似乎以一种辩证（dialectical）的方式主张：正是借由参与"礼"所展现出的"分 / 治"，以及因为对音乐之同理心而有之"同 / 和"两者的结合，人心才能达到和谐的状态。

若要用更一般的词汇来表述这种关系，则我们可以说：在荀子的思想中，一个理想社会中的和谐 / 秩序状态，可经由不同要素 / 参与者的整合而完成。在此整合中，"礼""乐"不仅彼此互补，更彼此不可或缺："乐"需要"礼"将不同的要素（角色）安排为一种秩序（就像交响曲的演奏需要大量不同种类的乐器），而"礼"则需要"乐"使此秩序能够和谐。下引《乐论》的一段文字，即表达了由"礼"和"乐"之不同功能所养成的道德人格，以及社会各阶层之间的和谐与有序：

> 故乐行而志清；礼修而行成。耳目聪明，血气和平，移风易俗，天下皆宁，美善相乐。

在这个段落中，可以看出荀子的"乐"具有两种功能，一方面是在个人心理上促进道德动机，另一方面是在政治社会上达成世界和谐。且重要的是，荀子认为，是统治者而非人民有责任去理解“乐”的这层意义。荀子宣称：“乐者，乐也。君子乐得其道，小人乐得其欲。以道制欲则乐而不乱。”乍看之下，这段文字中“君子”和“小人”的并列，似乎意味着道德层次的高下之别。然而，此对比事实上也反映了“统治者—被统治者”之间的关系。具备统治资格的人，应该了解“乐”之功能实为“道”之展现的深刻意义；“乐”之和谐社会的功能，也有赖于统治者而非人民的自觉努力才得以发挥。那么，为何“乐”是“道”的展现呢？这是因为，荀子认为“乐”本身即为一种秩序性的展现，而此秩序性在天体运行和地上生物繁育之不变性中被维系着；且荀子将“乐”所达成的和谐与天地的和谐联系了起来。在《乐论》最后一段讨论音乐的部分，荀子如此写道：

> 鼓其乐之君邪！故鼓似天，钟似地，磬似水，竽笙箫筦籥似星辰日月，鞉柷拊鞷椌楬似万物。

如同引文所示，“乐”的表演本身，即为天地秩序的展现。在此脉络中，荀子“君子乐得其道”的说法，意味人（此人只能是统治者）在将自己同化于“乐”之理想时，所展现出可与天地联系的秩序、和谐之境界。如此，为了能成为荀子理想中“参天地”之“君子”，“乐”的境界与“仁”“义”的境界一样，皆为不可或缺的要素。

总结本节，笔者讨论了荀子“礼”概念的基础内涵。如同在《晏子春秋》和《管子 · 枢言》等例子中可见的，“礼”概念在荀子时代之前已多多少少发展到了形上的层次，而这也意味着荀子“礼”概念之综合性，并非他的发明。以此为讨论的出发点，笔者试图在荀子的“礼”观念中，辨识出属于他自己的哲学贡献的部分。荀子之“礼”概念的特色之一，即是与“义”“分”等词的结合。借此结合，荀子将“礼”转换成他自己的哲学观念，而其“礼”也因此与他之前思想文献中的“礼”，有着实质上的差异。

借着将“礼”概念与“义”结合，荀子主张“礼”的实践在修身层面不应与道德分离，在社会活动层面也不应远离正义（在荀子思想中，此“道德”和“正义”义都由“义”字来表达）。若我们考量到在战国晚期，当时思想界的气氛已从提倡道德的重要性，转移到以客观分析社会运作机制和其他形上议题为主流，身处其间的荀子仍大力提倡“礼义”（“礼”与“义”，而非“礼之义”）的重要，则与以伦理议题为论述核心的孟子相比，荀子实呈现出不遑多让的正统儒者面貌。

再者，荀子的创新，从他将此前稷下学者的分析论述整合进了自己的“礼”概念之中可以看出。特别值得注意的是，如同迄今尚存的《慎子 · 逸文》与《管子 · 制分》所示，稷下思想家认为“分”——意指社会所有成员之间的适当角色区分，以及根据角色而进行的适当资源分配——更是维持一国社会秩序的必要条件。由于荀子哲学的最终目标便在于达成适当的社会秩序，他可说是以“言治乱之事”（司马迁语）为务之稷下学者的接棒人。然而，荀子同时也关注到，在达到以最适当之社会角色的区分来分配资源的过程当中，道德是不可或缺的要素——由道德原则才能公正地分配资源。为了推论出这点，荀子提出“分义”观念，即为了达成公正的资源分配之准则。经过此分配的公正原则，一个社会的每一个成员都能成为彼此不可或缺的整体之一部分。那么，具体而言，“分义”的理想要透过何种方式推行呢？荀子坚信，为了达成公正的社会角色之区分和资源的分配，“礼”就是最可行之办法。

本节的第三部分检视了“乐”之意义及其与“礼”的关系。首先我们所发现的情况是，此二者在荀子的政治社会论上实彼此互补。也就是说，“礼”在与“乐”联结时，发挥了将秩序与和谐带给人类世界的功能；而此秩序与天地的秩序可相比拟。这点也就涉及荀子政治哲学的最终目标，即恢复、落实人类世界的秩序与和谐。

荀子“礼”概念的特色，在与“乐”的对比中也更清楚地呈现了出来，其要有三点：第一，“礼”是实现人类社会秩序的方法，且定然要由统治阶层来执行。与此相对，“乐”虽同样是实现此秩序的办法，但却能够延伸到社会的各个不同阶级，而无须各阶级的人们靠自己的毅力去实行。第二，“礼”主要与“治”有关，而“乐”则是与“和”相关。对荀子来说，“乐”的这项意涵十分重要，因为这代表着世界秩序的圆满，而这也正是荀子政治社会理论的最终目标。第三，在形上层面，“礼”与“别异”相关，“乐”则是与“合同”有关，而它们则被“统”以辩证的方式整合在“礼乐”这个复合词中。这也暗示，“礼乐”实为“和谐的秩序”的同义词，且此“和谐的秩序”是以整合“礼”所达成的“别异”以及“乐”所达成的“合同”为基础的。

## 第二节　“礼”之实践与理想社会的实现

本节将阐述荀子思想中“礼”的实际作用。前节已建构了荀子礼论基础之三个概念:“义”“分”“乐”及其思想角色。首先，荀子接受慎到的观点，认为“分”——每一个社会成员都有适当的社会角色，并且按照其角色受到应有的资源分配——是为了维持社会的秩序及和谐的必要条件。不过，除了社会角色和资源的分配一定要呈现此社会的公正性，荀子更将此理论性术语之“分”和原属伦理论辩的“义”(个人层次上为“道德”;社会层次则为“正义”)概念相结合，并且主张按照“礼”的规范来呈现社会角色与资源分配之公正性。在此，荀子以此三个概念的结合，综合了伦理论辩和分析论述，并且借此找回了之前遭受怀疑的伦理概念的价值和效用。另外，“礼”概念在与“乐”一起出现时，“礼乐”系指“和谐的秩序”，即为一个社会所能达到的最理想的境界。在此,荀子由对传统文化价值的“礼”和“乐”的重新评估，来回答当时分析论述主张“治”(社会秩序的建立)的重要。

然而，关于“礼”概念的探讨，荀子的礼论并不停留于只阐述整体的社会秩序或“公正性”的层面。他同时也广泛检视了在个人层次，为什么个人需要实现“礼”的问题。如同下文将讨论的,在荀子看来,当时各种争辩议题之最终解答就在“礼”的实行当中:“礼”除了能提高个人的道德素质之外，还能满足欲望；能把身心状态提升为最健康舒适的状态；甚至能教化一般百姓。荀子试图借着将“礼”与其他重要概念,如“养”“节”“法”等联系在一起，以回答这些关于实践的议题。此处，我将集中讨论荀子所致力阐述的“礼”之三种功能:(1)满足人类欲望;(2)提升人格——即士人修身——的方法;(3)成为朝廷、衙门及民间政治运作的依据。

## 第一项 “礼”功能之其一:人欲控制之处方

本项将阐述荀子“礼论”在战国欲论中的角色与思想意义。荀子坚信“礼”的实行就是解决(特别是国君的)各种欲望的最终方案。笔者借此将厘清荀子的“礼”不仅是一种原理性的伦理价值,它更是为了解决稷下思想家所追求的治乱问题的实际且具体的万能处方,能够将人类欲望的宣泄限制在不会伤及社会秩序的程度之内。

虽然中国思想家关于人类欲望的论述能够追溯到远古时期,但我们无法找到比《孟子》更早,且系统讨论过此议题的可靠文献。杨朱很可能是系统探讨过此议题的开创者,但我们现在看到的在《孟子》中与杨朱相关的“论述”,都是经过孟子立场过滤之后的内容。除了《孟子》之外,从目前可以利用的资料中,可以观察到欲论的是在稷下学者的文献中。而且在他们的论述中,关于人类欲望的议题似乎得以深入探讨;并且他们发展出的观念和论述,也被引进于荀子的“礼论”之中。

有鉴于此理解,笔者将战国欲论的演变分成三个阶段:(1)伦理论辩中,从伦理动机的角度探索的欲论(孟子和墨家,约在前310年之前);(2)从对人性和社会机制之分析中,所推导出来的论述(后于孟子的稷下以及道家思想家,约在前310—前285年之间);(3)荀子和《吕氏春秋》作者所整合的论述(约在前285年之后）。

为了理解荀子在欲论问题上的革创性，需要从中国古代欲论的演变谈起。中国古代欲论的兴起，实渊源于实际政治经济问题上的需求。也就是说，官僚制度的发展，以及统治力量（对于被统治的人民来说，“统治”指的只不过是税收与劳役对其生产物及劳力的剥削）针对整个领地的渗透，使统治者能够享受无上限的自然资源、农产品，以及精致的工艺品。这种无止境剥削的负面结果，对民生造成了严重伤害：人民不是经常性地处于饥荒状态，就是被迫自其原居地离散。[18] 墨家和孟子，便在其主要论辩中处理了此问题。墨家严厉批判当时统治阶层的过度消费，而在其谴责之中，他们的批判主要是认为过度消费有害于国力之增强。对墨家来说，这种行为当然是不道德的，过度剥削人民将妨害人口的增长，而人口是一国富强的关键条件。换句话说，在他们的节用论背后，墨者们关心的应该还包括要如何节制统治者的各种欲望。只是在现本《墨子》中，我们所观察到的论述只止于资源的节用这一点；并没有展开如何控制欲望层次的探讨。

在这方面，其实孟子的立场也与墨家接近。毋庸置疑，与墨家相同，孟子对于被统治者悲惨的生存条件也有着敏锐的感受。孟子甚至宣称，当时所谓的统治，实际上与谋杀没有什么两样。然而，他并未因此对人类欲望展开有系统的分析。相反地，在与齐宣王的实际对话中，他为宣王现有的消费享受进行辩护，且只是天真地要求宣王与人民分享其乐。

---

18 《孟子·梁惠王上》。

《尽心下》言：“养心莫善于寡欲。”在这句话中，孟子注意到如何控制人类欲望的棘手问题。如果这句话真的出自孟子本人，则这个想法就与他“与民同乐”的乐观论证稍有抵触，因为道德和欲望的满足在此处被认为是彼此扞格的。因此，若“寡欲”是孟子对于人欲的看法，则在与宣王的对话中，他就应该要求宣王控制自己的欲望，并把他的仁心推及属民；而不应该以“与民同乐”的逻辑来赞同宣王的奢侈享乐。由此观之，孟子的伦理学说并不是立基在他对人类欲望及其负面影响的分析性理解之上。因此，与之后的荀子不同，孟子不太去思考“礼”在控制人类欲望上所能发挥的功能。

《黄帝帛书》则清楚地认识到孟子的看法——统治者在不限制自身欲望的情形之下仍能追求百姓福祉——是无效的。《黄帝帛书》支持孟子提倡的王道政治，《君正》即说：“毋苛事，节赋敛，毋夺民时。”[19] 这样的论述内容，与孟子所提倡的“仁政”的内容几乎相同。但《黄帝帛书》对统治者铺张浪费的宫廷生活提出强而有力的警告，《大分》写道：“知王〔术〕者，驱骋驰猎而不禽芒（荒），饮食喜乐而不面（湎）康，玩好睘（嬛）好而不惑心。”此外，《四度》也指出剥削会使人民对统治者产生反感：“黄金珠玉臧（藏）积，怨之本也。女乐玩好燔材，乱之基也。”在这些段落中，《黄帝帛书》批评了孟子会允许齐宣王做的事情。因而《道法》的开头便宣称：“生有害，曰：欲，曰：不知足。”同样地，《亡论》也告诉我们，“纵心欲”（放纵人心中的欲望）是君主应当视为禁忌的“三凶”之一。虽然如此，关于如何控

19 在这里作者显然是在呼吁统治者。

制人类欲望这一个问题，《黄帝帛书》仍未发展出完整而有系统的论述。

关于人类欲望的控制，《管子》四篇的探讨则较有深度。四篇所探讨的是人该如何避免沉溺于感官的刺激，以维持己心的适当状态。就其对荀子思想的影响而言，《管子》四篇对于相关论述的贡献，可以归纳为以下几点。

第一，“如何控制人的欲望”这项议题，本身就是《管子》四篇的核心问题之一。举例来说，在《心术上》的第一段中，作者要求读者(统治者)应采取的主要步骤即是控制自己的欲望，否则他将会“嗜欲充益（溢），目不见色，耳不闻声”。第二段继续发展这个主题，解释一个人该如何将自己同化于“道”。对其作者而言，此处最具体的要求，即为“虚其欲”。该篇剩下的部分，则结合了“静”“无为”等词，来形容此同化于“道”的过程。这意味着在那些可以具体实践的行动之中，作者事实上是要求读者适度地控制其欲望。

第二，《孟子》和《黄帝帛书》的作者警告统治者：勿使自己的铺张浪费损害人民的生活。这里的欲论，是在政治社会论的脉络中，从伦理动机来批判国君消耗大量资源之娱乐欲求。换言之，在此的主题就是民生。相形之下，《管子》四篇的作者则是从心理分析的层次探析“欲”本身的内容，以及思考人欲的满足本身是否妥当的问题。譬如，在《心术下》中，人类欲望的表达为“喜”“乐”，并与“哀”“怒”并列（在下文引述该段文句）。对《管子》的作者而言，关键的不再是人类欲望本身的强度，而是（特别是统治者）未妥善控制情感的表达。换句话说，《管子》的作者探索的并非控制“欲”的表出，而是合适的表出方式。正如《白心》用的比喻“日极则仄,月满则亏”般,“物禁大盛”[20]的想法由于与某种循环兴衰论结合,使思想家们开始认为：之所以人类不可完全满足欲望和情感，是因为这标志了衰退的开始。

第三，以对人类欲望如上两个层面的理解为基础,《管子》作者的论述延伸到了“礼”，聚焦于“礼”具有控制人类各种情感表达的作用,而其中有些情感来自“欲”。《心术下》如此说道：

> 凡民之生也，必以正平。所以失之者，必以喜乐哀怒。节怒莫若乐，节乐莫若礼，守礼莫若敬。

在这个段落中,“礼”与“乐”被认为是能够节制情感的“处方”。有趣的是,孟子全然未曾认识到“礼”“乐”的这项功能。《孟子》中仅有两个“节”字用例，且都未被用来表示“节制情感”。据此，我们可以推测“节”字作为人类情感和欲望之节制的用法，或许是在孟子之后的稷下思想家手中发展出来的。而无论“节”是何时在控制人类欲望的相关论述中成为核心词语,“礼”和“节”两观念的结合，都对后来荀子的欲论产生了巨大影响。

荀子关于人类欲望的论述，其可能的来源在《吕氏春秋》的相关论述中也可以看到。[21]众所周知，从《吕氏春秋 · 序意》的论述判断，至少其“十二纪”部分是在公元前 240 年左右完成的，而该年正是荀子从兰陵令解职的前两年。能够推定其文

---

20　见《史记 · 李斯列传》。此话为李斯引述荀子语。

21　这一点并不代表荀子抄了《吕氏春秋》的内容。重点在于此两部书共有同样的思想来源。

献完成时期这一点十分重要，因为借此我们能推测出下面两点：（1）《吕氏春秋》的作者们与荀子为同时代的人；（2）这些作者中的大多数，相当有可能是在当时齐国的国力趋弱而秦国兴起之际，从齐国迁往秦国的。我们很难想象以秦国本身的学术底子，能够在没有利用稷下丰硕学术成果的情形之下，独立完成如此巨著。由此看来，我们可以推测《吕氏春秋》与《荀子》共享许多当时盛行的观念。而这些观念也为我们提供了一把钥匙，得以寻找稷下论述与荀子礼论之间——特别是就“礼”如何控制欲望这点而言——的过渡思想形态。

关于《吕氏春秋》中人类欲望的论述，有下面三点值得注意。

第一，《吕氏春秋》的作者认为，就天生拥有欲望这点而言，所有人类个体都是一样的；且拥有欲望这点，是人类的普遍特色。《情欲》提到：

> 天生人而使有贪有欲。欲有情，情有节。圣人修节以止（制）欲，[22] 故不过行其情也。故耳之欲五声，目之欲五色，口之欲五味，情也。此三者，贵贱愚智贤不肖欲之若一。

引文作者关注到人类具有欲望此一普遍现象，而这点暗示了相关的论述已从统治者欲求个人娱乐的具体议题，发展到如何适当宣泄、表达人类普遍具有之欲望的抽象议题。

第二，随着“人类天生具有欲望”这个想法的清楚出现，

---

22　朱永嘉和萧木认为“止”要改为“制”。笔者同意此见解，因为若这里文意为“止欲”的话，与作者使用“节”的情况会产生冲突。请参见朱永嘉、萧木注译：《新译吕氏春秋》（台北：三民书局，1995），页 74。

欲望的节制也就成了重要的议题。对此，“节”成为关键的词语。在上面的引文中，作者指出人必须“修节”以适当控制天生欲望的表现。另一方面，《重己》如此主张：

> 昔先圣王之为苑囿园池也，足以观望劳形而已矣；其为宫室台榭也，足以辟燥湿而已矣；其为舆马衣裘也，足以逸身暖骸而已矣；其为饮食酏醴也，足以适味充虚而已矣；其为声色音乐也，足以安性自娱而已矣。五者，圣王之所以养性也，非好俭而恶费也，节乎性也。

引文指出，统治者之所以会避免过度消耗，并不是因为他想要节俭——这是墨家的主张，而是因为他认识到“节性”的重要。

第三，在《吕氏春秋》中，“养”字出现且与“生”字搭配。《本生》说道：“始生之者天也，养成之者人也。能养天之所生而勿撄之谓天子。”此句引文的作者有个清楚的想法，认为人类为“天”所“生”，而应该为“人”所“养”。借由“生”与“养”的并列，人类被认为是具有能力以及责任来“养”其生命的实践者，而“天子”更是此责任的最终承担者。

上述所检视的《吕氏春秋》的论述，或许代表了曾由稷下学者发展而被带至秦国的思考模式。这三种思想倾向在全书各处皆可见，只是《吕氏春秋》并未如《管子》一样提出“礼”概念。如此情况，暗示这些论述（若是在齐国发展出来的思想）应该没有经过荀子之手，而是直接被带到秦国的。[23] 或许，在

23　沼尻正隆认为《吕氏春秋》的礼乐思想是由“荀子学派”的学者来参与撰作的。请参见

建立其“礼”的哲学之前，荀子在齐国曾经接触过这些论述。无论如何，如下文所述，我们可以观察出荀子借由系统地引进“礼”概念，在他自己的思想中重组“欲论”和“节论”。

讨论至此，我们可以开始检视荀子是如何把“礼”概念，放入战国“欲论”脉络中的。荀子与《吕氏春秋》共享了一些主要的观念和论述，我们往往能在两部作品之中找到相应之处。举例来说，荀子说“天地生之，圣人成之”（《富国》以及《大略》），而这与上面《本生》的引文相应。此外，在几个地方，荀子主张所有人类都有欲望，如《王霸》言“人之情，口好味”，《性恶》则言“生而有耳目之欲，有好声色焉”。事实上，在他对宋钘（文中为“子宋子”）的驳斥中，荀子甚至承认人类的欲望既无法“寡”也无法“去”的顽固事实。[24] 因此，“虽为守门欲不可去，〔性之具也，〕虽为天子欲不可尽”。[25]《荀子》和《吕氏春秋》的另一对应之处，则显示在他们对于“节”的重视。荀子在《正名》中说道：

> 欲虽不可去，求可节也。所欲虽不可尽，求者犹近尽；欲虽不可去，所求不得，虑者欲节求也。

---

沼尻正隆：《吕氏春秋における禮樂思想》，收录于《東洋學論集：栗原圭介博士頌壽記念》（东京：汲古书院，1995），页 100。然而就算如此，我们回答如下问题时还是会遇到困难：为什么“荀子学派”没有关注荀子音乐论中位处核心之“治”的理论性功能；为什么他们也没有关注荀子礼论框架中“欲”的处理方式；等等。这些情况反而让我觉得《吕氏春秋》的主要编辑人属于与荀子同世代的学者，而他们应该在没有直接受荀子礼论的影响之下从齐国移到秦国。

24　请参见在《正论》中荀子对子宋子“人之情，欲寡”的主张所进行的反驳。

25　王念孙认为“性之具也”四字为窜入，参见梁启雄《荀子简释》，页 324。

由于荀子一向强调意志在人类行为中的重要，他的“节论”会关注意志也是很自然的论述方向。那么，就算每个人都有意志，但要如何控制（即达成“节”的目标）呢？需要以何种程度控制它呢？荀子在《致士》中说道：“礼者，节之准也。”也就是说，只要个人按照“礼”的规范来控制欲望即可；而这同时也能达成个人的道德心，以及社会的有序与和谐。此处，“节论”中的“礼”，在压抑人类欲望的方面发挥其功能。换言之，在此论述中，人的道德意志和肉体享受之间有所冲突。[26]

然而，荀子对人欲的论述绝不仅于此。引人注目的是，荀子以正面的态度看待人类遂欲的倾向。荀子认为统治者不需要刻意压抑自己的欲望；而要疏通它，甚至满足它。荀子对人欲的想法，为何会从“压住”如此消极的方向转向“满足”这样积极的方向呢？其关键在于“礼”和“养”两观念的组合。荀子的思路是这样的：只要统治者的行为与“礼”的规范相呼应，在此范围内其欲望便几乎可以得到最大的满足。基于此对人欲的正面态度，荀子也提供了从天子到百姓各阶层的人们各自可以有享受的标准，并认为“礼”概念中便含有这个标准。更有甚者，荀子承认一国的统治者可以享有该社会中最高层次的消费享受。诚然，“礼”确实是社会所有成员应该依循的最佳消费准则。

至此，我们可以开始检视《礼论》的著名开头段落，荀子曰：

礼起于何也？曰：人生而有欲，欲而不得，则不能无求，

26　参见《正名》由“人之所欲生甚矣”一句开始的论述。

求而无度量分界，则不能不争。争则乱，乱则穷，先王恶其乱也，故制礼义以分之，以养人之欲，给人之求。使欲必不穷乎物，物必不屈于欲，两者相持而长。是礼之所起也。故礼者养也。刍豢稻粱，五味调香，所以养口也……故礼者养也。

值得注意的是，引文所提供的论证，事实上是由两段论述所组成，且此两段论述的阐述各有其理路与要点。首先是笔者以底线标示的部分，这一部分的论证以“分”“义”为基础所组成，并析论了社会角色之间的差别以及根据此角色而有之资源分配。在此论述中，荀子试图借着论证“分”与“义”的必要性，来说明“礼”的起源。[27]

由于此画底线部分的论述本身已构成了一组自足完整的论证，此部分和该段其他部分之间，在关键用语的使用上便有些细微的出入。若仔细看，在整个论证的开头采用的概念是“礼”；而在画底线部分的论述以“礼义”一词总结。为何荀子在该段中不省略“义”字？如同上节所讨论，一个可能的答案是，在画底线部分的论述中，“义”概念把道德基础赋予“分”和“礼”两概念。因此如在前节所述，在此脉络中，“义”字不可被省略掉。

相形之下，该段剩下的内容则实为“欲论”，并且寻求有效控制人类欲望的办法。荀子以正面的态度诠释享乐之满足，并且保证统治者能够获得近乎完美的满足，而此满足则来自他所治理的自然和社会的资源。若我们只将“礼”看作抑止欲望的外在规范，这样的“礼”通常会与人欲冲突，所以在这里的“礼”

27　上文已详细分析过此三个概念之间的关系。

概念不应该往这个方向理解。由是观之，在这里荀子说的“礼”应该意指“确保近乎完全满足的规范”。在《礼论》“生—死”和“利—害”的对立格局中，此种推理方式一出现，荀子即曰：

> 孰[28]知夫出死要节之所以养生也……故人苟生之为见，若者必死；苟利之为见，若者必害；苟怠惰偷儒之为安，若者必危；苟情说之为乐，若者必灭。

显然，这些吊诡性的言论，似与《老子》有着共同思想背景。《老子》第四十二章便写道：“甚爱必大费，多藏必厚亡。古（故）[29]知足不辱，知止不殆，可以长久。”《老子》主张为了达成其最终目标，一个人应当采取看起来与此相冲突的方法。诚然，荀子也注意这种“手段—目标”之间所存在的矛盾或吊诡关系，而将此陈述模式融入自己的“礼论”中。换言之，荀子以道家“负面手段→正面目的”的论辩结构为基础，将一种规范的“礼”解释为“养”人之欲的最好方法，并且借此理路试图说服当时的统治者：较之违背“礼”的规范，遵循于“礼”能让他们更长久地享受到近乎完美的满足。

总而言之，荀子试图解决如何控制人类欲望的问题。对荀子而言，“礼”就是其终极解决方法。在提出“礼”概念之际，荀子将《老子》思想中显著的“负面手段→正面目的”的论辩

---

28 杨倞将“孰”解释为“甚”。不过如梁启雄所理解的，此字以“谁”来解，其义较佳。《天论》曰：“孰与理物而勿失之也。”参阅梁启雄：《荀子简释》，页 259。

29 郭店本还含有“古（故）”。但除此之外，基本上没有与现本显著的差异。唯马王堆本该部分的残缺较严重，难以与此比较整体内容的异同。

结构，纳入自己的主张之中，并且借此“吊诡”的论述方式，将“礼”的角色从节制欲望的方式转变成满足欲望的实践处方。如此，原来“由控制（即‘节’）自己的欲望来配合社会秩序的达成”的论述转换成“由按照‘礼’的规范来同时满足个人的欲望和社会的秩序”的论述。在此，荀子借着他的“礼”论，将作为养生论的“欲”论（“节”论）与社会秩序论结合在一起。此处，我们可以由“礼”的统合观察出荀子之哲学洞见，而非他之前的不同主张之拼凑。

## 第二项　“礼”功能之其二：提升人格的方法

本项将试图论证，荀子借由“礼”概念在“学”的过程中的意义，“完成”了先秦儒家的修身论，并且就此意义而言，荀子的修身论正属于儒家思想体系的“正宗”。其修身论的最大特质应该在于“学”和“教”均要透过“礼”的修习和教学来达成这一点。众所周知，因为“学”“教”以及“礼”概念皆为孔子以来早期儒家的核心概念，因此荀子必然并非以“学”和“教”为主的儒家修身论之发明者。然而，就整体先秦修身理论的发展而言，荀子对儒家修身论的发展有两点决定性的贡献：第一，荀子的修身论以“礼”同时统合了早期儒家与墨家的思想内容，因而是整套儒、墨伦理论辩中修身论的统合者；第二，荀子的修身理论，由于回应了稷下和道家思想家之分析论述对于伦理论辩修身论的批判，提升了其理论层次。具体而言，稷下和道家思想家探问的是人体、社会以及自然世界的形上基础与运作机制，并试图将其中呈现出的“秩序”体现于人类的社会。在此思考方向中，先秦修身论中的伦理意涵，其重要性愈来愈受到怀疑。针对如此批判，荀子则主张只要社会中的每个人都能实践“礼”——即合乎传统伦理规范的行为——这样的社会就能同时实现与天地孕育万物和人体生理系统般的和谐与秩序。在此意义上，荀子“礼”的修身论不仅是先秦伦理论辩的综合和理论化，也是伦理论辩和分析论述的综合。

先从结论来说，荀子借由“礼”，将原本与修身相关的各种概念和主张，统合成一套系统性的修身理论。在此意义上，荀子可以称得上是一位以“礼”重新整合先秦儒学修身理论的正宗大儒。不过，荀子在思想史上扮演的角色还不仅于此。借由建立“礼”的修身理论，他不但让遭受分析论述之批判而陷入理论困境的整体儒家的修身论重获生命，而且还奠定了儒家思想之所以能在汉代以后从诸子提升为官学的理论基础。他整合了各种不同的思想因素，而不仅是提倡道德的必要性。基于此基本观点，本项要探讨的“礼”概念，有如下三个层面的特色：(1)作为展现人伦文化特质的“礼”；(2)作为建立伦理心的“礼”；(3)作为成圣之道的“礼”。

### (一) 作为展现人伦文化特质的“礼”

现代学者普遍接受儒家思想是一种“修己之学”或“人伦学”，认为儒学强调行善修身，而且认为此德性呈现在履行各种社会关系间的文明行为之中。换言之，深刻认同儒家思想价值之当代学者通常将儒家思想的宗旨叙述为：根据对儒家的认识，人类具备相当珍贵的特质，人类之所以与动物不同，是因为在道德心的帮助之下，人能够知觉人伦。并且重要的一点是，原来潜存于心中的道德价值能透过“礼”的实践而呈显出来。因此在理论上，要创造儒家所勾勒出的人伦社会，必须借由“礼”来教化社会中的成员。

以上对儒家思想的特质之叙述，包含了个人道德之建立和“礼”于社会活动的实践之间有不可分割的关系的论点，而这样的论点，可能直到荀子的哲学才整合成一个系统的修身理论。下面，我们首先从检视早期儒学的相关论述来认识这点。

孟子构想“人”拥有能呈现“仁”“义”“礼”“智”之“四端”于心中，并且强调维持此状态之“存心”方法的重要性。不过，在其“四端”呈现的心性论中，他似乎还没有说明清楚具体要如何呈现此“道德心”于实际行为中这一点。而若从“礼”论的角度来看此问题，众所周知，孟子将“礼”定义为“恭敬之心”，并且借此将“礼”的意义从外在礼仪和社会规范的意涵，转变成作为行为基础的一种心理作用。不过，孟子并未具体说明人如何能借由实践“礼”而抵达心性之最高境界。细看其论，孟子似乎将人性之极成，诉诸对道德价值的沉思（如言“思诚”时的“思”概念）以及“养（浩然之）气”。再说，对孟子而言，人的心性之完成——伦理化——是借由“礼”实现于人心的过程中呈现的。如此，假设按照孟子的理路，一个人心中思念“礼”，就等于这个人或多或少已经实现了“礼”之德。此处，“礼”本身的意义，仍只存在于个人层次思索活动的领域中。相对地，孟子似乎并没有那么注意“礼”在人与人之间的实际互动中所发挥的伦理作用。

接着我们来看《五行》的修身论中“礼”概念的角色。《五行》的成篇时期最晚应该也在孟子活动的时期。与《孟子》一样，《五行》在阐述人的伦理化过程中，也认为“思”的工夫胜于“礼”行为的实践。从其用词来看，其作者关注人伦理价值的各种心理作用，并且以“知”“形于内”“慎独”“为善”等等丰富的术语和句型,叙述了这些心理作用。[30] 如此,“礼”概念也被以“恭”[31]和“敬”[32] 等意指心理作用的术语来理解。此思维倾向相当符合孟子以“礼”为“恭敬之心”的定义。无论是《孟子》还是《五行》的作者,他们均尚未关注礼仪和“礼”本身的社会规范作用。事实上,在《孟子》和《五行》的思想中占据核心地位的“心”,与“礼”概念中可能会约束“心”之自主性的层面，存在着一股张力。如孟子便认为礼仪和社会规范，并不总会合乎道德的原则。因此，如同《孟子 · 公孙丑下》中与景子的对话所示，孟子对于自身道德的信心会允许自己无视或不遵守一些实际的礼仪规定和社会习俗。[33]

其实,《荀子》也将“恭敬”与“礼”联结在一起,《臣道》即曰:“恭敬，礼也；调和，乐也；谨慎，利也；斗怒，害也。”引文中“恭敬，礼也”一句承袭孟子对于“礼”的定义。[34] 这样的用例在某种意义上会证实荀子也并没有轻视作为心理作用的“礼”这一点。尽管如此，荀子较为密切注意的“礼”的内容，是其以个别仪式或社会规范的方式呈现于实际行为的时候，所具有的伦理及政治社会功能。换言之，相较于倾向从内省思

---

30 关于《五行》中的“慎独”概念与其如何被整合进荀子的“心论”，参见本书第四章第二节中的相关探讨。

31 《经》部分的第 16 简言:“恭而博交，礼也。”参见庞朴:《帛书五行篇研究》，页 67。

32 《经》部分的第 18 简言:“安而敬之，礼也。”参见庞朴:《帛书五行篇研究》，页 71。

33 见《孟子 · 万章上》与《尽心下》。

34 另外一个联结了“恭敬”和“慎”的例子，可在《不苟》中见到:“恭敬谨慎而容。”

索的角度来解释“礼”的《孟子》《五行》，荀子对于“礼”的概念化，从内省层面扩展到实际层面。这一点正让我们想起《说文》对于“礼”的著名定义，似乎即源自荀子对“礼”的哲学阐述。《大略》即曰：“礼者，人之所履也。”无论《大略》中的文句是荀子弟子所收集而成，还是在荀子学派传承且荀子本人也可能参考过的内容，其解释“礼”的态度，均说明荀子之“礼”概念含有浓厚的社会实践意义。

为了使每一个社会成员在人道——人类固有的文明伦理之价值——的理想中生活，荀子阐述了“礼”概念的三种层面：其一，节制人欲的“礼”；其二，规范言行的“礼”；其三，在人类世界中实现天地秩序的“礼”。由于第一个功能在前文中已讨论过，下文将集中阐述第二、第三个功能。

上述“礼”的第二个功能，在荀子思想中，由“防”和“表”两个概念来表达。荀子在叙述“君子”的行为时，使用了“防表”一词。《儒效》曰：“君子言有坛宇，行有防表。”在该段最后，荀子又重申了此句。此外，《富国》主张“防表”应为“其防表明”，即意味着国君需要让百姓理解他们应该遵守的规范，如此，社会成员才能够趋吉避凶。[35] 虽然“礼”概念并未在此段论述中出现，但在《天论》的一段句子中，荀子则显然将“礼”视为“表”，即曰：“水行者表深，表不明则陷。治民者表道，表不明则乱。礼者表也。”以测量水深为喻，荀子主张“礼”就是我们行为的适切标准，是让人们的行为不至于“向下沉沦”的量表。

相形之下，《儒效》中的“防”则并没有直接与“礼”联结起来。

---

35　原文为：“奸邪不作，盗贼不起，而化善者劝勉矣。”

然而，诸如“防邪僻而近中正”（《劝学》）及“防淫除邪”（《王制》）等用例，特别是其“中正”一词暗示，“防”不但涉及如何避免人们犯下罪行或其他不道德行为，而且也包含使人之行为能达成最合适程度的积极意涵。其实，《礼记·坊记》也有将此“防”（坊）的内涵与“礼”的作用相结合的例子，其开头即说：

> 子言之：“君子之道，辟则坊与！坊民之所不足者也。”大为之坊，民犹逾之。故君子礼以坊德，刑以坊淫，命以坊欲。

引文中“礼”的功能为“坊德”——即防止一个统治者陷于不道德的行为。只是此处“表”概念却没有出现。事实上，在整本《礼记》中，“表”字只出现过九次，而在以“表”为篇名的《表记》中，只有“仁者，天下之表也”一句，而此“表”字是与“仁”而非“礼”相结合的。[36] 若比较《礼记》和《荀子》中的“防（坊）”“表”以及“礼”三个概念的使用情况，可以推测：在《礼记》的思想中，“礼”似乎已被视为能让人的言行停留在规范允许范围之内的德目；而荀子则进一步主张，要把“礼”的“防止”功能当成人为规范的标志——即“表”——以宣告全民。

为了了解荀子“礼”概念中“防（坊）”“表”的功能，如上《天论》引文中“治”及“乱”两词之出现值得我们注意。一个社会的“治—乱”问题，正是稷下分析论述以至于荀子哲学的主轴。如此，荀子主张达成整体社会之有序与和谐的第一步，就是要以“礼”

---

36 《礼记》“表”字九个用例中，与“礼”字一起出现的只有《内则》的“子妇未孝未敬，勿庸疾怨，姑教之；若不可教，而后怒之；不可怒，子放妇出，而不表礼焉”的一例而已。

阻止社会成员犯下不道德的行为。换言之，荀子借着阐述“礼”的“防(坊)”“表”功能,来回应稷下学者所提出的探讨“治—乱”问题的需求。与此同时，他还依照社会理论的需求，重新建构了伦理对个人和整体社会来说的事实上不可或缺的论述。

不只如此，在荀子的思想中，“礼论”不只有避免个人陷于失德之中的被动面相，还有能从此开展出美化人生的主动意义。这点把我们带到“礼”之功能进一步的境界:“人道”——人类固有的文明伦理之价值——的实现。也就是说，“礼”能够让人拥有完美的人生。

如上所述,“礼”功能第二个层面的意义较为消极——简单来说即是使人“不犯罪”。与之相比，“礼”的第三个作用，则在实践的主动层面上呈现其意义。荀子认为按照“礼”来生活，可以度过完美的一生。换句话说，人类之所以为人，正是因为其生命的每一个阶段，都透过“礼”之美化而具备在人文世界中存在的意义。在下引《礼论》的这段文字中，荀子以“饰”及“文”解释“礼”对于人类生活的作用:

> 凡礼事生，饰欢也；送死，饰哀也；祭祀，饰敬也；师旅，饰威也。是百王之所同，古今之所一也。

荀子主张丧礼及祭礼，能够“饰”每个人的人生——即强调了“礼”的美化功能。根据《礼论》,丧礼仪式为“以生者饰死者也”,而祭礼则为“礼节文貌之盛矣”。值得注意的是，整篇《礼论》多达三分之一的内容，都在说明丧礼及祭礼。尤其从荀子提倡“三年之丧”之必要的论述，可以看出他对丧礼这项文化行为的理解和肯定。

《论语》及《孟子》中与“三年之丧”相关的论述，大多数只是高声宣导其意义，而较少相关的系统化或理论性的论述。在荀子的论述提出之前，一般被视为父母逝去必须遵守“三年之丧”的理由，是人幼年时在摇篮中接受过父母襁褓三年。[37]简言之，孩子被期许必须回报此恩情于双亲。早期儒家似乎没有进一步提出其他的理由来论证“三年之丧”之必要。

关于为何需要“三年之丧”的问题,《礼论》亦以“爱其类”作为探讨的出发点。一如孟子，荀子主张即使是鸟类也能了解其同类的死亡并会表达其哀伤,而人类当然更应如此。然而与《论语》《孟子》的论述仅停留在这一点上相比，荀子则进一步试图为这个主张提供理论性的观点。在此,他所提出的概念是“文”,与“饰”相结合，系指装饰事物。在《解蔽》中，荀子将“文”的功能与墨子所提倡的“用”作对照。[38]荀子主张“三年之丧”能够将“文”之装饰美化的功能发挥无遗；他并将这个现象描述为“立文”及“至文”。更甚者，在个人层次之外，“群”——即整个社会——也能透过“立文”而“以饰群,别亲疏贵贱之节”(《礼论》)。此句意谓（“三年之丧”的）“装饰美化”之功能就在于经过其实践，社会成员之间的阶级或彼此关系上的角色能区分得清楚。对荀子而言，社会关系和角色的适当区分与分配就等于理想社会的呈现。如此，由于“三年之丧”和“祭”所含有的“饰”的功能，“礼”透过社会中每个成员不同角色的呈

37 举例来说，可参见《论语 · 阳货》中孔子与宰我的对话，以及《孟子 · 滕文公上》中一则论证。

38 《解蔽》言:“墨子蔽于用而不知文。”

现和美化来呈现人类社会的秩序，将人类社会的“治”的意义从人类生物上的存在提升于人类固有的价值之人文世界上的存在。如此，荀子将儒家“三年之丧”的“礼”论和稷下思想的“治”论这两种不同脉络的论述，借由其“礼”概念中的“饰”与“文”之功能，整合了起来。

然而我们不应该忘记，无论其存在的形态、面貌如何，荀子的美化从头到尾都是以伦理价值为基础而建立起来的，所以其美化功能的终极目标也必须指向于伦理价值的实践。荀子言曰：“礼者，断长续短，损有余，益不足，达爱敬之文，而滋[39]成行义之美者也。”诚然，荀子之“礼”的美化功能是在“义”的实践中呈现出来的。因此，对荀子而言，“人生的美化”不外乎透过“礼”而使自己的言行合乎“义”的价值。

再者，因为“礼”而得到美化的，还不必限于个人的一生。借由“礼”，曾在不同的时空生活过、不同世代的祖先，在“祭”礼的敬虔气氛中统贯了起来。如此，不仅在其生前，人类在死后也皆能留住于“人文之美”的境界中。简言之，透过“礼”，人类的生与死在永恒的时间中相互联结。荀子宣称：

> 两情者，人生固有端焉。若夫断之继之，博之浅之，益之损之，类之尽之，盛之美之，使本末始终，莫不顺比，[40]

39　以杨倞的注解“用此”为基础，久保爱怀疑“滋”字应修订为“此”字。然而，既然我们可以并无困难地理解此句的意义，我还是以最一般的方式来阅读此句，而不按照久保的意见加以修订。

40　宋本在“顺比”之后，还有“纯备”两字。久保爱认为其为窜入，故而将之移除。参见《增补荀子集解》卷13，页24。笔者怀疑“纯备”原本应为“顺比”，而被误写为“纯备”。

足以为万世则。则是礼也。

在上述引文中，荀子主张借由“礼”，“两情”（吉凶忧愉之情）的发泄能够成为“本末始终”。[41] 在第一层意义上，此“两情”似乎系指吉礼和凶礼行进时，人所发泄出的感情。然而，我们不该将“本末始终”的意思限制于“仪式的开始与结束”。更正确的解释，应是将仪式延伸解释为生命的暗喻。正如《礼论》另外一段所说：“礼者，谨于治生死者也。”“始终”也暗喻人的生命之开始与结束，即人生的全部。如此，借由“礼”，每个人在面对生命中最重要的吉凶——出生、成年、婚姻、亲人和自己的死亡——时所表达出的情绪，便能够维持在最文明的程度。在此意义上，对荀子而言，缺乏“礼”的人类生活是悲惨的，甚至称不上是人的生活。

此外，因为“礼”是按照整个共同体（小的为家族，大的则为整个国家）来举行的，因此各个共同体本身也能够被美化。顺着此理，一个国家若能达成此种“礼”的理想，其整体国家的存在就能够美化。当然，荀子的目标就是整体人类能在此人文意义中存在下去。

关于“礼”在这方面的功能，笔者还有一点要提及。荀子对各种祭礼的功能，保持了一种“整体观察”的态度。对荀子而言，祭礼并不只为了人类个体的存在而举行，其意义超出个人或各个世代的生存。换句话说，荀子把祭礼视为人类整体之所以能延续存在的、不可或缺的集体行为，也就是说，“三年之丧”

41　杨倞将“两情”解释为“吉与凶，忧与愉”。

及“祭”礼将个人从出生到死亡的整体人生，与人类宗族永恒不断之链相联结。与“法”只能约束活人之言行相比，“礼”则能约束由活人和死人所组成的全部人类历史。如此,荀子之“礼”的规范力量，实跨越时间、空间的限制而存在；而在此意义上，荀子的“礼”便可以代表人类世界中所呈现出的“道”。

### （二）作为建立伦理心的“礼”

前一章阐述了荀子的心术论兼具“动态”与“静态”两种面相。“动态”之心的特质，可由不断扩张的道德价值——“诚”——为代表；“静态”之心则以让人心清晰且客观的境界——“虚壹而静”的“大清明”——为代表。荀子阐述此两种“心术”的主要目的，实是要将之提供给统治者，以帮助其将天地领域已经达成的秩序与和平实现于人类世界。荀子将实现此人类世界的秩序与和平的统治者,描述为“参于天地”或“参日月”之境界。

然而,在此便出现了问题:何种统治者才足以“参天地”呢？对于荀子而言，该统治者必可称得上“王”，而这也同时意指“圣”。[42] 然而，正如《庄子》之叹息，恐怕在几百年间连一个圣人也不会出现。[43] 按照此逻辑，荀子思想中那种既“诚”，同时又“大清明”而能“参天地”的“圣王”,会不会甚至比《庄子》的圣人还难以出现？

在荀子的时代，是否有任何统治者，拥有在实际上能够实践此两种心术的才德呢？若没有这样的能力，无论是“诚”还

42　当荀子以中立的意涵指涉一国之君时，他也使用“君”这个字。

43 《齐物论》曰:“万世之后，而一遇大圣，知其解者，是旦暮遇之也。”

是“大清明”，哪怕这些心术多么伟大，也只不过是描述理想心理境界的空话罢了。简单地说，当时实际存在的、绝大多数的庸君，该如何实践此心术呢？其中谁还会真正实践《庄子》所称赞不已的“坐忘”“卫生之术”等修养方法呢？如此，从实际工夫论的角度来看《庄子》的各种心术和修养方法，远远超乎一般人能够实践的内容。这些主张恐怕只是一种文学修辞，或者表现作者之祈愿而已。

正如本书前一章中所讨论的，战国中期心术论的发展，与国君下决策时如何保持清晰的心理状态之问题相关；特别是在选择相国的人事问题时，国君需要发挥最高程度的知性和智慧。早期儒墨两家提出的答案为“尚贤”。诚然，当时没有人会反对要找出国中最贤明的人才，并任用其为相国。然而问题在于，地位仅次于国君的人才一定要由国君本人来选定，而选择的标准究竟为何？换言之，一般程度的国君究竟是否具备做出此重要人事决策之认知与思考的能力？早期儒家和墨家似乎并未提出满足此问题的有效答案。相对地，稷下思想家则认真看待这个问题，并且试着向当时的统治者提出了几个可行的办法。因此到了荀子活动的时代，思想家们已经提出了有效控制官僚人事的各种方法，而当时的国君应该也曾运用过如“形名参同”等办法。然而，虽然荀子在《正名》中进行对“名”—“实”关系的分析，并强调两者之间一致的重要性，但他对于将此名实关系转成“形名论”以应用于政治事务，似乎抱持保留的态度。毕竟，对当时全部国君中应该占其大多数的庸君来说，不具实际“形名”方法的“名实论”仍然太过偏于理论。因而，对当时大部分的国君来说，无法发挥实际政策建言的效果。

确实，在荀子看来，以“诚”或“大清明”的心术来达成“参于天地”的境界，远超出当时国君的能力而难以达成。荀子不像孟子那般乐观地期待齐宣王等当代强国的君主，能如“运于掌”般轻易地“王天下”。察觉到“王天下”的任务可能无法只靠国君一个人的能力来完成，荀子于是强调国君努力寻求能帮他执行此任务之相国的重要性，《王霸》甚至主张：“故君人劳于索之，而休于使之。”然而，上述的问题仍在于：如何找出能够“休于使之”那样优秀的相国呢？再者，统治者在选拔地位仅次于自己的相国时，只能仰赖他自己的判断能力。荀子非常清楚对于历史上所有的统治者而言，这件事是极端困难的，因此对当时大部分的庸君来说，自然也是不可能的事情。讽刺的是，荀子本人又哀叹当时国君在人事问题上的不明智，《王霸》相关的论述总结说：“呜呼！哀哉！君人者千岁而不觉也！”在这句话中，“呜呼”和“哀哉”两种感叹语词，透露了荀子对于贤明君王的出现实抱持极为深刻的悲观想法。

然而，荀子的疑虑并未阻止他在哲学上继续努力。反之，他提出了保持最合适的精神状态，以及能解决人事问题的可靠且实际可行的方法，也就是“礼”的实践。为了提升一个统治者的道德素养与智慧，荀子阐述了“礼”的三种功能：其一，养成伦理心；其二，德行的实践方式；其三，作为评估人才德行，以便选拔人才（尤其朝廷高官）的标准。由于第三点与荀子的政治理论有极大的关联性，本章最后将另外独立探讨之，以下仅先讨论第一、二点。

回到上举标题的探讨方向，如上所述，荀子提出了两种心论，并且分别论及“养心”及“心术”的议题。[44] 然而，这些两种心论的实践，听起来并没有那么实际。因此，荀子的第三种心论——以“礼”保持最佳的心理状态——的目标应该在于其实践可行性的保证。如此，荀子“礼”的心论与当时其他思想家的差异就在于，他进一步把原来抽象晦涩的心术论，转化成一般人也可以实践的内容。这就是他在《修身》中所言的“治气养心之术”，也就是借由“礼”来达成与“诚”及“大清明”境界类似的效果。荀子道：

> 治气养心之术：[45]
>
> 血气刚强，则柔之以调和；知虑渐深，[46] 则一之以易良；勇胆猛戾，则辅之以到顺；齐给便利，则节之以动止；狭隘褊小，则廓之以广大；卑湿重迟贪利，则抗之以高志；庸众驽散，则劫之以师友；怠慢僄弃，则照之以祸灾；愚款端悫，则合之以礼乐，通之以思索。[47] 凡治气养心之术，莫径由礼，莫要得师，莫神一好。[48] 夫是之谓治气养心之术也。

---

44 这些语词分别出现在《不苟》的“君子养心莫善于诚”和《解蔽》中的“圣人知心术之患”。

45 梁启雄和德效骞均认为这句话是该段的标题。参见梁启雄：《荀子简释》，页 14。Dubs, *The Works of Hsüntze*, p. 46. 木村英一关于荀子写作风格的研究也支持这个看法。见木村英一：《荀子三十二篇の構成について》,《支那學》卷 8 号 1（1935），页 15—44。

46 荻生徂徕（物茂卿）注意到“渐深”“易良”两词的关系，认为既然“渐深”要为“易良”所纠正，“渐深”应该就带有负面的意涵。因此他将之诠释为“机械”，即有“欺骗”之意。梁启雄也注意到了此诠释，而德效骞将之翻译成“crafty”显然也是循着此诠释。参见梁启雄：《荀子简释》，页 14。Dubs, *The Works of Hsüntze*, p.46.

47 俞樾指出“通之以思索”一句为窜入，梁启雄与金谷治也跟随此诠释。然而，即便不将此句排除，整行的文意也不会造成诠释上的困难。事实上，荻生徂徕也认为“礼乐”与“思索”的结合，对于提升人格之“愚款端悫”来说是适当的。因此，我并未将此句去除在外。

48 与“莫神一好”同样的想法，在《劝学》以“积土为山”为开头的一段，以及《儒效》

引文中所阐述的“礼”之“心论”包含三个思想特点。

第一，阐述的方法比起《不苟》的“养心论”与《解蔽》的“心术”更为平易近人而可行。这种情况也许会令人猜测：此“礼”之心论，比《不苟》的“诚论”与《解蔽》的“大清明”出现得更早，后两者则代表荀子后续发展出的思想。的确，荀子之前的稷下思想家，如《管子》四篇的作者，似乎已发现“礼”具备修正各种人类情绪及行为的效果。然而，若我们仔细观察引文中主题的综合性，则会发现这段“礼”的心论似乎是为了克服“诚论”与“大清明”在实践上的困难而提出来的。

具体而言，在《不苟》的“养心论”和《解蔽》的“心术之患论”中，“礼”概念均未出现。但在《修身》此处的引文中，却包含了与《不苟》开头“养心”一词完全一样的“养心”，还有作为《解蔽》主题的“知虑”一词。因此，荀子在撰写《修身》的相关论述时，已经从“综合”的观点意识到要同时解决“养心”和“知虑”的问题。而且在《修身》论述的开头，荀子以“之”字联结了“养心”与“术”所指定的实践方法，来将其后面的论述内容称呼为“治气养心之术”，并且此段的实际主题就是“礼”——此段结论部分称“凡治气养心之术，莫径由礼”。诚然，荀子将“治气”“养心”以及引文中关于“知虑”的三种论述与他自己的“礼论”整合起来，将原来奥秘难明的“治气论”“养心论”以及“心术论”，转换成借由“礼”而能在日常生活中实践的具体方法。由此观之，若我们比较“诚”的“养心论”、“大

论及“并一而不二则通于神明”一段之中都能见到。关于笔者对于荀子思想中“神”字的理解，请见本书第四章第二节的相关论述。

清明”的“心术论”，以及“礼”的“治气养心之术”三种“心”的内容，虽然“礼”的“治气养心之术”看起来最平易近人，但是其平易恰好反映该论述应该是为了解决“诚”与“大清明”所无法克服的实践问题而被提出的。

第二，在如上引文的“治气养心之术”中，荀子主张“礼”为同时全面解决“治气”及“养心”两项问题的终极方法。若我们留意战国中期思想论辩中与“治气”“养心”相关的讨论，可以发现，在现存诸文献如孟子的“浩然之气”、《庄子》的“听之以气”、《管子》四篇的“一气”之主张等[49]以提高思虑能力为目的的论述之中，却都没有提出如何训练此“气”的具体可行办法。相形之下，荀子则明确指出“礼”就是“治气养心”的最有效方式。如此，虽然从表面上看来，“礼”之“治气养心之术”并不具备深刻的内涵，但事实上我们可以从中看出，荀子是在深入了解、反省当时“气”之心术论的限制之后，才提出此论述的。具体而言，上引《修身》段落中的“气”系指两种意思。在开头出现的“气”与“心”并列，因而此“气”代表“气息”。但要注意的是，此“气息”的“气”还包含内心道德“日益增长”的动态（dynamism）。相形之下，文句中接下来的“气”则系“血气”，也意指“情绪的来源”——“气质”。因此，此“气”不只是字面上所代表的“血与气”而已。此外，我们也该注意，无论是“气息”之“气”，还是“气质”之“气”，荀子在探讨“气”概念时，不单单关注其生理功能的控制；他真正关注的议题，是以“气”为代表的人类情绪与行为，如何能在实际社会活动

49 《管子 · 心术下》曰：“一气能变曰精，一事能变曰智。”

中表现合宜这点。此处我们可以观察到，荀子将原本带着浓厚“宇宙论”甚至“形上论”味道的“气论”，转化为每个人在日常生活中能够实际修正或提升自己思虑和言行之确切办法，而不像《庄子》般刻意将“气论”脱离于社会脉络，并在不具社会性的心身工夫论层次上探讨。

的确，光是从《解蔽》中荀子认识论的用词和理论性，便足以让我们相信他对“心术论”的理解，已经达到相当于《庄子》及《管子》四篇之“气论”的程度。在此理论水平上，荀子还进一步认为《庄子》“气”的心术论，只不过是呼吁除去刻意的意念，以达到心理状态的平衡而已；而并未思考一个人如何训练其心才能达到此境界。这也许是荀子批评庄子的哲学是“蔽于天而不知人”的原因。[50] 因此，对于以将秩序与和平带给人类世界为最高理论目标的荀子而言，心术论的提出也是为了人类自己的秩序之达成，而且此心术论必须具备人人皆能实践的可行方法。

第三，就如何以“礼”达成“养心”的目标而言，荀子进一步提出更为具体的两种实践方式，即：其一，需要老师的引导；其二，专心履行“学”的工夫。我们在前章第一节已经讨论过此两项主张，并且将之解释为呈现荀子思想中“伦理论辩”的思想特质之部分。乍看之下，这两种实践方法看似不具任何哲学深度。然而，由于荀子“礼”概念的提出，将至少表面上看似只是行善的“肤浅”主张，与其“难懂”的心术论重构起来。如此，在这里“礼”概念也发挥了原属“伦理论辩”的修身工

50 《解蔽》曰：“庄子蔽于天而不知人。”

夫论和由“分析论述”开发出的心术论之间的桥梁之功能。借此，荀子获得了为了将自己提升为所谓“圣人”境界的实际途径。

如此，荀子将“礼”之心术（养心工夫）论的思想意义呈现于《性恶》“涂之人可以为禹”的结语中。荀子曰：

> 今使涂之人伏术为学，专心一志，思索孰察，加日县久，积善而不息，则通于神明，参于天地矣。故圣人者，人之所积而致也。

引文是荀子对于“街上的普通人是否能成为跟禹一样的圣贤”此问题之回答的结论部分。我们可以理解荀子为什么提及此项问题，并且给出回答。当时虽然如《庄子》等确实提出“成圣之论”，然而，尽管他们的语调听来深具信心，但这样的“成圣之论”却远不是一般人或平庸的统治者能够成圣的工夫论。相形之下，针对此疑虑，荀子提出具体可行的实践方法：专心学习、积善、履礼。就这样，荀子将在他之前几乎沦为口号的“成圣之论”拉回为实际能够实践的道德工夫论。

然而，我们还是会有如下怀疑：上引《性恶》段落中的“思索孰察”的工夫，恐怕也会超过当时庸君所能做到的实践范围。虽然如此，我们也不能据此来推想这段文字不属于荀子，因为该段论述中所出现的“为学”“专心一志”“积善”等术语，都是荀子修身论的重要构成部分。因此，笔者怀疑，这段文字可能属于荀子在建立起“礼”的哲学之前所主张的修身论。如此推想，《修身》所提出的“礼论”，似乎就针对《性恶》的修身论提供了实际可行的实践方法——“礼”。荀子说道：

> 扁善之度：以治气养生，则后彭祖；以修身自名，则配尧禹。[51] 宜于时通，利以处穷，礼信是也。凡用血气、志意、知虑，由礼则治通，不由礼则勃乱提僈；食饮、衣服、居处、动静，由礼则和节，不由礼则触陷生疾；容貌、态度、进退、趋行，由礼则雅，不由礼则夷固僻违庸众而野。故人无礼则不生，事无礼而不成，国家无礼而不宁。诗曰："礼仪卒度，笑语卒获。"此之谓也。

其中"以修身自名，则配尧禹"一句的实际论点，与《性恶》的"街上的普通人是否能成为跟禹一样的圣贤"论述相同。此处荀子将彭祖也加入知名历史圣贤的清单之中。毋庸赘言，在战国时期彭祖是以异常长寿闻名的传奇人物；而荀子将彭祖带入自己的论述，则暗示他主张"礼"可以达成道家所提倡的身心修养。荀子借由提出"礼"的实践方式来保证：所有以"礼"修身的人，至少在理论上都有机会呈现伦理道德、具备卓越的智慧、[52] 享受长寿。确实，"礼"是在能够显现出自己的德性和智慧之外，同时也能享受长寿的确切可行的办法。也就是说，对荀子而言，"礼"是除了"修身"之外，针对"养生""心术"以及相关论述的最终解答。

---

51　王念孙将此句改为："以治气养生，则（身）后彭祖；以修身自（强），则（名）配尧禹。"参见《增补荀子集解》卷 1，页 24。《韩诗外传·卷一》相关部分曰："君子有辩善之度，以治气养性，则身后彭祖；修身自强，则名配尧禹。"

52　在《礼论》中可以找到"礼之中焉能思索"一句。"礼"与"思索"的结合，暗示荀子认为"礼"有助于提高人的智能。此处将"礼"整合进沉思活动的说法，可与上引"思索孰察"一句中没有"礼"字这点相对照。我认为，这点意味着"礼"之提出，是荀子理论的一种极成。

最后，让笔者重申这部分的论点：上述两个取自《修身》的主张，表面上看起来没有什么哲学深度，但却是荀子在深刻洞察以前的认知论、形上论以及心身工夫论等议题之后，才提出的论述。职是之故，西汉早期应该遇到过荀子门人，并受到荀子“礼论”的巨大启发的韩婴，将《修身》的两段论述放在《韩诗外传》中的事实也不足为奇了；韩婴当时从他手头众多的先秦作品中还挑选出《修身》的这两段文字，不只是因为他属于儒家，更因为他应该察觉到《修身》这两段论述在“伦理价值的提倡”“养身工夫的建立”以及“成圣之道的提出”三项议题上，同时提供了最深入且远高于其他思想家的境界。至少在韩婴的心目中，“礼”的养心修身论——也构成了荀子的第三个心术论——应该是他当时所得悉的相关论述中，最具说服力的。

### （三）作为成圣之道的“礼”

先秦儒、墨两家皆主张：无论是统治者还是民众，都应透过社会活动来提升自身之伦理素质。墨家的行动主义让其成员积极参与小邦的防御工作，并为了实现“节葬”与“非乐”的理想，直接投入社会及政治行动。在此意义上，墨家集团是以巨子为权力核心来贯彻任务的“工作队”（task force）。简言之，墨家的道德理想需要在此实践中才能呈现出来。相对而言，在儒家集团的讲学中，伦理学说和社会实践之间，似乎没有建立如墨家般的密切关系。换句话说，早期儒家的论辩，并未对伦理价值之思索与其实践之间的关系做出具有系统性的论述。直到荀子说明如何将伦理原则落实于与社会成员之间的实际互动中，此两者才得以成为互为表里的一段完整论述。

“善”是战国早中期儒、墨的伦理论辩表达其伦理实践议题的一个关键词。其实在孟子思想中，“善”概念的重要地位不亚于“仁”及“义”。特别在阐述伦理道德的实践时，孟子在多处都使用了“善”。譬如说，圣王舜因其欣赏“善言”及“善行”[53]而闻名；而古代圣王的道德超乎常人的指标就是“好善”。[54]因此孟子认为，他的徒弟乐正子因为“好善”，即便没有其他卓越的能力，仍能轻松治理如鲁这样的小国。[55]“善”不只是描述统治者之道德品质的术语，它还会传播至全世界。《尽心下》曰“可欲之谓善”，并在接下来的句子中说明此“善”能充实又有光辉，且能发挥“大而化”——即教化天下民众——的功能。[56]因此《尽心上》称：“王者之民……日迁善而不知为之者。”人民将每天向善转变。问题是，在整个孟子的伦理论辩中，他只是反复主张“善”的重要性，而未阐述其与其他道德价值——如“仁”及“义”——的关系。

相形之下，《五行》则阐述了“善”与“仁”“义”“礼”“智”之间的关系。在其第一章最后一段曰：“四行和，谓之善。善，人道也。”此处“行”及“人道”的使用，让我们得以推测作者试图将“善”诠释为要在社会中实践的道德价值。在此我们也观察出，其实战国中期的儒家曾尝试厘清多种道德概念之间的作用关系。然而，如《五行》的论述所示，在早期儒家伦理论辩中，与实践道德价值相关的论述相当抽象，因此一般的统治

53 《尽心上》：“舜之居深山之中……及其闻一善言，见一善行，若决江河，沛然莫之能御也。”
54 《尽心上》：“古之贤王好善而忘势。”
55 《告子下》：“好善优于天下，而况鲁国乎。”
56 《尽心下》：“可欲之谓善，有诸己之谓信。”

者应该难以真正去实践。虽然孟子注意到“礼”概念中的心理作用，但相对忽略了“礼”在社会规范上的实际作用。

在此方面，荀子也为将有关道德实践之各种论述整合成一套理论，做了一番努力。若细读《修身》中的论述，就会观察出其实践道德价值的论述大概是由两个主题来构成：“积善”以及“履礼”。[57] 当论及“善”概念时，相较于孟子与《五行》在实践或发挥其德目上的暧昧性，荀子清楚地阐述了一个人该如何落实“善”的方法和过程。首先，《修身》一篇开头就宣言：“见善修然，必以自存也。”在中间部分，有一个段落也以“以善先人者谓之教”作为开头。在前者中，荀子阐明一个人如何才能维持“善”的美德；在后者中，他则界定何种情况会以“善”教化别人，或是将“恶”传染给别人。另外，在《劝学》中，荀子赞美“善”累积之后的效果之伟大，即说：“积善成德，而神明自得，圣心备焉。”反过来说，“神明”（卓越且明晰的道德心）之获得经过“积善”的实践就能达成。

从《荀子》这些关于“善”的论述中，我们能够观察到，荀子把原来比较零碎的“善”之叙述整合为具系统性的论述，而此论述则清楚解释了：其一，“心”之获得及保存“善”；其二，“积善”为“成圣”的关键；其三，“善”的传达或扩大，从国中延伸至全天下。此三种“善”的内涵，事实上综合了思孟学派的道德实践论。如本书第四章所论，《不苟》的“诚论”应该也渊源于思孟学派的“诚”思想，而《不苟》的“诚论”以“善之为道者”回应“善论”，指出达成“善”的境界就能称得上“诚”。

57 但“履礼”一词并不见于《修身》，而见于《大略》。

荀子除了在“善论”的层次做了整合，他也综合了其他实践道德的理论，即与“礼”之实践相关的论述。事实上“善”以及“礼”的实践，在《劝学》和《修身》两篇（尤其在后者）中，轮流成为相关段落的主题。无论今本《荀子》每一段文字的最后排序是否是刘向所整理决定的，这个事实似乎表示：荀子思想的“善”与“礼”之间存在着密切的互补关系。更甚者，荀子甚至将“礼”定义为“扁善之度”。[58] 如此，荀子的“善论”最后还提及“礼”的重要，以提出实践“善”的具体及可行的方法。

在日常生活中如何实践“礼”的问题，在上引《修身》的文字中也可以看到。这里出现的“礼”，其角色可解释为协调人和人之间的社会行为。尤其是“礼”的实践，将使得饮食、穿着、起居、行为举止等更为和谐适切。如此《修身》说：“容貌、态度、进退、趋行，由礼则雅，不由礼则夷固僻违，庸众而野。”

由于道德要能在每个人的日常生活中实践，因此实践“礼”的方法应该以具体指南的方式提供给实行者。《劝学》如此描述荀子看待“礼”的学习过程：

> 学恶乎始？恶乎终？曰：其数则始乎诵经，终乎读礼；其义则始乎为士，终乎为圣人。真积力久则入，学至乎没而后止也。故学数有终。若其义则不可须臾舍也。为之人也，舍之禽兽也。故书者，政事之纪也；诗者……[59] 中声之所止也；

---

58 《韩诗外传 · 卷一》中相似的句子称“君子有辩善之度”。

59 历来注解者怀疑此句中有文字脱落，因为虽然主词是“诗”，但后文的描述却与音乐相关。因此，杨倞推测此处的“诗”指的是“乐章”。另一方面，由于该段后文有言“乐之中和也”，

> 礼者，法之大分，类之纲纪也。故学至乎礼而止矣。夫是之谓道德之极。礼之敬文也，乐之中和也，诗书之博也，春秋之微也，在天地之间者毕矣。

根据此段论述，“礼”是要背诵且阅读的。这也意味着在荀子的年代，儒家传承着“礼”之手册文本。若此读本跟现存《仪礼》的内容大致上类似的话，荀子教导的“礼”，应该就相当于当时“士”阶级以上的人所遵守的社会规范和仪式指南。不用多说，“读礼”自然要求高水准的识字能力；而在当时整体人口中能学习“礼”的人，应该限于极少数的统治阶层而已。

若我们了解当时实际能学习“礼”的仅限于“士”阶级以上的人，也就能够了解荀子如何界定“士”阶级的社会地位和角色。《劝学》曰：“其义则始乎为士，终乎为圣人。”显然，此句表示学习修身之重大意义，是从一个人将自己视为“士”时才开始。在此我们应该注意对“士”的诠释。荀子对于“士”“君子”及“圣人”的解释，可以分为两种方向。第一种方向是，按照呈现出的修身成果——即具备德性的程度——来区分此三种人。通常我们解释此三种人的意义时，区分此三者的标准根据当代学者所理解的伦理思想内容而有变动，并按照此理解预设了此三者的德行分别有何种程度具备或呈现。譬如，假设我们注意的是“仁”，则“士”“君子”及“圣人”的区分，将由“仁”的具备或呈现所区分。

---

王先谦也怀疑“诗者”应该修改为“乐”。这点也同样让猪饲彦博推测“诗者”与“中声”之间应有脱漏，并且认为应该在“中声”之前补上“乐者”。我则赞同猪饲的看法。参见《增补荀子集解》卷1，页13。

相形之下，第二种解释是针对实际社会功能而言。此区分可以说在某种程度上反映实际的社会阶层。由于荀子本身非常重视此区分所界定的社会功能，阐述荀子如何看待此三者的实际社会地位，自然是理解荀子政治哲学的一个关键。当代学者对这些词的理解，在他们的翻译之中可以呈现出来。以《荀子》英译中的“士”字为例，德效骞和 John Knoblock 均将“士”翻成“scholar”（学者）；而 Burton Watson 则翻成“a man of breeding”（有教养的人）。然而，问题在于，这些翻译均未呈现出荀子所构想的“士”的实际社会地位和角色。在荀子的分类框架中，“士”系要担任邑宰或更高层职位之人。因此，“君子”的职位自然比这些还高，实际上系指有德行的一国之君。荀子所设想的“士”的地位和角色，在《荣辱》中有具体的记述：

> 志行修，临官治，上则能顺上，下则能保其职，是士大夫之所以取田邑也。循法则、度量、刑辟、图籍，不知其义，谨守其数，慎不敢损益也；父子相传，以持王公，是故三代虽亡，治法犹存，是官人百吏之所以取禄职也。

显然，荀子把“士大夫”与“吏”的社会角色做了对比。在荀子的概念中，士大夫“取田邑”，即掌管并治理一个城镇及其周围的土地。相对地，官人百吏则“取禄秩”，也即透过其在被分配的工作上的贡献获得薪俸。因此，无论他们的实际生活状况如何，一个将自己视为“士”的人，应该是要准备好被指派为邑宰或更高层职位的人。正如我在本书第二章第一节中讨论到的，“士”的概念在《论语》中就能看见，而荀子基本上继承此早期儒家伦理论辩的“士”概念。

其次，上述论点还会引导我们至下一个重点。在荀子思想中，一个“士”被指派为当地政府的邑宰，这就意味着其地位在当地是最高的；更具体而言，在被指派到的土地上没人能控制他。这一点让我们再度想起，在当时的社会环境中，荀子所称的“学”“读”工夫，实际上乃极少数的人所被允许享受之事。

由此观之，荀子思想中从“士”到“圣人”的分类，不但是按照伦理价值之具备和呈现程度的分类，而且是不同等级统治者的分类。在此意义上，我们能清楚地了解，为何司马迁叙述荀子为教授“帝王之术”的学者。[60] 当然，光是学“礼”，并不会保证此学习者能自动晋升到社会高层。荀子还要求学习者要听从合适的教师的指示。他说：

> 学莫便乎近其人。学之经莫速乎好其人。隆礼次之。上不能好其人，下不能隆礼，安特将学杂识志顺诗书而已耳。[61] 则末世穷年，不免为陋儒而已。

在这段文字中，荀子提出三项主张：（1）应在合适教师的指引下进行学习；（2）驾驭“礼”比其他经典更为重要；（3）应能综合所学，并且在合乎道德的实际言行中呈现无遗。对荀子而言，“礼”在学习上之所以凌驾于其他事物，是因为“礼者，所以正

60 《史记 · 李斯列传》。

61 王引之指出“识”字应为窜入，荻生徂徕则认为“志”字才是窜入。无论为何，都不会对我们的理解造成太大的困难。

身也”(《修身》)。如果没有“礼”，人们无法实际呈现其道德内涵。“礼”不仅是如其他经典般传承下来的知识之累积，更是一个人实践道德的一种实用手册。再说，荀子相信由经典传承下来的知识若要有所贡献，只有按照合乎道德的方式——即透过“礼”——实践理想社会的实现。因为技术与知识若是为了不道德的目的而使用，其知识、技术的功用越高，对社会的伤害也随之愈大。

总而言之，荀子提倡“礼”及“师”的重要性。虽然这两项主张作为达成道德心的方法而言，表面上看似缺乏哲学深度，但正如其养心论和心术论的建构，荀子在提倡“礼”的重要性时，也是立基于对此前相关理论之限制的深入理解之上。更重要的是，荀子在引进思孟学派所提出的建立道德心的方法时，没有忽略此道德心的展现应该在具体社会成员之间的互动中才能达成这一点。譬如，他承袭早期儒、墨两家的“善”论，并且将之系统地整合于成圣之关键方法的论述中。然而荀子的探讨并不仅止于此；在“善”之外，他还提出另外一套成为圣贤的方法，即“礼”之实践。借由统合过去的“善论”，同时将“礼论”引进原本以“善”为主轴的儒家“成圣论”，荀子建构了以“善”“礼”互补的“学论”(可以说是“修身论”)。如此，荀子提供给统治阶层的人才——“士”——一套提高并呈现他们的道德素质之实际可行的方法。如此，“士”阶级的人不但获得成为实际统治者的方法，而且也获得了他们真正能够统治人民的道德资格。

## 第三项 “礼”功能之其三：政治运作的依据

在荀子的思想中，达成一个国家和社会和平的关键，在于统治者的“心”与“行”是否合乎道德准则，其中一个重要的原因是，唯有这样的统治者才能够借此教化其人民，将人民转化为合乎道德之人。在此，荀子所提倡的“礼”，一方面提供给统治者一个确实使其“心”“行”合乎道德内涵的可行办法，另一方面也借此“礼”的实践启迪其人民。因此，社会秩序和国家安宁也就在统治者实践“礼”的过程之中达成。乍看之下，此种主张相当具体，因而似乎缺乏任何哲学深度。然而，这个主张事实上系建立在荀子对于之前“养心论”和“心术论”所碰到之困难的深入理解上。换言之，无论是思孟脉络的“诚论”，还是稷下和道家脉络的“大清明论”（或“虚壹而静”），对当时的一般人和绝大多数的庸君来说，这种奥妙的境界应该是无法理解的，也因此无法实践。同时，荀子把儒家传统中原本彼此在理论上并未紧密关联的两项主张——“积善”与“履礼”——组成一套具备系统性与可用性的修身指南，并且清楚提示此指南即为“成圣”——思考和言行都合乎伦理原则的统治者——之步骤。

不过在达成社会秩序和国家安宁的议题上，荀子对“礼”概念的理论工夫并不仅局限在这一点。事实上，在荀子的构想中，“礼”的首要功效应该在政治领域中也能发挥。换言之，“礼”不只是成就个人道德的具体可行方法，同时也为达成社会秩序的一种政治方法。可惜的是，在过去荀子政治思想的研究中，动辄有一些预设：荀子认同“法”的重要，或是荀子肯定春秋称霸的国君部分达成“治”之政绩；甚至一些学者由此进一步推测荀子思想中已有法家基本内涵。据此理解，韩非对于现实政治的提倡，以及李斯坑儒（弹压儒家）政策的执行，责任都应该归咎于荀子。也因此，荀子的思想被归类为与孟子的“理想主义”相对照——甚至相对立——的“现实主义”。在此理解脉络中，荀子的思想被认为是受到秦国当时正要统一天下的时局以及法家思想正在崛起的思想史脉络的影响。职是之故，如下所阐述荀子之“礼”本身独特的政治功能，似尚未受到太多关注。

问题在于，上述的观点往往是在未先厘清《荀子》思想中“法”概念的固有意涵的情况之下被提出的。荀子是在何种议题中提出“法”概念的呢？在荀子使用“法”的整段论述中，“法”概念本身有多重要？当荀子使用“法”概念时，是否提倡现实政治的重要？若荀子真正主张“法”的话，其与当时其他提倡“法”的思想家之间的关系为何？简单地说，荀子的“法”与韩非所提倡的“法”，具有一样的内涵吗？

首先可以指出的是，荀子思想中的“法”字，比英文中“law”的意义还要窄。举例来说，荀子“法”概念里“刑法”的意涵比较少。在他的用语之中，“刑法”是由“刑”字来表达的。在多数的地方，“法”意指官僚所应施展的各种规定。因此，值得注意的是，在荀子的政治思想中，“士”“君子”“圣人”三阶层里的“士”，要受上级规定的“法”之约束；而后两者在理念上应该是处一国之主之上，基本上不受“法”的限制。

关于在学界中所弥漫的荀子“现实主义”的形象，正如本书第四章讨论荀子使用“仁”与“义”时，已指出荀子本人相对没有受到当时秦朝即将一统天下的历史趋势之影响。在荀子看来，理由非常简单：秦国的兵力之增强，显然远远不如商汤及周武王借由“仁义”之德来统一天下的方式。《富国》叙述天下朝向统一的趋势：

> 人皆乱，我独治；人皆危，我独安；人皆失丧之，我案起而制之。故仁人之用国，非特将持其有而已也，又将兼人。

确实，荀子坚信道德的力量远远超过现实政治的伎俩。[62]

以如上荀子价值倾向的基本性格为前提，分析《荀子》中的“法”概念，反而会显示出荀子对道德价值的肯定。荀子试图验证的是，与“法”“形名参同”等现实政治伎俩的执行相比，道德的实践是更为有效的统治方式。然而荀子并未对现实的政治伎俩表示沉默，并借此来提倡道德政治的优势；而是将道德原则放在执行政策之上，并且不让这些实际政策与道德原则产生龃龉。在道德原则和实际政策之间，“礼”的媒介功能就引起我们的注意。譬如，如下所述，荀子要求国君按照“礼”的标准执行所谓的“形名参同”，如此，原来有别于道德政治的几项政治主张，因荀子的转换，反而成为构成道德政治的一环。

在实际政治运作的层面上，荀子之“礼”发挥了两项功能。第一，人事问题：以“礼”为标准发掘、选拔担任相国的人才；第二，秩序与和谐的扩充：借由朝廷举行严肃的“礼”，将其呈

62　请参阅第四章第一节中与荀子“仁”概念的相关论述。

现出的秩序与和谐扩散到全国民间。在进入此议题的讨论之前，先要澄清荀子以及当时先秦政治论述中，或明或隐包含的两项共同前提。

第一，统治者的地位不容置疑，也不可挑战。这点是先秦思想家普遍共享的前提，无论其是战国中期的儒家，还是晚期的法家。此前提的第一个意义，就是政权的权力核心不允许两人以上进行共治。也因为如此，统治者面对着很严峻的现实：统治者仅能仰赖自己的判断来做出决策。而此困境在面对人事问题时尤甚，因为国君选好担任相国的人才后，基本上在任命之后就让他掌管一切国事。韩非触及了这个现实——即国君是否将国柄交给下属的问题——并给予统治者如何处理该情境的答案。虽然韩非确实理论化了此议题，但若将当时认同权力一元化的思想家都贴上“法家”的标签，则几乎所有其他战国中、晚期的政治论述都会是“法家”了。鉴于此,较为合理的推测是,“统治者的地位不容置疑，也不可挑战”这样的主张，应该是由曾深入分析权力架构及来源之机制的稷下思想家所提出，并逐渐成形的。身为稷下思想重要传人的荀子也与当时其他思想家一样关注了此议题。因此，我们不能说唯荀子的权力论特别接近“法家”思想。

第二，属民将视统治者的言行为典范且追随之。由于国君独掌其他全部社会成员的生杀大权，他的言语即为法令，而其行为也自然会成为属民跟随的对象。换句话说，当时只要统治者认为是“错”或“不可”的，就算在实际律令中未有明文规定，也将成为“事实上的法规”，并且与现有的法律一样能够禁止属民的言行。反言之，统治者不太在乎的事情，其人民也会轻易违反。荀子以明示及暗示的方式提到这件事情,《君道》曰:“君者盘也，民者水也。盘圆而水圆。”《正论》更直接说:“故上者，下之本也。”依循这个思路，若统治者严谨于道德，则人民也将如此。同样地，如果统治者在行为上不道德，人民也会跟随其脚步。战国时代的政治思想，无论明示还是暗示都潜藏这个前提，荀子的政治思想也非例外。与此对照，唯有韩非借由提出“人皆趋利”的观点，试图否定君臣之间的这种影响关系；也就是说，无论君上的动向如何，人民自始至终都将以利益为行为的指南。

### (一) 选拔国家宰相的标准之“礼”

前章最后一节探讨过作为人事标准之“礼”的作用，并着意于荀子将此意涵上之“礼”概念，与“类”和“法”一起讨论的事实。下面，笔者将把如上所获得的观察，置入整个荀子的社会—政治理论框架之中，并试图阐述其思想意义。

如上所述，战国时代政治思想论述的主要前提之一，即是统治者的地位与其他任何社会成员隔绝，也即超乎其他全部成员之上而无人可及。因此,“法”能管束统治者之外的全部社会人员,却无法约束统治者本人的行为:因为统治者本人就是“法”这个强制力量的来源。虽然《黄帝帛书》首篇《道法》的开头就警告统治者说:“故执道者，生法而弗敢犯也；法立而弗敢废也。”然而，这一句话却反过来证实，战国时代的“法”并不足以阻止统治者操弄其至高无上的权力。具体而言，宋偃王及齐湣王的例子，在战国时代晚期思想家的眼中，就证实了统治者的本能是偏好摆脱自身言行所受到的阻扰和抑制。荀子非常了解没有一种“法”的规定，能够控制统治者的言行。《致士》中写道：

> 君子也者，道法之摠要也，不可少顷旷也。得之则治，失之则乱；得之则安，失之则危；得之则存，失之则亡。故良法而乱者有之矣；有君子而乱者，自古及今未尝闻也。传曰：“治生乎君子；乱生乎小人。”此之谓也。

若是把“君子”一词解释为如“绅士”（a gentleman）或是只系指伦理意涵的“君子”，则不易了解这段文字的重点。在此，“君子”不仅意指道德超凡的人，而且他也是一位在“法”的限制之外，仍能维持其超凡道德的统治者。这一点值得我们继续阐述。

如上所引的《道法》，从“道生法”一句开始。学者已经注意到上述《致士》引文中“道法之摠要”一句，为《道法》“道生法”之重申。[63] 若我们明白荀子将“君子”指定为统治者，上述文字后面隐含的主张则变得清楚：荀子主张统治者即是“道”与“法”的来源，且无论何时他都不落入它们的管辖范围内。以此解释为依据，则引文后续的意涵就更为清楚，“有良法而乱者有之矣”，意谓虽然有良法，人们仍然会违反它。假如这是指人民违反法规的状况的话，这其实并不是荀子真正害怕的，因为国君可以用刑罚来惩罚违反法规的人民。从这一层面看来，作为统治工具的“法”是必要的。[64] 至此，对荀子的政治哲学来说，

63　举例来说，可参见陈鼓应：《黄帝四经今注今译》，页 50。

64　笔者曾从荀子“正名”思想的角度来讨论此问题，见佐藤将之：“The Development of pre-Qin Conceptual Terms and Their Incorporation into Xunzi’s Thought,” pp. 38-39。

真正的问题在于，违反“法”的可能就是统治者本人，且没有任何“法”可以处罚违此“法”的统治者。万一国君屡次违“法”而无法处罚的情况发生，这就是“乱者有之”的状况，而那个国君所统治的国家也将不可避免地衰败。由是观之，我们可以理解，上述引文实际上是暗批《黄帝帛书》企盼统治者也能遵守“法”在分析上的瑕疵。

面对如此艰难的现实问题，荀子提出的处方为统治阶级的教育及自我修身，并且将“礼”——传统规范的总体——当作其可行且实际的方法。由于“礼”的实践与内化，所有统治阶级的成员被期待将会成为“有德之主”。理论上，国家社会较为理想的情况是，国君的嫡世直接受“礼”的教育，此后按照年龄自动晋升到统治者的位子。

但若统治者本人或其世子未能充分实践“礼”的话，又该怎么办呢？别人是否可以取代他们？荀子肯定了商汤与周武王的革命，《王制》也警告当时的统治阶级说：“虽王公士大夫之子孙也，不能属于礼义，则归之庶人。”然而荀子并没有鼓励社会下层的人直接取代国君的地位，《王制》接着说：“虽庶人之子孙也，积文学，正身行，能属于礼义，则归之卿相士大夫。”在这里，庶人的子孙所能爬上的最高地位为“卿相”。毕竟，对荀子而言，商汤及周武王的革命为“历史的教训”，他实际上并没有鼓励臣子取代主上地位的意思。如此，碰到暴君的臣子，只好如《臣道》所说，“崇其美，扬其善，违其恶”。在这里，荀子所关注的，是防止暴君会把臣子任意处死的情况发生。

然而，如韩非所说，像桀纣般会任意杀死大量臣下的暴君出现的频率，其实与贤君出现的频率一样非常低。因此，荀子的思路是，在一个平庸的统治者自己无法以“礼”修身时，他可以选拔最能由“礼”呈现自己品德的人，并且将其任命为相国来总揽国政。《君道》曰：“取人之道，参之以礼。”此句的主语为国君，意谓国君按照“礼”的标准来处理其朝廷的人事问题。在荀子“礼论”中，这种功能之重要性在与“法”概念的比较中可以看到。荀子在后文中说：“其用人有法。”如在第四章第三节有关探讨“类”的部分所论及，荀子将统治者按照德性程度区分其属民的行为，并且根据此区分执行人事计划的能力称为“类”，而由此呈现出的人类特有关系则为“人论”。在《儒效》一段冠上“人论”的文字中，荀子即阐述“礼”的此种功能，即曰：“礼者，人主之所以为群臣寸尺寻丈检式也，人伦尽矣。”值得注意的是，荀子针对国君该以何种依据来分辨其臣属德性程度的问题，认为国君只要观察其人对“礼”的实践程度就能一目了然。正因此，荀子在《劝学》中将“礼”定义为“类之纲纪”。如此，在荀子看来，对于国君而言，区分社会成员“德性”程度之“礼”，即为不可或缺的“测量（人的品质的）工具”。因此，荀子毫无保留地宣扬“礼”的“治辨”功能。《议兵》曰：“礼者，治辨之极也，强国之本也，威行之道也，功名之总也。王公由之所以得天下也。”

在上述《儒效》和《议兵》两段文字中，“礼”与“人主”“王公”并列使用。这也意味着作为“人事依据”的“礼”，是由统治者而非属民来执行的。[65] 总之，“礼”提供了统治者观察下属的德

65　在《大略》中有另一个例子：“礼之于正国家也，如权衡之于轻重也，如绳墨之于曲直也。”

性标准，据此能够选拔最合适的相国，并在他的辅弼之下达成国家的秩序及和平。不过，对荀子而言，最理想的情形，是人类中最能表现出“礼”之德的统治者本人君临天下；此人的统治，才能造福整个人类社会。

### （二）秩序与和谐的来源之“礼”

荀子的“礼”概念，除了提供给统治者选拔有德相国的标准，还有另一种重要的功能，与属民会将统治者的言行视为典范且追随的特质相关。以此为前提可以推论出的假设是，若一个统治者好“礼”或适切地实践“礼”，他的下属也会随之而好“礼”、实践“礼”；而若一国上下都实践“礼”，则社会能够达成秩序及和谐。然而，反过来说，此前提同时意味着：除非社会最高阶层的人能够妥善实践“礼”，否则整个社会也不可能达成秩序与和谐。虽然荀子本人似乎认为“礼”的执行主体限于“士”以上的阶级，但他坚信国家最高层次中——如在朝廷——的“礼”之实现对其国家下级单位——各个衙门——的政治顺利运作，有关键性的影响。荀子也借此主张：道德的实践，远比实际政治事务的执行重要。

为了理解荀子如此的政治社会理论，《荀子》文本中的“节奏”一词给了我们一条线索。整本《荀子》有 9 个“节奏”的用例；在其他可能成篇于先秦的文献中，“节奏”一词仅在《礼记 · 乐记》出现过 5 次，而未见于其他任何文献中。现代中文将“奏”

---

由于此处所指也是与统治者相关的国政，此段的意义可与上面《儒效》《议兵》两段引文并列参照。

视为“弹奏”乐器之“奏”,此处的“奏”便意味着“弹奏”乐器。在如《墨子》以及《庄子》中,也能找到这种用法。特别是《墨子》中的两个例子，都将“奏”与音乐相联结。同样地,《乐记》中的“节奏”一词也与音乐相关。相形之下,《荀子》11 个使用“奏”字的用例，其中 9 个都出现在“节奏”一词之中。更甚者，在其他两个范例中，仅有《乐论》中的“合奏”一词使人联想到音乐。这样的事实,让我们得以推测荀子思想中的“奏”或“节奏”，有关于音乐之外的、更重要的含义。首先，荀子将“节奏”与“礼义”一词摆在同等重要的层次上讨论。譬如《富国》称：“彼国者亦有砥厉,礼义节奏是也。故人之命在天,国之命在礼。”在该篇的其他段落中，荀子也说道:“必将修礼以齐朝，正法以齐官,平政以齐民;然后节奏齐于朝,百事齐于官,众庶齐于下。”其实，第二条用例的文字呈现了一个独特的论述结构，该段文字由两个句子组成，而此两句可再分成三段，且前后两句的用词彼此对应，而此对应关系正如【表 5-4】所示：

【表 5-4】“礼”“法”“正”之间的关系（1）

| （I） | （II） | （III） |
|---|---|---|
| （a）修礼以齐朝 | （b）正法以齐官 | （c）平政以齐民 |
| （e）节奏齐于朝 | （f）百事齐于官 | （g）众庶齐于下 |

在（I）中,（a）与（e）的主题为朝廷;（II）中,（b）及（f）的主题则为下属于（I）的政府衙门;而（III）中的（c）和（g）则为民间。（I）（II）及（III）每一层次的叙述，包含了具体的场所或对象（如“朝”)、要实现的境界（如“齐”）以及方法（如

“节奏”)。而这些要素的关联性则整理于【表5-5】:

【表5–5】“礼”“法”“正”之间的关系(2)

| 层次 | 执行的方式 | 执行效果 |
| --- | --- | --- |
| 朝 | 礼 | 节奏齐 |
| 官 | 法 | 百事齐 |
| 民 | 正 | 众庶齐 |

如“朝”、“官”、“民”(“于下”)等术语分别系指社会层级或场所。值得注意的是,“朝”在上述三个层次中占于最高位,这意味“朝”为国君于清晨所主持,且为国中最重要的大臣聚会的政治场合,而通常也具备着壮观的国家仪式。提到国家仪式,我们不难想象“朝”的过程伴随着不同的仪式与音乐。如相关文字所示,在荀子思想中,“朝”“礼”与“节奏”三词间互有密切的关系。就第一层意义而言,“节奏”的基本意涵应为国君和朝臣之间的“仪式性举动”,而“节奏”在《致士》中也被形容为“文”。[66] 因此,对荀子而言,由合宜的“节奏”举行的“国家礼仪”,就能代表此国家整体道德的呈现。

职是之故,以各种壮观的国家仪礼来构成的“朝”,应该同时为呈现整体王朝或国家道德正当性的机会。正如《管子·乘马》说:“朝者,义之理也。”无疑地,一个国家政治运作的最高核心,必须能够对下属官吏和全国属民展现“义”。

在荀子眼中,正如个人需要“礼”的实践逐步提高自己的

66 《致士》:“凡节奏欲陵,而生民欲宽;节奏陵而文,生民宽而安。”

德性，国君所主持的“朝”也透过举行壮观的国家礼仪逐步提升政权的正当性。如此，附属衙门的官吏也就能安心、尽力地执行他们的任务。国家仪礼的严肃举行和衙门官吏的公正勤务，就会促进人民对此国家的信赖。

接下来我们将检视“礼”与“法”之间的关系。在《荀子》中，共有三个使用复合字“礼法”的例子。[67]《君道》说：“取人之道，参之以礼；用人之法，禁之以等。”国君由观察臣属对“礼”的表现来选拔人才；而“法”则是在朝廷属下的政府衙门之官吏们适切执行政务的规定。

至此，我们还要理解《劝学》中“礼者，法之大分，类之纲纪也”一句中的“礼”“法”关系。这里，“礼”概念也与“分”概念结合，并且还加了“大”字来形容而组成“法之大分”一句。首先，“大分”之“大”字应该为形容词。我们先排除“大”字来看整句：“礼者，法之分。”在此，虽然我们并不排除此句为“分之（大）法”之讹，如此可解释为“‘礼’是‘分’的理想之大原则”。按此理解的方向，整句话大概阐述的是《非相》“分莫大于礼”之主旨。不过，若我们不采取改动文字的方式来解释这句话，还是得解释“法之分”的意思。按照原本的顺序来理解，此句的意思可以解释为“礼分法”。那么，在此“礼分法”会是什么意思？笔者将按照如上《富国》“修礼以齐朝，正法以齐官”一段的内容，试图解释“礼分法”的意思。

在《富国》“修礼以齐朝，正法以齐官”的“礼”“法”关系中，

67　包括《修身》的“故学也者，礼法也”，《王霸》的“礼法之大分”，以及《王霸》的“礼法之枢要也”。

值得注意的是“法”之于“礼”的附属角色。如上所述，“法”是属于“朝”之下“官”属的官吏所应执行的各种行政规矩及法令。若“礼”和“法”分属于“朝”（朝廷）和“官”（衙门），此两者之间的关系又为何呢？若以当代政治学来比喻，这是立法机构和行政机构或中央政府和地方政府之间的关系。此外，在此两者的关系中，除了朝廷位处衙门之上的明显事实外，我们还可以注意另一个情况：朝廷在一国之中通常只有一个；相对来说，按照国家的大小，衙门则可以是复数的。如此，在“修礼以齐朝，正法以齐官”一句中，“礼”只展现于一个朝廷中，而“法”则展现在衙门各个不同层次的执行中。既然此处的“礼”系指国家最高层次举行的国家仪式，则其应为国君所主持，或至少需要国君的出席。借由举行严肃壮丽的国家仪礼，一国最高成员的整体德性就得以呈现，该国统治的正当性也借此展现在下属官吏和人民之前。换言之，由具备德性的国君和朝廷重臣所共同举行的完美国家仪式，即为下属衙门执行各种行政命令的最终法源。如此，“礼”和“法”之间，存在着“一”和“多”、“高”和“低”以及“本源”和“衍生”的关系，并构成一座金字塔：“礼”是位在其顶点且不可取代之“一”；而“法”则是随着“礼”之德性力量的发动，方能开始发挥其功能的“多”。简单地说，在荀子的思想中，若朝廷没有完美举行国家仪礼的能力，下属衙门的官吏也将无法执行各种法规。若如此将“单一”之“礼”概念化为多种“法”的本源，则引文中的“分”不只意味着“区分”，也系指国家下属衙门的“法”都渊源或统合于本源之单一朝廷之“礼”。这就是荀子可能意指的“礼者法之分”（“礼分法”）之意涵。如此，从“法”的角度来解释“分”的意思倒暗示了“统合”,因此笔者倾向于将“大分”的意思解释为“礼”概念对“法”的伟大的统合作用。尽管如此解释尚不妥当，但从如上《富国》和《劝学》两篇中“礼”—“法”关系的分析，至少可以指出，“法”的执行完全靠其上面的“礼”是否合宜地举行而定。

总结本项所提出的论点。本项的主题是“礼”在实际政治层面的作用，我们发现为了达成一个社会的秩序及和谐，“礼”发挥了两种显著的功能。

第一，“礼”是选拔展现出道德之人才的可行办法：荀子认为一个人的德性,可以从他对“礼”的驾驭程度观察、测量得出。第二，“礼”系理想政治运作的本源：荀子坚信在朝廷适切举行“礼”为下属衙门适切执行“法”的先决条件。相同地，妥善执行“法”亦为适当治理人民——即“政”——的条件。换句话说，若统治者无法适切举行“礼”，下属衙门便无法妥善施行“法”；而若衙门无法妥善施行“法”，便无法治理下属的人民。

根据如上的探讨，笔者进一步推论出以下两点观察：第一，荀子在理论上将社会组成分成了三个阶层，分别是统治者、国家官吏以及属民。值得注意的是，在其伦理、政治意涵互为一体的论述中，荀子设定的三阶段身份——圣人、君子以及士——都属于统治阶层。在荀子的思想中，“礼”基本上由此社会阶层实行,“法”则在下属衙门的官僚层级中施行。如《荣辱》所说，“士大夫之所以取田邑也”,“士”及以上的三个阶层皆超出于“法”的约束范畴。即便“士”阶层应包含不少人，甚至他们的实际职位也不过是衙门中的一官吏，但在荀子的理念中，他们也仍属于“取田邑”领导阶层。

那么，在占多数的“士”之间，荀子是如何分配治理“田邑”的官位呢？当然，荀子从未预想过由复数的统治者来治理一个田邑。反之，理念上每一位“士”都应被派任为不同城邑的邑宰（即该城邑最高的行政首长）。他们虽然一方面服从于任命自己的国君；但另一方面，他们在自己的领地上，甚至如国君般拥有最高的决策权。在此情形中，上述的“礼”“法”互辅关系便呈现出来：地方衙门中最高位的邑宰，如同朝廷中的国君，也有自己的人事问题要面对。此处，这些小“统治者”也能够依据驾驭“礼”的程度来衡量属下的德性，并且借此选拔其为政府核心幕僚之类的官吏。同样地，地方衙门的首长能否适切举行“礼”，也会成为此衙门属下的小官府能否妥善施行“法”或（假如直接接触民间的话）“政”的先决条件。无论是中央朝廷还是地方衙门，“礼”（道德的展现）→“法”（法规的顺利执行）由上而下的阶段性的实现，就成为荀子“礼”概念的主要政治功能。

第二，荀子认为“礼”的层次高于“法”与“政”；此两者之间的关系，实反映了荀子如何看待道德和现实政治之间的关系。显然，荀子毫无疑问地认为，“礼”所呈现的道德，其重要性远高于以执行“法”“政”为主要运作方式的现实政治。不仅如此，荀子甚至认为“法”“政”的顺利执行，完全有赖于更上一个层次的“礼”之举行。如此的观察，可以证实荀子为提倡道德价值的政治哲学家，同时也否定了荀子会为了提高现实政治的效率，而牺牲道德价值这样的一般印象。

# 小结

本章试图阐明“礼”概念在荀子思想中的不同意涵。基本上，荀子使用的“礼”多与具体礼仪和社会规范有关，而较少如孟子所设想的心理或精神状态之意涵。因此在一般情况下，“礼”在荀子思想中可以被翻译为英文的“rituals and social norms”（礼仪和社会规范）。从狭义上来说，“礼”可被描述为现存的传统仪礼，亦即在战国时期统治阶级的社会生活里，仪式礼节的正确程序规定。

不过，“礼”概念在荀子思想体系中的含义不止于此。荀子认为，假设所有社会成员都能够实践“礼”，“礼”便会让整体社会的秩序达至和谐。因此，在最广的意义上，与天地自然和谐运行的过程联想在一起时，“礼”就可以被解释为“道”在人类社会的呈现（荀子将之称为“人道”），而实现秩序的“治”概念正是荀子最高的理论目标。“礼”无疑是荀子哲学中的核心概念，亦具最高的工具性价值（“礼”能够解决他所想到的几乎所有政治、社会问题），然而其内容却相当复杂。本章最后，笔者整理出“礼”的九种面相与特质，它们分别是：

1. 道德价值的表达。

荀子之“礼”概念不能与道德区分开来。在许多地方，如同墨家，荀子将“义”视为一个自足的道德价值，可被解释为“道德”或“正义”。这意味着荀子之“礼义”，并非“礼之意”，而是“礼”与“道德”（或“正义”）的复合词。在此结合——即以“礼”来实现“义”——中，一方面“义”（道德／正义）获得了切实可行的方法，另一方面原本被理解为形式的“礼”（礼仪与社会规范）也得到了道德的基础。

2. 表现社会地位和分配资源。

“分”概念是稷下思想家所提出来的重要术语。稷下思想家，特别是慎到，针对人类社会的结构和国家的机制进行分析，并且据此推导出国家该如何进行运作的论述。他们认为人类社会需要清楚区分各个社会成员的地位和角色，并且按照此区分公正分配自然及社会的资源。荀子一方面引进稷下学者之“分”论的主要内容；另一方面也继承了伦理论辩的立场，重新建立合乎道德原则的资源分配论。他以两阶段来进行资源分配论的提升。第一，荀子明确指出，公正的资源分配唯有以公正的道德标准为基础才有可能，因此他将“义”概念整合进其资源分配论，并且提出“分义”概念。第二，荀子提出可以决定社会成员的地位和角色，以及借此能够达成公正地资源分配的具体准则——“礼”。也就是说，一个国家的每个社会成员只要能履礼，能够表明每个社会成员的地位和角色，便能据此区分把资源公正地分配给全部成员。荀子坚信，国家社会的秩序与和谐会在这种公正性的分配实践中实现。

3. 在人类世界体现秩序与和谐——“礼乐”。

荀子伦理政治哲学的最终目的，是恢复社会的秩序与和谐——即“治”。对荀子来说，“礼乐”是能够恢复社会秩序以及使其和谐的方法，同时“礼乐”本身也是秩序与和谐的隐喻。两者的不同在于，“礼”的功用为社会秩序的恢复；“乐”则是将此秩序进一步提升至和谐的境界。在此与“音乐”的结合，以及“秩序”与“和谐”的隐喻中,“礼”的意涵已十分接近“道”的境界。

4. 滋养人类生活。

“礼”的这个面相，呈现在“欲论”——如何适当控制人的欲望——的脉络之中。“礼”既然为一种社会规范，自然含有相当程度的强制性，因此主张“礼”具有“养”的特质就看似有些吊诡。对此，荀子将《老子》的概念引进其“礼论”之中。荀子以“礼”为“养”的理论工夫，以及其与《老子》思想的关系，呈现了以下两点。第一，荀子采用了《老子》的基本主张：如果每个人都想要无止境地满足自身的欲望，必然导致与他者的冲突。特别就长远而言，这对个人的性命将造成损害。以此为基础，荀子推断，只有将个人的欲望调整到不至于造成人际冲突的程度，个人的生命和名誉才能得到最终的保证。第二，《老子》借由“正言若反”的修辞技巧来支持其主张。同样地，荀子用以主张“礼”的思路为：“礼”借以约束欲望发泄的程度，使其得到最大程度的满足。此两项看似彼此矛盾的主张，却由于荀子引进《老子》的论证方式而结合在一起，使“礼”同时可以呼应满足与限制人类欲望的需求。

5. 人生的文饰与粹化。

在恢复人类社会的秩序与和谐之外，荀子更思考了理想的人文生活。在这里，荀子显示了他对人类生活的审美观。他认为人从出生到死亡过程中的几个重要阶段，应该被适当的礼仪表现所文饰。此外，“礼”的美化功能，不只涵盖着正在生活的人，同时也涵盖死去的人与鬼神。由于“礼”的举行已经历数十个世代，“礼”的延续确保了社会成为人类文化的主体。对荀子而言，人之所以为人的特质，借由“礼”而呈现了出来；相较之下，动物则缺乏这种在生死间传承，且彼此永远联系在一起的文化特质。

6. 陶冶人心 / 治气养心。

“礼”的这个面相是为了回答以下两种论述的困境而提出的。第一,人如何将自身内心转化为德性?第二,如何让人主的“心”保持正确的决策能力?在战国思想脉络中,前者可以被称为“养心论”,后者则为“心术论”。然而无论是“养心论”还是“心术论”,在荀子以前,它们皆欠缺让平庸的统治者也能修练的可行办法。换句话说,不管是“诚”还是“大清明”的境界,都只有千百年才出现一位的圣人才能达到,因而远远超乎一般人所能做到的范围。针对此课题,荀子关注“礼”对人心的教化作用,主张借由“礼”的实践,可以达成如上所述类似的效果。同时,此实践者也能够与其他社会成员保持和谐的关系,德化自己的心。因为在心理层面,“礼”本身之实践并不需要像“大清明”那么高的认知能力,平庸的统治者也能够借此逐步提升自身的道德。

7. 成圣的方法。

个人一旦在心中建立了道德,他就会在各种具体的社会脉络中付诸实践。事实上,从一个人是否容易实践的角度来看,《孟子》与《五行》的修身论并未成功提供个人道德实践的一个可行方法。为了克服此困难,荀子提出了两种方式:第一,他将《孟子》与《五行》中原来心理作用意涵较浓重的“善”概念,转成实际可行的德目;如此,人便能够在现实的社会生活中实践道德。第二,荀子认为在提高自己德性的同时,也要改善自己的行为,因而需要在实际社会脉络中可以实践之方法——“礼”。在某种意义上,“修正一个人的行为”似乎是被动的。然而我们应当理解,荀子“礼”的修身理论,是与具备积极意义的“积善”概念搭配进行的。如此，荀子的修身理论就具有积极的“积善”以及内向修正自己言行的“履礼”两项具体实践的项目。由此与原来模糊不清的成圣方式相比，荀子提出了一般人原则上都能靠自己的努力来实践与实现的具体方法。

8. 统治者选聘合适臣属的方法。

在荀子的政治哲学中，道德远比实际的统治术——如“法”——更为重要。这是因为没有法律或规定能够有效地控制统治者本人的言行，唯有道德规范的自我约束才能有此效果。理论上各国都需要有德的君主，然而战国中、晚期的实际情况却是，虽然各国国君不会如桀纣般暴虐，却也不足以称得上贤君。不过虽然庸君自己并不具备足够的德行，但只要他懂得选拔贤相，也能够达成国家的安定与和谐。问题在于，他该如何选拔最合适的人才？针对此议题，荀子的回答便是“礼”。他认为国君可以透过观察其实践“礼”的程度，评估臣属的道德素质；再据此观察，将相国的位子派任给国中最能按照“礼”来规范自己（亦即能够展现自身的德性）之人。简言之,荀子相信，透过“礼”的标准来观察人的言行，其内心自然呈现无遗，这也正是他将“礼”描述为衡量臣属之工具的原因。

9. 安定合宜之政治运作的本源。

荀子坚信道德的重要性远比政治事务本身重要，这一信念可在他关于政治实践的论述中看见。按照荀子的想法，从“礼”到“法”而“政”，是由上往下一路推行的。换言之，朝廷中严肃壮丽之“礼”的举行，是下属衙门公正执行行政法规的依据，而衙门公正执行法规则是平治人民的前提。

最后，战国时代为思想家“百家争鸣”的时代。而以众多论辩为背景，不论是早期儒、墨两家阐述的伦理论辩，还是稷下学者与道家哲学家所阐述的分析论述，荀子均试图加以综合，并且提出各相关议题的最终答案。荀子掌握了各种论辩的关键议题，如:“治”，即国家社会的秩序;“分”，即社会角色和地位的区别与资源的分配；养性、养情、养气，即涵养人类的欲望、精神与生命力;“诚”，即将自己的道德心推广到天下;“清”“静”“明”等，即建立正确认知的状态;“类”与“人伦”，亦即选聘最有德行的人及其标准等。在荀子看来，这些先前的思想家所提出的议题都尚未得出令人信服的答案。有鉴于此，荀子乃宣称:“礼”之实践就是所有这些关键问题的最终解答。除此之外，荀子的“礼”概念，也为分析论述中的各种议题提供了厚实的伦理基础，借此综合了战国思想中的道德价值与分析洞见。荀子的“礼论”，使先秦儒学得到完满的发展，带给汉代儒学相较于其他学派更具有决定性的优势，并奠定了儒学最终会被接受为汉代官学之基础。

# 结论

作为本书的结尾，笔者将先总结本项研究所带出的几个最为深刻的要点，接着再指出，荀子“礼”之社会政治理论，在汉朝社会制度与政治意识形态（无论是正面还是负面的）的形成中所带来的意义。

本书的研究始于两个假设。第一，荀子是先秦思想中各种观念与论证的综合者，且此综合是透过“礼”概念所达成。第二，战国时期思想家的理论性思维可分为两阶段：其一是在战国早中期盛行的“伦理论辩”；其二是从战国中后期逐渐成为主流的“分析论述”，而推动此论述方式或架构的主角，是战国中期聚在齐国稷下活动的思想家——即司马迁所称之“稷下先生”。在此思想史脉络的理解中，《论语》《墨子》《孟子》的思想可归类于“伦理论辩”；《慎子》《管子》等明显在齐国形成的文献，以及思想倾向与之接近的《黄帝帛书》，则可归类于“分析论述”。在检验荀子的论述——特别是其价值倾向——后，可发现他无疑是“伦理论辩”阵营的忠实成员。然而，当我们注意到荀子使用了如“治乱”等术语，以及类比“天—地—人”之关系的论述架构时，他的表现就像是稷下“分析论述”思想中的典型接棒人。因此，荀子的思想或许可以被形容为：借由分析与理论性的方法来重构或重新表述的伦理论辩。如此，经过荀子的思想努力，伦理价值在古代中国政治思想史的脉络中，重新受到重视。

笔者相信，本书对《荀子》文本和其他思想文献的比较分析，能够阐述荀子对于他之前先秦诸家思想所进行的综合，同时也能够呈现此综合是以“礼”概念来重构先前各种论述所达成。简言之，荀子坚信“礼”能解决当时各种论辩所无法解决的各种政治、社会、伦理议题。经过本书的探讨，《荀子》全书所能观察出的显著思想特色，可以分成如下三点。

1. 社会秩序：荀子社会政治理论的终极目标。

荀子社会政治理论之终极目标，是终止人类社会的混乱并恢复其秩序。曾任三次祭酒、稷下学术传统的杰出接棒人，荀子的政治哲学追求的就是人类世界的“治”。而此“治”原来呈现在自然天体的运动、地上万物的生育、人体的新陈代谢和脏器之间的均衡以及音乐的和谐声响之中。荀子的哲学任务，就是思索在人类社会中如何达成这样的秩序。荀子与先前的稷下学者都承认，在仿效自然领域的秩序，使之实现于人类社会的过程中，某些关键要素是不可缺乏的。从天体的运动中，他们学到统治者“无为”的重要性——就像是北极星在天空中看起来固定不动，却仍是众星运转的轴心。此外，“无为”也能在地球养育生命的过程中观察到，特别是在自然资源与被“养”之人类生命的关系中。人体的新陈代谢，以及不同器官之间的均衡、和谐所展现出的“分”，都令这些思想家感到惊叹。荀子清楚地认识到，无论是在礼仪场合还是日常生活中，如果仪式和社会规范——也就是“礼”——被适当地履行，则“无为”“养”“分”这些用以达成秩序的元素也会被实现，而最理想的人类社会乃由此产生。换言之，对荀子而言，要使人类社会达成如自然界与人体中所展现出的秩序，“礼”是最重要的元素。“道”的无形力量彰显于天体的运行、地上万物的生育，以及人体代谢的平衡；而“礼”则是能达成人类社会秩序的无形力量。在此意义上，“礼”之于人类社会，直可媲美于“道”在自然界与人体中的角色。

2. 统治者修身之重要性——“帝王之术”。

荀子主张，为了统治天下，学“礼”是至关重要的事。荀子之学正是司马迁说的“帝王之术”。当谈到“天”“地”“人”三才的时候，荀子所说的“人”是人类社会的统治者，在荀子的理想中，其治理能够接近内在于天地自然运行节奏之中的和谐秩序。荀子很清楚，统治者与其他社会成员有着不同的社会角色。在此论述中，荀子的“礼”概念是不可或缺的，尤其是在与“法”概念有关联时。这里有两个重点：

其一，对统治者而言，“礼”是选任相国的基本标准，“法”则是用来分配工作并使其能适当执行的实际手段。为何荀子认为“礼”是用人的首要前提呢？荀子认为，人可以依其个人道德的表现而被区分成不同等级，而且统治者可以观察个人对“礼”的实践状态来辨别其道德层次。

其二，国家的仪礼，基本上是在首都属国君的祀庙、朝廷等国家最神圣与枢要的场所执行。荀子确信这些国家中枢（朝廷）

之“礼”若能被适当地呈现，能连带使其下属衙门的“法”获得适当的执行，且相应的地方行政机构也因而能有直接、正面影响人民生活的施“政”。换言之，“礼”的适当表现，可视为是合宜之政治行动的本源。虽然荀子经常指出，用作维持社会秩序的手段时，“礼”与“法”有着相等的重要性，但两者的面相和重要性在层次上却有所不同。无论何种情况，若国家最高层次的场合无法恰当地表现“礼”，属于其下的“法”自然也就无法适当发挥其功用。在荀子的思想中，确保“礼”之恰当实现的是统治者的道德，这带我们走向第三个重点。

3. 荀子坚信道德在理想政治中具有主导地位。

在本书中，笔者屡次强调荀子相信道德力量的主导地位，认为道德具有让统治者统一天下的力量，且其信念之强并不亚于孟子。荀子以“仁义”为统一天下的君王所应具备的至高道德价值；同样地，借由结合“礼”与“义”，荀子主张国君能否呈现其治理的道德意涵，是维系国家的底线条件。在荀子的思想中，“仁义”代表道德实践的最高境界，而他认为这只有尧、舜、文、武等圣王曾达到。然而，强调“仁义”为最高价值，似乎与其以“礼”为中心的哲学系统互相矛盾。但正是“仁义”与“礼”在某种程度上的互补性，使得荀子成为儒墨伦理论辩的正统继承者。对荀子而言，“仁义”为至上的道德价值似乎是不证自明的事实，但我们仍缺乏可行的办法来实现这种美德。对此，“礼”概念提供了修养个人道德价值的方法。通过这个途径，统治者及其人民皆能达到成就道德的境界。

荀子对道德价值的重视，也体现在他所提倡之“礼义”的含义中。此复合词看起来可以解释为“礼之义”。然而荀子对于道德的坚定信念，使“礼义”之“义”，应解释为现代中文的“道德”或“正义”，而非“意思”或“意义”。因此，“礼”的实践可以说就是一个人的道德实践。荀子赋予那些在实践“礼”的过程中掌握道德的人“君子”或“大儒”之名；虽然距离“成圣”还差一点，但这些人事实上已属荀子所设想的理想统治者，而且是能涌发出道德政治的泉源。于是，“礼”被视为提升个人道德，以及提高“仁义”境界的最佳方法。在荀子的设想中，只有君子或大儒这种“人”能够参于天地，而独与天地并列。

荀子去世后不久，秦国以压倒性的军事力量统一天下。这样的历史展开应该出乎荀子的预期。此外，在秦朝急剧衰败之后，另一个残酷的战争时期亦随之到来。假设荀子当时还在世，更令他感到惊讶的历史展开，恐怕是中国竟然在一介布衣刘邦手中恢复了和平与统治秩序。刘邦可谓从未有意识地借由实践“礼”来修养道德，他甚至敌视儒者。

然而，新诞生的汉朝极其缺乏国家仪式，尤其是朝廷礼仪。大臣与将军们经常喝得烂醉，甚至醉后狂妄呼喊、拔剑击柱。这样的情况，直到叔孙通让刘邦见识到一场完美呈现的国家典礼才告终止。叔孙通精心安排的国家典礼如此宏伟肃穆，令刘邦赞叹不已。根据《史记 · 刘敬叔孙通列传》，刘邦的“吾乃今日知为皇帝之贵也”一句话，正是此时所呼喊出来的。在某种意义上，那是刘邦正式从反叛军的魁首转变为真正统领天下之统治者——帝王——的时刻。不同于荀子的年代中那些常沉迷于自身娱乐的昏君，刘邦有着敏锐的政治悟性，并直观地把握了荀子所提出的社会政治理论的精髓：国家礼仪的适当举行，终能使国家社会政治达至高度的秩序。

荀子的思想终获认可与采用，成为汉朝整个社会政治架构的基础。除了叔孙通将宫廷仪式制度化的贡献，荀子的“礼论”提供了汉朝思想体系的根基。最好的证据就是司马迁《史记》中的《礼书》，它的主要论述部分几乎全部摘录自现本《荀子·礼论》之内容。此外，汉代的三个主要诗学——鲁诗、韩诗、毛诗——似乎都渊源自荀子的诗学。更进一步言之，如刘向于《叙录》中所言，董仲舒的学说光大了荀学，更不用论此表示了刘向自身非常尊敬荀子的事实。

最后，让笔者以此作结：想要理解荀子的思想，应该将其对汉朝产生的关键影响包括在内进行思考，如独尊儒术的儒学国家，以及根据“礼”所构画的社会制度。讽刺的是，荀子的理论虽然最终获得胜利，但其胜利却也等同其思想之历史任务的终结。东汉以后，荀子逐渐丧失其于礼学发展中的历史地位。当荀子的主要思想深植于中国知识分子的心灵，成为“潜意识”中的共同价值后，知识分子们却开始被如《论语》《孟子》这样较元祖，并且正如“仁义”概念般更具备“纯粹”儒家价值的作品所吸引，只提供综合的“礼治”架构之荀子思想的关键角色却被渐渐遗忘了。在《赋》中，荀子如此歌咏着蚕：“功立而身废，事成而家败。”或许，荀子早已预见自己的思想，会遭逢有如蚕一样的命运。

附论

# 东亚礼制和礼论的展开与作为其渊源的荀子礼治思想*

## 一、东亚国家与社会“礼制”和“礼论”之间的互相影响

假设我们以“东亚王权论与秩序构想”的主题来探讨东亚历史与思想及其国家、社会的特质，毫无例外地，论者对于“礼”的理解就会是个关键。这是因为“礼”就是历来构成传统东亚几乎所有王朝制度之骨骼，统治者亦是借此才能够营运国家内外的实际行事与各个规则。若换个角度来说，“礼”亦关联到现在东亚各地社会或宗教上的习惯。不但如此，在历史上具备巨大规模，并且超乎现在所界定的“民族”框架之所谓“天下型”国家或“帝国”之华夏历代王朝中，“礼”也成为在支配其领土

* 本文基于香港树仁大学中国语言文学系在2021年10月22—23日召开的“中国文学‘典律化’流变的反思”国际研讨会上宣读的同名论文加以修改，并于《科学·经济·社会》(期4,2021,页103—114)发表。今经笔者的修改和补充而收入本书。本文的日文版则以《東アジア国家における礼学および礼制の展開とその起源としての荀子礼治思想の特色》的篇名收入伊东贵之主编的《東アジアの王權——思想·宗教·儀禮と中心をとして》(东京：汲古书院，2021，页113—128)一书中。

和周边领域时的理念根据。因为“礼”亦在其思想层面上有相当复杂且多层的含义，故而东亚各地历代王朝的统治者和领导者之知识分子不断探求其中的各种意义。这样的事实亦可代表“礼”实为含有东亚国家和社会作为模范的一种“理想型”（ideal types）之维度。

即便如此，当不同王朝的统治者和知识分子想起此种“理想型”之“礼”的时候，由于彼此属于不同时代的不同地域，他们思考“礼”的具体内容也应该反映了他们分别所属的历史条件和地域特征之实际情况。只是如下所详论，即便原属于不同王朝的统治者和朝臣在追求其“理想型”时，他们应该都同时思考过“礼是什么”或者“礼应该是什么”的原理性问题。[1]假设不同时代的统治者和知识分子心中理想的“礼”之间存在着共通的理解，在此意涵上，历史上各个时代之制度中所呈现的“实际运作的礼”和当时的人心中想起的“理想的礼”之间应该存在着一些差距，而各个时代的统治者和知识分子（尤其是后者）通常坚信“实际运作的礼”必须透过“理想的礼”来改善。具体而言，由于某个朝代的“礼制”是根据当时的统治者和知识分子对“理想的礼”之理解来建立的，而“理想的礼”除了从经学的诠释中演绎出的理解之外，也以不断引进之前王朝的礼制和与此相关的历史经验来构筑。因此，在东亚历史中

1 针对中文学界对“礼”的研究和其与《荀子》思想的关系之主要研究，笔者曾经整理过其中的主要观点和其长短。请参阅佐藤将之：《荀子礼治思想的渊源与战国诸子之研究》，（台北：台大出版中心，2013，页 1—21）。另外，最近由日本的历史学者撰写，并且明确具有此种问题意识而展开有关“礼”的意义之探讨的则是桃崎有一郎：《礼とは何か：日本の文化と歴史の鍵》（京都：人文书院，2020）。然而该书的分析对象却限于《左传》与《礼记》两书中的用法，并且其帮助也只停留在分类“礼”的内容和意义。

于“理想”和“实际”两种“礼”之间，应该存在着思想上的张力（tension）和历史过程上的动态（dynamism），并且此张力和动态的展开就构成了东亚各国与社会的思想和历史之巨大脉络。

接下来，我们也要思考“理想”和“实际”两种“礼”之间的张力和动态具体如何展现的情形。在东亚各个国家和社会的历史上，作为历史现象在实际制度中具现的“礼”和各个时代的不同王朝为政者所思考或探求的内容与作为理念的“礼”之间，在针对祭祀对象、祭祀和朝会上的席次、服饰规定等相关议题的论辩中，可观察出实际制度和理念之间的交叉和张力。在此交叉过程当中，这些论辩中常见的理路是，关于制度的维持或变更，以其主张是否能以所谓“经书”中呈现的“礼”理念之方式呈现。譬如说，在新的王朝建立时，通常要面对建立新的国家制度之需求，而关于如何建立新的国家制度之论辩，常常就在制度所运作的“礼”与他们所认定的先秦时代的经书中所呈现的“礼论”之内容间作比较，评估在议题中的“礼”是否已过时而需要改变或完全废止等问题。在此过程中，如何解释有关古代“礼”文献的学术程序被称为“训诂学”，而借由此程序加以调整理念上和历史上的“礼”之间的差距之学术体系则可称为“礼学”。换言之，“礼学”的主要目的应该是将在古代曾经存在过而作为理念的“礼”和当时作为制度实际运作的“礼制”之间的差距不断努力调整至最小。

到此，我们也要注意的一点是，在东亚诸王朝的历史上，针对古代“礼”相关文献的“训诂”也好，由此展开的“礼学”也好，这些有关理想的“礼”之探讨和论辩之意义，并不只在我们所想象的学术上的层面而已。在传统王朝的“学术”过程中，针对一个字在“训诂”上的修正，即便其修正的作业只在原来诠释上的层次进行，但此种作业也会随之引起重大制度上的变更，由此也会导致朝廷内部政治势力关系之重大改变。

## 二、东亚礼学和礼论典范的四阶段历史演变

以如上的观点为出发点，下面我们将要探讨的问题是：在东亚历史中彼此属于不同时代和地域中的国家和社会所构想的“理想的礼”分别为何？对实际生活在某个时代或某个王朝的人来说，他们实际能够想象出的“礼”的形象（image）应该与他们所属王朝之礼制分不开。[2] 不过，不可否定的情况是，有一种超乎时代和地区的普遍理想的“礼”之形象与此并行。这是因为,作为合宜适当或符合“标准”的“礼”之形象可以由《周礼》《仪礼》以及《礼记》所谓“三礼”以及包含其他“经书”的记述内容来构思。[3] 若是如此，在东亚历史上存在过的各代王朝之统治者或知识分子的思维中,将“理想的礼”的内容根据“三礼”经书的内容来构思之思考方式是如何产生的呢？又如何展开？从结论来说，产生和促进这种思维方式的重要思想契机应该渊源于荀子“礼治思想”的提倡。如下所述，荀子的“礼治思想”

---

2 “礼”的保存方式通常有两种:（1）由继续实际举行“礼”（在视觉面）、“学”（听觉方面）等“表演”的方式进行;（2）将这些仪礼的程序、动作、器物等都记录下来，并将之“手册”化。值得注意的是，由朝鲜王朝所制作的《仪轨》，是以详细、彩色的画面来记录“王朝仪礼”的过程而画成，其中就包含着如上两种功能。

3 到了南宋时代以后，由朱熹来选定的所谓“四书”中，记载孔子对“礼”的相关言论也开始具有与“五经”之记载同样的重要性。

借由综合战国诸子的诸理论，具备比当时其他任何思想更高的体系性。根据荀子的“礼治思想”，一个国家需要“礼”的理由是，“礼”是对一个国家和社会，甚至对整体人类的生存、繁荣及其人民的教化（道德化）不可或缺的规范。不但如此，荀子“礼治思想”亦具有“只要属于人，谁都可以实践”的开放性预设，而此开放性就与由刘邦等“平民”建立的汉朝所需要运作的国家制度之方向完全符合（后文详述）。

正如笔者曾经指出，所谓汉朝“礼制国家”的建立是根据荀子“礼治思想”的理念，并且由叔孙通等汉初儒者的实践和推行逐步出现在汉人的眼前的。[4] 而直到西汉中期，亦即在司马迁的时候，汉朝的知识分子开始自傲汉朝具备“洋洋美德乎”（司马迁语）的“礼制”之事实。[5] 东汉时期的知识分子也继承对此“礼制”的体感。[6] 就这样，“礼义”成为“人类最高文明”的代名词，而后来在东亚各地所崛起的诸王朝也都将自己的国家形容为“礼义之邦”。[7] 关于荀子“礼治思想”的具体内容，笔者将在本文

4　见佐藤将之：《荀子礼治思想的渊源与战国诸子之研究》，页 267—274。

5　司马迁：《史记》，《四部备要 · 史部》卷二十三，台北：台湾中华书局，1965 年。

6　班固在回顾刘邦兴汉到刘秀复兴东汉的过程中，提及“礼”之推行的情形：（1）“汉兴，拨乱反正，日不暇给，犹命叔孙通制礼仪。”→（2）“贾谊以为‘……汉兴至今二十余年，宜定制度，兴礼乐’。”→（3）“至武帝即位，进用英隽……议立明堂，制礼服，以兴太平。”→（4）“世祖（按：光武帝）受命……躬行其礼，宗祀光武皇帝于明堂，养三老五更于辟廱，威仪既盛美矣。”班固自己的描述是：“圣人……象天地而制礼乐，所以通神明，立人伦，正情性，节万事者也。”以上请参阅班固《前汉书·礼乐志》（台北：台湾中华书局，1965 年，页 2—3、5—6）。

7　后来“礼义之邦”一词中的“礼义”与“礼仪”一词被混淆迄今。但从先秦儒家诸子，如《孟子》《管子》《荀子》等的用例，特别由荀子所提倡的就是“礼义”（115 次），而“礼仪”只在《诗经》“礼仪卒度”的引句中出现（2 次）等事实来看，在魏晋时期以后的文献相关用例中，“礼义”一词应该属于其本义。

后半来介绍。这里将先考察在汉朝以后展开的历代王朝历史过程中，已建立的“礼制”和作为理想的“礼”形象之间的互动、交叉以及张力。

在东亚历史中，属不同时代或不同王朝的人之间对“礼”所具有的形象应该存在着许多不同的思考，并且会随着时代变迁而变化。所以在不同时代或王朝之间，人们的脑海中对“礼”怀有的形象之数量也应该非常多。然而，我们即便需要考虑到不同时代或王朝之间“礼”形象之固有特色，假使通观从汉朝到近代之前清朝（也包含朝鲜王朝和德川幕府等）的整条历史脉络中历代王朝的统治者和知识分子对“礼”的观点之演变，我们也可以观察到，两千多年“礼论”的历史，大约以四种典范（paradigm）为主轴来展开。与此“礼论”的四种典范相对应的时代则分别如下：

（1）依据荀子礼治思想之礼学观所支配的时代（从西汉到东汉的某一段时期）;（2）形成以注释为主之礼学观的时代（从东汉末期至南北朝时期）;（3）建立经学礼学观的时代（从唐朝到宋朝）;（4）宋学礼学观的影响扩大，并且支配整个东亚国家、社会的时代（在南宋以后直至近代国家、社会的成立）。

### （一）依据荀子礼治思想之礼学观所支配的时代

虽然在此小节中笔者使用“礼学”一词，但更准确地说，在此时期——西汉时期——的“礼学”还属于“礼观”的阶段，至少与在东汉之后大大展开的“礼学”并不同；为此笔者认为选择“原型礼学”（proto-Li studies）一词或许会更为合适。为了理解此“礼学”的理论内容和特色，我们可以检验在司马迁《史记》的“八书”开头之《礼书》中的相关记载。

首先，在《礼书》中，司马迁将“礼”看作是当时繁荣至极的西汉国家（文明）之根基，并且赞叹“礼”的伟大效用。接着在描述太古“礼制”如何被继承及在汉朝的变迁过程之后，进入“礼”对于国家和文明不可或缺的理由之说明。值得注意的是，司马迁对“礼”之意义几乎全部的阐述则是引自《荀子》文本。这就意味着，司马迁是按照本文在下节所述的荀子“礼治思想”的框架来理解“礼”的意义，而这就是笔者将此礼学观看作是依据荀子礼治思想的理由。

在思考依据荀子的“礼学观”和接着要介绍的“注释的礼学观”之间的差别时，上文也已指出，我们需要注意的一点是，西汉时期所谓汉朝的“礼制”本身还在建立的过程当中。同样地，网罗有关“礼”的各种记载的文献，当时也还在“嬗变”过程当中。因此，哪怕以“礼学”一词来称呼当时的“礼论”，也应该还没有成立像东汉以后所展开的“礼学”同样意涵上的“礼学”。换言之，就算西汉当时有人提倡某种“礼论”，但由于当时的“礼论”尚未具备一定要依据固定的“礼学”文献之基础，也就是说，当时的“礼论”还没有建立“某个‘礼’是否按照‘礼’的文献中之某一条‘经文’，所以要如何如何……”的论述理路。

在司马迁的时期，有关“礼”的各种论述应该以相当多样的方式流传，而且在抄写和编辑的过程中，其内容也不断经过变化。众所周知，其论述的内容和文献的篇次之固定或多或少要到刘向在帝室书库整理文献时，即西汉当时还没有固定的经书（如所谓“三礼”相关文献中的内容本身也还在流动当中），针对某个“礼”的说明，引用荀子“礼论”的论述也应该不少。

现本《荀子》包含很多像《礼记》说明许多“礼”的实行方式或意义之短句的一个原因应该就是，汉代知识分子在对某一种“礼”的实行方式或意义有疑问的时候，也参考过《荀子》中的相关内容。因此，在此参照功能上，直到西汉末年，在帝室书库所保存的 322 篇分量之《荀子》相关文稿也应该仍保持着一定程度的影响力。

（二）注释礼学观

进入东汉时期，当其统治者和知识分子思考“礼制”这样的观念时，除了像周初等太古理想政治制度的形象之外，现今王朝所正在实践的礼制也一步步被包含于他们对“礼制”的理解中。换言之，在东汉的统治者之思考中，针对当今王朝的“礼”，即“汉礼”的实际形象也逐步形成，而结果就正如司马迁《礼书》中的态度，他们也对自己的王朝（东汉）所实际运作的“礼制”开始产生信心。随着“礼制”本身制度上之发展，原西汉时期还在流动当中的关于“礼”的文献，到东汉时期产生了《周礼》《仪礼》以及《礼记》（两本）的类别化。[8] 由于汉代人从此三种文献构思周礼的具体形象，而这些具体内容可能反映汉朝人的国家观（譬如在《周礼》中的例子）和世界观（《大戴礼记》中一些论述的例子），因而这些文献群的整备，使东汉以后的知识分子获得了能够辨识他们自己的礼制适当与否的标准。就这样，对“礼”诸文献的“学术研究”之维度从整备文献本身的层次

8　佐川茧子：《東漢における三禮の生成について》，《二松：大学院纪要》期 15（2001），页 155—178。

转移到如何解释他们所相信的太古著作之意义的层次。

东汉之后的知识分子，经过这种对古“礼”相关文献的注释作业，探求古代“礼”之新意义，也借此要获得如何将古代的“礼”落实于当今王朝的制度和社会实际情况的回答。这也意味着被我们称为“训诂学”的两千年传统从此开始。但令人觉得讽刺的是，经过东汉尤其是其后半时期，东汉皇帝的统治力愈渐衰微，而对以“礼”为首的“经学”文献之注解作业却愈加盛行。

以如上政治、文化状况为主要背景，对推进当时“礼学”的落实发挥了关键角色之“密涅瓦的猫头鹰”就是郑玄（127—200）。[9] 郑玄在自己称为“三礼”之文献群中，综合阐述了如何运作理想“礼制国家”的面貌。[10] 郑玄不但参考了有关“礼”的诸文献，而且广泛地利用其他经书以及纬书中的文献，将此无数的句子相互引证，试图呈现出如记载中“周礼”般的古代理想“礼制”。不过另一方面，他也靠着当时已经得以实施的实际“汉朝礼制”来想象“古代理想的礼制”的手法，郑玄所提出的关于国家和社会的蓝图，一方面具备了叙述古代礼制的理念性，另一方面则在由“汉礼”来试图帮助这一点上富有实际层面的说明。

那么，郑玄本人在他的理念中如何理解“礼”呢？令人觉

9　众所周知，过去研究郑玄的经典解释之蓄积分量相当庞大，在此不能一一举出。其中笔者所意识到的观点是由加贺荣治、间岛润一、堀池信夫、池田秀三、西川利文等人的研究所提出的。

10　池田秀三：《鄭學の特質》，收入渡边义浩编《兩漢における易と三禮》，东京：汲古书院，2006 年。

得很遗憾的是，郑玄本人系统地阐述“礼”的论述几乎没有流传于现今。[11] 然而由于《北堂书钞》《太平御览》所引用而其一部分得以保存的《六艺论》中，有郑玄所说的一句：“礼者，序尊卑之制，崇让合敬也。”[12] 根据这一条的内容，可以看到郑玄在“礼”含义中，提出制定“尊卑”国家、社会规范上的功能制度和以“让”“敬”等尊重对方的心情以及将此心情呈现于行为的个人行为规范上的功能之两者。就这样的“礼”意义之观点本身而言，此种特色在《荀子》的“礼论”中就相当显著。不过，若我们注意其用词层次，郑玄在此句中使用的“序尊卑”“崇让”“合敬”等语法和复合词则是在《荀子》中都不曾出现的。这一点暗示着郑玄的用法比较符合汉代文献的用词习惯。[13] 这意味着郑玄阐述“礼”的意义时，《荀子》文本的存在已开始不在其眼界之中。

总之，郑玄一方面依据他自己所称为“三礼”的诸文献之内容，也借由综合活用当时他所属的东汉制度的知识和经验，提出了为回归周朝理想礼制的一张蓝图。[14] 然而其“礼论”的理想国家之形象的描述却没有具体引述《荀子》文本中的相关内容。如此，郑玄对“礼制国家”的形象促进了下一个“礼学”阶段的“经学礼学观”之形成。然而，他对“礼”的理解之态度，

11 关于郑玄《六艺论》各种逸文的本文校订和编集状况，请参考曾圣益：《郑玄〈六艺论〉十种辑斠》，《“中央”图书馆台湾分馆馆刊》第四卷第一期（2000）。

12 李昉：《太平御览》，《影印文渊阁四库全书》册 898，台北：台湾商务印书馆，1986 年，页 577。

13 “序尊卑”一句在《礼记》和《春秋繁露》中出现。

14 关于这一点，请参阅西川利文：《〈周禮〉鄭注所引の“漢制”の意味》，收于小南一郎编《中国古代礼制研究》，京都：京都大学人文科学研究所，1995 年。

同时预告了在郑玄之后的“礼学”与荀子“礼治思想”的诀别。

## （三）经学礼学观

虽然魏晋南北朝时期的文献大部分都遗失了，要厘清此段时期“礼学”的实际情况相当困难，但我们可以推测的是，在郑玄的注释作业以后，魏晋南北朝的经学者思想中，“周初理想的制度应该就在‘三礼’中显现”的理念应该愈加强固，也可以想象，在此时期寿命很短的每一朝代之开始，学者们也应该为了自己的王朝之永续发展，而思考过如何将“三礼”中呈现的理念和内容具现于他们眼前的王朝礼制之中。然而，在此时期王朝之兴废经过太快速的“循环”，我们难以证实当时学者们的理念在个别王朝的实际制度中以何种程度付诸实践。同样地，关于当时经学者对“礼”的学说，经过在唐代以后编纂的注疏类书之引用，只能知悉其中一小部分内容而已。[15] 因此，我们的考察只好直接跳到唐朝时期。

无可讳言，唐朝是在汉朝以来第一次保持了较为长期的统治时间的朝代，其统治范围也是此前未曾有过的广大。因此，其对“礼”的构想，与在魏晋南北朝时期“礼”的“世界性”只停留在理念层次的情况相比，唐朝由于实际支配“世界”，其“礼”也开始成为经营“世界帝国”的内容和意义。换言之，在唐朝统治者的视野中，“礼”就是统治全世界文明的最高规范，亦是规定各种制度实际运用的准则。唐朝初期的帝王们反省了

---

15　作为探讨此问题的尝试，这里只举一篇小林聪的论考。请参阅小林聪：《漢唐間の禮制と公的服飾制度に關する研究序説》，《埼玉大学纪要（教育学部 · 人文社会科学）》卷 58 号 2（2009）。

过去的历史情况，也将东汉时期以来的“礼学”之成果加以进一步地综合，来建立未曾有过的庞大礼学系统。唐朝以《五经正义》的编纂整合了过去注疏经书内容的“全部”知识传统。唐朝的朝臣也同时将唐朝礼制的大纲和细则，经过《贞观礼》到《显庆礼》的编辑，最后借由结晶于《大唐开元礼》而登场。换言之，唐朝的经学家借由编纂三部“礼”文献，将“礼治国家”的一张蓝图描绘得更具体系。[16] 而且此“礼典”是为了实际运用而编纂，我们可以说是作为经学成果的“礼制”得以呈现为运作世界帝国的纲要且实际运作的准则。到此，耐人寻味的是，根据《大唐开元礼》的序文，编纂《大唐开元礼》的动机在于将《礼记》的内容按照唐朝实际的情况修改调整。[17] 众所周知，在唐玄宗时期编纂的《唐六典》是以《周礼》为其圭臬，而《大唐开元礼》则是由具备模仿《周礼》的《唐六典》和综合《仪礼》《礼记》的内容，按照唐朝实际情况来撰写，建立了以“三礼”原理来经营“世界帝国”的国家体制。[18]

### （四）宋理学的礼学观

宋理学，也称朱子学。宋理学从其诞生以来，直至近代化时期，对东亚世界兴亡的几乎全部王朝和社会之规范发挥了压

16 吴丽娱：《营造盛世——〈大唐开元礼〉的撰作缘起》，《中国史研究》期 3（2005）。

17 详见《大唐开元礼·原序》，萧嵩等：《大唐开元礼》，《影印文渊阁四库全书》册 646，台北：台湾商务印书馆，1986 年，页 19—20。

18 然而由于此种巨大的思想和制度的动态效果，唐代之后的知识分子更不会想起作为“礼治思想”提倡者之荀子的存在。正如研究《荀子》者所周知，杨倞在唐代元和十三年（818年）完成《荀子》的注释时，在其序文中叹说：“独《荀子》未有注解，亦复编简烂脱，传写谬误。虽好事者时亦览之，至于文义不通，屡掩卷焉。”

倒性影响力。不过值得注意的是，其庞大的学术体系中关于“礼论”的特色，与其说是在直接记述经纶国家制度的方面，不如说是在于探索如何以“礼”来将自己的学问落实于修身的实践这一点。在这里为了行论的方便，笔者仅透过朱子《家礼》“序文”的内容，整理宋理学礼学观的这一特色。根据朱子《家礼》的“序文”，“君子”学“礼”的意义在于“崇化导民”，而将此目标与《大唐开元礼》的宗旨比较，虽然我们需要考虑此文献的主题属“家礼”，但其对“礼”功能的阐述中，几乎没有表示对“礼”制定国家制度的功能之兴趣。相形之下，朱子《家礼》的作者则期待当时属于统治阶层的“君子”和“士”借由熟习且实践此损益三代之礼而定的“家礼”内容，将古人实践的“修身齐家之道”重新展现于当今世界。也就是说，根据《家礼》，其作者的主旨在于借由每一位“君子”（基本上属于统治阶层，但也包含还没有就任实际官位的人）在日常生活中实践“礼”，而一方面教化人民，另一方面将《大学》所描述的古代曾经实现过的“修身齐家之道”重现于当今世界。其实，如上朱子《家礼》，统治者借由在日常生活和每日态度的层次实践“礼”而教化人民的论旨，完全符合荀子“礼治思想”的主旨。然而《家礼》序文的作者[19]并没有意识到荀子“礼治思想”的存在，而仅以孔子和“先进”来当作古时“礼”的实践者之例子。

总而言之，就朱子《家礼》的构想来看，宋理学的礼学观并没有超乎荀子“礼治思想”的视野，只是将其论述的引用典

19　在《家礼》中，如“熹之愚盖两病焉”，其文章的主语（第一人称）被设定为朱熹。见朱熹：《家礼》，《影印文渊阁四库全书》册 142，台北：台湾商务印书馆，1986 年，页 530。

据从《荀子》更换到《论语》《大学》等，并由此主张此“礼”是来自孔子和“先进”曾经实践的“修身齐家之道”。这样的“礼论”就像是“旧酒放入新瓶子贴上新标签”般。[20] 不但如此，在宋代之后，属宋理学传统的道学家将荀子学说看作“性恶论”而推到孟子“性善论”的对立轴上，借此逻辑，在以后的知识分子之思考中很难发现作为“礼论”提倡者的荀子之存在，而此一套思维则相当坚固地扎根于传统知识分子的脑中。在此之后，东亚思想传统中对荀子思想和“礼”之间的关系这样的议题，直到日本德川时期荻生徂徕（物茂卿，1666—1728）的“古学”之崛起以及较此稍晚的清乾嘉时期之考证学的盛行，才再次进入学者们的视野中。[21]

## 三、《荀子》礼治思想的构造与其思想意义

在以如上所述的内容为出发点，也参考笔者过去研究的心得，笔者欲阐述作为东亚诸国和社会所展开的“礼学”之出发点，荀子“礼治思想”的角色为何比郑玄所定的“三礼”内容更需要关注之理由。[22] 笔者认为荀子“礼治思想”可以看作汉代以

20 清朝考证家钱大昕（1728—1804）很适当地指出过：宋儒的实际教说窃取了荀子“化性”的内容。关于中国传统荀子观的历史展开，请参见马积高：《荀学源流》，上海：上海古籍出版社，2000 年。关于钱大昕如上内容的观点，请参阅前揭书 299 页。

21 荻生徂徕的《读荀子》成为日本“荀学”的滥觞（此书名似乎也仿效韩愈的《读荀子》）。其书原为徂徕自己的笔记本而已，在徂徕死后的 1763 年由徂徕门人宇佐美灊水（1710—1776）校订出版。关于徂徕对《荀子》思想理解之特色，请参阅田尻尚文：《荻生徂徠と荀子》，《中国研究集刊》集 57（2013），页 82—99。

22 关于这一点，请参阅佐藤将之：《二十世纪〈荀子〉思想研究的意义与前景》，《杭州师范大学学报》（社会科学版）期 6（2015），页 25—31。

后“礼学”思想起源的理由，主要归纳于如下四点：

### （一）荀子“礼治思想”具有多层且综合的内容

荀子针对在他之前战国诸子的各种主张加以相当详细的反驳。不过，荀子在克服诸子的主张之际所要做的事情，并不仅是反驳而已：荀子一方面批判他们论述的缺点，另一方面也同时引进他们“论敌”的主要概念和主张理路于自己的“礼论”之中。结果，荀子的“礼论”展现出多层且综合的思想内容。譬如说，荀子针对孟子的“仁义”、墨家的“兼爱”、慎到的“分”和“公”，以至于庄子的“道德”等战国诸子的核心主张来回应，并且将“礼”看作为了实践如上主张最合适且可行的方法。在西汉朝臣和知识分子的眼中，荀子的“礼治思想”中由于如上诸子百家的主要概念和主张已被消化，而且将“礼”看作为了达成其目标最合适的方法，其理论性也比其他战国诸子的主张更高一层。[23]

### （二）作为“礼论”的理论水平之高度

要克服战国诸子思想所留下各项问题的“礼治思想”之理论水平和应用性，不但与之前诸子的主张本身相比，而且与后来被放入“三礼”文献中的先秦时期之各种礼论相比，具备着更高一层的理论完成度。为了将这一论点更为清楚地呈现，笔者曾经说明过中国古代“礼”相关的主张和论辩按照其概念和

23　关于这一观点的详细论证，请参阅佐藤将之《荀子礼治思想的渊源与战国诸子之研究》中的相关论述。

论述的发展程度，可以分类为“礼论”“礼制论”以及“礼治论”三种，[24] 在这里仅示其要。首先，“礼论”系有关“礼”的广泛叙述，其内容都是正面的。譬如在《礼记》中说明“礼”的“规则型”内容之文段，在《春秋》的“经文”和“传文”中论断某一个行为或言论是否符合“礼”的评语等。其次，“礼制论”则系其文献的作者以“礼”为主题论评或褒贬某个国家和社会制度的相关论述。在与如上“礼论”中的言说仅叙述“礼”的内容或对其评断相比，此“礼制论”的内容则进一步发展为具备说明礼的功能和意义的论述。不过整体而言，在先秦时期“礼制论”的整体论调，由于基于以“礼”为重要的价值观或当时的言说背景而被提出来，在此除了“礼”的重要性受肯定之外，此论述的作者们还没有意识到在战国中期之后由道家和齐国稷下学者所提出来的“反礼论”。由此观之，“礼制论”的论述内容也主要反映在战国中期之前与“礼”相关的论述之理论射程和维度。

相形之下，第三的“礼治论”则一方面意识到战国中期后“反礼论”的主要论点，另一方面则从头探讨国家和社会的构造和运作问题之理论性视角。基于此比较高维度的问题意识，“礼治论”针对个人、家族、村乡共同体、朝廷及至国家等各种人群组织的运作之问题，在不同社会成员之间身份秩序和资源分配问题，以“礼”的秩序机能为其全部问题的解决方式，提出相当综合的论述。根据此与前面两种“礼论”属不同理论层次的视角，《荀子》将“礼”进一步看作是战国诸子所提倡的各种问

24 请参阅佐藤将之《荀子礼治思想的渊源与战国诸子之研究》结论中的相关论述。

题之最佳解决方法。譬如说，战国道家由于关注如何控制人体功能中的“血气”和“欲”，与此问题相关的论述自然成为“反礼论”的论点。道家提出“反礼论”的同时，是对如上所述两种原初的“礼论”之批判。针对道家等的“反礼论”，荀子则主张在“礼”的作用中有能够满足“欲”的“养欲”功能，并且借由“礼”的实践，将人的身体和精神机能均保持在最平衡又最合适的状态，非常有效地颠倒战国道家“反礼论”之逻辑。

### （三）荀子“礼治思想”涵盖的国家规模和统治方式

这里涉及荀子“礼治思想”所构想的国家规模之主张内容。作为荀子政治理论的“礼治思想”的目标是如何治理天下，不过荀子也考虑了当今实际统治范围只有“方百里”规模的小国诸侯如何将自己提升为“天下之君”的可能性。换言之，荀子主张只要实践“礼治思想”，“方百里”的小国之诸侯也将可以成为“天下之君”。[25] 在这样的理路中，“礼”的规范一方面在究竟意义上是“天子”所要实践的，另一方面则是所有大小诸侯也要实践的。荀子所构思的“礼”的这种属性，与从天子到“百里”小国的诸侯，拥有许多大小规模的国家之新统治者们的汉初实况正符合。也就是说，荀子的“礼治思想”之预设应该是个“天下型国家”，其在具体应用上，亦是考虑到如何实际治理大小多种的国家之政治哲学。

25　关于这一点，请参阅佐藤将之:《荀子的“天下”观与“后周鲁时代”的秦国》,《科学·经济 · 社会》期 2（2021），页 117—118。

### （四）荀子“礼治思想”比较容易实践

最后是实践荀子“礼治思想”的可行性。荀子“礼治思想”一方面拥有由此能治理天下的庞大规模，另一方面在其实践的出发点上，则是普通个人在日常生活中也能够实践的修身学说。荀子的修身学说可以让每一个人，无论属哪一社会阶层，理论上都能实践。[26] 换言之，荀子的修身学说是为了全部人类所构想，并且预设按照其对“礼”的实践程度，其实践之人的品德将由此提升，从庶人经过“士”“君子”，理论上最后也可以提升为“圣人”的最高境界。在荀子当时，战国道家等已经提出如“心术”“坐忘”等为了提升至最高的人格之修养工夫，然而正如《庄子》中的例子，在道家形象中的最高人格之境界是由“天（人）”“真（人）”“神（人）”等具备“超人能力”的形容词来表达（在《庄子》的思想系统中，由于这样的“人”在水中和火中均不会死，他们实为只能在想象中存在的“人”）。反之，荀子则应该是彻底理解了如上《庄子》中所提出的理想的“人”之境界只不过是虚构的：人既不能超乎其身体生存的基本条件，其修养工夫论亦只不过为道家特有的文学修辞，只能满足“实践者”对永远不可达成的境界之憧憬。一般的人要达到荀子所提出的“圣人”境界同样非常困难，然而，至少在荀子“人论”中所界定的“圣人”之身体功能不会超过一般人的能力。再说，荀子“礼治思想”的修身论，无论居住于哪里，无论属于哪一个社会阶层，只要是人都可以实践。反言之，在荀子的眼中，唯有借由实践

26 根据荀子修身论，若某一个人开始“礼”的实践，在理论上从此时刻则可被视为开始属于“士”的等级。在荀子对“人”的理解之金字塔中，“士”等级的人比庶人高一层，比“君子”低一层。

“礼”的日常工夫之人，才能升至人类最高的“圣人”境界。假设所有的人都可以提升为圣人的境界，究竟意义上，一般庶民也会有机会提升为统治者。其实，这样的修身论，对其统治领域涵盖当时整个中华文明的规模，但实际统治者们仍原属于小吏阶层甚至一般庶人的刘氏一族而言，在建立汉朝而被自动提升为诸侯而君临于大小诸侯国之际，在其政治、社会以及伦理上，就发挥了最实际可行的教育和伦理功能。

## 四、在理想的礼制与实际礼制之间的形象交换

从先秦时期到西汉时期所形成的各种“礼论”中，在两汉时期被收入“三礼”中的记载内容，在魏晋南北朝以后逐步被提升为“经书”的部分，并成为在此之后历代王朝的“礼学”之主要典据。然而，即便凑齐这些现本“三礼”中与“礼”相关的论述内容，还是无法组成像荀子所提出的具备多层论述构造和高度理论性之“礼治思想”。[27] 荀子的“礼治思想”不但在先秦“礼思想”相关论述的发展中呈现出最高的理论完整度，而且其实践者的范围也相当广泛：下从每一个庶人、中为士人和官吏、高为大小诸侯国的统治者，高者还至及被视为天下世界的统治者之皇帝其人。不但如此，就汉初的朝臣和博士们而言，荀子的修身论并非如道家心术般难以实行，而为士大夫和王公贵族在日常生活实践的修身工夫发挥了“指南书”的功能。就

---

27　在现本《礼记》中具备类似荀子“礼治思想”而理论性比较高的“礼论”，只有《礼运》《礼器》等少数篇章。

这样,汉朝推行“礼制”的建立,而在当时“建立中”的西汉“礼制”的贡献则是培养其统治人才。汉朝所要实现的“礼制”，就像司马迁在《礼书》中所阐述的，是来自荀子的“礼治思想”。

随着东汉的建立，礼制的建立又有进展。于是在东汉时期，当时实际运作的“礼制”，即“汉礼”的完整度，开始能达到与先秦“礼书”中所描述的理念之“礼制”或多或少互相联想起来的程度。东汉的知识分子，按照如“汉礼是在与周礼的比较下如何……”的思维理路，使文献中的“礼”之形象成为与当时实际运用的“礼”做比较之对象，这样的制度和思想条件促使东汉的知识分子不但追求符合理想的“礼制”之整备，而且想探求出更为理想的古代“礼制”之形象。为了符合这样的思想需求，东汉的知识分子将大部分内容反映战国时期的“礼”相关的各种记载和论述重新视为属“周初时期”的论述，并且将其“经典”化。以这样的思想潮流为背景，生在东汉最末期的郑玄借由相互纵横引用这些文献来建立新的“礼论”体系，从而构成主导在此之后历史之“礼学”典范。另一方面，郑玄为了构筑他认为最理想的“周礼”理念而进行的注释之具体内容，以他实际生活的东汉之文物制度（“汉礼”）为参考。由此，郑玄对“礼”的思维方式也脱离于西汉知识分子探讨“礼”的模式：在开朝时还什么都没有的西汉之“礼”的整备从某种意涵而言实为“创制”。相形之下,对郑玄而言,在东汉末期以后的视域中,“新礼”的整备虽然是根据“周礼”这样的理念取经，但实际上应该通过对西汉以来已开始运作的“礼制”内容的修正和改善来达成。换言之，在西汉时期“礼制”之整备的基本方向是往未来一步步建立新的内容，而在东汉以后的“礼制”则是以当今王朝的“礼制”为基点，按照“三礼”中的理想，针对曾经实际存在过的“礼制”内容加以增减。在汉朝之后的王朝历史上，从汉朝继承而在自己的朝廷中实践“礼制”和郑玄探求过的周初理想之“礼制”两者之间，经过以在“三礼”文献中所记载的内容为媒介的互动，开始产生为了理解彼此而“相互引证”之动态。而在郑玄以后，围绕着理想和实际的礼制之间彼此“相互引证”之循环过程，一方面历代王朝的当权者和知识分子认为他们所属的王朝之“礼制”应该根据周初的礼制而被建立或改废，另一方面，其实他们对周初礼制的理解，也的确要通过与他们当时生活时代中实际存在的王朝礼制之比较才能想象出来。如此，由于唐代和宋代的知识分子对“三礼”中叙述的“礼”的内容理解之间所追求的理想之“礼”彼此不甚相同，在对“礼”观中理想和实际形象的“相互引证”之循环过程中，不只是实际的“礼制”本身，同时也是“礼”形象和理解的嬗变。

总而言之，魏晋之后的“礼学”，以郑玄建立对“三礼”的训诂诠释方法为基础，并且以“三礼”记载的内容为主要媒介，在理想和实际两种“礼制”之间的“形象交换”之动态中展开。由于在郑玄以后的“礼学”中成为其主要依据而作为此两者“礼制”的媒介之文献非“三礼”莫属，在以郑玄式“礼学”为典范的情况下，荀子的“礼治思想”则没入“其他诸子”文献中，并不再对之后“礼学”的展开发挥其典据作用。

# 参考书目

## 一、传统文献与译注


［西汉］司马迁:《史记》，北京：中华书局，1982 年第二版。

［西汉］司马迁:《史记》,《四部备要·史部》卷 23，台北:台湾中华书局，1965 年。

［东汉］班固:《前汉书 · 礼乐志》，台北：台湾中华书局，1965 年。

［魏］何晏注:《论语注疏》，台北：弘毅出版社，1994 年。

［吴］陆玑:《毛诗草木鸟兽虫鱼疏》,《四库全书》,台北:台湾商务印书馆,1986 年。

［隋］颜之推著、王利器集解:《颜氏家训集解》，北京：中华书局，1993 年。

［唐］萧嵩等:《大唐开元礼》,《影印文渊阁四库全书》册 646，台北：台湾商务印书馆，1986 年。

［宋］李昉:《太平御览》,《影印文渊阁四库全书》册 898，台北:台湾商务印书馆，1986 年。

［宋］刘敞注、［清］陈矩补注:《孟子外书补注》，钟肇鹏选编:《四书传注会要》册 11，台北：图书馆出版社，2008 年。

［宋］朱熹:《家礼》,《影印文渊阁四库全书》册 142，台北：台湾商务印书馆，1986 年。

［清］戴望校正:《管子》，收入《国学基本丛书简编》，上海:商务印书馆，1936 年。

安井衡:《孟子定本》，收入《漢文大系》卷 1，东京：富山房，1910 年。

余明光等译注:《黄帝四经今注今译》，长沙：岳麓书社，1993 年。

陈鼓应:《黄帝四经今注今译》，台北：台湾商务印书馆，1995 年。
郭沫若主编:《管子集校》，北京：科学出版社，1956 年。
汤孝纯:《新译管子读本》，台北：三民书局，1995 年。
陶梅生注译、叶国良校阅:《新译晏子春秋》，台北：三民书局，1998 年。
吴则虞:《晏子春秋集释》，北京：中华书局，1962 年。
王先谦注、久保爱增、猪饲彦博补:《增补荀子集解》,收入《漢文大系》卷 15,东京：富山房，1913 年。
梁启雄:《荀子简释》，台北：台湾商务印书馆，1965 年。
熊公哲:《荀子今注今译》，台北：台湾商务印书馆，1975 年。
严灵峰编:《无求备斋荀子集成》，台北：成文出版社，1977 年。
王忠林:《新译荀子读本》，台北：三民书局，1978 年。
李涤生:《荀子集释》，台北：学生书局，1979 年。
陈奇猷:《吕氏春秋校释》，台北：华正书局，1988 年。
朱永嘉、萧木注译:《新译吕氏春秋》，台北：三民书局，1995 年。
泷川龟太郎:《史记会注考证》，东京：东方文化学院东京研究所，1932 年。
荆门市博物馆编:《郭店楚墓竹简》，北京：文物出版社，1998 年。
张光裕编:《郭店楚简研究：第一卷 · 文字编》，台北：艺文印书馆，1999 年。

## 二、中文专著

丁原明:《黄老学论纲》，济南：山东大学出版社，1997 年。
孔繁:《荀子评传》，南京：南京大学出版社，1997 年。
孔繁:《荀况》，西安：陕西人民出版社，1975 年。
方尔加:《荀子新论》，北京：中国和平出版社，1993 年。
王志民主编:《齐文化概论》，济南：山东人民出版社，1993 年。
王健文:《奉天承运：古代中国的“国家”概念及其正当性基础》，台北：东大图书，1984 年。
王博:《老子思想的史官特色》，台北：文津出版社，1993 年。
王阁森、唐致卿主编:《齐国史》，济南：山东人民出版社，1992 年。
白奚:《稷下学研究：中国古代的思想自由与百家争鸣》，北京：三联书店，1998 年。
任继愈主编:《中国哲学史》，北京：人民出版社，1963 年。

匡亚明:《孔子评传》，济南：齐鲁书社，1985年。
向仍旦:《荀子通论》，福州：福建教育出版社，1987年。
牟宗三:《荀学大略》，台北:“中央”文物供应社，1953年。
佐藤将之:《孟子政治思想之研究》，台北：台湾大学硕士论文，1993年。
——:《荀子礼治思想的渊源与战国诸子之研究》，台北:台大出版中心，2013年。
何怀宏:《世袭社会及其解体:中国历史上的春秋时代》，北京:三联书店，1996年。
余英时:《中国知识阶层史论（古代篇）》，台北：联经出版公司，1980年。
李孝定:《甲骨文集释》，台北:“中研院”，1991年。
李哲贤:《荀子之核心思想》，台北：文津出版社，1992年。
李德永:《荀子：公元前三世纪中国唯物主义哲学家》，上海：上海人民出版社，1959年。
李学勤:《简帛佚籍与学术史》，台北：时报文化，1994年。
李泽厚:《中国古代思想史论》，北京：人民出版社，1985年。
杜正胜:《周代城邦》，台北：联经出版公司，1984年。
——:《编户齐民：传统政治社会结构之形成》，台北：联经出版公司，1990年。
沈清松:《台湾精神与文化发展》，台北：台湾商务印书馆，2001年。
周法高主编:《金文诂林》，香港：香港中文大学出版社，1976年。
林素英:《古代祭礼中之政教观：以〈礼记〉成书前为论》，台北：文津出版社，1997年。
林义正:《孔子学说探微》，台北：东大图书，1987年。
林庆彰编:《诗经研究论集》，台北：学生书局，1987年。
林丽娥:《先秦齐学考》，台北：台湾商务印书馆，1992年。
侯外庐:《中国思想通史》，北京：人民出版社，1957年。
姜广辉编:《郭店楚简研究》,《中国哲学》辑20，沈阳:辽宁教育出版社，1999年。
胡家聪:《管子新探》，北京：中国社会科学出版社，1995年。
——:《稷下争鸣与黄老新学》，北京：中国社会科学出版社，1998年。
胡适:《中国哲学史大纲》，上海：商务印书馆，1919年。
韦政通:《荀子与古代哲学》，台北：台湾商务印书馆，1966年。
孙广德:《墨子政治思想之研究》，台北：台湾中华书局，1974年。
徐平章:《荀子与两汉儒学》，台北：文津出版社，1988年。
徐复观:《中国人性论史》，台北：台湾商务印书馆，1990年。

——：《周秦汉政治社会结构之研究》，台北：学生书局，1975 年。
马积高：《荀学源流》，上海：上海古籍出版社，2000 年。
高正：《荀子版本源流考》，北京：中国社会科学出版社，1992 年。
——：《诸子百家研究》，北京：中国社会科学出版社，1997 年。
张心澂：《伪书通考》，上海：商务印书馆，1956 年。
张秉楠：《稷下钩沉》，上海：上海古籍出版社，1991 年。
张鹤泉：《周代祭祀研究》，台北：文津出版社，1993 年。
梁启超：《先秦政治思想史》，台北：台湾中华书局，1966 年。
许倬云：《西周史》，台北：联经出版公司，1984 年。
——：《求古编》，台北：联经出版公司，1984 年。
郭沂：《郭店竹简与先秦学术思想》，上海：上海教育出版社，2000 年。
郭沫若：《十批判书》，上海：群益出版社，1950 年。
——：《奴隶制时代》，北京：人民出版社，1977 年。
陈大齐：《荀子学说》，台北："中央"文物供应社，1954 年。
陈正雄：《荀子政治思想研究》，台北：文津出版社，1983 年。
陈来：《古代宗教与伦理》，北京：三联书店，1996 年。
陈复：《慎子的思想》，台北：唐山出版社，2001 年。
陈鼓应主编：《道家文化研究》辑 1—17，上海：上海古籍出版社，1992—2000 年。
——：《老庄新论》，上海：上海古籍出版社，1997 年。
陈福滨编：《本世纪出土思想文献与中国古典哲学研究论文集》，台北：辅仁大学出版社，1999 年。
陈丽桂：《战国时期的黄老思想》，台北：联经出版公司，1991 年。
傅佩荣：《儒道天论发微》，台北：学生书局，1985 年。
——：《儒家哲学新论》，台北：业强出版社，1993 年。
劳思光：《新编中国哲学史》，台北：三民书局，1995 年。
惠吉星：《荀子与中国文化》，贵阳：贵州人民出版社，1996 年。
冯友兰：《中国哲学史》，上海：上海商务印书馆，1933 年。
——：《中国哲学史新编》，北京：人民出版社，1962 年。
黄俊杰：《春秋战国时代尚贤政治的理论与实际》，台北：问学出版社，1977 年。
——：《孟学思想史论》，台北：东大图书，1991 年。
杨宽：《古史新探》，北京：中华书局，1965 年。

——：《战国史》，上海：上海人民出版社，1991 年。

廖名春：《荀子新探》，台北：文津出版社，1994 年。

刘笑敢：《庄子哲学及其演变》（修订版），北京：北京大学出版社，2010 年。

——：《老子》，台北：东大图书，1997 年。

刘道中：《荀况新研究》，桃园：各大书局，1995 年。

蔡锦昌：《从古代思维方式来论较荀子思想之本色》，台北：唐山出版社，1989 年。

萧公权：《中国政治思想史》，台北：联经出版公司，1982 年。

钱穆：《先秦诸子系年》，上海：上海商务印书馆，1936 年。

龙宇纯：《荀子研究论集》，台北：学生书局，1989 年。

萨孟武：《中国政治思想史》，台北：三民书局，1987 年。

蓝永蔚：《春秋时期的步兵》，北京：中华书局，1979 年。

罗根泽：《管子探源》，收入《古史辨》册 4，北京：北京书社，1933 年。

庞朴：《帛书五行篇研究》，济南：齐鲁书社，1988 年第二版。

Herbert Fingarette 著，彭国翔、张华译：《孔子：即凡而圣》，南京：江苏人民出版社，2002 年。

## 三、中文期刊、专书及会议论文

王国维：《释礼》，收入氏著《观堂集林》卷 6，上海：上海古籍出版社，1917 年，页 14—15。

王博：《〈黄帝四经〉与〈管子〉四篇》，《道家文化研究》，辑 1（1992），页 199—213。

王葆玹：《试论郭店楚简各篇的撰作时代及其背景——兼论郭店及包山楚墓的时代问题》，《中国哲学》辑 20（1999），页 266—389。

王庆光：《晚周天道心性说及荀子之回应》，《兴大人文学报》期 5（1996），页 63—83。

——：《荀子驳正“黄老之学”并倡导“文化生命”》，《兴大人文学报》期 34（2004），页 45—72。

池田知久：《尚处形成阶段的〈老子〉最古文本——郭店楚简〈老子〉》，《道家文化研究》辑 17（1999），页 171—181。

佐藤将之：《东亚礼制和礼论的展开与作为其渊源的荀子礼治思想》，《科学 · 经

济 · 社会》期 4（2001），页 103—114。

——：《二十世纪〈荀子〉思想研究的意义与前景》，《杭州师范大学学报》（社会科学版），期 6（2015），页 25—31。

——：《荀子的“天下”观与“后周鲁时代”的秦国》，《科学·经济·社会》期 2（2021），页 117—118。

余明光：《荀子思想与黄老之学》，《道家文化研究》辑 6（1995），页 160—174。

李宗侗：《封建的解体》，《文史哲学报》期 15（1965），页 309—343。

——：《春秋时代的社会变动》，《文史哲学报》期 22（1972），页 266—291。

李德永：《道家理论思维对荀子哲学体系的影响》，《道家文化研究》辑 1（1992），页 249—264。

李学勤：《马王堆帛书〈经法 · 大分〉及其他》，《道家文化研究》辑 3（1993），页 274—282。

吴丽娱：《营造盛世——〈大唐开元礼〉的撰作缘起》，《中国史研究》2005 年第 3 期，页 73—94。

杜维明：《“仁”与“礼”之间的创造紧张性》，收入氏著《人性与自我修养》，台北：联经出版公司，1992，页 3—20。

杜国庠：《荀子从宋尹黄老学派接受了什么？》，收入氏著《先秦诸子的若干研究》，北京：三联书店，1955，页 97—125。

赤塚忠著，佐藤将之、林明照译：《荀子研究的若干问题》，《台湾政治大学哲学学报》期 11（2003），页 85—110。

林义正：《论列子的“虚”》，《台大哲学论评》期 22（1999）。

胡家聪：《论儒家荀况思想与道家哲学的关系》，《道家文化研究》辑 6（1995），页 108—182。

胡适：《说儒》，《“中研院”历史语言研究所集刊》卷 1 期 34（1934）。

孙广德：《我国古代的君臣民理论》，《社会科学论丛》期 32（1984）。

——：《我国民本思想的内容与检讨》，《社会科学论丛》期 36（1988）。

张西堂：《〈荀子 · 劝学篇〉冤词》，罗根泽编《古史辨》册 6，香港：太平书局，1963，页 147—162。

张亨：《荀子假借字谱》，《台湾大学文史丛刊》，1963。

梁启超：《要籍解题及其读法》，收入《梁启超学术论集：通类》卷 2（台北：南岳出版社，1986），页 1035。

陈大齐:《孟子性善说与荀子性恶说的不相抵触》，孔孟学会编《孟子思想研究论集》，台北：黎民文化事业公司，1982。

陈鼓应:《先秦道家的礼观》,《汉学研究》卷 18 期 2（2000），页 6—7。

陈汉生（Chad Hansen）:《道家在中国哲学中的地位》,《道家文化研究》辑 15（1999），页 26—28。

菅本大二著，佐藤将之、张哲廷、卢彦男译:《荀子对法家思想的接纳：由“礼”的结构来考察》,《台湾政治大学哲学学报》期 11（2003），页 111—136。

曾圣益:《郑玄〈六艺论〉十种辑斠》,《“中央”图书馆台湾分馆馆刊》第四卷第一期（2000）。

黄俊杰:《荀子非孟的思想史背景——论〈思孟五行说〉的思想内涵》,《台湾大学历史系学报》期 15（1990），页 21—38。

杨筠如:《关于荀子本书的考证》，收入罗根泽编《古史辨》册 6，香港:太平书局，1963，页 131—147。

裘锡圭:《马王堆〈老子〉甲乙本卷前后佚书与“道法家”——兼论〈心术上〉〈白心〉为慎到田骈学派的作品》,《中国哲学》辑 2（1980）。

赵吉惠:《论荀学是稷下黄老之学》,《道家文化研究》辑 4（1994），页 103—117。

## 四、英文专著

Ames, Roger: *The Art of Rulership: A Study in Ancient Chinese Political Thought*. Honolulu: University of Hawaii Press, 1983.

—— and Hall, David: *Thinking through Confucius*. New York: SUNY Press, 1987.

Balazs, E: *Chinese Civilization and Bureaucracy*. New Haven: Yale University Press, 1964.

Chan, Wing-tsit 陈荣捷 (Chen Rongjie): *The Way of Lao Tzu*. New York: The Bobbs-Merrill Company Inc., 1963.

Chang, Kuang-chih 张光直 (Zhang Guangzhi): *Art, Myth, and Ritual: A Path to Political Authority in Ancient China*. Cambridge: Harvard University Press, 1983.

Chen, Guu-ying 陈 鼓 应 (Chen Guying)：“The Notion of *Li* in Pre-Qin Daoism.” Conference Paper for “Ritual and Philosophy in China,” 27-28 May 1999, Leiden University.

Creel, Herllee G.: *Confucius: the Man and the Myth.* New York: J. Day, 1949.

——: *Shen Pu-hai: A Chinese Political Philosopher of the Fourth Century B.C.* Chicago: University of Chicago Press, 1974.

Cua, Antonio S. 柯雄文 (Ke Xiongwen): *Ethical Argumentation: A Study in Hsün Tzu's Moral Epistemology.* Honolulu: University of Hawaii Press, 1985.

Dubs, Homer H.: *Hüntze: The Moulder of Ancient Confucianism.* London: Arthur Probsthain & Co., 1927.

——: *The Works of Hsün Tze*. London: Arthur Probsthain & Co., 1928.

Eno, Robert: *The Confucian Creation of Heaven*. New York: SUNY Press, 1990.

Fehl, N. Edward: *Li: Rites and Propriety in Literature and Life*. Hong Kong: Hong Kong University Press, 1971.

Fingarette, Herbert: *Confucius: The Secular as Sacred*. New York: Harper, 1972.

Goldin, Paul R.: *The Rituals of the Way: Philosophy of Xunzi*. La Salle, Illinois: Open Court, 1999.

Graham, A. C.: *Disputers of the Tao*. La Salle, Illinois: Open Court, 1989.

Hsu, Cho-yun 许倬云 (Xu Zhuoyun): *Ancient China in Trasition: An Analysis of Social Mobility, 722-222 B.C.* California: Stanford University Press, 1965.

Karlgren, Bernard (trans.): *The Book of Odes*. Stockholm: The Museum of Far Eastern Antiquities, 1950.

Knoblock, John (trans.): *Xunzi: A Translation and Study of the Complete Works*, vol. I, II and III. California: Stanford University Press, 1988, 1990, 1994.

Hansen, Chad: *Language and Logic in Ancient China*. Ann Arbor: University of Michigan Press, 1983.

Ivanhoe, Philip J.: *Ethics in the Confucian Tradition: The Thought of Mencius and Wang Yang-ming*. Atlanta, Georgia: Scholars Press, 1990.

—— (ed.): *Chinese Language, Thought, and Culture: Nivinson and his Critics*. La Salle, Illinois: Open Court, 1996.

—— (ed.): *Virtue, Nature, and Moral Agency in the Xunzi*. Indianapolis: Hackett

Publishing Company, Inc., 2000.

Lau, D. C. (trans.): *Tao Te Ching*. Hong Kong: The Chinese University of Hong Kong Press, 1982.

Liu, Xiaogan (刘笑敢): *Classifying the Zhuangzi Chapters*. Ann Arbor: Center for Chinese Studies, The University of Michigan, 1994.

Lewis, Mark E.: *The Sanctioned Violence in Early China*. New York: SUNY Press, 1990.

Legge, James: *Chinese Classics: with A Translation Critical and Exegetical Notes, Prolegomena, and Copious Index*, vols. 1-5. Hong Kong: Hong Kong University Press, 1960.

Mote, Fredric W.: *Intellectual Foundation of China*. NY: MacGraw Hill, 1989.

Machle, J. Edward: *Nature and Heaven in the Xunzi: A Study of the Tian Lun*. New York: SUNY Press, 1993.

Munro, Donald. J.: *The Concept of Man in Early China*. California: Stanford University Press, 1969.

—— (ed.): *Individualism and Holism: Studies in Confucian and Taoist Values*. Michigan: Center for Chinese Studies, The University of Michigan, 1985.

Needham, Joseph: *Science and Civilization of China*, vol. 2. Cambridge: Cambridge University Press, 1954.

Nivison, David S.: *The Ways of Confucianism: Investigation in Chinese Philosophy*. La Salle, Illinois: Open Court, 1996.

Peerenboom, R. P.: *Law and Morality of Ancient China*. NY: SUNY Press, 1993.

Richett, Allyn W. (trans.): *Kuan-tzu: A Repository of Early Chinese Thought*. Hong Kong: Hong Kong University Press, 1965.

——: *Guanzi: Political, Economic, and Philosophical Essays from Early China*. Princeton: Princeton University Press.

Roth, Harold D.: *Original Tao: Inward Training and the Foundation of Taoist Mysticism*. New York: Columbia University Press, 1999.

Ryden, Edmund: *The Yellow Emperor's Four Canon*.Taipei: Ricci Institute, 1997.

Schipper, Kristofer M.: *The Taoist Body*. California: University of California Press, 1993.

Schwartz, Benjamin: *The World of Thought in Ancient China*. Cambridge: Harvard University Press, 1985.

Shaughnessy, Edward L.: *Before Confucius: Studies in the Creation of the Chinese Classics*. New York: SUNY Press, 1997.

Shun, Kwong-loi: *Mencius and Early Chinese Thought*. California: Stanford University Press, 1997.

Thompson, P. M.: *The Shen Tzu Fragments*. Oxford: Oxford University Press, 1979.

Tu, Weiming 杜维明 (Du Weiming ): *Confucian Thought: Selfhood as Creative Transformation*. New York: SUNY Press, 1985.

Tully, James (ed.): *Meaning and Context: Quentin Skinner and his Critics*. Oxford: Polity Press, 1988.

Waley, Arthur: *The Analects of Confucius*. New York: Random House Inc., 1938.

Watson, Burton: *Hsün Tzu*. New York: Comlumbia University Press, 1963.

——: *Chuang Tzu*. New York: Columbia University Press, 1964.

Ware, James R.: *The Saying of Mencius*. Taipei: Confucius Publishing Co., 1970.

Weber, Max (Gerth, Hans H. tr.): *The Religion of China*. NY: Free Press, 1968.

Wittfogel, Karl: *Oriental Despotism*: A Comparative Studies of Total Power. New Haven: Yale University Press, 1957.

Yates, Robin D. S. (trans.): *Five Lost Classics*. New York: Ballantine Books, 1997.

## 五、英文期刊、专书、会议论文

Ames, Roger: “*Li* and the A-theistic Religiousness of Classical Confucianism,” A Conference Paper for “Ritual and Philosophy in China.” 27-28 May 1999, Leiden University.

Dubs, Homer H.: “Mencius and Sün-dz On Human nature.” *Philosophy East and West*, vol. 6-3, 1956.

Duyvendak, J.J.L.: “Hsün-tzu on the Rectification of Names.” *T'oung Pao*, vol. 23, 1924.

——: “Notes on Dubs’ Translation of Hsün-tzu.” *T’oung Pao*, vol. 29, 1932.

——: “The Chronology of Hsün-tzu.” *T’oung Pao*, vol. 26, 1929.

Goldin, Paul R.: “Review.” *Journal of Asian Studies*, 63.1(2004), pp. 167-68

Harbsmeier, Christoph: “Xunzi and Problem of Impersonal First Reason Pronounce.” Hansen, Chad: *Daoist Theory of Chiniese Thought*. Oxford: Oxford University Press, 1993. *Early China*, vol. 22, 1997.

Ivanhoe, Philip J: “A Happy Symmetry: Xunzi’s Ethical Thought.” *Journal of the American Academy of Religion*, 59-2, 1991.

——: “Human Nature and Moral Understanding in Xunzi.” *International Philosphical Quarterly*, vol. 34-2, Issue No. 134, 1994.

Knapp, Keith: “Review.” *Dao: A Journal of Comparative Philosophy*, 9.1(2010), pp.125-128

Knoblock, John: “Chronology of Xunzi’s Works.” *Early China*, vol. 8, 1982-1983.

Loewe, Michael: “Hsün tzu.” Loewe (ed.): *Early Chinese Texts: A Bibliographic Guide*. California: University of California, Berkeley, 1993.

Munro, Donald. J.: “A Villain in the Xunzi.” Philip J. Ivanhoe (ed.): *Chinese Language, Thought, and Culture: Nivinson and his Critics*. La Salle, Illinois : Open Court, 1996.

Peterson,W. J.: “The Grounds of Mencius’ Argument.” *Philosophy East and West*, 29-3, 1979.

Pines, Yuri: “Disputers of the *Li*: Breakthroughs in the Concept of Ritual in Pre-Imperial China.” *Asia Major*, vol. 13, part 1, 2000.

——: “Intellectual Change in the Chunqiu Period: The Reliability of the Speeches in the Zuo zhuan as Sources of Chunqiu Intellectual History.” *Early China*, vol. 22, 1997.

——: “The Search for Stability: Late-Chunqiu Thinkers.” *Asia Major*, vol. 10, part 1-2, 1997.

Puett, Michael: “Nature and Artifice: Debates in Late Warring States China Concerning the Creation of the Culture.” *Harvard Journal of Asiatic Studies*, vol. 52-2, 1997.

——: "Sages, Ministers, and Rebels: Concerning the Initial Creation of the State." *Harvard Journal of Asiatic Studies*, vol. 58-2, 1998.

Rosemont, Henry Jr.: "State and Society in the Hsün Tzu: A Philosophical Commentary." *Monumenta Sinica*, vol. 29, 1970-1971.

Roth, Harold D.: "Redaction Criticism and the Early History of Taoism." *Early China*, vol. 19, 1994.

Sato, Masayuki: "The Concept of *Ren* in the Thought of Xunzi: Its Conventional and Theoretical Aspects." Lu, Martin (ed.): *Confucian Reminiscences and Prospects at the Turn of the Millennium*. Peking: International Confucian Association, 2003.

——: "The Development of pre-Qin Conceptual Terms and their Incorporation into Xunzi's Thought." J. De Meyer & P. Engelfriet (ed.): *Liked Faith: Essays on Chinese Religions and Traditional Culture in Honour of Kristofer Schipper*. Leiden: Brill, 1999.

Tu, Weiming (Du Weiming): "*Li* as Process of Humanization." *Philosophy East and West,* vol. 22, no. 2, 1972.

——: "The Creative Tension between *Jen* and *Li*." PEW, vol. 18, no.1-2, 1968.

Yearley, Lee H.: "Hsün Tzu on the Mind: His Attempted Synthesis of Confucianism and Taoism." *Journal of Asian Studies*, vol. 39-3, 1980.

## 六、日文专著

大滨皓:《老子の哲学》，东京：劲草书房，1962 年。

——:《中国古代思想论》，东京：劲草书房，1977 年。

小南一郎编:《中国古代礼制研究》，京都：京都大学人文科学研究所，1995 年。

小仓芳彦:《中国古代政治思想研究》，东京：青木书店，1970 年。

小野泽精一:《中國古代說話の思想史考察》，东京：汲古书院，1982 年。

——（编）:《氣の思想：中國における自然觀と人間觀の展開》，东京：东京大学出版会，1978 年。

山田琢:《春秋学の研究》，东京：明德出版社，1987 年。

山田庆儿:《混沌の海へ：中国的思考の構造》，东京：朝日新闻社，1982 年。

中江丑吉:《中國古代政治思想》，东京：岩波书店，1950年。
井上聪:《古代中国陰陽五行の研究》，东京：翰林书房，1996年。
内山俊彦:《中國古代思想史における自然認識》，东京：创文社，1985年。
—— :《荀子》，东京：讲谈社，1999年（原书出版于1976）。
户川芳郎等著:《儒教史》，东京：山川出版社，1987年。
日原利国:《春秋公羊傳の研究》，东京：创文社，1976年。
——编:《中国思想史》卷1，东京：ぺりかん社，1987年。
木全德雄:《荀子》，东京：明德出版社，1973年。
木村正雄:《中国古代帝国の形成：特にその成立の基礎条件》，东京：不昧堂，1965年。
木村英一:《孔子と論語》，东京：创文社，1971年。
—— :《老子の新研究》，东京：创文社，1959年。
—— :《法家思想の研究》，东京：弘文堂，1944年。
加地伸行:《儒教とは何か》，东京：中央公论社，1991年。
加藤常贤:《禮の起原と其發達》，东京：中文馆，1943年。
—— :《中國古代文化の研究》，东京：二松学舍大学出版部，1980年。
平势隆郎:《中国古代の予言書》，东京：讲谈社，2000年。
本田济:《東洋思想研究》，东京：创文社，1987年。
白川静:《金文通釋》卷1、11，神户：白鹤美术馆，1962、1965年。
—— :《孔子伝》，东京：中央公论社，1972年。
—— :《金文の世界》，东京：平凡社，1973年。
—— :《說文新義》卷5，神户：白鹤美术馆，1974年。
目加田诚:《詩経・楚辞》，东京：平凡社，1960年。
伊藤道治:《中國古代王朝の形成：出土資料を中心とする殷周史の研究》，东京：创文社，1976年。
好并隆司:《商君書研究》，广岛：溪水社，1992年。
宇都宫清吉:《中国古代中世史研究》，东京：创文社，1986年。
宇野哲人:《支那哲學の研究》，东京：大同馆，1922年。
池田末利:《中國古代宗教史研究:制度と思想》，东京:东海大学出版会，1987年。
池田知久:《老庄思想》，东京：放送大学教育振兴会，1996年。
—— :《馬王堆漢墓帛書五行篇研究》，东京：汲古书院，1993年。

竹内照夫:《仁の古義の研究》，东京：明治书院，1964 年。
西岛定生:《中国古代の社会と経済》，东京：东京大学出版社，1981 年。
西晋一郎、小糸夏次郎:《禮の意義と構造》，东京：亩傍书房，1941 年。
佐川修:《春秋学論考》，东京：东方书店，1983 年。
町田三郎:《秦漢思想史の研究》，东京：创文社，1985 年。
贝塚茂树:《中国の古代国家》，东京：汲古书院，1976 年。
——:《孔子》，东京：岩波书店，1951 年。
——:《诸子百家》，东京：岩波书店，1962 年。
——（编）:《アジア歷史事典》卷 2，东京：平凡社，1959 年。
赤塚忠:《中国古代思想史研究》，东京：研文社，1987 年。
儿玉六郎:《荀子の思想》，东京：风间书房，1993 年。
和辻哲郎:《孔子》，东京：岩波书店，1990 年（原书出版于 1938 年）。
松本雅明:《春秋戰國における尚書の展開》，东京：风间书房，1966 年。
板野长八:《中国古代における人間觀の展開》，东京：岩波书店，1972。
——:《儒教成立史の研究》，东京：岩波书店，1995 年。
武内义雄:《論語之研究》，东京：岩波书店，1939 年。
——:《易と中庸研究》，东京：岩波书店，1943 年。
金谷治译:《荀子》卷 1、卷 2，东京：岩波书店，1961、1962 年。
——:《秦漢思想史研究》，东京：日本学术振兴会，1960 年。
——:《管子の研究》，东京：岩波书店，1987 年。
津田左右吉:《左傳の思想史的研究》，东京：岩波书店，1947 年。
——:《論語と孔子の思想》，东京：岩波书店，1964 年。
重泽俊郎:《原始儒家思想と経学》，东京：岩波书店，1949 年。
桃崎有一郎:《礼とは何か：日本の文化と歴史の鍵》，京都：人文书院，2020 年。
宫崎市定:《論語の新研究》，东京：岩波书店，1974 年。
栗田直躬:《中國上代思想の研究》，东京：岩波书店，1949 年。
——:《中国思想における自然と人間》，东京：岩波书店，1996 年。
浅野裕一:《黄老道の成立と展開》，东京：创文社，1992 年。
森三树三郎:《上古より漢代に至る性命觀の展開》，东京：创文社，1971 年。
渡边卓:《古代中國思想の研究》，东京：创文社，1977 年。
增渊龙夫:《中国古代の社會と國家》，东京：弘文堂，1960 年。

诸桥辙次编:《大漢和辞典》卷 8，东京：大修馆书店，1962 年。
镰田正:《左傳の成立と其の展開》，东京：大修馆书店，1963 年。
藤井专英:《荀子思想论考》，东京：书籍文物流通会，1961 年。
Herbert Fingarette 著，山本和人译:《论语は问いかける：孔子との对话》，东京：平凡社，1989 年。
Karl Jaspers 著，林田新二译:《哲学とは何か》，东京：白水社，1986 年。

## 七、日文期刊、专书、会议论文

三浦吉明:《荀子における對天の思想》，《日本中國學會報》集 35（1983），页 41—52。
小林聡:《漢唐間の禮制と公的服飾制度に關する研究序説》，《埼玉大学纪要（教育学部 · 人文社会科学）》卷 58 号 2（2009）。
丸山真男:《思想史の考え方について》，收于武田靖子编《思想史の對象と方法》，东京：创文社，1967，页 3—33。
久保田刚:《荀子禮論篇の“瘠”と“墨”について》，《哲學》（广岛大学）卷 31（1979），页 15—29。
——:《荀子楽論篇についての一考察：楽の論の思想性とその特質》，收于《東洋學論集：池田末利博士古稀記念》，1980，页 275—291。
——:《管子幼官篇と陰陽五行説》，《哲學》（广岛大学）卷 39（1987），页 163—177。
大室干雄:《“荀子”における論理學的思考：その構造と本質と機能》，《日本中國學會報》集 18（1966），页 102—118。
——:《荀子の歴史意識：伝承的思惟における時間と出来事》，《東京支那學報》号 13（1967），页 113—134。
——:《淳于髡对孟子》，《中哲文学会报》号 6（1981），页 100—115。
大櫛敦弘:《統一前夜：戰國後期の“國際”秩序》，《名古屋大學東洋史研究報告》号 19（1995），页 1—25。
内山俊彦:《馬王堆帛書〈經法〉〈十大經〉〈稱〉〈道原〉小考》，《東方學》辑 56（1978），页 1—16。
——:《荀子名實論の性格について》，收于《東洋學論集：池田末利博士古稀記念》

（1980），页 259—273。
——:《陰陽·太極·聖人：繫辞伝その他について》，收于《中國哲學史研究論集：荒木教授退休記念》，福冈：苇书房，1981，页 7—23。
友枝龙太郎:《荀子作為説の形成》，《東方學》辑 4（1952），页 21—27。
木村英一:《荀子三十二篇の構成について》，《支那學》卷 8 期 1（1935），页 15—44。
——:《讀荀子二則：書誌學的劄記》，收入氏著《中國哲學の探究》，东京：创文社，1981，页 183—197。
片仓望:《"性偽之分"と性惡説：荀子思想の分裂と統一》，《日本中國學會報》集 32（1980），页 53—65。
籾山明:《法家以前：春秋期における刑と秩序》，《東洋史研究》卷 39 号 2（1980），页 249—285。
加贺荣治:《"黃老"の"黃"の行方をめぐって》，《東方宗教》号 70（1987），页 1—21。
北田数一:《荀子生卒年代及略伝考》，《漢學會雜誌》卷 3 号 2（1935），页 306—334。
市川本太郎:《荀子の政治思想》，《東洋學論叢：宇野哲人先生白壽祝賀記念》，1974，页 167—193。
白川静:《羌族考》，《甲骨金文學論文集》，京都：朋友书店，1973，页 555—693。
石田秀实:《〈管子〉四篇と〈荀子〉正名篇とにおける"ことば"の問題》，《日本中國學會報》集 37（1985），页 47—60。
石黑俊逸:《史記孟子荀卿列傳の構成》，《支那學研究》号 12（1955），页 1—4。
田尻尚文:《荻生徂徠と荀子》，《中国研究集刊》集 57（2013），页 82—99。
伊东伦厚:《〈韓詩外傳〉の文辭の成立ちについて》，《中國學論文集：竹内照夫博士古稀記念》，1981，页 137—151。
——:《〈禮記〉坊記·表記·緇衣篇について》，《東京支那學報》号 15（1967），页 17—38。
——:《德の原義について》，《東京支那學報》号 16（1971），页 95—115。
吉本道雅:《春秋國人考》，《史林》卷 69 号 5（1986），页 631—672。
吉永慎二郎:《孟子の義内說》，《待兼山論叢》（大阪大學）卷 21（1987），页

19—36。
——:《〈論語〉里仁篇首章の読み換えと孟子の論理》,《日本中國學會報》集41(1989),页1—16。
——:《孟子の仁:その理念的性格について》,《日本中國學會報》集40(1988),页1—15。
——:《孟軻の不動心の思想史的意味》,《日本中國學會報》集37(1985),页32—46。
——:《墨翟兼愛を説かず:〈墨子〉兼愛篇の論理と構造》,《集刊東洋學》号67(1992),页1—20。
向井哲夫:《田騈の思想について》,《東方學》辑74(1987),页15—29。
——:《〈春秋事語〉と〈經法〉等四篇》,《東方學》辑84(1992),页37—51。
宇野茂彦:《呂氏春秋に於ける儒墨折衷の様相》,《東京支那學報》号16(1971),页117—138。
——:《魏の客士登用と孟軻》,《中哲文學會報》号1(1974),页116—134。
宇野精一:《孟子の禮説》,《東方學》辑5(1952),页13—21。
——:《孟子の歷史觀》,《東洋學論集:宇野哲人先生白壽祝賀記念》,1974,页227—242。
——:《禮記檀弓篇の性格》,氏著《宇野精一著作集》卷2,东京:明治书院,1986。
池田知久:《〈墨子〉の兼愛説と尚賢説》,《中哲文學會報》号6(1981),页51—68。
——:《〈墨子〉の經·經說と十論》,《中哲文學會報》号10(1985),页1—27。
——:《中國思想史における"自然"の誕生》,《中國:社會と文化》号3(1993),页3—34。
——:《〈荀子〉の性惡說:その本質と機能》(上、下),《高知大國文》卷3、卷4(1972—1973),页9—15、16—29。
——:《儒家の"三才"と老子の"四大"》,《東洋學論集:中村璋八博士古稀記念》,东京:汲古书院,1996,页3—24。
池田秀三:《鄭學の特質》,渡边义浩编《兩漢における易と三禮》,东京:汲古书院,2006。

佐川茧子:《東漢における三禮の生成について》,《二松:大学院纪要》期 15(2001 年),页 155—178。

佐藤将之:《東アジア国家における礼学および礼制の展開とその起源としての荀子礼治思想の特色》,收入伊东贵之主编《東アジアの王權——思想·宗教·儀禮と中心をとして》,东京:汲古书院,2021 年,页 113—128。

西顺藏:《孟子と荀子の天下説》,《西順藏著作集》卷 2,东京:内山书店,1995,页 36—53。

——:《荀子の天下における物とその否定について》,《西順藏著作集》卷 2,东京:内山书店,199 页 54—63。

西川利文:《〈周禮〉鄭注所引の"漢制"の意味》,收入小南一郎编《中国古代礼制研究》,京都大学人文科学研究所,1995 年。

余崇生:《〈韓詩外傳〉研究(一):〈荀子〉引用文との對照表》,《待兼山論叢》(大阪大學文學部)号 17(1983),页 21—36。

杖下隆之:《荀子の詩說》,《東方學》辑 6(1953),页 8)—17。

町田三郎:《管子と呂氏春秋》,《中國哲學論集》(九州大學)号 7(1981),页 1—15。

——:《學記篇について》,《中國哲學史研究論集:荒木教授退休記念》,福冈:苇书房,1981,页 43—59。

——:《再び管子四篇について》,《東北大學教養學部紀要》号 4(1967),。

赤塚忠:《前言》,收入氏著《思想概論》,东京:大修馆书店,1968,页 1—27。

——:《荀子研究の二三の問題》,收入氏著《儒家思想研究》,东京:研文社,1986,页 391—408。

——:《天下篇所載の名辯について》,《中哲文學會報》号 1(1974),页 5—47

冈田脩:《慎子の法について》,《中國學論集:大東文化大學創立六十周年記念》,1984。

幸本千寻:《〈管子〉における"心"と"神"》,《中國哲學論集》(九州大學)号 16,(1990),页 23—36。

松田弘:《荀子における儒家的理念と天の思想的位置》,《筑波大學哲學 · 思想學系論集》卷 1(1975),页 63—91。

板野长八:《荀子の"天人の分"とその後》,《廣島大學文學部紀要》卷 28 期 1(1968),页 113—114。

——:《荀子の樂論篇》,《廣島大學文學部紀要》卷 18(1960),页 1—23。
——:《莊子の知と荀子の知》,《廣島大學文學部紀要》卷 23 期 1(1964),页 31—85。
——:《戰國秦漢に於ける孝の二重性》,《史學研究》号 100(1967),页 55—76。
武内义雄:《中国思想史》,收入氏著《武内義雄全集》卷 8,东京:角川书店,1978,页 8—238。
——:《禮記の研究》,收入氏著《武内義雄全集》卷 3,东京:角川书店,1978,页 214—306。
河池重造:《先秦時代の"士"の諸問題》,《史林》卷 42 号 5(1959),页 4—6。
沼尻正隆:《呂氏春秋における禮樂思想》,收于《東洋學論集:栗原圭介博士頌壽記念》,东京:汲古书院,1995,页 81—101。
芳贺良信:《〈經法〉の形名思想における思維形式》,《東方學》辑 97(1999),页 12—25。
近藤则之:《左傳の說經について》,《中國哲學論集》(九州大學)号 5(1979),页 1—17。
——:《孔子春秋制作說の成立について》,《中國哲學論集》(九州大學)号 17(1991),页 1—17。
——:《左傳の成立に關する新視點:禮理論の再評價を通じて》,《日本中國學會報》集 35(1983),页 104—106。
——:《左傳の春秋觀》,《中國哲學史研究論集:荒木教授退休記念》,福冈:苇书房,1981,页 61—80。
金谷治:《孟軻の退隱》,《東方學》辑 8(1954),页 16—37。
——:《荀子の文獻學的研究》,《日本學士院紀要》卷 9 号 1(1951),页 9—33。
——:《中と和》,《文化》卷 15 号 4(1951),页 80—103。
——:《先秦における法思想の展開》,《集刊東洋學》号 47(1982),页 1—10。
——:《孟子の研究》,《東北大學文學部研究紀要》号 1(1951)。
——:《孟子雜考》,收于《石浜先生還歷紀念論文集》,1958。
——:《荀子の"天人の分"について》,《集刊東洋學》号 24(1970),页 1—14。

——:《慎到の思想について》,《集刊東洋學》号 7(1962),页 1—22。
——:《欲望の在り方:荀子の所説をめぐって》,收于氏著《死と運命:中国古代の思索》,东京:法藏馆,1986。
津田左右吉:《儒教の起源》,《岩波講座東洋思潮》,东京:岩波书店,1935。
——:《周官の研究》,《津田左右吉全集》卷 17,东京:岩波书店,1965。
相原俊二:《荀子の霸と五霸》,《東洋史・考古學論集:三上次男博士頌壽記念》,东京:朋友书店,1979 年,页 1—19。
重泽俊郎:《荀況研究》,收于氏著《周漢思想研究》,东京:弘文堂,1943,页 1—141。
原诚士:《荀子研究文獻目錄》,《東洋古典學研究》集 4(1997),页 1—25。
宫崎市定:《中國上代は封建制か都市國家か》,《史林》卷 33 号 2(1950),页 1—20。
岛一:《荀子の本性論:その二重構造について》,《集刊東洋學》号 40(1978),页 1—13。
岛森哲男:《馬王堆出土儒家古佚書考》,《東方学》辑 56(1978),页 17—36。
——:《孟子の人間観における内なるものと外なるもの》,收入金谷治编《中国における人間性の探求》,东京:创文社,1983,页 23—46。
——:《黄老思想の構造と位置:〈經法〉等四篇を讀んで考える》,《集刊東洋學》号 45(1981),页 1—16。
柴田昇:《〈商君書〉の歷史的位置》,《史林》卷 79 号 1(1996),页 95—123。
柴田清继:《〈呂氏春秋〉の養生說と政治思想》,《哲學》(廣島大學)卷 34(1982),页 121—136。
——:《〈管子〉四篇における神と道》,《日本中國學會報》集 36(1984),页 12—24。
海老田辉巳:《古論語の文章に對する一考察》,《中國哲學史研究論集:荒木教授退休記念》,福冈:苇书房,1981。
酒井和孝:《墨家の節葬思想》,《哲學》(廣島大學)卷 30(1978),页 85—99。
——:《末期墨家の兼愛思想》,《哲學》(廣島大學)卷 32(1980),页 101—114。
细川一敏:《"羣"という語より觀た戰國時代の社會》,《中哲文學會報》号 2(1976),页 56—70。

野村岳阳:《荀子正文稽疑正名篇稿》,《服部先生古稀祝賀記念論文集》,东京:富山房,1936,页789—801。

野村茂夫:《燕国王子噲讓位問題と孟子》,《愛知教育大學研究報告·人文科學編》,辑33(1984),页194—204。

森秀树:《〈左傳〉の予言記事にみえる思想の狀況》,《中哲文學會報》号2(1976),页35—55。

渡边信一郎:《荀子の國家論》,《史林》卷66号1(1983),页1—32。

渡边卓:《墨家思想》,收于宇野精一编《講座東洋思想》,卷4,东京:东京大学出版社,1967,页23—24。

菅本大二:《荀子における法家思想の受容:"礼"の構造に即して》,《日本中國學會報》集43(1991),页15—29。

——:《〈荀子〉"禮論篇"における"大一"と楊倞》,《筑波中國文化論叢》(筑波大學)期12(1992),页1—17。

——:《"分"の思想:初期法家を中心に》,《漢文學會會報》号50(1992),页23—28。

铃木喜一:《春秋時代の君臣倫理》,《日本中國學會報》集34(1982),页1—16。

——:《戰國時代の君臣關係:法家·游俠·縱横家の場合》,《東方學》辑68(1984),页1—15。

——:《戰國時代の君臣倫理:儒家を主にして》,《日本中國學會報》集35(1984),页84—98。

福井文雅:《"出藍の譽れ":〈荀子〉勸學篇の意圖と構造》,收于氏著《中国思想研究と現代》,東京:隆文館,1992,页265—303。

齐木哲郎:《馬王堆帛書より見た道家思想の一側面:〈經法〉等四篇の古佚書を中心として》,《東方學》辑69(1984),页44—58。

——:《〈呂氏春秋〉における国家》,《中國學論集:大東文化大學創立六十年記念》,1984,页451—475。

增渊龙夫:《中国古代の社會と国家》,收于《岩波講座:世界の歷史》卷4,东京:岩波书店,197,页146—156。

——:《中国古代国家の構造》,《古代史講座》卷4,东京:学术社,1962,页155—192。

——:《春秋時代の貴族と農民》,《一橋論叢》卷 72(1972), 页 1—24。
——:《所謂東洋的専制主義と共同體》,《一橋論叢》卷 47 号 3, 1962, 页 260—288。
广常人世:《孟子の天人觀》,《東京支那學報》号 12(1966), 页 153—164。
横山裕:《〈管子〉經言類の法思想について》,《中國哲學論集》(九州大學)号 16(1990), 页 37—53。
泽田多喜男:《先秦思想史研究一斑: 孟子仁義説成立考》,《東洋文化研究所紀要》册 90(1982), 页 93—128。
馆野正美:《〈禮〉と"時間"》,《漢學研究》(日本大學)号 32(1994), 页 19—34。
丰岛睦:《荀子文獻批判の一方法》,《哲學》(廣島大學)卷 5(1955), 页 59—71。
——:《韓嬰思想管見:〈韓詩外傳〉引用荀子句を中心として》,《支那學研究》号 33(1968), 页 50—58。
——:《〈韓詩外傳〉に見える思想の源流》,《東洋學論集: 池田末利博士古稀記念》, 1980, 页 453—468。
藤田胜久:《戰國・秦代の軍事編成》,《東洋史研究》卷 46 号 2(1987), 页 231—262。
樱井芳郎:《管子と周礼との關係について》,《東京學芸大學紀要》号 18(1966), 页 108—123。

# 人名索引

## 一、英文

## 二、中日文

### 二画



### 三画



### 四画

**五画**

**六画**

**七画**

八画

## 九画



## 十画

### 十一画



### 十二画

# 语词索引

## 四画

**五画**

**七画**



**八画**

## 九画

**十画**



**十一画**

十二画

十三画



十四画



十五画

**十六画**



**二十画**

# 文献索引

**八画**

**九画**

## 十画



## 十一画

## 十二画



## 十三画



## 十四画

崇文学术文库·西方哲学

1. 靳希平　吴增定　十九世纪德国非主流哲学——现象学史前史札记
2. 倪梁康　现象学的始基：胡塞尔《逻辑研究》释要（内外编）
3. 陈荣华　海德格尔《存有与时间》阐释
4. 张尧均　隐喻的身体：梅洛-庞蒂身体现象学研究（修订版）
5. 龚卓军　身体部署：梅洛-庞蒂与现象学之后
6. 游淙祺　胡塞尔的现象学心理学 [待出]
7. 刘国英　法国现象学的踪迹：从萨特到德里达 [待出]
8. 方红庆　先验论证研究[待出]
9. 倪梁康　现象学的拓展：胡塞尔《意识结构研究》述记 [待出]

崇文学术文库·中国哲学

1. 马积高　荀学源流
2. 康中乾　魏晋玄学史
3. 蔡仲德　《礼记·乐记》《声无哀乐论》注译与研究
4. 冯耀明　“超越内在”的迷思：从分析哲学观点看当代新儒学
5. 白　奚　稷下学研究：中国古代的思想自由与百家争鸣
6. 马积高　宋明理学与文学
7. 陈志强　晚明王学原恶论 [待出]
8. 郑家栋　现代新儒学概论（修订版）[待出]
9. 张　觉　韩非子考论 [待出]

崇文学术·逻辑

1.1 章士钊　逻辑指要
1.2 金岳霖　逻辑 [待出]
1.3 傅汎际 译义，李之藻 达辞：名理探
1.4 穆　勒 著，严复 译：穆勒名学 [待出]
1.5 耶方斯 著，王国维 译：辨学
1.6 亚里士多德 著：工具论（五篇 英文）
2.1 刘培育　中国名辩学 [待出]
2.2 胡　适　先秦名学史（英文）
2.3 梁启超　墨经校释
2.4 陈　柱　公孙龙子集解
2.5 栾调甫　墨辩讨论 [待出]
3.1 窥基、神泰　因明入正理论疏　因明正理门论述记（金陵本）[待出]

崇文学术译丛·西方哲学

1. 〔英〕W. T. 斯退士 著，鲍训吾 译：黑格尔哲学
2. 〔法〕笛卡尔 著，关文运 译：哲学原理 方法论
3. 〔德〕康德 著，关文运 译：实践理性批判
4. 〔英〕休谟 著，周晓亮 译：人类理智研究
5. 〔英〕休谟 著，周晓亮 译：道德原理研究
6. 〔美〕迈克尔·哥文 著，周建漳 译：于思之际，何所发生
7. 〔美〕迈克尔·哥文 著，周建漳 译：真理与存在
8. 〔法〕梅洛-庞蒂 著，张尧均 译：可见者与不可见者 [待出]

崇文学术译丛·语言与文字

1. 〔法〕梅耶 著，岑麒祥 译：历史语言学中的比较方法
2. 〔美〕萨克斯 著，康慨 译：伟大的字母 [待出]
3. 〔法〕托里 著，曹莉 译：字母的科学与艺术 [待出]

中国古代哲学典籍丛刊

1. 〔明〕王肯堂 证义，倪梁康、许伟 校证：成唯识论证义
2. 〔唐〕杨倞 注，〔日〕久保爱 增注，张觉 校证：荀子增注 [待出]
3. 〔清〕郭庆藩 撰，黄钊 著：清本《庄子》校训析
4. 张纯一 著：墨子集解

唯识学丛书（26种）

禅解儒道丛书（8种）

徐梵澄著译选集（6种）

西方哲学经典影印（24种）

西方科学经典影印（7种）

古典语言丛书（影印版，5种）

西方人文经典影印（20种，待出）

---

出品：崇文书局人文学术编辑部
联系：027-87679738，mwh902@163.com

我思®
敢于运用你的理智